Mapeando o Edital

MINISTÉRIO PÚBLICO ESTADUAL

Coordenadores
Mila Gouveia
William Akerman

Mapeando o Edital

MINISTÉRIO PÚBLICO ESTADUAL

2021

EDITORA *Jus*PODIVM
www.editorajuspodivm.com.br

EDITORA *Jus*PODIVM
www.editorajuspodivm.com.br

Rua Território Rio Branco, 87 – Pituba – CEP: 41830-530 – Salvador – Bahia
Tel: (71) 3045.9051
• Contato: https://www.editorajuspodivm.com.br/sac

Capa: Ana Caquetti

M297 Mapeando o Edital - Ministério Público Estadual / William Akerman, Mila Gouveia – Salvador: Editora JusPodivm, 2021.
496 p. (Mapeando o Edital)

Inclui bibliografia
ISBN 978-65-5680-537-5.

Concursos. I. Akerman, William. II. Gouveia, Mila. III. Título.

CDD 341.33312

INTRODUÇÃO

Precisamos de Promotores de Justiça vocacionados. De novos colegas que queiram – superando todas as dificuldades que fatalmente surgirão – mudar a sociedade em que vivemos. E não há palco mais iluminado para isso do que ser um Promotor de Justiça.

Isso porque o Ministério Público, desde muito, e com maior força desde a Constituição Federal de 1988, vem se desprendendo das amarras outrora constituídas no direito francês (de onde vem a tão utilizada expressão *parquet*, diga-se), alçando voos cada vez maiores de autonomia institucional e garantias aos seus membros. E isso tem um reflexo evidente (dentre tantos outros que poderíamos abordar em momento oportuno): uma tutela cada vez mais forte, destemida e eficiente de valores e interesses outrora tão negligenciados.

E não há cenário – político, econômico ou social – que demande mais dessa atuação do que o por nós hoje vivenciado. E é por isso que precisamos de novos e aguerridos parceiros nessa luta. E essa árdua batalha, importante lembrar, não começa com o ingresso nos quadros da instituição. Pelo contrário. Ela começa anos antes, na preparação do candidato.

O longo e sofrido caminho percorrido até a aprovação exige, sem dúvidas, e para além da tão falada disciplina, sucessivas e recorrentes abdicações. Abrimos mão de mais tempo com nossas famílias, de viagens, de horas (muitas!) de sono, do descanso após o expediente. Sim, porque a maioria de nós, e me incluo nesse grupo, precisa conciliar afazeres domésticos e trabalho com as incontáveis horas de estudo.

Não é fácil, sabemos. Mas não se pode desistir. Porque, em maior ou menor tempo, todos alcançamos a aprovação, desde que tenhamos método, empenho e façamos renúncias. Em uma palavra: estratégia. E é exatamente nesse ponto que esta obra vem para contribuir com o estudo dos futuros membros do Ministério Público.

Por meio da Coleção "Mapeando o Edital", temos por objetivo auxiliar o candidato na tarefa de "destrinchar" os editais dos certames para ingresso na carreira dos Ministérios Públicos de todo o país (com ênfase nas provas elaboradas ao longo dos últimos 5 anos), encurtando o vasto tempo que essa tarefa exige dos concurseiros.

Coordenada por Mila Gouveia e William Akerman, a obra promove exame aprofundado das disciplinas contidas nos editais mencionados, permitindo ao candidato direcionar seus estudos para aquelas matérias mais cobradas nos certames da carreira por ele almejada, já que – sabemos - é praticamente inviável estudar – ao menos com a mesma profundidade – todos os itens de um edital de concurso público.

Além de explorar o edital em si, a obra pretende individualizar as fases do certame, indicando panorama acerca dos pontos mais abordados em provas objetivas (que são a regra nas provas preambulares para ingresso na carreira do MP), com gráficos de incidência dos temas e, ainda, com análise da predominância de cobrança de cada banca (se tem ênfase na Doutrina, na "lei seca" ou mesmo na Jurisprudência); explorando, também, a forma de estruturação das questões subjetivas, com alertas para "pegadinhas" dos examinadores e algumas sugestões de respostas e, por fim, fornecendo material para auxiliar nos estudos, por meio de sugestões de bibliografia, organização de estudo, sites relevantes para a preparação e, ainda, noções que auxiliem na preparação e realização da prova oral que encerra os certames.

E com isso entregamos ao candidato três peças fundamentais: tempo, organização e um caminho mais curto para a aprovação, esperando vê-los, brevemente, nos quadros de nossa instituição para, juntos, honrarmos com bravura o segundo mandamento contido no "Decálogo do Promotor de Justiça": "*Sê digno de tua grave missão, lembra-te de que falas em nome da lei, da justiça e da sociedade*".

Estudem e juntem-se a nós, futuros colegas.

Laura Minc Baumfeld

Promotora de Justiça

SOBRE OS AUTORES

ANDRÉ FREITAS LUENGO

Promotor de Justiça no Ministério Público do Estado de São Paulo. Ex-Analista Jurídico do Ministério Público do Estado de São Paulo. Aprovado para Delegado de Polícia do Estado do Rio Grande do Sul. Pós-graduado em Direitos Difusos e Coletivos pelo Centro Universitário Antônio Eufrásio de Toledo. Graduado em Direito pelo Centro Universitário Antônio Eufrásio de Toledo. Coautor no livro Sistema Constitucional de Garantias e seus mecanismos de proteção e na revista Pensamiento y Poder.

BRUNO RINALDIN

Promotor de Justiça do Estado do Paraná, ex-Promotor de Justiça do Estado de São Paulo, ex-Defensor Público Federal. Pós-Graduado em Direito Tributário pela UNICURITIBA. Formado em Direito e Administração de Empresas.

CARINA SENNA D'AVILA

Promotora de Justiça no Ministério Público do Estado do Rio de Janeiro. Foi advogada da Petróleo Brasileiro S.A. – PETROBRAS, no Jurídico Financeiro. Bacharelado em Direito pela Universidade do Estado do Rio de Janeiro. Pós-graduanda em Ciências Penais pelo Instituto de Educação Roberto Bernardes Barroso do Ministério Público do Estado do Rio de Janeiro (IERBB/MPRJ).

(@carina.sennadavila)

HELENO RIBEIRO P. NUNES FILHO

Promotor de Justiça do Estado do Rio de Janeiro (MPRJ). Pós-graduado pela Escola da Magistratura do Estado do Rio de Janeiro (EMERJ). Graduado pela Universidade Federal do Rio de Janeiro (UFRJ/FND). 1º Lugar na primeira fase do XXXV Concurso do MPRJ (2018).

(@helenonunesmprj)

LAURA MINC BAUMFELD

Promotora de Justiça (MPRJ). Ex Defensora Pública (DPPR). Pós-Graduada em Direito Público. Autora de diversos livros para concursos.

MARCELO ABRAMOVITCH

Promotor de Justiça do Estado do Rio de Janeiro

MATHEUS KUHN GONÇALVES

Promotor de Justiça (MPRO). Graduado pela Universidade Federal de Rondônia. Pós-Graduado em Penal, Processo Penal e Combate à Corrupção. Mestre em Ciências Jurídicas. Ex-Defensor Público. Autor de Obras Jurídicas. Professor Universitário, de Pós-Graduação e de Cursos Preparatórios para Concursos Públicos e OAB.

(@professormatheuskuhn)

TEILOR SANTANA DA SILVA

Promotor de Justiça, membro do Ministério Público do Estado do Paraná (MPPR). Pós-Graduado em Direito Processual Penal. Ex-servidor do Ministério Público do Estado do Rio Grande do Sul (MPRS, Oficial do Ministério Público, aprovado em 1º lugar). Professor do Curso CEI, da Escola da Magistratura do Estado do Paraná (EMAP) e da Fundação Escola do Ministério Público do Estado do Paraná (FEMPAR). Autor de artigos publicados em periódicos especializados. Palestrante.

(@teilorss)

Sumário

DIREITO CONSTITUCIONAL

Marcelo Abramovitch

1 BIBLIOGRAFIA INDICADA

O estudo de Direito Constitucional para o Ministério Público Estadual não se distancia muito da tríade básica de estudo: a) doutrina, b) jurisprudência, c) lei seca.

Assim, é importante que o candidato incorpore a análise de cada um desses eixos, em sua rotina de estudos.

Em primeiro lugar, o candidato deve se preocupar em formar uma base teórica da matéria. Isso não significa que é preciso ter domínio completo de cada um dos temas abarcados pelo Direito Constitucional, o que poderia demandar anos de estudo e uma base bibliográfica demasiadamente vasta.

Sugiro que se escolha um manual de preferência, que abarque o maior número possível dos temas cobrados, para que haja familiaridade com os assuntos que mais caem nas provas de concurso público.

Neste ponto, há livros conceituados que dialogam bem com o mundo dos concursos, como é o caso das obras do professor Pedro Lenza. O doutrinador conhece bem a dinâmica atual das avaliações, proporcionando uma abordagem focada nos principais temas do Direito Constitucional

Os professores Marcelo Alexandrino e Vicente Paulo também atualizam constantemente o manual "Direito Constitucional Descomplicado", que ajuda a compreender alguns dos temas considerados complexos no âmbito do Direito Constitucional.

As obras clássicas também atendem à formação para o concurso público para ingresso nas carreiras do Ministério Público Estadual. O "Curso de Direito Constitucional Positivo", do professor José Afonso da Silva, aprofunda alguns dos temas que ainda geram debate na doutrina. Outra obra que traz posicionamento mais aprofundado a respeito de diversos temas é o "Curso de Direito Constitucional", elaborado pelo Ministro Gilmar Mendes.

Na mesma linha, o ministro Alexandre de Moraes também está no mercado com o manual de Direito Constitucional, que agrada a muitos estudantes.

Para o estudo do controle de constitucionalidade, a obra do ministro Luís Roberto Barroso ainda é referência no país.

Atualmente, sabe-se que a grande importância das obras doutrinárias é contribuir para a formação desse material-base. Assim, não se preocupem em esgotar o estudo. Aliás, seria impossível fazê-lo, devido à dinâmica dos entendimentos jurisprudenciais e à criatividade dos examinadores. O material deve ser complementado com cursos e com a atualização da jurisprudência.

Em relação à jurisprudência, o estudo de Direito Constitucional, por óbvio, deve se relacionar com a leitura dos informativos do Supremo Tribunal Federal, corte guardiã da Carta Magna. É possível que os exames cobrem, também, a jurisprudência do STJ em alguns temas, como Direito Ambiental e Direito Penal, que permeiam preceitos constitucionais importantes. Mas, para Direito Constitucional, o foco é no acompanhamento da jurisprudência do STF.

O site *Dizer o Direito,* já muito conhecido dos concurseiros, auxilia muito na compreensão dos principais julgados das Cortes Superiores.

Em relação aos dois primeiros eixos – jurisprudência e doutrina –, é preciso pontuar a importância dos cursos regulares. Um bom curso regular será importante para atualizar o candidato dos principais temas abordados pelos concursos públicos do Ministério Público Estadual.

Recomenda-se que o candidato se utilize de um "caderno", que deve ser entendido como um local em que serão concentradas todas as anotações sobre a matéria de Direito Constitucional. Assim, será mais fácil para o candidato revisar a matéria e absorver o conteúdo que se propôs a estudar.

Por fim, o candidato deve separar um tempo, durante a semana, para a leitura de lei seca. Por mais cansativo que seja, os certames do

MPE ainda cobram os dispositivos constitucionais em sua literalidade. Assim, ler e reler cada um dos artigos da Constituição da República deve ser considerado pelo candidato. Após a leitura, recomenda-se a realização de exercícios de concursos anteriores, para facilitar a absorção da matéria.

2 CONTEÚDO PROGRAMÁTICO NOS EDITAIS DE CADA MINISTÉRIO PÚBLICO ESTADUAL

Ao contrário dos concursos públicos da magistratura, que são regulamentados pelo CNJ, de forma a homogeneizar os certames para o ingresso na carreira de Juiz no país, os concursos para o Ministério Público Estadual não possuem uma normativa ampla sobre o tema. Assim, os conteúdos programáticos variam muito de acordo com cada um dos MPEs.

Para não confundir o leitor e tornar cansativa a leitura de 27 conteúdos programáticos, destacamos os pontos de Direito Constitucional de alguns certames mais recentes do Ministério Público Estadual, conforme abaixo explicitado.

MP/SP - 2019

1. Teoria da constituição. 1.1. Constitucionalismo. Conceito e classificação das constituições. 1.2. Poder constituinte: características, titularidade e classificação. Recepção, repristinação e desconstitucionalização. 1.3. Princípios constitucionais. Interpretação constitucional. Eficácia das normas constitucionais. 2. Direito constitucional brasileiro. 2.1. Princípios fundamentais. 2.2. Direitos e deveres individuais e coletivos. Direitos sociais. Ações Constitucionais. 2.3. Nacionalidade e direitos políticos. Partidos políticos. 2.4. Controle de constitucionalidade. 2.5. Organização do Estado. Federalismo. Repartição de competências. Intervenção federal e estadual. 2.6. Organização dos poderes. 2.7. Ministério Público. Organização, princípios, funções, garantias e vedações. Lei Orgânica Nacional do Ministério Público. Lei Orgânica do Ministério Público do Estado de São Paulo. 2.8. Tributação e orçamento. Sistema tributário nacional e finanças públicas. 2.9. Ordem Econômica e Financeira. Dos princípios gerais da atividade econômica; da política urbana; da política agrícola e fundiária; da reforma agrária. 2.10. Ordem Social. 2.11. Saúde. 2.12. Educação. 2.13. Meio ambiente. 2.14. Da família, da criança, do adolescente e do idoso

MPMG - 2019

1. Indivíduo, sociedade, nação, cidadão, Estado e governo. 2. Teoria da Constituição. 3.Constitucionalismo. 4. Conceito e

classificação das Constituições brasileiras. 5. Do poder constituinte: originário, derivado e decorrente. 6. Princípios constitucionais. 7. Da interpretação e aplicabilidade da norma constitucional. Constitucionalização do direito. 8. Do controle de constitucionalidade. 9. Dos princípios fundamentais previstos nas Constituições brasileiras, notadamente na Constituição da República Federativa do Brasil. 10. Dos direitos e garantias fundamentais. Histórico. Conceito, ideologia e distinção. Classificação. Funções. Aplicação dos direitos fundamentais nas relações privadas. Garantias constitucionais. Deveres fundamentais e deveres constitucionais. Âmbito de proteção dos direitos fundamentais e núcleo essencial. 11. Da organização do Estado brasileiro na história das Constituições. 12. Da organização dos Poderes. 13.Do Ministério Público: organização, princípios, funções, garantias e vedações. As Leis Orgânicas do Ministério Público: Lei Orgânica Nacional do Ministério Público (Lei n.º 8.625/93), Lei Orgânica do Ministério Público da União (Lei Complementar Federal n.º 75/93), Lei Orgânica do Ministério Público do Estado de Minas Gerais (Lei Complementar n.º 34/94). 14. Da defesa do Estado e das instituições democráticas. 15. Jurisdição constitucional. Histórico. Modelos. Controle constitucional e critérios de valoração das disposições legislativas e constitucionais. 16. O processo de julgamento das ADins e ADCs perante o STF (Lei Federal n. 9.868/99). 17. O processo de julgamento das ADins e ADCs perante o Tribunal de Justiça de Minas Gerais. 18. A arguição de descumprimento de preceito fundamental (Lei Federal n. 9.882/99). 19. O processo de reclamação (Regimento Interno do STF). 20. Controle de convencionalidade. 21. Constituição da República Federativa do Brasil até a Emenda Constitucional nº 101/2019. 22. Da organização do Estado de Minas Gerais, com destaque para a organização dos Poderes (Constituição do Estado de Minas Gerais). 23. Súmulas Vinculantes. Precedentes constitucionais. Transconstitucionalismo e Constituição transversal.

MPRS 2016

Constituição e Direito Constitucional. Conceitos de Constituição e noções gerais. Ciclos constitucionais, classificação das Constituições. Divisão do Direito Constitucional. Relação do Direito Constitucional com outras disciplinas jurídicas. Fontes do Direito Constitucional. Evolução histórica das constituições brasileiras. Mudança constitucional. Ato das Disposições Constitucionais Transitórias. Princípios fundamentais da República. Fundamentos, poderes, objetivos, princípios. Poder Constituinte. Poder estatal e poder constituinte. Espécies de poder constituinte. Poder constituinte e revolução. Controle de constitucionalidade das leis e Constitucionalismo. Jurisdição constitucional. Supremacia e força normativa da Constituição. Controle político e controle jurisdicional. Doutrina das questões políticas. Tipos de controle de constitucionalidade no direito brasileiro. Espécies de controle de constitucionalidade no direito brasileiro. Ações declaratórias de inconstitucionalidade e constitucionalidade. Ação de inconstitucionalidade por omissão. Ação interventiva e ação de descumprimento de preceito fundamental. Arguição de inconstitucionalidade. Súmula com efeito vinculante. Normas constitucionais. Eficácia e aplicabilidade. Interpretação constitucional. Interpretação e construção. A doutrina dos poderes implícitos. Preâmbulo das Constituições. Princípios fundamentais. Direitos e garantias fundamentais. Teoria geral dos direitos fundamentais. Direitos individuais e coletivos. Direitos econômicos e sociais. Direitos de solidariedade. Efetividade e funcionalidade dos direitos fundamentais. Espécies de direitos fundamentais. Perspectivas subjetiva e objetiva dos direitos fundamentais. Sujeitos dos direitos fundamentais. Limites e restrições aos direitos fundamentais. Proibição de retrocesso social. Direitos Humanos. Tratados internacionais protetivos. Garantias e remédios constitucionais. Direito de petição e certidão. Habeas corpus. Habeas data. Mandado de segurança individual e coletivo. Mandado de injunção. Ação popular. Ação civil pública. Lei Federal nº 12.527/2011 (Lei de Acesso à Informação). Nacionalidade e cidadania. Aquisição, perda e reconhecimento da nacionalidade. Espécies. Condição jurídica do estrangeiro. Direitos políticos ativos e negativos. Inelegibilidades. Partidos políticos. Direitos políticos. Direitos positivos e negativos. Direito ao sufrágio, ao voto e ao escrutínio. Plebiscito e referendo. Elegibilidade e inelegibilidades. Perda e suspensão dos direitos políticos. Bases constitucionais da administração pública. Princípios constitucionais aplicáveis. Lei Federal nº 12.846/2013 (Lei Anticorrupção) Organização do Estado. Estado federal. Organização, competências, autonomia e limitações da União, Estados-Membros, Distrito Federal, Territórios e Municípios. Administração Pública. Servidores. Governo representativo. Sistemas presidencial e parlamentar. Princípio da separação dos poderes. Organização dos Poderes. Poder Legislativo: estrutura, funcionamento e atribuições. Composição e organização. Competências. Comissões parlamentares de inquérito. Imunidades parlamentares. Processo legislativo. Espécies normativas. Poder Executivo. Organização. Atribuições e responsabilização política. Chefias de Estado, Governo e Administração. Crimes de responsabilidade e impeachment. Poder Judiciário. Órgãos, garantias e competências. Tribunal de Contas. Poderes, funções e competências. Intervenção: fundamentos, espécies e hipóteses. Competência, requisitos. Controles político e jurisdicional. Ministério Público. Perfil constitucional do Ministério Público. Garantias, prerrogativas e funções institucionais do Ministério Público. Advocacia Pública. Advocacia e Defensoria Pública. Conselho Nacional da Justiça e Conselho Nacional do Ministério Público. Da defesa do Estado e das instituições democráticas.

Segurança pública. Tributação e orçamento. Ordem econômica e financeira. Ordem social. Seguridade social. Educação, cultura e desporto. Ciência tecnologia. Comunicação social. Família: criança, adolescente, jovem, idoso. Os índios. Disposições constitucionais gerais. Emendas constitucionais. Jurisprudência e normas regulamentadoras dos dispositivos constitucionais. A Constituição do Estado do Rio Grande do Sul e suas disposições.

MPMT 2019

O Direito Constitucional. A Constituição: Conceitos, Objeto e Elementos. Poder Constituinte: Origens, Conceitos, Espécies. Revisão e Reforma da Constituição. Princípios fundamentais do Estado de Direito: Princípio Republicano, do Estado de Direito Democrático, da Dignidade da Pessoa Humana, da Divisão dos Poderes, do Pluralismo Político, da Isonomia e da Legalidade. Direitos Políticos e Partidos Políticos. Elegibilidade e inelegibilidades. Perda e suspensão dos direitos políticos. A Constituição do Estado de Mato Grosso. Jurisprudência dominante do Supremo Tribunal Federal. 2. O Controle de Constitucionalidade: Origens, Fundamentos, Espécies. O Processo de Controle de Normas: Natureza, Espécies, Legitimação e Participação, Procedimentos, a Decisão e seus efeitos. Classificação das Constituições. Supremacia e força normativa da Constituição. Comissão Parlamentar de Inquérito. Mandado de Injunção. Jurisprudência dominante do Supremo Tribunal Federal. 3. A Teoria das Normas Constitucionais: Normatividade Constitucional, Classificações, Eficácia e Aplicabilidade das Normas Constitucionais. A Hermenêutica Constitucional. Nacionalidade. Comunicação Social. Habeas Corpus. Mandado de Segurança. Jurisprudência dominante do Supremo Tribunal Federal. 4. A Teoria dos Direitos Fundamentais. A Interpretação dos Direitos Fundamentais. Funções, Limites e Restrições aos Direitos Fundamentais. Dimensões Subjetiva e Objetiva dos Direitos Fundamentais. Titularidade dos Direitos Fundamentais. O Estado Federal: Composição e Formação de seus Entes. Garantias constitucionais processuais. Da Segurança Pública: Polícia Civil, Polícia Militar, Corpo de Bombeiros Militar. Jurisprudência dominante do Supremo Tribunal Federal. 5. O Estado: Origem, Estrutura, Formas e Sistemas de Governo, Formas de Estado. A República. Direitos, Deveres e Garantias Fundamentais Individuais e Coletivos na Constituição Brasileira. Ação Popular. Ação Civil Pública. A Organização Político-administrativa do Estado Brasileiro. Autonomia dos Entes Federados e Intervenção. Jurisprudência dominante do Supremo Tribunal Federal. 6. A Organização dos Poderes. O Poder Legislativo: Funções, Atribuições, Imunidades e Prerrogativas de seus Membros. Distribuição Constitucional do Exercício da Jurisdição. Orçamento e Fiscalização Financeira e Orçamentária. O Poder Executivo: Funções, Estrutura. Atribuições do Presidente da República. Defesa do Estado e das Instituições Democráticas.

Habeas Data. Jurisprudência dominante do Supremo Tribunal Federal. 7. A Função Jurisdicional e o Poder Judiciário: Organização e Estrutura, Funções, Princípios, Garantias e Vedações, Direitos, Deveres e Responsabilidade dos Juízes. Processo Legislativo. Espécies normativas. Organização Judiciária do Estado do Mato Grosso. Repartição Constitucional de Competências: Natureza e Competências da União, Estados, Distrito Federal e Municípios. Jurisprudência dominante do Supremo Tribunal Federal. 8. Funções Essenciais à Justiça. Do Ministério Público: Organização, Princípios, Funções, Garantias, Vedações. Conselho Nacional do Ministério Público. As Leis Orgânicas do Ministério Público: Lei Orgânica Nacional do Ministério Público (Lei nº 8.625/1993), Lei Orgânica do Ministério Público da União (Lei Complementar Federal nº 75/1993), Lei Orgânica do Ministério Público do Estado do Mato Grosso (Lei Complementar nº 416/2010). A Advocacia e a Defensoria Pública. Jurisdição constitucional. Meio Ambiente. Família. Responsabilidade do Presidente da República, dos Ministros de Estado, dos Governadores e Secretários dos Estados. Jurisprudência dominante do Supremo Tribunal Federal. 9. A Administração Pública: Princípios, Licitação e Contratações Públicas, Concurso Público, Servidores Públicos Civis e Militares. Improbidade Administrativa. Responsabilidade Civil Objetiva do Poder Público. A Ordem Econômica e Financeira: Princípios Gerais da Atividade Econômica, Política Urbana, Política Agrícola e Fundiária, Reforma Agrária e Sistema Financeiro Nacional. Jurisprudência dominante do Supremo Tribunal Federal. 10. A Ordem Social. Seguridade Social: Saúde, Previdência e Assistência Social. Direitos Fundamentais Sociais. Educação, Cultura e Desporto. Ciência e Tecnologia. Criança. Adolescente e Idoso. A Defesa pelo Ministério Público dos Direitos Indisponíveis, Difusos, Coletivos e Individuais Homogêneos. Disposições Constitucionais Gerais. Súmulas Vinculantes. Constituição transversal. O processo de reclamação (Regimento Interno do STF). Jurisprudência dominante do Supremo Tribunal Federal.

Em análise dos conteúdos programáticos escolhidos para representar os demais MPEs, é possível identificar um padrão seguido pelas Bancas Examinadoras.

Apesar de Direito Constitucional ser um tema deveras complexo e passível de gerar debates doutrinários de grandeza ímpar, a disciplina possui um arcabouço normativo bem delimitado.

Dessa forma, no plano dogmático, a matéria teórica se concentra nos assuntos já abordados pelos manuais indicados acima na bibliografia. Basta passar os olhos pelos sumários dos principais livros que haverá uma familiaridade com a matéria. Assim, os principais temas abordados pela doutrina também são os preferidos das Bancas Examinadoras:

> *Teoria da Constituição; conceito e classificação da Constituição; Constitucionalismo; neoconstitucionalismo; Poder Constituinte; Interpretação Constitucional; princípios constitucionais; força normativa da constituição; Hermenêutica Constitucional; Teoria dos Direitos Fundamentais; Revisão e Reforma da Constituição; Eficácia das normas constitucionais.*

Enfim, são apenas alguns exemplos de matérias cobradas que se relacionam com o plano teórico.

Mais uma vez, chamamos a atenção do leitor para uma constatação importante. Há diversos temas demasiadamente complexos, a exemplo da hermenêutica constitucional, que possui raízes na filosofia constitucional. Contudo, para a avaliação relacionada aos concursos públicos, basta que o candidato tenha uma noção básica do assunto, não sendo necessário o aprofundamento na matéria. Além de desnecessário, será contraproducente, uma vez que o candidato deve se focar nos principais pontos cobrados nas mais diversas provas do Ministério Público Estadual.

Seguindo com o exame dos conteúdos programáticos dos editais, um tema teórico merece destaque, principalmente por sua aplicabilidade prática e importância nos julgamentos do STF: "CONTROLE DE CONSTITUCIONALIDADE". É necessário que o leitor dedique atenção especial ao tema, o qual é de predileção das bancas examinadoras.

Outro ponto que salta aos olhos nos editais é a menção expressa a cada um dos capítulos da Constituição da República, evidenciando a importância da leitura de *"letra de lei"*. Aqui, solicitamos ao leitor que verifique o sumário da Constituição da República vigente. Nele, o candidato observará diversos temas abordados expressamente pelos conteúdos programáticos dos certames.

Novamente, não será colado, nesse livro, todo o sumário da Carta Magna, uma vez que basta ao leitor acessá-lo diretamente no texto constitucional escrito ou no *site* do Planalto. Contudo, apenas para ilustrar o raciocínio aqui exarado, seguem apenas os títulos previstos na Constituição, os quais abarcam grande parte dos temas contidos nos editais:

> *TÍTULO I - DOS PRINCÍPIOS FUNDAMENTAIS*
>
> *TÍTULO II - DOS DIREITOS E GARANTIAS FUNDAMENTAIS*
>
> *TÍTULO III - DA ORGANIZAÇÃO DO ESTADO*
>
> *TÍTULO IV - DA ORGANIZAÇÃO DOS PODERES*
>
> *TÍTULO V - DA DEFESA DO ESTADO E DAS INSTITUIÇÕES DEMOCRÁTICAS*
>
> *TÍTULO VI - DA TRIBUTAÇÃO E DO ORÇAMENTO*

TÍTULO VII - DA ORDEM ECONÔMICA E FINANCEIRA

TÍTULO VIII - DA ORDEM SOCIAL

TÍTULO IX - DAS DISPOSIÇÕES CONSTITUCIONAIS GERAIS

Ainda no melhor espírito de *"letra de lei"*, verifica-se que alguns editais indicam a importância do estudo das ações constitucionais: *habeas data, habeas corpus*, mandado de segurança, ação popular, mandado de injunção, ação popular, ação civil pública. Assim, ressalta-se o fato de que não bastaria a leitura da Constituição da República, sendo relevante a análise de leis esparsas - 12.016/2009, 13.300/2016, 4.717/65, 9.507/1997, dentre outras.

Outro tema de destaque no estudo do Direito Constitucional para o Ministério Público Estadual diz respeito à própria estrutura da instituição para a qual se pretende ingressar. Verifica-se a incidência de temas relacionados ao próprio "Ministério Público".

Neste ponto, além de uma leitura atenta aos dispositivos pertinentes na Constituição da República – 127 a 130-A –, faz-se necessária a análise da Lei 8.625/93 (Lei Orgânica Nacional) e da Lei Orgânica do Ministério Público do ente estadual respectivo.

O estudo mais aprofundado da instituição pode ser deixado para a segunda fase, além de ser objeto de matéria específica na maioria dos concursos públicos sob o título de "Princípios Institucionais". Contudo, é sempre um diferencial para o candidato se familiarizar com a instituição, o que constitui, inclusive, um facilitador para a solução de algumas questões formuladas pela Banca Examinadora.

Por fim, alguns editais destacam expressamente a jurisprudência do STF, mas não há necessidade, uma vez que, ainda que não se encaixe totalmente em algum dos pontos do edital, todo julgado recentemente apreciado pela Corte Constitucional adquire especial relevância, em cada um dos concursos públicos do Ministério Público Estadual. Assim, nunca é demais repetir: o candidato deve estar em dia com a jurisprudência atualizada dos Tribunais Superiores, por meio dos informativos divulgados.

3 ANÁLISE GERAL DAS ÚLTIMAS PROVAS OBJETIVAS

Em razão da imensa quantidade de provas dos Ministério Públicos Estaduais na última década, serão analisados apenas alguns certames, para não cansar o leitor.

De início, é preciso pontuar que muitos concursos do Ministério Público Estadual são realizados por bancas próprias. Contudo, em diversos estados, especialmente aqueles das regiões norte e nordeste, são contratadas bancas externas, como a FCC, a CESPE e a FMP, que possuem estilos próprios de avaliação.

A prova do MPE do Rio de Janeiro possui dinâmica peculiar, uma vez que a primeira fase já é no estilo de questões discursivas, chamada informalmente de "provão". Apesar de discursiva, a prova pode ser considerada objetiva, não podendo a resposta ultrapassar 10 linhas. Assim, o candidato deve treinar seu raciocínio para responder diretamente àquilo que lhe é perguntado. A técnica de demonstrar o maior conteúdo possível pode ser perigosa nessa prova, pois é provável que o candidato se perca e não responda adequadamente à questão proposta. Objetividade, nesse certame, é a peça-chave para as respostas formuladas. Ademais, destaca-se que é possibilitada a consulta à legislação, já na primeira fase.

Em relação aos pontos mais cobrados, é fácil notar a enorme prevalência dos seguintes temas:

- **a)** Controle de Constitucionalidade
- **b)** Teoria da Constituição
- **c)** Teoria dos Direitos Fundamentais e Direitos Sociais
- **d)** Princípios Constitucionais
- **e)** Organização do Estado
- **f)** Poder Legislativo
- **g)** Remédios Constitucionais

É importante se atentar para o tema "Organização do Estado", referente ao título III da Constituição da República – artigos 18 e seguintes. Aqui, foram reunidos temas diversos, dentro desse universo maior.

Grande parte dos conteúdos cobrados, nesse tópico, refere-se à repartição de competências, tanto no âmbito administrativo quanto na esfera legislativa. No caso, faz-se importante a leitura seca da Constituição, principalmente dos artigos 21 a 24, que possuem predileção das bancas examinadoras nas provas de múltiplas escolhas. Para agregar conteúdo à leitura, os julgados do Supremo Tribunal Federal que versam sobre competência legislativa ou administrativa auxiliam na compreensão da matéria.

Outros temas abrangentes também foram condensados em títulos como "Teoria da Constituição" ou "Teoria dos Direitos Fundamentais". As bancas examinadoras gostam de explorar diversas nuances desses temas. Contudo, ao identificar a matéria cobrada naquele tópico, cabe ao concursando buscar entender aquele assunto com o auxílio da doutrina, que proporcionará uma base mais sólida para as resoluções de questões similares.

Como já mencionado acima, as bancas costumam cobrar a leitura da Constituição, que apresenta uma vasta gama de conteúdo. Assim, capítulos como a ordem econômica e financeira, a tributação e o orçamento, dentre outros afetos a matérias diversas, também devem ser lidos, sem a necessidade de complementação doutrinária mais apurada.

Em relação aos direitos fundamentais, as bancas examinadoras dão maior enfoque aos direitos sociais, questionando sobre aspectos específicos relacionados à educação, à saúde, à infância e à juventude, dentre outros. Aliás, para compreender o controle judicial de políticas públicas, o julgado paradigmático da ADPF 45 e a jurisprudência posterior devem ser de conhecimento do candidato.

O tema de controle de constitucionalidade também é bastante cobrado, como já tratamos acima. Assim, o candidato deve estar familiarizado com os procedimentos da ADC, ADI, ADO, ADPF. Além disso, devem saber como o próprio STF se posiciona acerca das principais controvérsias a respeito do tema. Mais uma vez, recomenda-se a obra de Luís Roberto Barroso sobre a matéria.

Após essa breve explanação geral, seguem os temas cobrados pelos certames escolhidos para ilustrar as exigências relacionadas ao Direito Constitucional:

MPPR 2018:

1 - Interpretação Constitucional

2 - Organização do Estado. Repartição de competências

3 - Organização do Estado. Intervenção Federal.

4 - Controle de Constitucionalidade. Interpretação constitucional.

5- Controle de Constitucionalidade

6 - Controle de Constitucionalidade

7 - Teoria dos Direitos Fundamentais

8 - Teoria dos Direitos Fundamentais

9 - Remédios Constitucionais

10 - Processo Legislativo

11 - Poder Judiciário

12 - Ordem Econômica e Financeira

13 - Constituição Estadual

MPSP 2019:

1 - Direitos Políticos

2 - Direitos Sociais

3 - Administração Pública

4 - Organização do Estado

5 - Poder Legislativo

6 - Controle de Constitucionalidade

7 - Controle de Constitucionalidade

8 - Organização do Estado

9 - Ministério Público

10 - Teoria dos Direitos Fundamentais

11 - Poder Legislativo

12 - Direitos Sociais

MPMG 2019:

1 - Teoria da Constituição

2 - Teoria da Constituição

3 - Defesa do Estado e das Instituições Democráticas

4 - Direitos Políticos

5 - Organização Político-Administrativa do Estado,

6 - Processo Legislativo

7 - Direitos Sociais

8 - Administração Pública

9 - Organização Político-Administrativa do Estado

10 - Teoria dos Direitos Fundamentais

MPMT 2019:

1 - Teoria dos Direitos Fundamentais

2 - Controle de Constitucionalidade

3 - Organização Político-Administrativa do Estado

4 - Processo Legislativo

5 - Organização dos Poderes na CF

6 - Ordem Social. Direitos Sociais.

MPMS 2018:

1 - Princípios constitucionais
2 - Teoria da Constituição
3 - Remédios Constitucionais
4 - Controle de Constitucionalidade
5 - Remédios Constitucionais
6 - Função social da propriedade
7 - Direitos Políticos
8 - Direitos Políticos
9 - Organização do Estado
10 - Organização do Estado - repartição de competências
11 - Administração Pública
12 - Processo Legislativo

Tendo em vista os concursos selecionados, as disciplinas com maior incidência foram observadas da seguinte forma:

- Organização do Estado – 10
- Controle de Constitucionalidade - 7
- Processo Legislativo - 6
- Direitos Políticos - 5
- Teoria dos Direitos Fundamentais - 5
- Remédios Constitucionais - 3
- Administração Pública - 3
- Teoria da Constituição - 3
- Direitos Sociais - 3
- Interpretação constitucional – 2
- Ministério Público - 1
- Poder Judiciário - 1
- Ordem Econômica e Financeira - 1
- Constituição Estadual - 1
- Defesa do Estado e das Instituições Democráticas - 1
- Organização dos Poderes na CF - 1
- Princípios Constitucionais - 1
- Função social da propriedade - 1

Passa-se, então, à análise de algumas questões que já foram objeto de indagação por parte do Examinador, de forma a se analisar a forma de abordagem de alguns pontos cobrados pelos editais.

Sobre a organização do Ministério Público, o MPE de São Paulo cobrou o tema da seguinte forma:

Assinale a alternativa INCORRETA:

- **A** Compete ao Procurador-Geral de Justiça dispor sobre a organização e o funcionamento do Ministério Público, podendo, por meio de ato normativo, regulamentar a criação ou extinção de Procuradorias e Promotorias de Justiça.
- **B** A iniciativa legislativa prevista no art. 127, § 2º, da Constituição, para a criação de cargos e serviços auxiliares, a política remuneratória e os planos de carreira do Ministério Público, no âmbito estadual, é privativa do Procurador-Geral de Justiça.
- **C** A independência funcional garantida pelo art. 127, § 1º, da Constituição da República, não é irrestrita, pois o membro do Ministério Público deve respeito à Constituição República e às leis.
- **D** O princípio do Promotor Natural decorre das garantias da inamovibilidade dos membros do Ministério Público, da independência funcional, do devido processo legal, e do postulado da autoridade natural inerente à cláusula do devido processo legal, o que impede ao Procurador-Geral de Justiça designar, livremente, os membros do Ministério Público ou escolher, segundo critérios de conveniência e oportunidade, quem deva apreciar este ou aquele fato.
- **E** O art. 128, § 5º, da Constituição da República, não substantiva reserva absoluta à lei complementar para conferir atribuições ao Ministério Público ou a cada um dos seus ramos, na União ou nos Estados-membros, porque a Constituição Federal admite que a Instituição possa exercer outras funções que lhe forem conferidas, desde que compatíveis com sua finalidade, sendo-lhe vedada a representação judicial e a consultoria jurídica de entidades públicas. Leis ordinárias, portanto, podem aditar novas funções às diretamente outorgadas ao Ministério da Público pela Constituição.

Resposta: alternativa "A".

Percebe-se que o Examinador tratou como conteúdo mínimo a ser dominado pelo candidato a leitura dos dispositivos constitucionais pertinentes. A partir de então, buscou que o candidato demonstrasse conhecimento a respeito da matéria, em termos teóricos.

A questão acima ilustrada exemplifica o que dissemos acima, sobre uma única questão cobrar conhecimento da legislação, da doutrina e da jurisprudência, de forma que o estudo deve ser dinâmico e não roteirizado.

Por sua vez, o tema "controle de constitucionalidade", por render debates doutrinários e jurisprudenciais consiste em aposta certeira para a matéria de Direito Constitucional. Seguem exemplos de como a matéria já foi cobrada.

CONTROLE DE CONSTITUCIONALIDADE

MPE MS 2018

Quanto ao controle de constitucionalidade, assinale a alternativa correta.

A Lei estadual ofensiva à norma da Constituição do respectivo Estado, que se limite a reproduzir preceito da Constituição Federal de observância obrigatória no âmbito das unidades federadas, pode ser impugnada, em sede de controle abstrato, exclusivamente de nível estadual, sendo cabível a interposição de recurso extraordinário da decisão proferida pelo Tribunal de Justiça.

B É inadmissível o controle concentrado de constitucionalidade de normas de efeitos concretos.

C Podem ser objeto de ação declaratória de constitucionalidade exclusivamente as leis e os atos normativos federais e estaduais.

D Segundo a posição atual do Supremo Tribunal Federal, a declaração incidental de inconstitucionalidade de uma lei, em sede de controle difuso de constitucionalidade, terá efeito vinculante e erga omnes.

E O Governador do Estado tem legitimação ativa para propor a ação direta de inconstitucionalidade no âmbito do Supremo Tribunal Federal, não se exigindo deste a comprovação da pertinência temática.

Resposta: alternativa "D".

MPE MT 2019

De acordo com disposições normativas pertinentes e o entendimento do Supremo Tribunal Federal (STF) acerca do controle de constitucionalidade no direito brasileiro,

A o Estado-membro possui legitimidade para recorrer contra decisão proferida em sede de controle concentrado de constitucionalidade, ainda que a ação respectiva tenha sido ajuizada por seu governador.

B a ação direta de inconstitucionalidade de competência originária do STF é o meio processual adequado para o controle de decreto regulamentar de lei estadual.

C a alteração do parâmetro constitucional, quando o processo ainda está em curso, prejudica o conhecimento da ação direta de inconstitucionalidade.

D Tribunais de Justiça podem exercer controle abstrato de constitucionalidade de leis municipais utilizando como parâmetro normas da Constituição Federal, desde que se trate de normas de reprodução obrigatória pelos estados.

E não poderá ser conhecida e julgada ação direta de inconstitucionalidade que tenha por objeto medida provisória que, antes do julgamento da ação, seja convertida em lei, sem alterações

Resposta: alternativa "D".

Em ambas as questões, além de dominar o processo das ações de controle de constitucionalidade, o candidato tinha que estar atualizado com a recente jurisprudência do STF.

Logo antes, do certame, o Supremo Tribunal Federal tinha julgado a ADI 3406, que admitiu a teoria da abstrativização do controle difuso, cobrada na primeira questão acima destacada. Na segunda questão, cobrou-se o seguinte posicionamento:

"Tribunais de Justiça podem exercer controle abstrato de constitucionalidade de leis municipais utilizando como parâmetro normas da Constituição Federal, desde que se trate de normas de reprodução obrigatória pelos estados."

STF. RE 650898-RS, Plenário. Rel. originário Min. Marco Aurélio, Rel. para acórdão Min. Roberto Barroso, julgado em 01/02/2017 (repercussão geral).

TEORIA DOS DIREITOS FUNDAMENTAIS

MPE PR 2018

Sobre direitos fundamentais, é correta a afirmação:

A A caracterização de um direito como fundamental não é determinada apenas pela relevância do bem jurídico tutelado por seus predicados intrínsecos, mas também pela relevância que é dada a esse bem jurídico pelo constituinte, mediante atribuição da hierarquia correspondente (expressa ou implicitamente) e do regime jurídico-constitucional assegurado às normas de direitos fundamentais.

B O princípio da universalidade significa que todas as pessoas, pelo fato de serem pessoas, são titulares dos direitos fundamentais consagrados na Constituição, sendo ilegítima qualquer distinção entre nacionais e estrangeiros.

C O desfrute dos direitos fundamentais por parte dos brasileiros depende da efetiva residência em território brasileiro, pois a titularidade não depende exclusivamente do vínculo jurídico da nacionalidade.

D As pessoas jurídicas de direito público são titulares de direitos fundamentais apenas de cunho processual (por exemplo, o contraditório e a ampla defesa), sendo incompatíveis com sua natureza direitos de natureza estritamente material.

E Por serem dotadas de eficácia plena e de aplicabilidade direta, as normas de direitos fundamentais não estão sujeitas à regulamentação, sendo imunes à imposição de restrições e limitações.

Resposta: alternativa "A".

Ainda sobre direitos fundamentais, assinale a alternativa incorreta:

A Viola o princípio da isonomia a norma que veda o exercício da atividade de advocacia por aqueles que desempenham, direta ou indiretamente, serviço de caráter policial.

B Os cidadãos transgêneros têm direito à alteração de prenome e gênero diretamente no registro civil, cujos pedidos podem ser baseados unicamente no consentimento livre e informado pelo solicitante, independentemente da cirurgia de transgenitalização ou da realização de tratamentos hormonais ou patologizantes, sendo desnecessário qualquer requisito atinente à maioridade, ou outros que limitem a adequada e integral proteção da identidade de gênero autopercebida, constituindo a exigência da via jurisdicional limitante incompatível com essa proteção.

C É legítima a solicitação de informações pelo Ministério Público diretamente ao Conselho de Atividades Financeiras – COAF para instruir procedimento investigatório criminal, para apuração de crimes de lavagem, ocultação de bens, direitos e valores, prescindido-se de autorização judicial.

D Dados obtidos em interceptação de comunicações telefônicas e em escutas ambientais, judicialmente autorizadas para produção de prova em investigação criminal ou em instrução processual penal, podem ser usados em procedimento administrativo disciplinar, contra a mesma ou as mesmas pessoas em relação às quais foram colhidos, ou contra outros servidores cujos supostos ilícitos teriam despontado à colheita dessa prova.

E A liberdade de expressão autoriza que os meios de comunicação optem por determinados posicionamentos e exteriorizem seu juízo de valor, bem como autoriza programas humorísticos, "charges" e sátiras realizados a partir de trucagem, montagem ou outro recurso de áudio e vídeo, como costumeiramente se realiza, não havendo nenhuma justificativa constitucional razoável para a interrupção durante o período eleitoral.

Resposta: alternativa "A"

Como se vê, o tema de Direito Fundamental, por vezes, é utilizado pelo Examinador, para trazer reflexões principiológicas, com base em teorias já acatadas pelas cortes pátrias.

PROCESSO LEGISLATIVO

De acordo com o ordenamento jurídico brasileiro e a jurisprudência do Supremo Tribunal Federal acerca das medidas provisórias,

A é compatível com a Constituição Federal a inserção de emendas parlamentares ao projeto de conversão em lei de medida provisória, independentemente da relação de pertinência temática com a medida provisória originalmente submetida à apreciação das Casas do Congresso Nacional.

B a definição do que seja relevante e urgente para fins de edição de medidas provisórias consiste, em regra, em um juízo político de competência do Presidente da República, controlado pelo Congresso Nacional, não cabendo ao Poder Judiciário, salvo em caso de notório abuso, imiscuir-se na análise dos referidos pressupostos constitucionais.

C é constitucional medida provisória ou lei decorrente de conversão de medida provisória cujo conteúdo normativo caracterize a reedição, na mesma sessão legislativa, de medida provisória anteriormente rejeitada, de eficácia exaurida por decurso do prazo ou que ainda não tenha sido apreciada pelo Congresso Nacional dentro do prazo estabelecido pela Constituição Federal.

D o sobrestamento das deliberações legislativas decorrentes da não apreciação de medidas provisórias no prazo de 45 dias contados de sua publicação alcança todas as proposições legislativas que tramitem no Congresso Nacional, e não somente as que versem sobre temas passíveis de serem tratados por medida provisória.

E somente é compatível com a Constituição Federal a edição de medidas provisórias pelo Presidente da República, não sendo admissível sua adoção pelos chefes do Poder Executivo dos estados por se tratar de instrumento de exceção ao princípio da separação dos poderes, a comportar interpretação restritiva.

Resposta: alternativa "B".

Além das medidas provisórias, outro tema líder de cobrança em provas objetivas é o relativo às comissões parlamentares de inquérito.

Em relação ao processo legislativo, basta saber o trâmite já regulado pela Constituição de 1988 e o entendimento jurisprudencial acerca de alguns pontos específicos. Os concursos, mormente em provas objetivas, não costumam cobrar minúcias do regimento interno das Casas Legislativas.

4 DICAS FINAIS PARA OS CANDIDATOS:

Em Direito Constitucional, é difícil separar as questões que exigem leitura de lei daquelas que exigem conhecimento jurisprudencial e, ainda, das que exigem um conhecimento doutrinário mais aprofundado.

Geralmente, na mesma questão, misturam-se as três exigências. O controle de constitucionalidade é um bom exemplo para tanto. É preciso saber o tratamento dado pela Constituição e pelas leis esparsas. Mas, em grande parte dos certames, isso não basta. É preciso saber como o STF aborda as controvérsias sobre o assunto. Em muitos casos, ainda, além da linha adotada pelo STF, faz-se importante saber a base doutrinária que fundamentou aquele posicionamento ou, até mesmo, as doutrinas que divergem do posicionamento dominante.

Fazer exercícios anteriores é uma ótima maneira de revisar o conhecimento já adquirido e verificar se já houve a absorção daquele conteúdo.

Além de o candidato conseguir acessar as provas e os gabaritos anteriores nas páginas oficiais dos Ministérios Públicos correspondentes ou nos sites das Bancas Contratadas (FCC, CESPE, FMP, CEFET), há sites especializados em exercícios que auxiliam o candidato a entender o mundo dos concursos, como o www.qconcursos.com.

Apesar de as bancas próprias não terem o costume de repetir a mesma cobrança, é possível perceber uma linha de abordagem daquele certame. Ademais, a cada exercício, o candidato pode perceber um ponto próprio de fragilidade a ser aprimorado.

Por exemplo, se o candidato, ao ser indagado sobre neoconstitucionalismo, perceber que ainda não teve a oportunidade de abordar devidamente o tema, pode buscar maior conhecimento sobre o assunto e incrementar seu caderno com as anotações pertinentes.

Além dos exercícios, a revisão dos materiais-base, já abordados acima, são essenciais para a afixação do conteúdo. A análise das provas leva o candidato a perceber que, mais importante do que buscar conteúdos novos a todo tempo, é a revisão dos conteúdos já adquiridos, de forma a naturalizar a abordagem relacionada à matéria.

Outra dica importante refere-se ao autoconhecimento. De tempos em tempos, o candidato deve fazer simulados de provas inteiras, de forma a analisar sua evolução pessoal. As pessoas que passam nos concursos são aquelas que têm uma boa percepção sobre si mesmas. Não adianta a pessoa ter horas de estudos diários, se o conteúdo analisado não é absorvido de forma satisfatória.

Aliás, o autoconhecimento também é importante para que o candidato entenda quais as modalidades de estudo servem para si. Não adianta o leitor buscar saber como outra pessoa passou rapidamente para concurso, se a realidade do colega é totalmente diversa. Aliás, a realidade de cada um é demasiadamente única.

Cabe ao candidato olhar para a sua rotina e perceber qual meio de estudo melhor se adapta à sua realidade.

Há pessoas que assistem a cursos preparatórios e absorvem tanto o conteúdo repassado que são capazes de fazer a prova apenas com os cadernos elaborados. Há pessoas que não deixam de lado o estudo doutrinário, porque absorvem melhor quando entendem todo o conceito por trás daquela matéria. Há pessoas que, após estudarem determinado assunto, absorvem melhor o conteúdo após centenas de exercícios.

Enfim, há milhares de técnicas de estudo. Cabe ao candidato entender qual a luva que mais se adequa à sua mão, ou seja, qual o modelo de estudo que se adapta à sua própria rotina. Na verdade, nenhum método será eficaz se não houver a necessária adaptação à vida do leitor.

Evitem, assim, conselhos imperativos de pessoas que passaram sob circunstâncias absolutamente diversas das suas. Busquem aquilo que funciona para você.

DIREITO ADMINISTRATIVO

Heleno Ribeiro P. Nunes Filho

Administrativo

1 BIBLIOGRAFIA INDICADA

Certa vez, deram-me um valioso conselho: "tem que ler pelo menos um manual inteiro, de cabo a rabo, de cada matéria 'grande', a fim de garantir a base necessária não só para passar em um concurso, mas também para ser um bom profissional".

De fato, há quem entenda que é possível se viver de sinopses e/ou cadernos bem feitos – e pode ser verdade. Contudo, nos parece melhor que, conquanto possa levar mais tempo para passar, você irá adquirir uma base sólida em cima da qual será possível aparar as arestas que me levaram à aprovação.

Como diria o ditado, conhecimento nunca é demais. Se você acha que até poderia passar sem ler manuais, pelo menos terá a certeza de que, lendo-os, você será um profissional muito mais qualificado.

E, considerando que seja lá qual for a carreira jurídica que você escolher, a sua função será atender a sociedade – nas mais diversas maneiras –; assim, nada mais justo do que você garantir a ela um trabalho impecável. Afinal, você será remunerado a altura do cargo.

Pois bem. Dito isso, temos que ter em mente que antes de qualquer aprofundamento em Direito Administrativo é preciso saber o básico. E, para isso, temos diversos manuais excelentes no mercado, cada um com sua característica e particularidade.

O mais importante de tudo na hora de escolher por qual estudar – porque você só vai ler um deles, óbvio – é compará-los para entender qual deles te agrada mais. A verdade é que o melhor livro do mundo é aquele que você vai ler.

Eis um excelente *modus operandi*: entre em uma livraria, pegue 3 ou 4 manuais de Direito Administrativo, por exemplo, e leia o mesmo tema (*v.g.* atos administrativos) em todos eles. O que mais te agradar por ser mais completo, mais fácil de entender ou, às vezes, até mais direto, será o seu manual base.

Nesse sentido, a seguir iremos comentar um pouco de cada manual para tentar te dar uma mínima noção do que esperar deles, sem perder de vista que o ideal é que você faça esse "ritual" supramencionado e escolha aquele com o qual você mais se identificou.

Logo de início, não é possível fazer indicações bibliográficas da disciplina sem falar do *Manual de Direito Administrativo* do professor José dos Santos Carvalho Filho. Sem dúvidas, a obra é a mais completa e aprofundada existente hoje no mercado. Contudo, por ser extenso, é possível que não seja a mais indicada para a sua base – e sim para consultas esporádicas a temas específicos.

Por outro lado, uma obra bem objetiva e completa que atende de forma eficaz ao escopo de manual base (e foi o usado por mim durante meus estudos) é o *Curso de Direito Administrativo*, do professor Rafael Carvalho Rezende Oliveira. O livro traz uma visão esquematizada das correntes doutrinárias acerca dos temas mais polêmicos do Direito Administrativo, assim como a jurisprudência sobre eles.

Além disso, ao final de cada capítulo, conta com um excelente quadro-resumo para uma revisão do que foi estudado. Se já não bastasse, alguns capítulos e temas mais relevantes vêm acompanhados de um *QRcode* cuja leitura te direciona para uma aula, em vídeo, sobre o assunto.

Por todas essas razões, entendemos ser o livro que mais atende ao propósito do concurso público. Isso porque a obra consegue ir do básico ao aprofundado na medida correta, em linguagem simples e objetiva, o que te faz ganhar tempo na leitura sem deixar de adquirir o conhecimento necessário para sua aprovação.

Ainda nesse formato, existe o *Direito Administrativo Descomplicado*, dos professores Marcelo Alexandrino e Vicente Paulo. Quando das primeiras edições, a obra ganhou uma (injusta) fama de que seria direcionada para "concursos menores", que cobravam Direito Administrativo de maneira mais rasa.

Contudo, conforme as edições foram sendo publicadas (e hoje já são mais de 20 edições!), a obra foi ganhando verticalidade e hoje certamente é uma excelente escolha de estudo da matéria para os concursos dos Ministérios Públicos Estaduais.

Não podemos deixar de mencionar também o livro de *Direito Administrativo* da professora Maria Sylvia Zanella di Pietro. Nome forte na doutrina, possui posições singulares cujo conhecimento, por vezes, pode ser um diferencial no concurso para Promotor de Justiça. Contudo, a obra não tem um viés esquematizado e objetivo como as últimas duas mencionadas, o que pode gerar uma dificuldade na hora do estudo.

Com efeito, as obras supramencionas compõem o que podemos chamar de um "núcleo" para a maioria das carreiras jurídicas. Entretanto, quando falamos de Direito Administrativo para concurso de Promotor de Justiça existem temas com grande incidência cujo conhecimento – sobretudo para provas específicas – pode se mostrar um diferencial.

Podemos destacar (e falaremos melhor posteriormente) os temas da improbidade administrativa, licitações, contratos administrativos e concessão e permissão de serviços públicos.

Sobre *improbidade administrativa* sugiro a leitura do livro específico do professor Rafael Carvalho Rezende Oliveira sobre o tema. Assim como seu manual, a obra traz conceitos básicos de forma esquematizada. O diferencial, no entanto, é a verticalização em questões controversas.

Interessante notar que a obra é escrita em conjunto com o professor Daniel Assumpção Neves, processualista que nos últimos anos vem ganhando um enorme espaço nas prateleiras jurídicas pela sua didática e clareza na escrita.

Dessa forma, tem-se uma obra completa sobre improbidade, tanto do ponto de vista material quanto do ponto de vista processual, razão pela qual recomenda-se fortemente a leitura para provas específicas.

Outrossim, o livro do professor Rafael Carvalho Rezende Oliveira sobre *licitações e contratos administrativos* é outro diferencial para as provas específicas. Isso porque o livro analisa questões bem específicas e pontuais sobre os temas, todas com grande incidência na vida prática de um Promotor de Justiça. Para provas específicas, também é recomendada a sua leitura caso necessário um aprofundamento no assunto.

Além da leitura de um manual, por óbvio, o candidato deve estar atento e atualizado com a jurisprudência, sendo certo que a leitura dos informativos do STJ e do STF são mais do que suficientes para tal desiderato.

Lembre-se que, conquanto seja possível (e talvez até recomendável em razão da riqueza das explicações) acompanhar os informativos pelo famoso site Dizer o Direito, é imprescindível que, às vésperas da prova, o candidato leia os últimos informativos diretamente dos sites dos nossos Tribunais Superiores!

Isso porque é comum que bancas organizadoras como as CESPE, FGV, VUNESP, entre outras, cobrem informativos que saíram na semana da prova, de modo que estes não estarão disponíveis no site do professor Márcio Cavalcante. Então estejam atentos!

Ademais, é importante o acompanhamento e a leitura da lei seca quando do estudo da doutrina tema a tema. É que, em provas objetivas, a cobrança se dá basicamente através da letra de lei e do conhecimento da jurisprudência; e, nas provas discursivas (como já é a 1ª fase do MPRJ, por exemplo), saber onde encontrar a resposta ao que se pergunta é essencial para o gerenciamento do tempo de prova.

Em provas objetivas é comum, ainda, cobrar a literalidade de teses firmadas pelo STJ. Por essa razão, recomenda-se a leitura da seção "jurisprudência em teses", cujo documento pode ser encontrado diretamente no site do Tribunal, separado por temas.

Por fim, chama-se atenção para o fato de que, em agosto de 2020, foi realizada a I Jornada de Direito Administrativo CJF/STJ, tendo sido aprovados 40 enunciados doutrinários dos mais diversos temas.

Por ter sido um evento que ocorreu recentemente, não se sabe ao certo como ou se tais enunciados serão cobrados em provas de concurso. Todavia, considerando que os enunciados de Direito Civil elaborados em jornadas realizadas nos mesmos moldes são transformados em questões de prova com certa frequência, é possível (e até mesmo provável) que o mesmo ocorra com os de Direito Administrativo. Logo, recomenda-se também uma leitura atenta desses enunciados.

Seguindo tais diretrizes, sem dúvidas o candidato estará bem preparado para as provas de ingresso nos Ministério Públicos Estaduais.

2 CONTEÚDO PROGRAMÁTICO DE DIREITO ADMINISTRATIVO NAS PROVAS DOS MINISTÉRIOSPÚBLICOS ESTADUAIS

Como se sabe, o Brasil tem dimensões continentais e conta com 26 estados; logo, com 26 Ministérios Públicos Estaduais (mais o Distrito

Federal). Com efeito, em razão da ausência de uma uniformidade nacionalmente regulamentada, não há uma obrigatoriedade de cobrança de um certo conteúdo programático nos concursos para Promotor de Justiça.

Em outras palavras, a ausência de regulamentação e padronização nacional faz com que seja impossível prever exatamente os pontos que estarão elencados nos próximos editais.

Por outro lado, observando-se os últimos editais das provas para Promotor de Justiça ao redor do País, verifica-se que não há uma grande variação de temas; isto é, o conteúdo cobrado é basicamente o mesmo, seja em provas organizadas por banca própria, seja organizado por bancas conhecidas nacionalmente como a CESPE, FCC, CONSULPLAN, etc.

O importante de se ter em mente é que você não irá (nem ninguém) estudar todos os pontos do edital. Primeiro porque tal tarefa é impossível; considerando que, se juntarmos todas as matérias cobradas, a extensão do conteúdo tende ao infinito. Segundo em razão de que, de todos os pontos ali previstos, a incidência efetiva de cada um deles na prova pode ser matematicamente calculada.

E daí para frente é uma questão de estratégia: se não é possível estudar tudo, o foco deve recair sobre aqueles temas que se tem certeza (ou quase isso) que serão cobrados. Lembre-se que você não precisa gabaritar a prova, mas só ir melhor do que os seus concorrentes.

Com isso, logo a seguir iremos destacar tais pontos mais recorrentes nas provas de Direito Administrativo para que você direcione o seu foco nesses temas que certamente farão parte da sua prova.

Nesse momento, contudo, transcreve-se, apenas a título ilustrativo, alguns pontos de cada um dos editais das últimas provas de 5 Ministérios Públicos diferentes (um de cada região do País), a fim de demonstrar que há uma certa padronização inconsciente e informal entre os editais:

> **MPRS/2016-2017**
>
> 12. Licitação. Assento constitucional. Princípios. Modalidades. Obrigatoriedade, dispensa e inexigibilidade. Procedimento. Invalidação e revogação. Recursos. Sanções penais. Lei Federal nº 8.666/1993. Lei Federal nº 10.520/2002. Regime Diferenciado de contratação. Lei Federal n.º 12.462/2011. (...)
>
> 16. Bens públicos. Conceito e classificação. Regime jurídico. Aquisição e alienação. Imprescritibilidade, impenhorabilidade e não oneração. Afetação. Desafetação. Limites ao direito de propriedade. Instituição e invalidação. Desapropriação. Servidão e requisição administrativas. Inventário e tombamento. Ocupação temporária. Limitações administrativas e institutos afins.

MPSP/2019

8. Licitação e contratos administrativos. Ajustes, parcerias, convênios e consórcios.

10. Bens públicos.

11. Intervenção do Estado na propriedade.

MPMT/2019

6. Bens públicos. Conceito. Classificação. Regime jurídico. Alienação. Usodos bens públicos pelos particulares. Tratamento do tema no Estatuto da Cidade (Lei Federal nº 10.257, de 10 de julho de 2001). Restrições ao direito de propriedade. Funçãosocial da propriedade. Tombamento. Servidão. Desapropriação. Requisitos. Bens suscetíveis. Espécies previstas no ordenamento. Procedimentos. Meios de defesa do expropriado. Caducidade da desapropriação. Imissão na posse. Destino dos bens desapropriados. Retrocessão.

7 Licitação: princípios, obrigatoriedade, dispensa e inexigibilidade, procedimentos e modalidades. A Lei Federal nº 8.666, de 21 de junho de 1993, e suas alterações posteriores. Pregão e pregão eletrônico (Lei Federal nº 10.520/2002 e regulamentos). Contratos Administrativos. Parcerias público-privadas. Convênios. Consórcios Públicos. Organizações Sociais, OSCIPs. Lei Federal nº 13.019, de 31 de julho de 2014 (regime jurídico das parcerias voluntárias). Legislação estadual sobre contratações.

MPAC/2014-2015

7 Licitação: conceito, finalidades, princípios e objeto; obrigatoriedade, dispensa, inexigibilidade e vedação; modalidades; procedimento, revogação e anulação; sanções penais; normas gerais de licitação; Lei n.º 8.666/1993 e suas alterações; Lei n.º 10.520/2002 e suas alterações, bem como demais disposições normativas relativas ao pregão; Instrução Normativa do STN n.º 1/1997; sistema de registro de preços.

8 Contratos administrativos: conceito, peculiaridades e interpretação; formalização; execução, inexecução, revisão e rescisão; convênios e consórcios administrativos.

11 Bens públicos: classificação e caracteres jurídicos; natureza jurídica do domínio público; domínio público terrestre: evolução do regime jurídico das terras públicas (urbanas e rurais) no Brasil; terras devolutas; vias públicas; cemitérios públicos; portos; utilização dos bens públicos: autorização, permissão e concessão de uso, ocupação, aforamento, concessão de domínio pleno; limitações administrativas; zoneamento; polícia edilícia; zonas fortificadas e de fronteira; florestas; tombamento; servidões administrativas; requisição da propriedade privada; ocupação temporária

MPBA/2018-2019

7. Licitações públicas. Conceito. Princípios. Competência para legislar. Dispensa e inexigibilidade. Modalidades: concorrência, tomada de preços, convite, leilão, concurso e pregão. Procedimentos. Recursos administrativos. Das peculiaridades da licitação na Lei do Estado da Bahia (Lei n° 9.433/05). Microempresas e Empresas de Pequeno Porte. Lei n° 8.666/93. Lei nº 10.520/02. Regime Diferenciado de Contratações – RDC.

8. Contratos administrativos. Teorias explicativas da sua natureza jurídica. Contratos administrativos e contratos da administração. Características do contrato administrativo. Das cláusulas exorbitantes. Extinção. Espécies: contrato de obra pública e prestação de serviços; contratos de fornecimento; alienações e locações. Dos convênios.

12. Restrições administrativas à propriedade privada. Fundamento. Modalidades: limitações administrativas, ocupação temporária, requisição administrativa, tombamento, servidão administrativa, desapropriação.

13. Bens públicos: conceito, regime jurídico, classificação, aquisição, alienação e uso de bens públicos.

Perceba que, mesmo sendo uns mais e outros menos especificados, os editais giram em torno dos mesmos temas. Por óbvio, ao se preparar para sua prova, é imprescindível que você leia o edital e os pontos programáticos a fim de identificar alguma particularidade do concurso.

O MPRJ, por exemplo, tem diversas especificidades – desde a primeira fase discursiva até a própria elaboração e organização do edital e do conteúdo programático –, razão pela qual é essencial que você esteja familiarizado com o concurso que deseja prestar.

Abaixo, passamos a analisar os pontos mais recorrentes das provas objetivas, a origem das questões, dando algumas dicas de estudo para provas objetivas (primeiras fases), bem como para a primeira fase subjetiva, específica do MPRJ.

3 ANÁLISE GERAL DAS ÚLTIMAS PROVAS OBJETIVAS. IDENTIFICAÇÃO DOS TEMAS MAIS FREQUENTES, ORIGEM DAS QUESTÕES E MELHOR LINHA DE ESTUDO

Para melhor tratarmos desse ponto, foi realizado um recorte temporal para a análise, qual seja, as últimas provas de todos os estados da federação a partir de 2015. Isso porque analisar provas anteriores não é proveitoso por não retratar bem a realidade que, como se sabe, com o transcorrer de cinco anos, já mudou muito.

Com efeito, algumas provas para o Ministério Público de alguns estados da federação ficaram de fora da análise, são eles: MPES (última prova em 2013); MPTO (última prova CESPE em 2012); MPPE, MPPA (FCC) e MPMA (últimas provas em 2014); MPAL (última prova em 2012) e MPRN (última prova da FCC em 2009); MPSE (última prova CESPE em 2010); MPAP (última prova em 2012); e MPAC (última prova em 2014). Outra observação genérica e importante é a de que a grande maioria dos

Ministérios Públicos Estaduais se utilizam de bancas próprias para realizar seus certames. Tal fato tem um lado positivo - de acordo com a composição da banca é mais fácil prever os temas prediletos - e um lado negativo - a realização de questões anteriores pode não ser muito proveitosa, já que não se utilizam de um banco de questões predefinidos sobre cada matéria.

O que ficou nítido é que os estados do norte e nordeste se utilizam muito de bancas como a FCC, a CESPE e a FMP; ao passo que os estados do sul, sudeste e centro-oeste se utilizaram de bancas próprias nos últimos concursos (com exceção do Mato Grosso, que contratou a FCC, e de Minas Gerais, que optou pela FUNDEP).

Em relação aos pontos mais cobrados, conforme se observará das tabelas a seguir, é fácil notar a enorme prevalência dos seguintes temas:

- **a)** improbidade administrativa - conquanto tenha sido prevista em alguns editais na parte de direitos difusos/proteção do patrimônio público, para fins de estatística, foi considerado tema de direito administrativo em todas as provas. A cobrança ocorre predominantemente com foco na legislação e na jurisprudência, mas também foi possível observar a exigência de conhecimentos doutrinários a respeito;

- **b)** Licitação - cobrança baseada predominantemente no conhecimento da legislação (Lei 8.666/93 e Estatuto das Estatais, além de, com menor incidência, Lei do Pregão e outras legislações esparsas) e da jurisprudência, com pouquíssima incidência da doutrina;

- **c)** Lei Anticorrupção - embora seja uma lei cujo conhecimento não é tão difundido, o tema figura como 3º mais cobrado nas provas para o Ministério Público. Sobre o assunto, a leitura atenta da legislação é suficiente, já que todas as questões cobradas nos últimos anos exigiram apenas o conhecimento da lei seca;

➔ **d)** Atos Administrativos – trata-se de mais um tema extremamente comum nas provas para Promotor de Justiça; todavia, diferente dos demais supraelencados, o foco aqui é a doutrina. Observou-se que as questões estão sempre ligadas às características desses atos, os seus elementos ou até mesmo exemplos concretos para classificação ou apontamento de um vício na sua prática.

Outros temas importantes cobrados com alguma frequência são os seguintes: servidores públicos, intervenção do Estado na propriedade, serviços públicos e contratos administrativos.

Ainda nesse contexto, conclui-se pela análise dos dados coletados que o tema "Terceiro Setor", quando cobrado, possui um foco específico no subtema "chamamento público" e na literalidade da Lei 13.019/14. Logo, recomenda-se a leitura atenta da referida legislação.

Ademais, quanto aos "Bens Públicos", a esmagadora maioria das questões cobradas focam na classificação de bens de uso comum, bens de uso especial ou bens dominicais. Logo, o foco aqui deve ser a doutrina e a jurisprudência.

Como última observação geral, tem-se que quando da cobrança do tema "Servidores Públicos", há a prevalência de questões sobre a Súmula Vinculante nº 13 e a sua aplicação a cargos políticos, conforme orientação jurisprudencial sobre o tema. Portanto, lembre-se aqui da importância da leitura da seção "jurisprudência em teses" do STJ, bem como do acompanhamento dos informativos do STF.

Pois bem. Uma vez realizado esses comentários gerais, passa-se a fazer brevíssimos (porém relevantes) comentários acerca de cada prova estadual para o respectivo Ministério Público.

No caso de Santa Catarina, observou-se que a prova é aplicada em dois turnos (matutino e vespertino), e costuma ser da espécie "verdadeiro" e "falso". O Ministério Público do Paraná geralmente apresenta uma prova mais longa (125 questões), ao passo que o do Rio Grande do Sul possui um foco maior na legislação, com a peculiaridade de que o tema "Direito Municipal" é cobrado de forma específica.

O Ministério Público de São Paulo também possui um foco na legislação, exigindo do candidato o conhecimento de leis novas contemporâneas à prova (inclusive modificações) e normas esparsas, tais quais a Lei 13.460/17 e o Estatuto das Estatais.

Minas Gerais conta com um histórico de questões "não convencionais", cobrando temas como a "Teoria da Graxa" (2017) e *accountability*

(2019), o que já gerou polêmicas no passado. Trata-se, contudo, de uma prova rápida de apenas 80 questões com 4 alternativas cada uma delas, pelo que a nota de corte costuma ser maior do que outros certames para Promotor de Justiça.

Já a prova do MPRJ é um caso a parte, já que desde a primeira fase conta com uma prova discursiva (com respostas até 10 linhas) e com consulta à toda legislação que o candidato desejar – em alguns casos, até mesmo normativas institucionais próprias da instituição. Geralmente é uma prova de longa duração, o que exige do candidato não só preparo físico mas também mental para aguentar a maratona.

Avançando, temos uma prova do Mato Grosso (FCC) com um foco mais doutrinário e do Mato Grosso do Sul com questões que englobam doutrina, jurisprudência e legislação ao mesmo tempo. A prova do MP-DFT, conquanto tenha entrado no lapso temporal analisado, é bem antiga (2015), de modo que é possível que a próxima tenha um foco totalmente diverso da última.

Na prova da Bahia (CEFET), foi possível observar várias questões sobre a Lei Anticorrupção, e um foco especial em legislação e jurisprudência. No MPPB (FCC), por haver a cobrança de diversos temas específicos (*v.g.* medicina legal), há um número menor de questões remanescentes para Direito Administrativo e outras matérias comuns aos demais Ministérios Públicos.

Na prova do Ceará (CESPE), não há dúvidas de que o foco foi improbidade administrativa, tendo contado com 5 questões (das 8 de Direito Administrativo) sobre o tema. Já o MPRO (FMP) e o MPRR (CESPE) trouxeram provas bem diversificadas, com a cobrança equilibrada de vários temas da matéria, sem uma origem de destaque.

Por fim, o MPAM (FMP) também trouxe uma prova bem diversificada, com a peculiaridade de cobrar poucas questões de Direito Administrativo, uma vez que possui uma divisão bem generosa de matérias, tais quais ambiental, urbanismo, direito financeiro, dentre outros.

A fim de permitir que o candidato extrai suas próprias conclusões dos dados colhidos, seguem as tabelas estatísticas sobre os temas mais cobrados nas provas dos Ministérios Públicos Estaduais.

Atente-se apenas para o fato de que se trata de uma análise histórica, de modo que nas próximas provas é totalmente possível que se cobre qualquer outro tema constante do edital, sendo o objetivo da presente análise tão somente dar um norte ao candidato.

PROVA	TEMA	Nº DE QUESTÕES	ORIGEM
MPRS (2017)	Servidor Público	1	Legislação
Própria	Intervenção do Estado na Ordem Econômica	1	Legislação
	Improbidade Administrativa	1	Legislação
	Lei Anticorrupção	1	Legislação
	Consórcios Públicos	1	Legislação
	Estatuto da Cidade ("Direito Municipal")	1	Legislação
MPPR (2019)	Concurso Público/Servidor Público	2	Jurisprudência
Própria	Licitações/Contratos Públicos	1	Jurisprudência
	Ato Administrativo	1	Doutrina
	Administração Indireta/Terceiro Setor	1	Jurisprudência
	Improbidade Administrativa	3	Jurisprudência/Legislação
	Lei Anticorrupção	1	Legislação
MPSC (2019)	Controle Interno da Administração	1	Doutrina
Própria	Ato Administrativo	3	Doutrina
	Organização da Administração Pública	1	Legislação
	Bens Públicos	1	Jurisprudência
	Terceiro Setor	3	Legislação
	Intervenção do Estado na Propriedade	1	Doutrina
	Servidor Público	1	Legislação
	Licitação	6	Legislação/Doutrina
	Serviços Públicos	1	Jurisprudência
	Consórcio Público	1	Legislação
	Processo Administrativo	1	Legislação

PROVA	TEMA	Nº DE QUESTÕES	ORIGEM
	Responsabilidade Civil do Estado	1	Doutrina
	Improbidade Administrativa	16	Doutrina/Legislação/Jurisprudência
	Lei Anticorrupção	4	Legislação
MPSP (2019)	Administração Indireta/Licitação e Contratos	1	Legislação
Própria	Serviços Públicos	1	Legislação
	Servidores Públicos	1	Jurisprudência
	Processo Administrativo	1	Jurisprudência
	Licitação	2	Jurisprudência/Legislação
	Bens Públicos	1	Doutrina
	Intervenção do Estado na Propriedade	1	Legislação/Doutrina
	Lei Anticorrupção	1	Legislação
	Controle Externo da Administração Pública	1	Doutrina/Legislação
MPRJ (2018)	Administração Indireta (Estatuto das Estatais)	1	Legislação
Própria	Serviços Públicos/Contratos Administrativos	1	Doutrina/Legislação
MPMG (2019)	Administração Pública Direta	1	Doutrina
FUNDEP	Licitação	2	Legislação
	Parcerias Público-Privadas	1	Legislação
	Servidores Públicos	2	Jurisprudência
	Intervenção do Estado na Ordem Econômica	1	Jurisprudência
	Poder de Polícia	1	Jurisprudência

MPMS (2018)	Improbidade Administrativa	2	Legislação/Jurisprudência
Própria	Administração Pública Indireta	1	Legislação
	Licitações/Contratos Administrativos	1	Legislação/Jurisprudência/Doutrina
	Intervenção do Estado na Propriedade	1	Legislação
	Parcerias Público-Privadas	1	Legislação
	Controle da Administração Pública	1	Legislação
	Ato Administrativo	1	Doutrina
MPMT (2019)	Servidor Público	1	Doutrina
FCC	Bens Públicos	1	Doutrina
	Licitação	2	Legislação
	Ato Administrativo	1	Doutrina
MPDFT (2015)	Intervenção do Estado na Ordem Econômica	2	Legislação
Própria	Servidor Público	1	Jurisprudência
	Processo Administrativo	2	Doutrina/Jurisprudência/Legislação
	Agências Reguladoras	1	Doutrina
	Licitação/Contratos Administrativos	1	Doutrina
	Serviços Públicos	1	Doutrina/Legislação
MPGO (2019)	Improbidade Administrativa	2	Jurisprudência
Própria	Lei Anticorrupção	1	Legislação
	Administração Indireta	1	Doutrina/Jurisprudência
	Servidores Públicos	2	Doutrina/Jurisprudência
	Licitação	1	Legislação

	Responsabilidade Civil	1	Jurisprudência
	Temas diversos	1	Jurisprudência
MPBA (2018)	Servidor Público	1	Jurisprudência
	Lei Anticorrupção	3	Legislação
	Bens Públicos	1	Legislação/jurisprudência
	Licitação	2	Legislação
	Processo Administrativo	1	Jurisprudência
	Agências Reguladoras	1	Doutrina
	Responsabilidade Civil	1	Jurisprudência
	Improbidade Administrativa	2	Legislação/Doutrina
	Serviços Públicos	1	Jurisprudência
	Intervenção do Estado na Propriedade	1	Legislação/doutrina
MPCE (2020)	Bens públicos	1	Doutrina
CESPE	Parceria Público-Privada	1	Legislação
	Serviços Públicos	1	Legislação/doutrina
	Improbidade Administrativa	5	Legislação/jurisprudência
MPPB (2018)	Improbidade Administrativa	2	Legislação/Doutrina
FCC	Intervenção do Estado na Propriedade	1	Legislação/Doutrina
	Ato Administrativo	1	Doutrina
	Terceiro Setor	1	Legislação
MPPI (2019)	Intervenção do Estado na Propriedade	2	Doutrina/Legislação
CESPE	Bens Públicos	1	Doutrina
	Ato Administrativo	1	Doutrina
	Licitação	1	Legislação

	Agências Reguladoras	1	Doutrina
	Improbidade Administrativa	2	Legislação/Juris-prudência
MPRR (2017)	Concurso Público	1	Jurisprudência
CESPE	Terceiro Setor	1	Legislação
	Ato Administrativo	1	Jurisprudência
	Controle Externo da Administração Pública	1	Jurisprudência
	Improbidade Administrativa	1	Jurisprudência
	Licitação	1	Legislação
	Intervenção do Estado na Propriedade	1	Doutrina
	Serviços Públicos	1	Jurisprudência
MPAM (2015)	Servidor Público	1	Jurisprudência
FMP	Administração Pública Indireta	1	Jurisprudência
	Ato administrativo	1	Doutrina
	Terceiro Setor	1	Jurisprudência
	Contratos Administrativos	1	Legislação
	Intervenção do Estado na Propriedade	1	Jurisprudência
MPRO (2017)	Lei Anticorrupção	1	Legislação
FMP	Princípios	2	Doutrina/Jurisprudência
	Serviços Públicos/Contratos Administrativos	1	Legislação
	Improbidade Administrativa	1	Jurisprudência
	Poder de Polícia	1	Doutrina/Jurisprudência
	Ato Administrativo	1	Doutrina

Da tabela extrai-se a já conhecida predileção da CESPE por questões relacionadas à jurisprudência, e da FCC por questões relacionadas à doutrina e à legislação pura. Contudo, em sendo a maioria das provas para os Ministérios Públicos Estaduais elaboradas por bancas próprias, o mais importante é focar nos temas mais cobrados e não na origem das questões.

De forma agrupada, podemos observar os seguintes pontos mais cobrados nas referidas provas:

AGRUPADO		
Tema	**Nº de Questões**	**Origem**
Improbidade Administrativa	37	Predominantemente Legislação e Jurisprudência, um pouco de doutrina
Licitação	21	Legislação e jurisprudência
Lei Anticorrupção	12	Legislação
Ato Administrativo	11	Doutrina
Servidores Públicos	11	Jurisprudência (com predominância), legislação e doutrina
Intervenção do Estado na Propriedade	9	Doutrina e legislação
Serviços Públicos	8	Jurisprudência, legislação e doutrina
Administração Direta/ Indireta	7	Predominantemente Legislação
Contratos Administrativos	7	Jurisprudência, legislação e doutrina
Bens Públicos	6	Basicamente doutrina e jurisprudência
Terceiro Setor	6	Legislação
Processo Administrativo	5	Legislação e jurisprudência
Controle da Administração Pública	4	Doutrina e legislação
Intervenção do Estado na Ordem Econômica	4	Legislação e jurisprudência
Agências Reguladoras	3	Doutrina
Parceria Público-Privada	3	Legislação
Responsabilidade Civil do Estado	3	Doutrina e jurisprudência
Concurso Público	3	Jurisprudência
Consórcios Públicos	2	Legislação
Princípios	2	Doutrina e jurisprudência

Poder de Polícia	2	Doutrina e jurisprudência
Organização da Administração Pública	1	Legislação

Portanto, percebe-se que é essencial o conhecimento da doutrina, da literalidade das leis mais comuns e utilizadas no dia a dia do Promotor de Justiça, bem como estar atualizado com a jurisprudência das nossas Cortes Superiores.

Para as provas objetivas de primeira fase recomenda-se, ainda, a realização de questões de provas anteriores (com o foco no MP, mas sem perder de vista a possibilidade de exercitar o conhecimento com provas também da Defensoria e da Magistratura Estaduais), separadas por tema, alguns dias após ter revisado a matéria.

Tal prática é importante não só para fixar a matéria, mas também para perceber que diversas questões se repetem com certa frequência, colocando luzes sobre as preferências do examinador em relação a um ou outro dispositivo legal e/ou julgado relevante do STJ ou do STF.

Dessa forma, temos certeza de que a combinação ler e reler os materiais certos (manual base + caderno bem feito e atualizado), seguido da realização de exercícios sobre os temas relevantes será um diferencial para alcançar o seu lugar no setor público.

3 ANÁLISE DAS ÚLTIMAS PROVAS SUBJETIVAS

a) Previsão do edital e estilo das questões

Como já mencionado, os temas de Direito Administrativo têm grande incidência nas provas para Ministério Público, sobretudo em razão do controle externo realizado pelo *Parquet* sobre os atos praticados pelas prefeituras e pelos governos do Estado (*v.g.* contratações públicas, atos administrativos, concursos públicos etc.).

De fato, a matéria não é tão presente no cotidiano como o direito penal e processual penal. Entretanto, é comum que os regulamentos prevejam de forma específica a realização de questões de Direito Administrativo.

Analisando-se os editais ao redor do País, verifica-se que o mais comum é a previsão da matéria dentro de um grupo que geralmente engloba direito constitucional, tributário e outras ligadas direta ou indiretamente à Tutela Coletiva (*v.g.* ambiental e urbanístico).

É o que ocorre, por exemplo, no MPRS (Direito Constitucional, Direito Ambiental, Direito Administrativo, Direito Municipal, Direito Financeiro, Direito Tributário e Direito Urbanístico), no MPRJ (Direito Constitucional, Direito Administrativo e Direito Tributário) e no MPBA (Direito Constitucional, Direito Administrativo e Direito Eleitoral).

Alguns Ministérios Públicos garantem, ainda, que efetivamente será cobrado um número certo de questões, tal qual ocorre no MPPR, cujo edital prevê o seguinte:

> 7. As provas escritas deverão conter os seguintes grupos de disciplinase números mínimos de questões, assim definidos: (...) b. GRUPO 2 - 1 (uma) dissertação e 4 (quatro) questões discursivas para Direito Constitucional, sendo pelo menos 1 (uma) referente à Constituição doEstado do Paraná, 3 (três) questões discursivas para Direito Administrativo, 1 (uma) questão discursiva para Direito Tributário e 1 (uma) questão discursiva para Filosofia do Direito ou Sociologia Jurídica;

Em alguns casos, por outro lado, é possível observar uma previsão mais tímida, isto é, não tão explícita. É o caso, por exemplo, da previsão dos últimos dois editais do MPSC. Confira-se:

> 6.1 O processo seletivo preambular discursivo será constituído por 2 (dois) grupos de provas de respostas discursivas, compostas de questões teóricas e práticas, da seguinte forma: a) Grupo I: Direito Penal, Direito Processual Penal e Execução Penal; e b) Grupo II: DireitoCivil, Direito Processual Civil, Direito da Infância e Adolescência e Direitos Difusos, Coletivos e Individuais Homogêneos. 6.2 Os doisgrupos de provas do processo seletivo preambular discursivo serão realizados, em domingos sucessivos, em dois períodos por dia, oprimeiro, com 4 (quatro) horas e, o segundo, com 3 (três) horas de duração. 6.3 As provas a que alude o item 6.1 poderão conter incursões incidentais sobre Direito Constitucional, Direito Administrativo, Direito Tributário, Direito Eleitoral, Direito Falimentare Legislação Institucional.

Atente-se, entretanto, que mesmo com essa previsão de "incursões incidentais" os temas de Administrativo acabam por ser cobrados nas provas específicas, uma vez que se entrelaçam com aqueles de Tutela Coletiva.

Por essa razão, é importante que o candidato esteja atento às previsões constantes no edital do seu concurso, a fim de direcionar o seu estudo de Direito Administrativo para uma prova que cobre a matéria de forma específica ou para uma interdisciplinaridade mais abrangente.

O certo é que a verticalização nas provas específicas é muito mais acentuada do que aquela das provas preliminares, de modo que é imprescindível ao candidato a elaboração de uma estratégia de estudo baseada no histórico das provas anteriores.

Observou-se, ainda, que, em razão da já comentada ausência de normatização que uniformize os concursos para os Ministérios Públicos Estaduais, os editais trazem as mais diversas previsões acerca de como as questões subjetivas serão elaboradas.

No MPSP é comum o edital prever especificamente que a prova subjetiva "contará com uma dissertação, uma peça prática e 5 (cinco) questões sobre as matérias indicadas no artigo 7º deste Regulamento e respectivo programa constante do Edital" (93º Concurso de Ingresso na carreira - 2019).

É nesse mesmo sentido a previsão do último edital do MPBA, que previu a cobrança das questões na forma de uma dissertação e três questões subjetivas para cada um dos grupos de matérias.

Com efeito, conquanto não se garanta que haja cobrança específica de Direito Administrativo (com algumas exceções como MPPR e MPRJ), a mera previsão dessa (alta!) possibilidade obriga o candidato a estar preparado para mostrar seus conhecimentos seja na forma de peça processual, de dissertação ou de resposta a uma questão.

Apenas a título exemplificativo, veja a questão cobrada no último concurso para o *Parquet* Paulista:

> QUESTÃO 02 – Após prévio processo de licitação pública, o Município"M" celebrou com a empresa "E" contrato administrativo de obra pública. No curso da execução, o sócio com poderes de administraçãoda contratada ofereceu R$ 150.000,00 ao agente público legalmente responsável pelo acompanhamento e fiscalização do contrato para eleatestar o correto cumprimento do ajuste, quando na verdade os materiais que estavam sendo empregados na obra eram de qualidadeinferior à exigida no projeto básico, o que possibilitaria à empresa "E"o ganho econômico estimado em R$ 800.000,00. O agente público aceitou e recebeu a vantagem econômica oferecida. O superior hierárquico do agente público responsável pela fiscalização do contrato, e competente pelo controle interno da Administração Pública municipal, formalmente cientificado desses fatos por um cidadão, determinou, sem quaisquer providências, o arquivamento da representação. Esses fatos foram levados ao conhecimento do Ministério Público. Nesse contexto, aponte e fundamente as medidasjudiciais que deverão ser tomadas pelo membro do Ministério Público.

Já no MPRJ, por exemplo, embora haja previsão expressa no edital no sentido de que pode "ser exigida do candidato a elaboração de promoções, pareceres ou outras peças processuais" (XXXV Concurso de Ingresso na carreira - 2018), observa- se que, nos últimos anos, não houve a cobrança dos temas de Direito Administrativo - nem de qualquer outra matéria - em forma de peças processuais ou pareceres.

A prova fluminense tem seguido um padrão de cobrança na forma de questões subjetivas, sem limites de linha, especificamente em relação à cada matéria elencada no edital e prevista no conteúdo programático. Em outras palavras, a cobrança específica de Direito Administrativo é certa na segunda fase do concurso.

Assim, a única forma de saber o estilo da sua prova subjetiva é consultar o edital previamente. Para nossa sorte, os concursos para os Ministérios Públicos Estaduais têm efetivamente respeitado às previsões do regulamento, e têm elaborado questões nos exatos moldes do edital.

Por fim, é importante notar que as provas subjetivas costumam permitir, na imensa maioria das vezes, a consulta à legislação e a outros atos normativos. A diferenciação fica adstrita geralmente à consulta de enunciados das Súmulas dos Tribunais Superiores.

Relevante se atentar, dessarte, para o edital, a fim de se preparar para uma prova com consulta ou não ao material que lhe é disponibilizado. A familiarização como seu próprio material pode ser um diferencial em termos de tempo de prova, auxiliando a encontrar as respostas de maneira célere.

A partir de tudo isso que foi dito, conclui-se que, para as fases discursivas, em termos de análise prévia do edital, o candidato deve se preocupar basicamente com a forma de cobrança (se peça processual, dissertação ou questão) e com a existência ou não de questões específicas do Direito Administrativo.

O conhecimento do primeiro ponto permitirá ao candidato treinar, mediante a realização de exercícios, a elaboração de peças ou a responder questões, aprendendo a controlar o tempo de prova e o manuseio de todo o material que é permitido na segunda fase.

O conhecimento prévio acerca da existência ou não de questões específicas de Direito Administrativo vai permitir que o candidato se dedique exclusivamente à matéria ou se programe para estudá-la em conjunto com outras que serão cobradas na mesma oportunidade.

Atento a tais detalhes e tendo se programado adequadamente para essa fase do certame, não há dúvidas que o candidato realizará uma boa prova subjetiva.

Superada a análise do edital, passemos a tratar da origem das questões e dos temas mais cobrados nas provas específicas.

b) Origem das questões e temas mais cobrados

Por meio das análises das provas discursivas dos Ministérios Públicos Estaduais disponibilizadas na *internet*, verificou-se que as questões elaboradas têm como origem mais comum as decisões exaradas pelas nossas Cortes Superiores, bem como a legislação pátria.

Dessa forma, há uma certa predileção das bancas no sentido de cobrar do candidato a demonstração de conhecimento acerca das últimas conclusões da jurisprudência do STJ e do STF, assim como o correto manuseio e utilização da legislação em vigor.

Contudo, diferente do que ocorre nas primeiras fases do certame, o conhecimento puro e simples das conclusões desses julgados geralmente não é o suficiente. Isso porque a cobrança verticalizada do conteúdo exige do candidato o conhecimento dos fundamentos, da *ratio*, da decisão do STJ ou do STF, seja para aplicá-la a caso análogo, seja para entregar ao examinador a resposta desejada.

O conhecimento da lei, outrossim, é imprescindível ao candidato que se encontra na prova subjetiva. Observou-se que, por vezes, o mero conhecimento da legislação era o suficiente para acertar a questão; mas, em outras oportunidades, a construção do raciocínio em cima de determinado dispositivo era essencial para a elaboração da resposta.

Veja, por exemplo, a questão cobrada na segunda fase da prova para ingresso no Ministério Público de Minas Gerais (LVII Concurso de Ingresso na carreira):

> Orozimbo, Aliomar e Luís Roberto foram aprovados em concurso público, tendo o último deles, apenas, alcançado a colocação dentro do número de vagas previstas no edital do certame. Diante do não provimento dos cargos vagos no período adequado, os três fizeram representação ao Ministério Público, objetivando o controle da atuação administrativa e as consequentes investiduras nos cargos de natureza administrativa para os quais fizeram concurso. O Poder Público defendeu a conduta investigada, em sede de inquérito civil, reiterando o fundamento dado à época aos candidatos, consistente na crise econômica superveniente.

> Pergunta-se: a crise econômica pode surtir efeito juridicamente relevante para os referidos candidatos? (máximo de 15 linhas)

Perceba que, para responder à presente questão, bastava o candidato conhecer a farta jurisprudência do STF e do STJ acerca das hipóteses (e suas especificidades) nas quais aquele que foi aprovado no concurso público tem direito subjetivo à nomeação.

Contudo, não se pode renunciar à revisão de conceitos e ensinamentos doutrinários estudados para a primeira fase. Algumas provas cobram do candidato o conhecimento puro de conceitos, classificações, diferenciações e entendimento doutrinários que justificam determinada conduta.

Foi o que ocorreu, por exemplo, na 60º Prova de Ingresso no Ministério Público de Goiás, oportunidade em que foi exigido dos candidatos que discorressem sobre "a possibilidade do controle jurisdicional dos atos da Administração Pública na aplicação de conceitos jurídicos indeterminados".

Para responder adequadamente a tal questionamento, era necessário relembrar os ensinamentos doutrinários relacionados à separação dos poderes, à discricionariedade e à vinculação dos atos administrativos, bem como os limites do controle judicial sobre tais atos.

Em uma conclusão parcial, portanto, é possível afirmar que, embora haja uma prevalência de questões que exigem do candidato o conhecimento acerca da recente jurisprudência dos nossos Tribunais Superiores – inclusive da *ratio* dos julgados – e um correto manuseio da legislação administrativa, não se pode deixar de lado a revisão doutrinária.

Em relação aos temas mais cobrados, mais uma vez, assim como ocorre na primeira fase, há uma enorme prevalência de questões versando sobre improbidade administrativa, licitação e/ou contratos; sendo certo que, por vezes, esses temas são cobrados de forma concomitante.

É o exemplo da já transcrita questão elaborada na última prova do MPSP (licitação e improbidade) e daquela constante no último certame do MPSC, cuja cobrança englobou temas de licitação, contratos e improbidade administrativa em uma enorme questão única que narrava um caso concreto que serviria de base para o candidato elaborar sua petição inicial.

Destaca-se, ainda, temas que também vêm sendo cobrados de maneira relevante, tais como os atos administrativos, serviços públicos e servidores públicos (incluindo concurso público). Na última prova do

MPPR, por exemplo, cobrou-se do candidato a conceituação de retirada, cassação, contraposição, caducidade do ato administrativo.

Ressalta-se que, como costuma ser, a prova do MPRJ apresentou no último concurso questões que destoam do restante das provas para ingresso nos Ministérios Públicos Estaduais.

Isso porque a prova foi eminentemente doutrinária, cobrando do candidato profundo conhecimento acerca de princípios da Administração Pública, bem como as mudanças de paradigmas no enfrentamento de questões relacionadas à execução dos contratos administrativos.

Veja uma passagem do espelho divulgado como gabarito para a primeira questão discursiva elaborada no XXXV Concurso de Ingresso na carreira:

> Nesse campo, caberá ao candidato demonstrar conhecimento a respeito das transformações / mutações por que vêm passando conceitos e categorias tradicionais do direito administrativo, trazendoà discussão o princípio da consensualidade administrativa como eixo teórico que ampara a celebração de acordos substitutivos de sanção administrativa – de forma específica, na hipótese narrada noenunciado da questão, a celebração do "termo de solução amigável dacontrovérsia".

A segunda questão elaborada tratou de tema que resvala no Direito Financeiro, exigindo do candidato o conhecimento a respeito da distinção entre "contas de governo" e "contas de gestão", bem como aspectos ligados à prescrição da pretensão punitiva do Tribunal de Contas. Confira a questão elaborada no certame:

> O ex-Prefeito do Município XYZ, além de ocupar a chefia do Poder Executivo e responder pela administração superior do ente político, também exerceu a direção do Fundo Municipal de Assistência à Infância, responsabilizando-se, como ordenador de despesas, por suagestão orçamentária, financeira, contábil e patrimonial. Em 2017, o Tribunal de Contas competente, ao identificar que as contas do referido fundo relativas ao exercício de 2010 não foram apresentadas ao órgão de controle externo, resolve instaurar Tomada de Contas. Aofinal de sua instrução, observado o contraditório e ampla defesa, restaram comprovadas infrações contra as leis de finanças públicas e a ocorrência de dano ao erário, fazendo com que o Tribunal emitisse decisão em desfavor do ex-Prefeito, julgando irregulares as contas, aplicando-lhe multa e imputando-lhe o débito apurado em decorrência do dano à Fazenda Municipal. Discorra sobre a juridicidade da atuação da Corte de Contas estadual e seus eventuais reflexos na função fiscalizatória do Ministério Público.

Em relação à origem da questão, veja-se que o candidato deveria estar atento à tese fixada em sede de repercussão geral a respeito do sentido e alcance da norma do artigo 37, §5º, da CRFB, bem como à interpretação da norma do art. 23 da LIA, e de aspectos doutrinários acerca do tema.

De toda a análise realizada, percebe-se que, de uma forma ou de outra, as provas específicas têm cobrado de maneira bem verticalizada o conteúdo que, na primeira fase, é cobrado de forma mais rasa.

Se por um lado os temas são os mesmos, por outro, o candidato deve estar atento aos pontos de interesse dos examinadores, a fim de se aprofundar nos temas corretos, com foco na jurisprudência e no conhecimento da legislação, mas sem perder de vista a revisão doutrinária.

Por fim, alerta-se para o fato de que tais temas supramencionados estão baseados em uma análise histórica de questões anteriores, de modo que não é possível renunciar ao estudo dos demais temas de Direito Administrativo para as provas específicas.

4 PROVAS ORAIS

A fase das provas orais certamente é a mais peculiar de todo o concurso público. Isso porque a esmagadora maioria dos candidatos não está acostumado a fazer sustentações orais e/ou nunca passou por uma prova oral antes.

Soma-se a isso a ansiedade de estar tão próximo à aprovação e, ao mesmo tempo, o medo de ser reprovado e ter que começar tudo de novo, e teremos ingredientes suficientes para que a insegurança do candidato seja o seu maior inimigo nessa fase do concurso.

Para se preparar adequadamente para esse modelo de prova é fundamental que o candidato esteja psicologicamente preparado para tudo que pode acontecer no decorrer da sua avaliação. Mais do que conhecimento, a prova oral é o momento em que o *mindset* do candidato é um diferencial.

Particularmente, entendo não haver dúvidas sobre a capacidade intelectual e o conhecimento de literalmente todos aqueles que chegaram à essa fase do concurso público. Todos ali estão muito bem preparados.

O que a banca examinadora busca nesse momento é saber precipuamente se você é capaz de responder às questões formuladas de maneira tranquila, à altura do cargo que o candidato almeja. Em outras palavras, busca-se avaliar o seu comportamento diante de uma situação desconfortável de pressão.

Por óbvio, não se pode negligenciar a revisão de conceitos básicos, princípios, entendimentos doutrinários e jurisprudenciais mais relevantes do momento, bem como estudar os pontos prediletos do seu examinador; afinal, é comum que ele te pergunte sobre temas que se sinta confortável.

Na fase de preparação para a prova oral, portanto, temos dois pontos importantes para se atentar: o primeiro é a preparação psicológica e/ou da forma de responder, de se portar frente ao examinador; e a segunda é o que revisar em termos de conteúdo programático.

Em relação à parte formal da preparação, uma boa estratégia é o candidato ter em mente que ele já está aprovado; isto é, ele já é Promotor de Justiça. A fase da prova oral, na verdade, é apenas uma avaliação do seu comportamento como profissional e não mais do seu conhecimento jurídico.

Tal *mindset* ajudou muito nas provas orais do XXXV Concurso do MPRJ. Pensar e realmente interiorizar tal pensamento não só te deixa mais relaxado para fazer a prova oral, mas também faz com que você responda às questões de forma mais segura e convincente; afinal, adotando essa ideia, ninguém estaria ali para te avaliar, mas tão somente para escutar a sua opinião sobre determinado assunto.

Outro ponto dessa preparação é buscar cursos de oratória e/ou preparatórios para prova oral. Para aqueles que têm problemas de falar em público, será importante para perder o receio e se sentir mais confortável com a situação; para aqueles que não possuem esse medo, será relevante para aprender a se portar corretamente durante a prova.

Durantes esses cursos várias técnicas são ensinadas: como não demonstrar que você sabe ou não a resposta para aquela pergunta, como não deixar a voz trêmula e insegura, como controlar a respiração para não passar nervosismo, como gastar tempo de prova, como responder corretamente ao que se é perguntado, etc.

Pode parecer besteira, mas esses "acessórios" são de extrema relevância para a realização das provas orais. Tudo isso somado faz você se sentir mais confortável com a situação, o que acaba por abrir a sua mente para acessar o conteúdo jurídico que você já possui.

Por outro lado, é evidente que o candidato não pode simplesmente deixar de revisar o conteúdo programático. Nessa preparação, a revisão dos conceitos e dos princípios é especialmente importante na medida em que você pode começar literalmente toda e qualquer resposta na prova oral conceituando o instituto ou falando sobre princípios correlatos à questão.

Ademais, o candidato deve estar atento à jurisprudência das nossas Cortes Superiores, porquanto lhe pode ser perguntado sobre decisões que ocorreram na semana ou até mesmo na véspera de sua prova oral.

Por fim, deve ser dado destaque às peças/pareceres mais relevantes ou teses do seu examinador. Ainda que não lhe seja perguntado especificamente sobre o tema ou sobre à sua posição particular, é de bom tom (leia-se agrada e, portanto, aumenta a sua nota) citar algum entendimento particular do seu examinador ou falar sobre um tema que lhe é próximo.

Já durante a realização da prova oral, o candidato deve se manter calmo e demonstrar o máximo de conhecimento que puder. O desenvolvimento de uma resposta articulada, com início, meio e fim, de maneira lógica e concatenada é fundamental para lhe garantir uma boa avaliação.

Lembre-se: estão ali para avaliar a sua capacidade argumentativa, logo, a sua função é literalmente convencer o examinador de que você possui conhecimento jurídico suficiente para assumir o cargo. E, para tanto, é importante que as suas conclusões decorram de maneira lógica dos fundamentos jurídicos utilizados.

Ademais, o uso correto do vernáculo deve ser uma preocupação do candidato. De nada adianta a elaboração de respostas complexas e fundamentadas se a língua portuguesa – instrumento de trabalho do Promotor de Justiça – passou ao largo na sustentação oral.

Outrossim, o candidato também deve estar familiarizado com o modo de realização da prova. A depender da banca examinadora e da organizadora do concurso, pode ser que as questões sejam entregues previamente (*v.g.* CESPE), o ponto seja sorteado no dia anterior à prova, haja sustentação oral em simulação ao plenário do Tribunal do Júri etc.

Relevante, portanto, que, mais uma vez, o candidato esteja atento às previsões do edital do Ministério Público para o qual está prestando o concurso. Uma vez conhecido o estilo de prova oral e os seus detalhes quanto à cobrança do conteúdo, é hora de simular o máximo que puder aquele formato.

Tenho certeza de que, seguindo essas dicas e estudando estrategicamente, o candidato logrará obter a sua tão sonhada vaga na carreira de Promotor de Justiça. Boa sorte, e conte comigo para o que precisar!

DIREITO TRIBUTÁRIO

André Freitas Luengo

1 BIBLIOGRAFIA INDICADA

A primeira coisa que se deve ter em conta, quando do estudo da matéria Direito Tributário, é que esta não é cobrada em todos os concursos para ingresso na carreira do Ministério Público, a exemplo dos últimos editais para o MPSP e MPMS.

Ainda é fundamental perceber que, nos estados em que esta cobrança existe, ela se dá com uma importância reduzida quando as analisamos em conjunto com as demais matérias. Vejamos, por exemplo, as provas mais recentes do MPPR, MPPI, MPCE, MPPB, MPMT, MPMG e MPGO, as quais, juntas, não chegam a somar um montante de 25 questões na matéria na fase objetiva. O MPSC, por sua vez, trouxe 10 assertivas referentes a Direito Tributário[1].

É importante ter em conta, quando de sua preparação, que seu estudo deve contar com uma estratégia, já que a cada dia a concorrência aumenta, seguida do nível dos candidatos. Desta forma, para que você tenha sucesso em seu objetivo, é preciso não só estudar, mas estudar com planejamento.

Nas provas anteriores do MPPR, MPPI, MPCE, MPPB, MPMT, MPMG e MPGO, analisando detidamente as questões, é possível perceber que o

1. Apontamentos referentes à particularidade da prova do MPSC serão feitos adiante.

nível de conhecimento exigido quase sempre se baseia na legislação, sendo pouca coisa exigida de doutrina. Embora este seja um dado relevante, não podemos desprezar o papel da doutrina para a concatenação das ideias e melhor apreensão do conteúdo da legislação.

Por isso que o conselho dado é: leitura massiva da legislação, principalmente a Constituição Federal nos pontos em que trata do tema, e do Código Tributário Nacional, aliada a uma leitura de doutrina objetiva, sem muitos aprofundamentos, a fim de que os conceitos básicos da matéria sejam absorvidos sem maiores problemas pelo candidato.

Felizmente, neste ponto, a Editora Juspodivm possui um material de grande valia, considerando que a obra do professor Roberval Rocha (Direito Tributário - Sinopses para concurso) é suficiente para tal objetivo. Sem prejuízo, para aqueles que pretendem uma maior imersão na matéria, pois conciliam estudos do Ministério Público com outras carreiras, recomendamos a obra do professor Ricardo Alexandre (Direito Tributário, 14ª edição), também da mesma editora.

2 ANÁLISE DAS BANCAS EXAMINADORAS

Como já dito anteriormente, as bancas de Direito Tributário, nos concursos de ingresso no Ministério Público, tendem a cobrar mais o conhecimento da legislação, não havendo uma maior exploração da doutrina, o que diverge das bancas de magistratura e concursos federais, em que a matéria é mais explorada.

Sendo assim, tanto a CEBRASPE como a FCC, e até mesmo as bancas próprias responsáveis pelos concursos realizados nos últimos 02 anos, não divergiram consideravelmente.

(**MPPI – 2019 – CEBRASPE**) De acordo com o Código Tributário Nacional, constitui um traço distintivo entre a obrigação tributária principal e a obrigação tributária acessória o fato de que

A somente a obrigação principal decorre da legislação tributária, uma vez que a obrigação acessória é determinada por normas de direito civil ou empresarial.

B a obrigação principal tem por objeto o pagamento de tributo ou de penalidade pecuniária, ao passo que a obrigação acessória tem por objeto as prestações, positivas ou negativas, previstas no interesse da arrecadação ou da fiscalização dos tributos.

C a obrigação principal somente pode ter como objeto o pagamento de tributo; a obrigação acessória, por sua vez, deve ter por objeto o pagamento de uma penalidade pecuniária.

D somente a obrigação principal decorre de um fato gerador; a obrigação acessória é imposta a terceiro que, sem possuir a condição de contribuinte, tem uma obrigação decorrente de disposição expressa de lei.

E a obrigação principal é devida pelo contribuinte, ao passo que a obrigação acessória é imposta e compete ao responsável tributário.

(Gabarito: alternativa "B")

(**MPPB – 2018 – FCC**) O art. 3º do Código Tributário Nacional estabelece que tributo é toda prestação pecuniária compulsória, em moeda ou cujo valor nela se possa exprimir, que não constitua sanção de ato ilícito, instituída em lei e cobrada mediante atividade administrativa plenamente vinculada. Desta definição de tributo, infere-se, por via indireta, que as penalidades, que representam sanção por ato ilícito, não se classificam como tributos. Não obstante isso, o mesmo CTN alberga diversas regras concernentes às penalidades, notadamente às penalidades pecuniárias. De acordo com este Código,

A a cominação de penalidades para as ações ou omissões contrárias a dispositivos legais devem obedecer ao princípio da legalidade, da anterioridade nonagesimal (noventena), mas não da anterioridade anual.

B quando lei nova cominar penalidade menos severa que a prevista na lei vigente ao tempo da prática infracional, esta lei nova será aplicada, sempre, ao ato ou fato pretérito.

C a observância das normas complementares das leis, dos tratados e das convenções internacionais e dos decretos exclui a imposição de penalidades, a cobrança de juros de mora e a atualização do valor monetário da base de cálculo do tributo.

D a lei tributária que comina penalidades deve ser interpretada, sempre, de maneira mais favorável ao acusado considerado legalmente pobre, no que diz respeito à dosimetria da pena atribuída a ele, e quanto à natureza ou às circunstâncias materiais do fato.

E quando se comprove ação ou omissão do sujeito passivo que dê lugar à aplicação de penalidade pecuniária, o lançamento será efetuado de ofício, pela autoridade administrativa, ou por homologação, como acontece no lançamento do ICMS.

(Gabarito: alternativa "C")

É importante destacar que a banca FCC tem como característica sempre trazer pelo menos uma questão referente à legislação estadual em suas provas, o que é interessante quando se quer ter um diferencial em relação aos demais candidatos. A exemplo das questões a seguir:

(**MPPB – 2018 – FCC**) A Lei estadual no 10.094/2013 – PAT dispõe sobre o Ordenamento Processual Tributário, o Processo Administrativo Tributário, bem como sobre a Administração Tributária, e dá outras providências. Estabelece, ainda, em nível estadual, regras atinentes à prescrição tributária. De acordo com esta lei,

A quando o crédito tributário prescrever após a inscrição em Dívida Ativa, esta ocorrência poderá ser reconhecida pelo Procurador Geral do Estado, apenas a requerimento de parte interessada.

B quando o crédito tributário prescrever no âmbito da Secretaria de Estado da Receita, esta ocorrência poderá ser reconhecida pelo Secretário de Estado da Receita, apenas a requerimento de parte interessada.

C a prescrição dos créditos tributários não poderá ser reconhecida de ofício, exceto quando o for pelo Procurador Geral do Estado.

D os prazos de prescrição não fluem nos períodos em que o titular do direito, por qualquer motivo, não puder exercê-lo.

E os prazos de prescrição não fluem nos períodos em que o titular do direito não puder exercê-lo, em decorrência de determinação judicial.

(Gabarito: alternativa "E")

(**MPMT – 2019 – FCC**) No tocante ao ICMS, e de acordo com a Constituição Federal, lei estadual de Mato Grosso pode definir como fato gerador do ICMS

A operações que destinem ao exterior ouro e mercadorias elaboradas com este metal, excluído ouro definido em lei como ativo financeiro ou instrumento cambial, e desde que estas operações de exportação sejam oneradas pelo Imposto de Exportação, assegurada a manutenção e o aproveitamento do montante do imposto cobrado nas operações anteriores.

B operações que destinem a outros estados brasileiros petróleo importado do Oriente Médio, bem como lubrificantes, combustíveis líquidos e gasosos dele derivados, exceto quando provenientes do Reino da Arábia Saudita e da República do Iraque.

C a entrada de joias importadas do exterior, por pessoa física domiciliada em Campo Grande/MS, para seu próprio uso, ainda que ela não seja contribuinte habitual do imposto, estabelecendo, também, que esse imposto será devido ao estado de Mato Grosso.

D operações que destinem mercadorias para o exterior, desde que tais mercadorias sejam oneradas pelo Imposto de Exportação, tais como as armas e munições, assegurada a manutenção e o aproveitamento do montante do imposto cobrado nas operações anteriores.

E as prestações de serviço de comunicação, sejam estas prestações de âmbito intramunicipal, intermunicipal e interestadual, nas modalidades de radiodifusão sonora e de sons e imagens, desde que a recepção não seja livre e gratuita.

(Gabarito: alternativa "E")

Tendo estas informações é possível que você trace uma estratégia de estudos conjugando a leitura da legislação, doutrina e jurisprudência, de modo a aumentar seu rendimento nas provas objetivas.

No tópico a seguir indicaremos quais os temas mais cobrados nas últimas provas e que, portanto, merecem uma atenção especial quando de seu estudo.

3 ANÁLISE DAS QUESTÕES E TÓPICOS MAIS EXIGIDOS NAS ÚLTIMAS PROVAS OBJETIVAS

Analisando as provas anteriores realizadas recentemente (MPMS/2018, MPPR/2018, MPPB/2018, MPPI/2019, MPMT/2019, MPMG/2019, MPGO/2019, MPSC/2019, MPSP/2019 e MPCE/2020)[2], as quais refletem com maior segurança a tendência atual das bancas de concurso, podemos perceber que os temas de maior incidência são aqueles envolvendo as garantias e preferências do crédito tributário; obrigação tributária de uma forma geral; limitações ao poder de tributar e repartição de competências; ICMS; exclusão do crédito tributário; penalidades aos infratores; lançamento e responsabilidade tributária, como demonstrado no gráfico abaixo:

Garantias e preferências do crédito tributário – 1 questão
Obrigação tributária – 2 questões
Limitações ao poder de tributar – 3 questões
Repartição de competências – 1 questão
Exclusão do crédito tributário – 1 questão
Responsabilidade tributária – 1 questão
Penalidades – 2 questões
Lançamento – 1 questão
ICMS – 3 questões

2. Os concursos do MPSP e MPMS não abordaram a matéria Direito Tributário em suas provas.

É sempre aconselhável que se dê uma atenção especial aos tributos estaduais e municipais, considerando a grande chance de incidência nas provas para cargos estaduais.

Feitas essas considerações, é relevante que seu estudo dê maior importância a estes tópicos sem, obviamente, negligenciar os demais. Como afirmado, o estudo deve ser permeado de estratégia, mas sem que isso implique um desmerecimento dos demais pontos da matéria. Os temas aventados apenas devem tomar mais do seu tempo, e você deve dominá-los com mais tranquilidade.

4 ESTUDO DAS QUESTÕES EXIGIDAS NAS ÚLTIMAS PROVAS SUBJETIVAS E QUAIS TEMAS TÊM MAIOR INCIDÊNCIA NOS CONCURSOS

Como já afirmado anteriormente, Direito Tributário é uma matéria cobrada de modo mais superficial em provas para o Ministério Público, a despeito de aparecer na grande maioria dos editais. Assim sendo, é natural que sua incidência, nas provas subjetivas, seja também de uma forma mais simplificada, sem maiores aprofundamentos doutrinários, conforme veremos a seguir.

Vamos iniciar com a análise da questão de Direito Tributário cobrada na última prova do MPMT:

> A Lei de Responsabilidade Fiscal (LRF), cumprindo o que determina o art. 169, da Constituição Federal, estabelece valores máxima que a União, os Estados, o Distrito Federal e os Municípios poderão gastar com despesas de pessoal. Tendo em conta essa temática, responda fundamentadamente:
>
> **A** Os entes federativos poderão estabelecer, por leis editadas no âmbito das correspondentes competências legislativas, limites de comprometimento com despesas de pessoa diversos daqueles fixados pela LRF?
>
> **B** Quais são os limites máximos de gastos com pessoa previstos, na LRF, para os Estados e Municípios? Existe alguma subdivisão ou repartição de tais limites estabelecidos à luz da separação de poderes e autonomia constitucionalmente atribuída a outros órgãos? Em caso positivo, indique quais sejam esses montantes e as consequências de extrapolação dos mesmos, bem assim do montante global de comprometimento fixado para o ente.
>
> **C** Existem situações de constrição fiscal aptas a afastar a aplicação das sanções estabelecidas a Estados e Municípios na

> hipótese de extrapolação dos limites com despesas de pessoal fixadas na LRF, ou hipóteses legais que afastem tal aplicação?

No item "a", o examinador esperava que o candidato tivesse conhecimento da jurisprudência do STF sobre o tema, a qual admite a alteração dos limites previstos na LRF, mas apenas para torná-los mais rígidos, nunca mais brandos (STF, Plenário. ADI 5449 MC-Referendo/RR, Rel. Min. Teori Zavascki, julgado em 10/03/2016 – Info 817).

Por sua vez, os questionamentos trazidos nos itens "b" e "c" exigiam um conhecimento da legislação aplicável, qual seja, os artigos 19, 20, 22 e 23, todos da LC 101/00, e do art. 169 da Constituição Federal, para o item "b", e do artigo 23, §§5º e 6º, da LC 101/00, para o item "c". Como dito, tudo previsto no texto da lei.

A prova do MPSC tangenciou o Direito Tributário ao exigir o conhecimento do Princípio da Uniformidade Geográfica (art. 151, inciso I, da Constituição Federal), atinente às limitações do poder de tributar. Era ainda esperado que o candidato conhecesse a jurisprudência do STF (AI 729667) que decidiu no sentido de que a utilização do IPI como instrumento de promoção do desenvolvimento nacional e de superação das desigualdades regionais não caracteriza desvio de finalidade e não ofende o princípio da uniformidade geográfica.

Na mesma questão, o candidato deveria demonstrar conhecer o Princípio da Vedação de Vinculação de Receitas de Impostos (art. 167, IV, da Constituição Federal), bem como suas exceções (artigos 37, XXII; 158/159; 165, §8º; 167, §4º; 198, § 2°; e 212, todos da Constituição Federal), e o posicionamento do STF (ARE 665921) sobre a inconstitucionalidade de lei municipal que afete receitas de ICMS a Fundo Municipal.

Na prova discursiva do MPPR a pergunta relacionada a Direito Tributário era a seguinte:

> Instituições de assistência social (que atendem requisitos legais para obter tal qualificação), que não distribuem lucros, como são os hospitais beneficentes, fazem jus à imunidade de ICMS incidente sobre aquisições de medicamentos utilizados nos tratamentos dispensados a seus pacientes? Justifique. (0,5).

O candidato deveria observar que a imunidade tributária subjetiva (artigo 150, inciso VI, alínea "c", da Constituição Federal), é aplicável apenas ao contribuinte de direito. Desta forma, como o ICMS é um imposto indireto, e, no em questão, os hospitais beneficentes seriam apenas contribuintes de fato, não havendo que se falar em imunidade, entendimento externalizado pela jurisprudência do STF (RE 608872).

As últimas provas dissertativas do MPGO, MPPI, MPRS e MPMG não contemplaram nenhuma questão de Direito Tributário, embora tal disciplina constasse do edital, o que reforça o argumento de privilegiar outras matérias, sem, contudo, negligenciar o estudo do Direito Tributário que, eventualmente, pode ser cobrado, como no caso do MPMT, MPSC e MPPR. Tudo é questão de definição de prioridades e planejamento de estudo.

5 INFORMAÇÕES PARA A PREPARAÇÃO DE PROVAS ORAIS

As provas orais exigem um misto de conhecimento adquirido para as fases anteriores, além de demandar uma preparação específica, sobretudo no que respeita ao seu comportamento e ao modo como se expressa.

As provas em Direito Tributário, também na fase oral, refletem a mesma importância dada à matéria nas demais fases, pelo que seu estudo teórico pode se manter na mesma dinâmica.

É fundamental que você demonstre conhecimento sem ser prolixo, afinal a banca está arguindo outros tantos candidatos e o que eles querem é objetividade nas respostas.

Não se esqueça de ser objetivo, com firmeza na fala, mas sem parecer arrogante. Treine sempre que tiver oportunidade e, acaso sinta necessidade, procure também um cursinho especializado, pois eles lhe darão dicas valiosas de comportamento e de modos de responder às perguntas.

De outro lado, é de grande importância a sua preparação psicológica, já que no dia da prova tendemos a ficar nervosos, o que pode atrapalhar o desempenho. Daí porque os treinos também são bem-vindos, pois ao simular o ambiente de prova, você poderá ter maior controle sobre a adrenalina. Para tanto, procure sempre treinar com pessoas diferentes e que te coloquem em situações embaraçosas.

Seguindo uma rotina de estudos e de prática você já estará bem encaminhado para a aprovação.

6 DICAS SOBRE PONTOS MAIS EXIGIDOS

Seu conhecimento na matéria Direito Tributário será medido, como já dito e redito diversas vezes, pelo seu conhecimento da legislação e jurisprudência dos tribunais superiores. Portanto, é sempre recomendável que o candidato elabore quadros-resumo de institutos, diferenciando os requisitos e as características, bem como realize a leitura de determinados pontos alguns dias antes da prova.

Um método bem eficaz para apreensão de conteúdo é a elaboração de quadros-resumos, os quais viabilizam uma rápida revisão sobre temas frequentemente cobrados nas provas objetivas e que, no mais das vezes, exigem memorização de detalhes.

Um bom exemplo são as espécies de responsabilidade tributárias, podendo o candidato fazer anotações sobre cada uma delas e trazer exemplos que facilitem a memorização. Outro exemplo são os princípios relacionados ao Direito Tributário e previstos na CF e no CTN.

Não podemos nos esquecer, ainda, das regras de repartição de receitas, que trazem diversas porcentagens e, vez ou outra, aparecem em provas, as quais, por conseguinte, exigem a memorização desses dados pelos candidatos.

Relembramos, ainda, as hipóteses de exclusão, suspensão e extinção do crédito tributário, as quais devem ser memorizadas. Além disso, cada uma das hipóteses possui suas particularidades, valendo a anotação delas em seus quadros-resumo.

Por fim, importante, ainda, considerações sobre as formas de lançamentos e suas regras, matéria sempre cobrada em provas, devendo também ser incluída em seu material de revisão.

7 PECULIARIDADES DOS MAIS IMPORTANTES CONCURSOS DO MINISTÉRIO PÚBLICO ESTADUAL NO PAÍS

O candidato que se prepara para o Ministério Público do Estado de São Paulo deve ter em conta que a matéria Direito Tributário não é cobrada e que, portanto, o tempo que seria despendido a ela deve ser deslocado para outra matéria, de preferência para Difusos e Coletivos. O mesmo ocorre, por exemplo, no Ministério Público do Mato Grosso do Sul.

Já há algum tempo os Direitos Difusos e Coletivos ganharam um peso maior na prova do MPSP, basta notar a quantidade de questões abarcadas por essas matérias, pois ela envolve, de uma certa forma, o estudo do ECA e CDC, sem contar uma infinidade de legislações especiais e da parte processual.

Embora os Ministérios Públicos mineiro e paranaense sejam conhecidos pela grande exigência doutrinária em suas provas, como já apontados anteriormente, a matéria Direito Tributário é cobrada com menor incidência em concursos para o Ministério Público.

Uma dica, principalmente a partir da segunda fase, é verificar sempre qual o perfil da banca examinadora, o que auxiliará você em seu direcionamento. Verifique se a matéria Direito Tributário está atribuída ao integrante da banca que representa a OAB e, nesse caso, se este possui especialização em Direito Tributário. Em se verificando existir uma especialização da banca nessa área, é sempre bom aprofundar seus estudos na matéria, pois naturalmente a prova abordará questões de Direito Tributário.

Mas, cabe frisar, a regra é que as provas para o Ministério Público deem preferência para as demais matérias, mais afetas às áreas de atuação do *Parquet*, como se pode notar das últimas provas do MPGO, MPPI, MPRS e MPMG, de modo que a cobrança da matéria Direito Tributário fique restrita ao conhecimento da lei, da jurisprudência e de conceitos básicos da doutrina.

DIREITO CIVIL

Laura Minc Baumfeld

1 BIBLIOGRAFIA INDICADA

A partir de uma análise minuciosa dos editais para os concursos do Ministério Público Estadual, percebe-se que, em especial nas provas preliminares (normalmente elaboradas com questões de múltipla escolha), a quantidade de disciplinas e pontos a serem estudados é enorme. Quase inesgotável.

Por isso a preparação do candidato exige, antes de qualquer coisa, organização. E a organização não se restringe ao ambiente de estudo e a cadernos completos, coloridos e cheios de esquemas, pelo contrário, organização é, antes de tudo, saber como estudar e por onde estudar.

É considerável o volume de matérias e pontos a serem explorados, certamente não será possível ler uma obra bibliográfica para cada um deles. E muito menos dedicar os dias, semanas e meses a uma única disciplina só porque, em determinado concurso, ela é mais cobrada ou mais aprofundada.

O concurseiro precisa encarar sua preparação para o certame como uma maratona, um caminho longo e de muito esforço, em que é preciso ter bom desempenho em todo o percurso, ou seja, em todas as fases e matérias. Diferente, portanto, de uma corrida de 100 metros em que o importante é se fazer o menor tempo, custe o que custar.

Sabendo disso, o estudante precisa ter estratégia para investir a dose certa de energia em todas as disciplinas, sabendo que precisará esgotar todos os pontos dela e das demais ao longo de sua preparação. Não adianta, então, investir toda a sua energia (tempo, atenção, estudo) em uma determinada disciplina e negligenciar as demais. Não adianta tirar 100 na prova de direito civil e zero na prova de direito penal. Ou vice e versa. O importante é estar suficientemente bem preparado para todas elas.

Evidentemente algumas disciplinas exigem maior atenção, a depender do concurso que se está mirando. Isso porque, com certeza, algumas são mais cobradas e têm maior chance de serem exploradas pelo examinador conforme o cargo a que se destine o concurso. Em se tratando de concursos para o Ministério Público estadual, por exemplo, não há como o candidato não estar afiado em direito penal e processo penal. Mas, também, é preciso ter domínio razoável de todas as outras disciplinas para que se obtenha êxito.

É por isso que se disse acima que, estrategicamente, o candidato precisa distribuir de forma adequada o tempo investido em cada uma das disciplinas previstas no edital. E, para completar a ideia de organização (e, então, ter sucesso nessa caminhada), a escolha do material de estudo mostra-se essencial.

Isso porque, como dito, não há como ler obras completas para cada um dos pontos previstos no edital. Obviamente, avançando no certame, a preparação para a 2ª fase, e mesmo para a prova oral, exigirá o aprofundamento do candidato nos temas, em especial nos mais sensíveis. Mas para o estudo da 1ª fase tal aprofundamento não é recomendado, até porque impossível.

Assim, e focando na primeira fase, tem-se que o candidato deva ter uma doutrina base de cada matéria, para onde recorra quando não compreender os pontos por ele estudados ou para se aprofundar em determinados temas mais sensíveis. Mas deve, principalmente, focar na elaboração de seu próprio material de estudo (caderno), na resolução de questões anteriores, no estudo da jurisprudência e da letra da lei (ainda muito cobrada em questões objetivas, especialmente em sede de Direito Civil).

E na escolha do melhor material de apoio, vale a dica que recebi de um professor ainda na faculdade: "livro bom é aquele que você entende". Obviamente existem livros melhores, porque mais completos ou mais didáticos. Mas de nada adianta um bom livro se o candidato não compreende a linguagem do autor. Então, tendo registrado que a escolha do livro é de índole pessoal, passo a indicar aqueles que, na maioria dos casos, são bem recebidos pelos alunos e apresentam posicionamentos corretos e boa didática.

O Manual de Direito Civil do Flavio Tartuce (volume único) costuma ser muito adotado pelos concurseiros. Isso porque, embora seja enorme, é um volume único, concentrando o estudo do Direito Civil, que é, por natureza, extenso. O mesmo pode ser dito em relação ao Manual elaborado por Pablo Stolze e Rodolfo Pamplona Filho (volume único).

Ademais, os livros dos professores Cristiano Chaves de Farias e Nelson Rosenvald são bastante completos e didáticos, sendo certo que agora os autores também ostentam uma obra de volume único em coautoria com Felipe Braga Netto, pela Ed. JusPodivm.

Além dos livros doutrinários, de se recomendar também o estudo por livros com resolução de exercícios (para a 1ª fase) e de questões discursivas ou provas orais para as demais etapas. A Ed. Juspodivm tem farta coleção nesse sentido (tendo esta autora inclusive participado da elaboração de diversos volumes).

De se destacar, ainda, que como dito acima, o estudo para a segunda fase dos certames exige aprofundamento de diversos pontos, notadamente os mais sensíveis para o concurso que se pretende, e, ainda, de predileção de cada examinador (que, muitas vezes, são autores de livros, que devem ser estudados pelo candidato a partir da preparação para a 2ª fase).

Por fim, quando do estudo da Jurisprudência, de grande valia a utilização dos materiais e livros elaborados pelo Dr. Marcio André Lopes Cavalcante, do "Dizer o Direito", que, com excelente didática, explora e aprofunda os principais julgados do STF e do STJ.

2 CONTEÚDO PROGRAMÁTICO NOS EDITAIS DOS CONCURSOS PARA O MINISTÉRIO PÚBLICO ESTADUAL.

Inicialmente, vale destacar que cada Ministério Público tem confeccionado o seu edital de acordo com a comissão organizadora de seu concurso. Alguns Ministérios Públicos adotam como banca examinadora a CESPE/CEBRASPE ou a FCC, o que acaba garantindo uma semelhança nos editais de tais certames. Muitos outros, porém, optam por bancas próprias (da própria instituição), fugindo um pouco da padronização antes observada.

Não obstante, em se tratando de editais de Direito Civil, verifica-se uma grande repetição dos conteúdos programáticos, o que se explica provavelmente pela extensão da matéria e pela própria sistemática do Código Civil de 2002 (os livros, títulos e capítulos do próprio Código costumam ser repetidos nos Editais).

Para fins de elaboração deste livro, foram analisados os editais de todos os editais de concursos publicados entre 2016 até agosto de 2020 (ainda que não encerrado o certame). Os editais dos concursos para o Estado do Rio de Janeiro foram também lidos e analisados, mas não contam com etapas objetivas, fugindo um pouco do objetivo do presente trabalho (mas destacando-se que existem obras próprias, considerada a peculiaridade do certame, que devem ser exploradas pelo candidato que vise tal instituição).

De se destacar que no lapso temporal analisado não foram realizados novos concursos nos seguintes Estados: Amazonas, Acre, Amapá, Pará, Maranhão, Rio Grande do Norte, Alagoas, Pernambuco, Sergipe, Tocantins e Espírito Santo, bem como no Distrito Federal (último concurso em 2015).

Nos demais estados foram analisados 26 editais, sendo que, como dito, o MPRJ não conta com fase objetiva e realizou concurso nos anos de 2016 e 2018. Assim, seu edital (concurso de 2018) consta abaixo, mas suas questões não são computadas para fins de análise estatística.

Dos 24 editais de concursos que possuem provas objetivas na etapa preliminar, 02 foram de certames realizados pela FCC e 03 elaborados pela CESPE/CEBRASPE, sendo os demais elaborados por bancas próprias (e agrupados para fins de análise).

Assim, em seguida apresentamos os últimos editais de cada um dos Ministério Públicos Estaduais que realizaram certames nos anos analisados para que se extraia uma esquematização, servindo de norte para nossa análise, sendo também orientador para as demais bancas.

(RORAIMA 2017) CESPE/CEBRASPE:

DIREITO CIVIL: 1 Lei de introdução às normas do direito brasileiro. 1.1 Vigência, aplicação, obrigatoriedade, interpretação e integração das leis. 1.2 Conflito das leis no tempo. 1.3 Eficácia das leis no espaço. 2 Pessoas naturais. 2.1 Conceito. 2.2 Início da personalidade. 2.3 Personalidade. 2.4 Capacidade. 2.5 Direitos da personalidade. 2.6 Nome civil. 2.7 Estado civil. 2.8 Domicílio. 2.9 Ausência. 3 Pessoas jurídicas. 3.1 Disposições Gerais. 3.2. Conceito e elementos caracterizadores. 3.3 Constituição. 3.4 Extinção.

3.5 Capacidade e direitos da personalidade. 3.6 Domicílio. 3.7 Sociedades de fato. 3.8 Associações. 3.9 Sociedades. 3.10 Fundações. 3.11 Grupos despersonalizados. 3.12 Desconsideração da personalidade jurídica. 3.13 Responsabilidade da pessoa jurídica e dos sócios. 4 Bens. 4.1 Diferentes classes. 4.2 Bens Corpóreos e incorpóreos. 4.3 Bens no comércio e fora do comércio. 5 Fato jurídico. 6 Negócio jurídico. 6.1 Disposições gerais. 6.2 Classificação e interpretação. 6.3 Elementos. 6.4 Representação. 6.5 Condição, termo e encargo. 6.6 Defeitos do negócio jurídico. 6.7 Existência, eficácia, validade, invalidade e nulidade do negócio jurídico. 6.8 Simulação. 7 Atos jurídicos lícitos e ilícitos. 8 Prescrição e decadência. 9 Prova do fato jurídico. 10 Obrigações. 10.1 Características. 10.2 Elementos 10.3 Princípios. 10.4 Boa-fé. 10.5 Obrigação complexa (a obrigação como um processo). 10.6 Obrigações de dar. 10.7 Obrigações de fazer e de não fazer. 10.8 Obrigações alternativas e facultativas. 10.9 Obrigações divisíveis e indivisíveis. 10.10 Obrigações solidárias. 10.11 Obrigações civis e naturais, de meio, de resultado e de garantia. 10.12 Obrigações de execução instantânea, diferida e continuada. 10.13 Obrigações puras e simples, condicionais, a termo e modais. 10.14 Obrigações líquidas e ilíquidas. 10.15 Obrigações principais e acessórias. 10.16 Transmissão das obrigações. 10.17 Adimplemento e extinção das obrigações. 10.18 Inadimplemento das obrigações. 11 Contratos. 11.1 Princípios. 11.2 Classificação. 11.3 Contratos em geral. 11.4 Disposições gerais. 11.5 Interpretação. 11.6 Extinção. 11.7 Espécies de contratos regulados no Código Civil. 12 Atos unilaterais. 13 Responsabilidade civil. 14 Preferências e privilégios creditórios. 15 Posse. 16 Direitos reais. 16.1 Disposições gerais.16.2 Propriedade. 16.3 Superfície. 16.4 Servidões. 16.5 Usufruto. 16.6 Uso. 16.7 Habitação. 16.8 Direito do promitente comprador. 17 Direitos reais de garantia. 17.1 Características. 17.2 Princípios. 17.3 Penhor, hipoteca e anticrese. 18 Direito das sucessões. 18.1 Sucessão em geral. 18.2 Sucessão legítima. 18.3 Sucessão testamentária. 18.4 Inventário e partilha. 19 Lei nº 8.078/1990 e suas alterações (Direito das relações de consumo). 19.1 Consumidor. 19.2 Direitos do consumidor. 19.3 Fornecedor, produto e serviço. 19.4 Qualidade de produtos e serviços, prevenção e reparação dos danos. 19.5 Práticas comerciais. 19.6 Proteção contratual. 20 Lei nº 6.766/1979 e suas alterações (Parcelamento do solo urbano). 21 Lei nº 6.015/1973 (Registros Públicos). 21.1 Noções gerais, registros, presunção de fé pública, prioridade, especialidade, legalidade, continuidade, transcrição, inscrição e averbação. 21.2 Procedimento de dúvida. 22 Lei nº 10.741/2003 e suas alterações (Estatuto do Idoso). 23 Lei nº 8.245/1991 e suas alterações (Locação de imóveis urbanos). 23.1 Disposições gerais, locação em geral, sublocações, aluguel, deveres do locador e do locatário, direito de preferência, benfeitorias, garantias locatícias, penalidades civis, nulidades, locação residencial, locação para temporada, locação não residencial. 24 Direitos autorais. 25 Lei nº 8.069/1990 e suas alterações (Estatuto da Criança e do Adolescente). 25.1 Disposições preliminares, direitos fundamentais, prevenção. fixação judicial da pena. 2.8 Valor da fiança. 2.8.1 Assistência. 2.8.2 Ação penal subsidiária (...)

Nota: Neste edital a matéria de Direito do Consumidor vinha disposta dentro dos tópicos de Direito Civil, mas foram extraídos em razão da organização desta obra, que aborda de forma separada tais pontos.

(CEARÁ 2019) CESPE/CEBRASPE:

DIREITO CIVIL: 1 Lei de Introdução às Normas do Direito Brasileiro. 2 Eficácia no tempo. 2.1 Vigência, revogação, repristinação, retroatividade, início e cessação de sua obrigatoriedade. A integração da norma jurídica. Fontes. Classificação e Hierarquia. 3 Eficácia no espaço. 3.1 Territorialidade e extraterritorialidade. Noções gerais de Direito Internacional Privado. Conflito de normas jurídicas no espaço. Ato jurídico perfeito, direito adquirido e coisa julgada. Hermenêutica, interpretação e aplicação do Direito. 4 Parte Geral. 4.1 A relação jurídica, os direitos subjetivos e o exercício dos direitos. Pessoas naturais e jurídicas. Personalidade, capacidade e estado. Ausência. Nome. Domicílio. Sociedades, Associações, Fundações e OSCIP. Bens e sua classificação. Ato, fato e negócio jurídico, pressupostos e requisitos, defeitos, inexistência, invalidade e ineficácia. Atos ilícitos. Prescrição e decadência. Provas. 5 Direito das Obrigações. Modalidades, fontes, efeitos e os contratos em geral. Obrigações por declaração unilateral de vontade. 6 Responsabilidade civil. 6.1 Noções gerais. Culpa, dolo, liquidação das obrigações. 7 Direito das Coisas. 8 Posse. 8.1 Conceito, natureza e classificação. Aquisição da posse, efeitos, perda e composse. Direitos reais. Aquisição e perda da propriedade: conceitos, elementos constitutivos, classificação, restrições e modos de aquisição. Usucapião. Propriedade rural e urbana. Função social da propriedade. Direito de vizinhança. Do condomínio. Da Superfície. Da Servidão. 8.2 Usufruto. 8.2.1 Disposições gerais, direitos e obrigações do usufrutuário. Uso. Penhor, Hipoteca, Anticrese. 9 O Direito de Família. 10 O casamento. 10.1 Conceito, natureza, características, fins, os impedimentos matrimoniais, o processo de habilitação, a celebração e suas modalidades; anulação, nulidade e inexistência. Efeitos do casamento. Direitos e obrigações dos cônjuges. Regime de bens. Separação e divórcio. Das relações de parentesco. Proteção da pessoa do filho. Reconhecimento do filho. Obrigação alimentar. A adoção, a filiação e investigação de paternidade. O poder familiar. Bem de família. Tutela, curatela (Código Civil, Processo Civil e Lei nº 13.146/2015 e suas alterações (Lei Brasileira de Inclusão da Pessoa com Deficiência) e ausência. Concubinato e união estável: conceitos, características, direitos e obrigações, e efeitos jurídicos. Guarda.

11 Direito das Sucessões. Sucessão Geral e Sucessão Legítima. Sucessão testamentária: características e pressupostos, sucessão a título universal e singular. Abertura da sucessão, devolução sucessória e aquisição da herança. Aceitação e renúncia. Capacidade sucessória e indignidade. Cessão da herança. Herança jacente e vacante. Ordem de vocação hereditária. Direito de representação. Petição de herança. Deserdação. Inventário e Partilha. Colação. 12 Lei nº 6.015/1973 e suas alterações (Registros públicos). 13 Parcelamento do solo urbano. 13.1 Leis nº 6.766/1977 e 9.785/1999 (...)

Nota: Neste edital a matéria de Direito Empresarial vinha disposta dentro dos tópicos de Direito Civil, mas foram extraídos em razão da organização desta obra, que aborda de forma separada tais pontos.

(PIAIU 2018) CESPE/CEBRASPE:

DIREITO CIVIL: 1 Lei de introdução às normas do direito brasileiro: vigência, aplicação, obrigatoriedade, interpretação e integração das leis; conflito das leis no tempo; eficácia das leis no espaço. 2 Pessoas naturais: conceito; início da pessoa natural; personalidade; capacidade; direitos da personalidade; nome civil; estado civil; domicílio; ausência. 3 Pessoas jurídicas: disposições gerais; conceito e elementos caracterizadores; constituição; extinção; capacidade e direitos da personalidade; domicílio; sociedades de fato; associações; sociedades; fundações; grupos despersonalizados; desconsideração da personalidade jurídica; responsabilidade da pessoa jurídica e dos sócios. 4 Bens: diferentes classes; bens corpóreos e incorpóreos; bens no comércio e fora do comércio. 5 Fato jurídico. 6 Negócio jurídico: disposições gerais; classificação e interpretação; elementos; representação; condição, termo e encargo; defeitos do negócio jurídico; existência, eficácia, validade, invalidade e nulidade do negócio jurídico; simulação. 7 Atos jurídicos lícitos e ilícitos. 8 Prescrição e decadência. 9 Prova do fato jurídico. 10 Obrigações: características; elementos; princípios; boa-fé; obrigação complexa (a obrigação como um processo); obrigações de dar; obrigações de fazer e de não fazer; obrigações alternativas e facultativas; obrigações divisíveis e indivisíveis; obrigações solidárias; obrigações civis e naturais, de meio, de resultado e de garantia; obrigações de execução instantânea, diferida e continuada; obrigações puras e simples, condicionais, a termo e modais; obrigações líquidas e ilíquidas; obrigações principais e acessórias; transmissão das obrigações; adimplemento e extinção das obrigações; inadimplemento das obrigações. 11 Contratos: princípios; classificação; contratos em geral; disposições gerais; interpretação; extinção; espécies de contratos regulados no Código Civil. 12 Atos unilaterais (...) 17 Posse. 18 Direitos reais: disposições gerais; propriedade; superfície; servidões; usufruto; uso; habitação; direito do promitente comprador.

19 Direitos reais de garantia: características; princípios; penhor, hipoteca e anticrese. 20 Direito de família: casamento; relações de parentesco; regime de bens entre os cônjuges; usufruto e administração dos bens de filhos menores; alimentos; bem de família; união estável; concubinato; tutela; curatela. 21 Direito das sucessões: sucessão em geral; sucessão legítima; sucessão testamentária; inventário e partilha. (...) 23 Lei nº 6.766/1979 e suas alterações (Parcelamento do solo urbano). 24 Lei nº 6.015/1973 e suas alterações (Registro de imóveis): noções gerais, registros, presunção de fé pública, prioridade, especialidade, legalidade, continuidade, transcrição, inscrição e averbação; procedimento de dúvida. 25 Lei nº 10.741/2003 e suas alterações (Estatuto do Idoso). 26 Lei nº 8.245/1991 e suas alterações (Locação de imóveis urbanos): disposições gerais, locação em geral, sublocações, aluguel, deveres do locador e do locatário, direito de preferência, benfeitorias, garantias locatícias, penalidades civis, nulidades, locação residencial, locação para temporada, locação não residencial. 27 Direitos autorais. (...)

Nota: Neste edital a matéria de Direito do Consumidor vinha disposta dentro dos tópicos de Direito Civil, mas foram extraídos em razão da organização desta obra, que aborda de forma separada tais pontos.

(PARAÍBA 2018) FCC:

DIREITO CIVIL. Ponto 01: As fontes do direito. A norma jurídica. Estrutura, características e classificação das normas. Interpretação e integração das normas. Eficácia da norma. Lei, doutrina, súmula vinculante, jurisprudência, costume. Obrigação: conceito e natureza jurídica. Estrutura da obrigação. Características e elementos. Fontes das obrigações. Classificação das obrigações. Obrigação de dar, de fazer, de não fazer, facultativas e alternativas. Teoria geral dos contratos. Evolução. Elementos dos contratos. Classificação dos contratos. Compromisso irretratável de compra e venda. A família no novo Código Civil. Direito pessoal. Casamento: noções gerais. Conceito. Natureza jurídica. Características. Finalidades. Princípios. Esponsais. Da sucessão geral. Abertura da sucessão. Da herança e sua administração. Da vocação hereditária. Aceitação e renúncia. Herança jacente. Da petição de herança. Súmulas do Superior Tribunal de Justiça e do Supremo Tribunal Federal. Ponto 02: Aplicação da lei no tempo e no espaço. Lei de Introdução ao Código Civil (Decreto-Lei nº 4.657/1942). Disposições finais e transitórias do novo Código Civil. A relação jurídica. O direito subjetivo. Eficácia, limitações e proteção dos direitos subjetivos. Obrigação natural. Obrigação *propter rem*. Obrigação solidária e obrigação indivisível. Efeitos do contrato. Compra e venda. Contrato estimatório. Propriedade. Aquisição e perda da propriedade. Usucapião. Casamento. Formalidades preliminares. Habilitação. Requisitos e pressupostos matrimoniais. Procedimento. Impedimentos matrimoniais. Oposição dos impedimentos. Sucessão legítima. Sucessão dos descendentes, ascendentes, cônjuge, companheiro e colaterais. Sucessão do Estado. Súmulas do Superior Tribunal de Justiça e do Supremo Tribunal Federal. Ponto 03: Pessoa natural. Capacidade, legitimação e estado. Incapacidade absoluta e relativa. Direitos da personalidade. Domicílio. Extinção das obrigações. Pagamento. Modalidades do pagamento. Pagamento indevido. Enriquecimento sem causa. Pagamento por consignação. Pagamento por consignação bancária. Pagamento por sub-rogação. Imputação em pagamento. Dação em pagamento. Novação. Compensação. Confusão. Remissão. Doação. Empreitada e prestação de serviços. Da promessa de recompensa. Registro civil das pessoas físicas. Casamento. Capacidade para o casamento. Celebração e provas. Celebração do casamento. Assento do casamento. Casamento nuncupativo. Casamento por procuração. Provas do casamento. Casamento inexistente, nulo, anulável e irregular. Direito de representação. Súmulas do Superior Tribunal de Justiça e do Supremo Tribunal Federal. Ponto 04: Os bens. Prestações, títulos e direitos. Classificação dos bens. Benfeitorias. Consequências da inexecução das obrigações. Mora e inadimplemento. Juros legais e constitucionais. Juros moratórios e compensatórios. Perdas e danos. Danos emergentes. Lucros cessantes. Do enriquecimento sem causa. Locação. Lei nº 8.245/1991, e Lei nº 12.112/2009. Condomínio. Usucapião especial rural. Pessoas jurídicas: Domicílio e Registro civil. Casamento. Efeitos jurídicos do casamento em geral. Direitos e deveres dos cônjuges. Regime de bens entre os cônjuges: conceito, natureza jurídica, características. Pacto antenupcial. Doações antenupciais. Bem de família legal e convencional. Formas de testamentos. Invalidade dos testamentos. Disposições testamentárias. Súmulas do Superior Tribunal de Justiça e do Supremo Tribunal Federal. Ponto 05: Aquisição, modificação e extinção dos direitos. Ato jurídico. Negócio jurídico. Classificação, elementos e interpretação dos negócios jurídicos. Cláusula penal. Transmissão das obrigações. Cessão de crédito. Cessão de débito. Cessão de contrato. Representação. Transação. Compromisso. Cartão de crédito. Servidão. Usufruto. Uso e habitação. Registro de títulos e documentos. Associações. Das fundações. Da sociedade. Do estabelecimento. Dos Institutos Complementares. Regime de bens entre os cônjuges. Regime da comunhão universal. Regime da comunhão parcial. Regime da comunhão parcial dos aquestos. Regime da separação de bens: separação convencional e separação legal. Separação judicial e separação de fato. Separação judicial consensual. Separação judicial litigiosa. Separação de fato. Efeitos. Disposições conjuntas e direito de acrescer. Súmulas do Superior Tribunal de Justiça e do Supremo Tribunal Federal. Ponto 06: Elementos acidentais do negócio jurídico. Condição, termo e encargo. Assunção de dívida.

Empréstimo. Direitos reais de garantia. Penhor e hipoteca. Registro de imóveis. Divórcio: conceito e natureza jurídica. Formas de divórcio. Conversão da separação judicial em divórcio. EC nº 66/2010. Sucessão testamentária. Cláusulas restritivas. Direitos autorais (Lei nº 9.610/1998): obras intelectuais. Súmulas do Superior Tribunal de Justiça e do Supremo Tribunal Federal. Ponto 07: Posse. Classificação e desdobramento da posse. Modos de aquisição e perda da posse. Efeitos da posse. Composse. Defeitos do negócio jurídico: erro, dolo, coação, estado de perigo, lesão, simulação, reserva mental e fraude contra credores. Mandato. União estável: Leis nº 8.971/1994 e nº 9.278/1996. Conceito. Características. Efeitos. Dissolução. Concubinato impuro. Relações de parentesco: conceito, espécies, linhas e graus. Efeitos legais. Legados. Aquisição e efeitos dos legados. Substituições. Fideicomisso. Direitos autorais: direito do autor. Súmulas do Superior Tribunal de Justiça e do Supremo Tribunal Federal. Ponto 08: Inexistência, invalidade e ineficácia dos negócios jurídicos. Direitos autorais (Lei nº 9.610/1998): contratos de direitos autorais; utilização de obras intelectuais e dos fonogramas. Do Estatuto da Terra. Do parcelamento do solo. Contrato de transporte. Ato ilícito. Responsabilidade civil. Filiação: filiação nas relações matrimoniais. Filiação nas relações extramatrimoniais. Investigação de paternidade (Lei nº 8.560/1992). Adoção: conceito. Adoção no novo Código Civil. Deserdação. Revogação do testamento. Caducidade do testamento. Súmulas do Superior Tribunal de Justiça e do Supremo Tribunal Federal. Ponto 09: Registros públicos. Finalidade. Efeitos do registro público. Lei nº13.484/2017). Seguro. Atos unilaterais: promessa de recompensa e gestão de negócios. Poder familiar e tutela. Exercício do poder familiar. Efeitos do poder familiar. Suspensão e extinção do poder familiar. Tutela. Efeitos da tutela. Curatela e ausência: curatela. Noções gerais. Espécies de curatela. Estatuto da Pessoa com Deficiência. Tomada de Decisão Apoiada. Cessão de herança. Redução das disposições testamentárias. Revogação de testamento. Rompimento do testamento. Do testamento. Direitos autorais (Lei nº 9.610/1998): direitos conexos. Súmulas do Superior Tribunal de Justiça e do Supremo Tribunal Federal. Ponto 10: Prescrição e decadência. Fiança. Atos unilaterais: pagamento indevido e enriquecimento sem causa. Alimentos. Prestação alimentícia: conceito, natureza jurídica, características e pressupostos. Alimentos gravídicos. Alimentos provisionais: provisórios e definitivos (Lei nº 5.478/1968). Alimentos: revisão. Inventário e partilha. Sonegados. Pagamento de dívidas. Colação. Partilha. Garantia dos quinhões hereditários. Anulação da partilha. Direito de vizinhança. Usucapião especial urbano. Direitos autorais (Lei nº 9.610/1998): as sanções civis às violações dos direitos autorais. Súmulas do Superior Tribunal de Justiça e do Supremo Tribunal Federal.

(MATO GROSSO 2019) FCC:

DIREITO CIVIL 1. As fontes do direito. A norma jurídica. Estrutura, características e classificação das normas. Interpretação e integração das normas. Eficácia da norma. Lei, doutrina, súmula vinculante, jurisprudência, costume. Obrigação: conceito e natureza jurídica. Estrutura da obrigação. Características e elementos. Fontes das obrigações. Classificação das obrigações. Obrigação de dar, de fazer, de não fazer, facultativas e alternativas. Teoria geral dos contratos. Evolução. Elementos dos contratos. Classificação dos contratos. Compromisso irretratável de compra e venda. A família no novo Código Civil. Direito pessoal. Casamento: noções gerais. Conceito. Natureza jurídica. Características. Finalidades. Princípios. Esponsais. Da sucessão geral. Abertura da sucessão. Da herança e sua administração. Da vocação hereditária. Aceitação e renúncia. Herança jacente. Da petição de herança. Súmulas do Superior Tribunal de Justiça e do Supremo Tribunal Federal. 2. Aplicação da lei no tempo e no espaço. Lei de Introdução ÀS NORMAS DO DIREITO BRASILEIRO (Decreto-Lei nº 4.657/1942). Disposições finais e transitórias do novo Código Civil. A relação jurídica. O direito subjetivo. Eficácia, limitações e proteção dos direitos subjetivos. Obrigação natural. Obrigação propter rem. Obrigação solidária e obrigação indivisível. Efeitos do contrato. Compra e venda. Contrato estimatório. Propriedade. Aquisição e perda da propriedade. Usucapião. Casamento. Formalidades preliminares. Habilitação. Requisitos e pressupostos matrimoniais. Procedimento. Impedimentos matrimoniais. Oposição dos impedimentos. Sucessão legítima. Sucessão dos descendentes, ascendentes, cônjuge, companheiro e colaterais. Sucessão do Estado. Súmulas do Superior Tribunal de Justiça e do Supremo Tribunal Federal. 3. Pessoa natural. Capacidade, legitimação e estado. Incapacidade absoluta e relativa. Direitos da personalidade. Domicílio. Extinção das obrigações. Pagamento. Modalidades do pagamento. Pagamento indevido. Enriquecimento sem causa. Pagamento por consignação. Pagamento por consignação bancária. Pagamento por sub-rogação. Imputação em pagamento. Dação em pagamento. Novação. Compensação. Confusão. Remissão. Doação. Empreitada e prestação de serviços. Da promessa de recompensa. Registro civil das pessoas físicas. Casamento. Capacidade para o casamento. Celebração e provas. Celebração do casamento. Assento do casamento. Casamento nuncupativo. Casamento por procuração. Provas do casamento. Casamento inexistente, nulo, anulável e irregular. Direito de representação. Súmulas do Superior Tribunal de Justiça e do Supremo Tribunal Federal. 4. Os bens. Prestações, títulos e direitos. Classificação dos bens. Benfeitorias. Consequências da inexecução das obrigações. Mora e inadimplemento. Juros legais e constitucionais. Juros moratórios e compensatórios. Perdas e danos. Danos emergentes. Lucros cessantes. Do enriquecimento sem causa. Locação. Lei nº 8.245/1991, e Lei nº 12.112/2009. Condomínio. Pessoas jurídicas: Domicílio e Registro civil. Casamento. Efeitos jurídicos do casamento em geral. Direitos e deveres dos cônjuges. Regime de bens entre os cônjuges: conceito, natureza jurídica, características. Pacto antenupcial. Doações antenupciais. Bem de família legal e convencional. Formas de testamentos. Invalidade dos testamentos. Disposições testamentárias. Súmulas do Superior Tribunal de Justiça e do Supremo Tribunal Federal. 5. Aquisição, modificação e extinção dos direitos. Ato jurídico. Negócio jurídico. Classificação, elementos e interpretação dos negócios jurídicos. Cláusula penal. Transmissão das obrigações. Cessão de crédito. Cessão de débito. Cessão de contrato. Representação. Transação. Compromisso. Cartão de crédito. Servidão. Usufruto. Uso e habitação. Registro de títulos e documentos. Associações. Das fundações. Da sociedade. Do estabelecimento. Dos Institutos Complementares. Regime de bens entre os cônjuges. Regime da comunhão universal. Regime da comunhão parcial. Regime da comunhão parcial dos aquestos. Regime da separação de bens: separação convencional e separação legal. Separação judicial e separação de fato. Efeitos. Súmulas do Superior Tribunal de Justiça e do Supremo Tribunal Federal. 6. Elementos acidentais do negócio jurídico. Condição, termo e encargo. Assunção de dívida. Empréstimo. Direitos reais de garantia. Penhor e hipoteca. Registro de imóveis. Divórcio: conceito e natureza jurídica. Formas de divórcio. Conversão da separação judicial em divórcio. EC nº 66/2010. Sucessão testamentária. Cláusulas restritivas. Direitos autorais (Lei nº 9.610/1998): obras intelectuais. Súmulas do Superior Tribunal de Justiça e do Supremo Tribunal Federal. 7. Posse. Classificação e desdobramento da posse. Modos de aquisição e perda da posse. Efeitos da posse. Composse. Defeitos do negócio jurídico: erro, dolo, coação, estado de perigo, lesão, simulação, reserva mental e fraude contra credores. Mandato. União estável: Conceito. Características. Efeitos. Dissolução. Relações de parentesco: conceito, espécies, linhas e graus. Efeitos legais. Legados. Aquisição e efeitos dos legados. Substituições. Fideicomisso. Direitos autorais: direito do autor. Súmulas do Superior Tribunal de Justiça e do Supremo Tribunal Federal. 8. Inexistência, invalidade e ineficácia dos negócios jurídicos. Direitos autorais (Lei nº 9.610/1998): contratos de direitos autorais; utilização de obras intelectuais e dos fonogramas. Do Estatuto da Terra. Do parcelamento do solo. Contrato de transporte. Ato ilícito. Responsabilidade civil. Filiação: filiação nas relações matrimoniais. Filiação nas relações extramatrimoniais. Investigação de paternidade (Lei nº 8.560/1992). Adoção: conceito. Adoção no novo Código Civil. Deserdação. Revogação do testamento. Caducidade do testamento. Súmulas do Superior Tribunal de Justiça e do Supremo Tribunal Federal. 9. Registros públicos. Finalidade. Efeitos do registro público. Seguro. Atos unilaterais: promessa de recompensa e gestão de negócios. Poder familiar e tutela. Exercício do poder familiar. Efeitos do poder familiar. Suspensão e extinção do poder familiar. Tutela. Efeitos da tutela. Curatela e ausência: curatela. Noções gerais. Espécies de curatela. Estatuto da Pessoa com Deficiência. Tomada de Decisão Apoiada. Cessão de herança. Redução das disposições testamentárias. Revogação de testamento. Rompimento do testamento. Do testamento. Súmulas do Superior Tribunal de Justiça e do Supremo Tribunal Federal. 10. Prescrição e decadência. Fiança. Atos unilaterais: pagamento indevido e enriquecimento sem causa. Alimentos. Prestação alimentícia: conceito, natureza jurídica, características e pressupostos. Alimentos gravídicos. Alimentos provisionais: provisórios e definitivos (Lei nº 5.478/1968). Alimentos: revisão. Inventário e partilha. Sonegados. Pagamento de dívidas. Colação. Partilha. Garantia dos quinhões hereditários. Anulação da partilha. Direito de vizinhança. Usucapião. Direitos autorais (Lei nº 9.610/1998): as sanções civis às violações dos direitos autorais. Súmulas do Superior Tribunal de Justiça e do Supremo Tribunal Federal.

(RONDÔNIA 2017) FMP Concursos – Fundação Escola Superior do MP

DIREITO CIVIL: Parte Geral. Sistema de normas Jurídicas de direito privado. Classificação. Tipologia. Princípios. Constitucionalização normativa do direito privado. Teoria do fato jurídico. Plano de existência jurídica. Plano de validade jurídica. Plano de eficácia jurídica. Suporte fático abstrato. Suporte fático concreto. Juridicização. Conceito de fato jurídico. Classificação dos fatos jurídicos. Fatos lícitos. Fato jurídico stricto sensu. Fato jurídico lato sensu. Ato-fato jurídico. Ato jurídico stricto sensu. Ato jurídico lato sensu. Negócio jurídico. Atos ilícitos. lei de Introdução ao Código Civil Eficácia. Territorial Temporal. Formas de integração da norma jurídica. As pessoas. Pessoa natural. Personalidade. Capacidade. Estado. Ausência. Pessoa jurídica. Personificação da pessoa jurídica. Presentação. Desconsideração da personalidade jurídica. Tipos de pessoas jurídicas de direito privado. Associações. Fundações. Domicílio. Diferentes classes de bens. Prescrição e decadência. Direito das obrigações, contratos e responsabilidade civil. Conceito de relação obrigacional. Obrigação como processo. Estrutura da relação obrigacional. Princípios gerais da relação obrigacional. Deveres. Fontes das obrigações. Efeitos das obrigações. Modalidades das obrigações. Responsabilidade pré-contratual Pós-eficácia das obrigações. Transmissão das obrigações. Adimplemento e extinção das obrigações. Extinção das obrigações pelo pagamento direto. Conceito de pagamento. Natureza jurídica. Condições subjetivas e objetivas do pagamento. Objeto e prova do pagamento. Pagamento indireto e extinção da obrigação sem pagamento. Em consignação. Sub-rogação. Imputação do pagamento. Dação em pagamento. Novação. Compensação.

Confusão. Remissão das dívidas. Impossibilidade de cumprimento sem culpa do devedor. Inadimplemento absoluto e relativo. Efeitos. Mora. Violação positiva do contrato. Perdas e danos. Juros. Cláusula penal. Arras ou sinal. Contratos. Teoria geral dos contratos. Função social dos contratos. Princípios gerais dos contratos. Classificação dos contratos. Formação e extinção dos contratos. Revisão dos contratos. Espécies de Contrato. Atos unilaterais. Promessa de recompensa. Gestão de negócios. Pagamento indevido. Enriquecimento sem causa. Responsabilidade Civil. Conceito. Fontes geradoras do dever de indenizar. Ato ilícito. Teorias que fundamentam o dever de indenizar: subjetiva e objetiva. Espécies de responsabilidade civil: contratual e extracontratual ou aquiliana. Indenização. Direito das coisas. Teoria geral dos direitos reais. Conceituação e taxinomia dos direitos reais. A constitucionalização dos direitos reais. Sequela. Preferência. Distinção entre direitos reais e demais direitos patrimoniais. Classificação e enumeração dos direitos reais. Posse. Distinção entre detenção, posse e propriedade. Servidores da posse. Aquisição, perda e classificação da posse. Efeitos da posse. Composse. Direito aos interditos possessórios. Direito aos frutos e benfeitorias, indenização e retenção. Propriedade. Descrição. Histórico da propriedade, bem como sua funcionalidade social. Sujeitos e objeto do direito de propriedade. Modalidades de propriedades. Propriedade perpétua e resolúvel. Propriedade mobiliária e Imobiliária. Limitações ao direito de propriedade. Aquisição da propriedade móvel e imóvel. Registro imobiliário. Usucapião. Espécies. Ordinário. Extraordinário. Urbano. Coletivo Individual. Rural. Perda da propriedade. Direito de vizinhança. Condomínio voluntário e edifício. Direito de superfície. Servidões. Usufruto. Uso. Habitação. Promitente comprador. A concessão de uso especial para fins de moradia. A concessão de direito real de uso. Direito de Família. A família na sociedade brasileira. Princípios. Normas constitucionais. Casamento. Conceito. Natureza. Características. Capacidade. Impedimentos. Causas suspensivas. Processo de habilitação. Celebração. Provas. Invalidade. Causas de anulação e nulidade. Eficácia. Efeitos do casamento. Direitos e obrigações dos cônjuges. Dissolução da sociedade e do vínculo conjugal. Proteção da pessoa dos filhos. Relações de parentesco. Filiação. Registral, Biológica e Socioafetiva. Reconhecimento dos filhos. Investigação de paternidade. Adoção. Poder familiar. Alienação Parental. Lei n2 12.318/2010. Regimes de bens entre os cônjuges. Usufruto e administração dos bens de filhos menores. Alimentos. Alimentos gravídicos. Bem de família. União estável. Concubinato. Tutela e curatela. Separação e divórcio. Direito das sucessões. Conceito e conteúdo. Sucessão a título universal e sucessão a título singular. Formas de suceder: abertura da sucessão. Administração da herança. Vocação hereditária. Transmissão da herança. Aceitação e renúncia. Cessão da herança. Exclusão da sucessão. Indignidade. Herança jacente. Conceito e natureza jurídica. Vacância. Arrecadação dos bens vagos. Petição de herança. Sucessão legítima. Ordem da vocação hereditária. Herdeiros necessários. Direito de representação. Sucessão testamentária. Liberdade de testar. Limitações. Capacidade testamentária. Testamento e codicilo. Formas ordinárias e especiais de testamento. Legados. Direito de acrescer entre herdeiros e legatários. Capacidade para adquirir por testamento. Herança necessária. Redução das disposições testamentárias. Deserdação. Substituições. Execução do testamento. Revogação do testamento. Rompimento do testamento. Testamenteiro. Inventário e partilha: Inventário Judicial e Extrajudicial. Inventariante. Colação. Pagamento das dívidas. Partilha. Arrolamento. Quinhões hereditários. Sonegados. Súmulas e Jurisprudências sobre estes temas em matéria de Direito Civil do STF e do STJ.

(BAHIA 2018) – CEFET BAHIA

DIREITO CIVIL 1. Lei de Introdução às Normas do Direito Brasileiro. 1.1 Interpretação e integração da norma jurídica. A analogia, costumes, jurisprudência, princípios gerais de direito, equidade. 1.2 Lei. Classificação e hierarquia. Eficácia no tempo: vigência, revogação, repristinação e retroatividade. Conflito das normas jurídicas no tempo. 1.3 Lei. Eficácia no espaço: territorialidade e extraterritorialidade. Noções gerais de Direito Internacional Privado. Conflito das normas jurídicas no espaço. 1.4 Ato jurídico perfeito, direito adquirido e coisa julgada. 2. Teoria Geral do Direito Civil. 2.1 Direitos de personalidade. Noções gerais. Características. Direitos da Personalidade X liberdade de imprensa e de expressão. *Hate speech*. Direito ao esquecimento. Direitos da personalidade e biografias não autorizadas. Classificação. Tutela jurídica. Lesados indiretos. Direitos da personalidade e pessoa jurídica. O nome civil, a imagem, a privacidade e a honra. Integridade física. Proteção do corpo vivo e do corpo morto. Diretivas antecipadas (testamento vital). Transplantes. 2.2. Pessoa natural. Noções gerais. Incapacidade absoluta e relativa. Restrições e limitações de direito. A interdição. A morte. Morte natural, comoriência e morte presumida, com e sem declaração de ausência. Diretivas antecipadas da pessoa natural. 2.3 Pessoa jurídica: classificação. Responsabilidade civil e penal da pessoa jurídica. As empresas individuais de responsabilidade limitada. Desconsideração da personalidade jurídica. Teoria da aparência e pessoa jurídica. Fundações. Requisitos. Constituição. Insuficiência de bens. Fiscalização. Alteração dos estatutos. Extinção das fundações e destino dos bens. Atuação do Ministério Público. As associações. 2.4 Domicílio civil. Espécies. Pluralidade. Domicílio da pessoa jurídica. Domicílio de eleição. 2.5 Bens. Classificação geral dos bens. Bem de família. Bem de família da pessoa sozinha. 2.6 Fato jurídico. Ato jurídico. Negócio jurídico. Conceito. Condições de validade. Consentimento. Boa fé. Ato ilícito. Defeitos dos negócios jurídicos. Erro, dolo, coação, simulação, fraude contra credores, lesão e estado de perigo. A simulação. Nulidade e anulabilidade dos negócios jurídicos. Consequências. Ratificação. Conversão substancial do negócio jurídico. Redução parcial. 2.7 Decadência. Prescrição. Causas que impedem, suspendem e interrompem a prescrição. Prazos. 3. Direito Obrigacional, contratual (contratos em espécie) e Responsabilidade civil. 3.1 Atos ilícitos. Responsabilidade subjetiva, objetiva, contratual e extracontratual. Teoria do risco. Responsabilidade civil do Estado. Dano patrimonial e extrapatrimonial. Extensão do dano. Perda de uma chance e outros tipos de danos. O dano coletivo, moral e material. O dano moral contratual. 3.2. O abuso do direito. Fundamentos. Figuras parcelas da boa-fé objetiva: *venire contra factum proprium, supressio/surrectio, tu quoque, substancial performance, duty to mitigate the own loss* e violação positiva de contrato. 3.3. A teoria geral dos contratos. Princípios fundamentais. Formação. Extinção. Revisão judicial. Intervenção de terceiros nos contratos. 4. Direitos reais. 4.1 Posse. Classificação. Aquisição. Perda. Efeitos. Proteção possessória. A função social da posse e os seus efeitos. 4.2 Propriedade. Conceito. Propriedade imóvel: aquisição e perda. A função social da propriedade. A desapropriação judicial indireta. 4.3 Usucapião. Conceito. Natureza. Extensão e espécies. Usucapião e prescrição. Espécies de usucapião. Usucapião conjugal (abandono de lar). 4.4 Condomínio. Noções gerais. Condomínio edilício e condomínio geral. 4.5 Usufruto. Uso. Habitação. Superfície. Servidão. Hipoteca. Alienação Fiduciária em garantia. 4.6. Direitos de vizinhança. 5. Direito de Família. Princípios constitucionais do Direito de Família. Famílias simultâneas, famílias reconstituídas, famílias monoparentais. Família homoafetiva. Responsabilidade civil no Direito de Família. 5.1 Casamento. Nulidades. Impedimentos. Efeitos jurídicos. Causas suspensivas. Efeitos jurídicos. Regimes de bens. União estável. Uniões de pessoas do mesmo sexo. Outros modelos familiares. O concubinato: disciplina legal, jurisprudencial e doutrinária. 5.2 Dissolução da sociedade e do vínculo conjugal. Formas e consequências. Proteção da pessoa dos filhos. Dissolução do casamento em juízo e em cartório. 5.3 Relação de parentesco. 5.4 Filiação. Formas de reconhecimento. Critérios filiatórios. Filiação presumida, filiação biológica e filiação socioafetiva. Relevância do consentimento e da manifestação de vontade da criança e do adolescente. Reconhecimento de filhos e ações parentais. Investigação de paternidade, de maternidade, avoenga. Ação negatória. Ação vindicatória do estado de filho. Procedimento de averiguação oficiosa. Atuação do Ministério Público. 5.5 Adoção. Conceitos. Requisitos. Efeitos. 5.6 Alimentos. 5.7 Tutela e curatela. 6. Direito das Sucessões. 6.1 Sucessão. Disposições gerais. Herança. Transmissão da herança. Aceitação e renúncia da herança. Incapacidade sucessória. Indignidade e deserdação. 6.2 Sucessão legítima. Ordem de vocação hereditária. Herdeiros necessários. Direito de representação. Sucessão do descendente e do ascendente. A sucessão do cônjuge e do companheiro na legislação e na jurisprudência superior. Sucessão do colateral. 6.3 Sucessão testamentária. Testamento. Formas ordinárias. Capacidade para testar. Disposições testamentárias. Cláusulas restritivas: inalienabilidade, impenhorabilidade e incomunicabilidade. Legados. Direito de acrescer. Substituições. Deserdação. 6.4 Inventários, arrolamento e partilha. Sonegados. Colações. Pagamento das dívidas. Garantia dos quinhões hereditários. Nulidade da partilha. Sobrepartilha. Inventário extrajudicial. 7. Lei de Registros Públicos (Lei nº. 6.015/73). 7.1 Registro de imóveis. Noções gerais. Registros. Presunção de fé pública. Prioridade. Especialidade. Legalidade. Continuidade. Transcrição, inscrição e averbação. Procedimento de dúvida. 7.2 Registro Civil das Pessoas Naturais. Retificação, anulação, suprimento e restauração do registro civil. Lei de registros públicos. 7.3. Registro civil das pessoas jurídicas. Registro de títulos e Documentos. Finalidade. Registros facultativos e obrigatórios. 8. Recuperação de empresas e falência. 8.1 Abrangência da Lei nº. 11.101/05. Modalidades de recuperação. Processo e procedimentos. 8.2 Disposições comuns à recuperação e à falência. Verificação e habilitação dos créditos concursais. 8.3 Intervenção do Ministério Público segundo a Lei nº. 11.101/05 e o Código de Processo Civil. 8.4 Decretação e convolação da recuperação em falência. Recursos. 8.5 Outras fases do procedimento falencial: administração, integração, depuração e realização do ativo (arrecadação, ação revocatória, pedidos de restituição, embargos de terceiro, liquidação e encerramento). Fase pré-falencial (extinção das obrigações). 8.6 Disposições penais e respectivos procedimentos da Lei nº. 11.101/05.

(GOIÁS 2019) BANCA PRÓPRIA

DIREITO CIVIL. 1. LINDB (Decreto-Lei n. 4.657/1942). Aplicação da lei no tempo e no espaço. Interpretação da lei. Analogia. Princípios gerais do direito e equidade. Direito civil constitucional. 2. Das pessoas. Pessoas naturais. Pessoas jurídicas. Domicílio. 3. Dos bens. Diferentes classes de bens. Bens considerados em si mesmos. Bens reciprocamente considerados. Bens públicos. 4. Dos fatos jurídicos. Negócio jurídico: representação; condição, termo e encargo; defeitos e invalidade. Atos jurídicos lícitos. Atos ilícitos. Prescrição e da decadência. Prova. 5. Do direito das obrigações. Modalidades. Transmissão das obrigações. Adimplemento e extinção das obrigações. Inadimplemento. 6. Dos contratos. Teorias e evolução. Disposições gerais. Extinção. Espécies de contratos. Compra e venda. Troca ou permuta. Contrato estimatório. Doação. Locação. Empréstimo. Prestação de serviço. Empreitada. Depósito. Mandato. Comissão. Agência e distribuição. Corretagem. Transporte. Seguro. Constituição de renda. Jogo e aposta. Fiança. Transação. Compromisso. Contratos eletrônicos. 7. Atos unilaterais. Títulos de crédito. Responsabilidade civil.

Preferências e privilégios creditórios. 8. Direito das empresas. Empresário. Sociedade. Estabelecimento. Institutos complementares. Falência e recuperação. 9. Direito das coisas. Posse. Direitos reais. Propriedade. Superfície. Servidões. Usufruto. Uso. Habitação. Direito do promitente comprador. Penhor, hipoteca e anticrese. 10. Direito de família. Direito pessoal. Direito patrimonial. União estável. Divórcio e Separação. Tutela e curatela. 11. Direito das sucessões. Sucessões em geral. Sucessão legítima. Sucessão testamentária. 12. Regras de transição e disposições finais. *Vacatio legis*. 13. Registros públicos (Lei Federal n. 6.015/1973). Registro civil das pessoas naturais. Registro de imóveis. Fé pública. Prioridade. Especialidade. Legalidade. Continuidade. 14. Estatuto da Terra. Conflitos agrários. 15. Leis Federais n. 5.478/1968, 8.560/1992, 9.610/1998, 11.101/2005, 11.804/2008, 12.318/2010, 12.965/2014, 13.146/2015 e 13.709/2018. 15. Súmulas, jurisprudência dos Tribunais Superiores e legislação relacionada com os temas.

(MATO GROSSO DO SUL 2017) BANCA PRÓPRIA

DIREITO CIVIL. 1. Aplicação da lei no tempo e no espaço. Interpretação da lei. Analogia. Princípios gerais do direito e equidade. 2. Pessoas naturais. Direitos de personalidade. Incapacidade absoluta e relativa. Restrições e limitações de direito. Pessoas jurídicas. Registro civil das pessoas jurídicas. Sociedades e aquisições. 3. Fundações. Requisitos. Constituição. Insuficiência de bens. Fiscalização. Alteração dos Estatutos. Extinção das fundações e destinação dos bens. Atuação do Ministério Público. Registro de atos. 4. Domicílio civil. Espécies. Pluralidade. Domicílio da pessoa jurídica. Domicílio de eleição. 5. Bens. Diferentes classes de bens. Bens considerados em si mesmos. Bens reciprocamente considerados. Bem de Família. Bens públicos. 6. Fatos jurídicos. Negócio jurídico. Atos jurídicos lícitos. Atos ilícitos. Prescrição e da decadência. Prova. 7. Direito das obrigações. Modalidades. Transmissão das obrigações. Adimplemento e extinção das obrigações. Inadimplemento. 8. Contratos. Formação do contrato. Interpretação do contrato. Espécies de contratos. Teoria da imprevisão. Liberdade de contratar e função social do contrato. Resolução por onerosidade excessiva. Contratos pessoais e impessoais. Contratos aleatórios. Contrato preliminar. Efeitos dos contratos. Arras. Vício redibitório. Evicção. 9. Atos unilaterais. Títulos de crédito. Responsabilidade civil. Preferências e privilégios creditórios. 10. Atos ilícitos. Responsabilidade subjetiva, objetiva, contratual e extracontratual. Teoria do risco. Responsabilidade civil do Estado. Dano patrimonial e extrapatrimonial. Extensão do dano. 11. Direito das empresas. Empresário. Sociedade. Estabelecimento. Institutos complementares. Falência e recuperação. 12. Direito das coisas. Posse. Direitos reais. Propriedade. Superfície. Servidões. Usufruto. Uso. Habitação. Direito do promitente comprador. Penhor, hipoteca e anticrese. 13. Direito de família. Direito pessoal.

Direito patrimonial. Casamento. União estável. Tutela e curatela. 14. Relação de parentesco. Filiação havida fora do matrimônio. Formas de reconhecimento. Investigação de paternidade. Alimentos. 15. Adoção. Conceitos. Requisitos. Efeitos. 16. Direito das sucessões. Disposições gerais. Sucessões em geral. Sucessão legítima. Sucessão testamentária. Inventário, arrolamento e partilha. 17. Regras de transição e disposições finais. *Vacatio legis*. 18. Registros públicos. Registro de imóveis. Fé pública. Prioridade. Especialidade. Legalidade. Continuidade. 19. Estatuto da Terra. Conflitos agrários. Atuação do Ministério Público na mediação de conflitos fundiários urbanos e rurais. 20. Alimentos gravídicos: Lei nº 11.804/2008. 21. Registros públicos: Lei nº 6.015/73. 22. Parcelamento do solo urbano: Lei nº 6.766/79. 23. Investigação de paternidade: Lei nº 8.560/1992. 24. Alienação parental: Lei nº 12.318/2010. Lei de Falências e de Recuperação de Empresas: Lei nº 11.101/2005. 26. Súmulas e jurisprudência do STF e do STJ.

(RIO GRANDE DO SUL 2020[1]) BANCA PRÓPRIA

DIREITO CIVIL: Lei de Introdução às Normas de Direito Brasileiro. Parte Geral. Sistema de normas jurídicas de direito privado. Classificação. Tipologia. Princípios. Teoria do fato jurídico. Plano da existência jurídica. Plano da validade jurídica. Plano da eficácia jurídica. Suporte fático abstrato. Suporte fático concreto. Juridicização. Conceito de fato jurídico. Classificação dos fatos jurídicos. Fatos lícitos. Fato jurídico stricto sensu. Fato jurídico lato sensu. Ato-fato jurídico. Ato jurídico lato sensu. Ato jurídico stricto sensu. Negócio jurídico. Disposições gerais do negócio jurídico. Forma e prova do fato jurídico. As pessoas. Pessoa natural. Personalidade. Início e fim da Personalidade. Capacidade. Direitos da Personalidade. Estado. Ausência. Morte presumida. Pessoa jurídica. Personificação da pessoa jurídica. Constituição e extinção da pessoa jurídica. Presentação. Desconsideração da personalidade jurídica. Classificação das pessoas jurídicas de direito privado. Associações. Fundações. Domicílio. Diferentes classes de bens. Prescrição e decadência. Direito das obrigações, contratos e responsabilidade civil. Conceito de relação obrigacional. Obrigação como processo. Estrutura da relação obrigacional. Princípios gerais da relação obrigacional. Deveres. Fontes das obrigações. Efeitos das obrigações. Modalidades das obrigações. Responsabilidade pré-contratual. Pós-eficácia das obrigações. Transmissão das obrigações. Adimplemento e extinção das obrigações. Extinção das obrigações pelo pagamento direto. Conceito de pagamento. Natureza jurídica. Condições subjetivas e objetivas do pagamento. Objeto e prova do pagamento.

1. O último concurso completo deu-se no ano de 2016. Em 2020, porém, já há novo concurso em andamento, cujo edital encontra-se transcrito em razão de sua atualidade.

Pagamento indireto e extinção da obrigação sem pagamento. Em consignação. Sub-rogação. Imputação do pagamento. Dação em pagamento. Novação. Compensação. Confusão. Remissão das dívidas. Impossibilidade de cumprimento sem culpa do devedor. Inadimplemento absoluto e relativo. Efeitos. Mora. Perdas e danos. Juros. Cláusula penal. Arras ou sinal. Contratos. Teoria geral dos contratos. Princípios gerais dos contratos. Classificação dos contratos. Formação e extinção dos contratos. Revisão dos contratos. As várias espécies de Contrato. Atos unilaterais. Promessa de recompensa. Gestão de negócios. Pagamento indevido. Enriquecimento sem causa. Responsabilidade Civil. Conceito. Fontes geradoras do dever de indenizar. Ato ilícito. Teorias que fundamentam o dever de indenizar: subjetiva e objetiva. Espécies de responsabilidade civil: contratual e extracontratual ou aquiliana. Indenização. Direito das coisas. Teoria geral dos direitos reais e princípios. Conceituação e taxinomia dos direitos reais. Distinção entre direitos reais e demais direitos patrimoniais. Posse. Distinção entre detenção, posse e propriedade. Servidores da posse. Aquisição, perda e classificação da posse. Efeitos da posse. Composse. Direito aos interditos possessórios. Direito aos frutos e benfeitorias, indenização e retenção. Propriedade. Descrição. Histórico da propriedade, bem como sua funcionalidade social. Sujeitos e objeto do direito de propriedade. Modalidades de propriedades. Propriedade perpétua e resolúvel. Propriedade mobiliária e imobiliária. Limitações ao direito de propriedade. Aquisição da propriedade móvel e imóvel. Registro imobiliário. Usucapião. Espécies. Ordinário. Extraordinário. Urbano. Coletivo Individual. Rural. Perda da propriedade. Direito de vizinhança. Condomínio necessário, voluntário e edilício. Condomínios e incorporações. Condomínio e multipropriedade. Direito de superfície. Servidões. Usufruto. Uso. Habitação. Promitente comprador. A concessão de uso especial para fins de moradia. A concessão de direito real de uso. Direito de Família. Princípios. Normas constitucionais. Direito pessoal. Casamento. Conceito. Natureza. Características. Capacidade. Impedimentos. Causas suspensivas. Processo de habilitação. Celebração. Provas. Invalidade. Causas de anulação e nulidade. Eficácia. Efeitos do casamento. Direitos e obrigações dos cônjuges. Dissolução da sociedade e do vínculo conjugal. Proteção da pessoa dos filhos. Relações de parentesco. Filiação. Registral, Biológica e Socioafetiva. Reconhecimento dos filhos. Investigação de paternidade. Adoção. Poder familiar. Alienação Parental. Lei n. 12.318/2010. Direito patrimonial. Regimes de bens entre os cônjuges. Pacto antenupcial. Usufruto e administração dos bens de filhos menores. Alimentos. Alimentos gravídicos. Bem de família. União estável. Concubinato. Tutela e curatela. Lei n. 13.146/2015. Separação e divórcio. Direito das sucessões. Conceito e conteúdo. Sucessão a título universal e sucessão a título singular. Formas de suceder: abertura da sucessão.

Administração da herança. Vocação hereditária. Transmissão da herança. Aceitação e renúncia. Cessão da herança. Exclusão da sucessão. Indignidade. Herança jacente. Conceito e natureza jurídica. Vacância. Arrecadação dos bens vagos. Petição de herança. Sucessão legítima. Ordem da vocação hereditária. Herdeiros necessários. Direito de representação. Sucessão testamentária. Liberdade de testar. Limitações. Capacidade testamentária. Testamento e codicilo. Formas ordinárias e especiais de testamento. Legados. Direito de acrescer entre herdeiros e legatários. Capacidade para adquirir por testamento. Herança necessária. Redução das disposições testamentárias. Deserdação. Substituições. Execução do testamento. Revogação do testamento. Rompimento do testamento. Testamenteiro. Inventário e partilha: Inventário Judicial e Extrajudicial. Inventariante. Colação. Pagamento das dívidas. Partilha. Arrolamento. Quinhões hereditários. Sonegados. Registros Públicos. Sistema de publicidade. Segurança jurídica. Natureza jurídica das atividades notarial e registral. Lei n. 6.015, de 31 de dezembro de 1973. Registro civil. Atos registrais. Atos averbáveis. Escrituração. Livros de registro civil das pessoas naturais. Nascimento. Lei Federal n. 11.790, de 02 de outubro de 2008. Competência. Prazo. Nome. Registro de natimorto. Registro tardio. Registro do exposto e do menor abandonado. Reconhecimento de filho. Registro da celebração do casamento. Registro do casamento religioso para efeitos civil. Casamento nuncupativo. Casamento por procuração. Invalidade. Efeitos. Sentença de nulidade e de anulação de casamento. Sentença de separação judicial e de divórcio. Restabelecimento da sociedade conjugal. União Estável. Conversão da união estável em casamento. Casamento ou conversão da união estável em casamento de pessoas do mesmo sexo. Óbito. Morte presumida. Emancipação. Interdição. Ausência. Adoção. Averbações. Anotações. Retificações. Restaurações. Suprimentos. Registro civil das pessoas jurídicas. Registro de imóveis. Princípios. Atribuições. Matrícula. Atos de registro. Atos de averbação. Títulos. Procedimento de suscitação de dúvida. Parcelamento do solo urbano. Provimento n. 82/2019 do CNJ, que dispõe sobre o procedimento de averbação, no registro de nascimento e no de casamento dos filhos, da alteração do nome do genitor e dá outras providências. Interpretação jurisprudencial dos tribunais superiores sobre temas de Direito Civil e de Direito Registral. Lei Federal n. 4.591/1964. Provimento n. 83/2019 do CNJ, que altera a Seção II, que trata da Paternidade Socioafetiva, do Provimento n. 63, de 14 de novembro de 2017, da Corregedoria Nacional de Justiça. Lei n. 13.874, de 20 de setembro de 2019, que instituiu a Declaração de Direitos da Liberdade Econômica.

(MINAS GERAIS 2019) – FUNDEP (GESTÃO DE CONCURSOS)

DIREITO CIVIL 1. Das pessoas naturais. Da personalidade e da capacidade. Dos direitos da personalidade. Da ausência. Das pessoas jurídicas. Do domicílio. 2. Dos bens. Dos fatos jurídicos. Do negócio jurídico. Dos atos jurídicos lícitos. Dos atos ilícitos. Da prescrição e da decadência. Da prova. 3. Do Direito das obrigações. Das modalidades das obrigações. Da transmissão das obrigações. Do adimplemento e extinção das obrigações. Do inadimplemento das obrigações. 4. Dos contratos em geral. Princípios gerais dos contratos, limites e função social dos contratos. Dos atos unilaterais. Dos títulos de crédito. 5. Das várias espécies de contrato. Da responsabilidade civil. Das preferências e privilégios creditórios. 6. Do Direito de Empresa. Do empresário. Da sociedade. Do estabelecimento. Dos institutos complementares. Liberdade de concorrência e seus limites. Clientela. Concorrência desleal. 7. Do Direito das Coisas. Da posse. Dos direitos reais. Da propriedade. Da superfície. Das servidões. Do usufruto. Do uso. Da habitação. Do direito do promitente comprador. Do penhor, da hipoteca e da anticrese. Da laje. 8. Do Direito de Família. Do direito pessoal. Do direito patrimonial. Da união estável. 9. Da tutela, da curatela e da tomada de decisão apoiada. 10. Do Direito das Sucessões. Da sucessão em geral. Da sucessão legítima. Da sucessão testamentária. Do inventário e da partilha. 11. Dos Registros Públicos - Lei 6.015/73. 12. Programa Minha Casa Minha Vida - Lei 11.977/2009. 13. Dos contratos imobiliários - Lei 4.380/64 (SFH), Lei 9.514/97 (SFI), Lei 8.245/91. 14. Dos condomínios em edificações e incorporações imobiliárias - Lei 4.591/64. 15. Da distribuição de prêmios, da poupança popular e do sistema de consórcio - Lei 5.768/71, Decreto 70.951/72, Lei 11.795/2008. 16. Da proteção e defesa do consumidor – Lei 8.078/90. 17. Da política nacional do meio ambiente – Lei 6.938/1991. 18. Lei dos agrotóxicos – Lei 7.802/1989. 19. Ação de alimentos – Lei nº 5.478/1968. 20. Da investigação de paternidade – Lei 8.560/1992. 21. Dos alimentos gravídicos – Lei 11.804/2008. 22. Da política nacional de biossegurança – Lei 11.105/2005. 23. Do sistema de saúde pública – Lei 8.080/1990. 24. Da remoção de órgãos, tecidos e outras partes do corpo – Lei 9.434/1997. 25. Da proteção e direitos da pessoa portadora de transtorno mental – Lei 10.216/2001. 26. Do Estatuto da criança e do adolescente – Lei 8.069/1990. 27. Do Estatuto do idoso – Lei 10.741/2003. 28. Do Estatuto da pessoa com deficiência/Lei brasileira de inclusão – Lei 13.146/2015.

(SÃO PAULO 2019) BANCA PRÓPRIA

DIREITO CIVIL: 1. Lei de Introdução às normas do Direito Brasileiro. 2. Das pessoas. Das pessoas naturais e jurídicas. Personalidade e da capacidade. Dos direitos da personalidade. Da ausência. 3. Das pessoas jurídicas. Disposições gerais. Constituição, extinção, responsabilidade. Associações, fundações e sociedades. Desconsideração da personalidade jurídica. 4. Do domicílio. 5. Dos bens. Dos bens considerados em si mesmos (bens imóveis, móveis, fungíveis e consumíveis, divisíveis, singulares e coletivos). Dos bens reciprocamente considerados. Bens públicos e particulares.

6. Dos fatos jurídicos. Do negócio jurídico: modalidade, forma, defeitos e nulidades. Da representação. Da condição, do termo e do encargo. Dos defeitos do negócio jurídico. Da interpretação do negócio jurídico. Da invalidade e da ineficácia do negócio jurídico. Dos atos jurídicos lícitos. Dos atos ilícitos. 7. Da prescrição e da decadência. Da forma e da prova. 8. Do direito das obrigações. Das modalidades e efeitos. Adimplemento, extinção e inadimplemento das obrigações. Cláusula Penal e arras. Transferência das obrigações. 9. Responsabilidade civil: culpa, dano, nexo de causalidade e excludentes. Responsabilidade objetiva. Responsabilidade contratual e extracontratual. 10. Dos contratos em geral. Disposições gerais: Princípios, requisitos, formação, interpretação, classificação. Dos efeitos. Vícios redibitórios. Evicção. Da extinção do contrato. Das várias espécies de contrato. 11. Do direito das coisas: Princípios. Da posse e de sua classificação. Da aquisição, efeitos e perda da posse. 12. Dos Direitos Reais. Da propriedade em geral. Histórico da propriedade e sua funcionalidade social. Da aquisição da propriedade imóvel e móvel. Usucapião constitucional urbana. Usucapião constitucional rural. Usucapião especial coletiva. Usucapião administrativa. Usucapião especial indígena. 13. Da perda da propriedade. Das restrições ao direito da propriedade. Dos direitos de vizinhança. Do condomínio geral. Do condomínio necessário. Do condomínio edilício. Novas formas de propriedade condominial. Condomínios e incorporações. Da propriedade resolúvel. Da propriedade fiduciária. Dos direitos reais sobre coisa alheia. Da superfície. Das servidões. Do usufruto e da administração dos bens de filhos menores. Do uso. Da habitação. Do direito do promitente comprador. Do penhor, da hipoteca e da anticrese. Incorporação. Parcelamento e Regularização do Solo Urbano. Estatuto da Cidade. 14. Do direito de família. Do direito pessoal. Do casamento. Da capacidade matrimonial. Formalidades. Dos impedimentos. Das causas suspensivas. Do processo de habilitação. Da celebração e do casamento. Das provas do casamento. Dos efeitos. Da eficácia do casamento. Da invalidade ou nulidade do casamento. Da dissolução da sociedade e do vínculo conjugal (manter apesar da discussão quanto à separação). Do direito assistencial. Da proteção da pessoa dos filhos. Da filiação: registral, biológica e socioafetiva. Do reconhecimento dos filhos. Da adoção. Do poder familiar. Do direito patrimonial. Do pacto antenupcial. Do regime de comunhão parcial. Do regime de comunhão universal. Do regime de participação final dos aquestos. Do regime de separação de bens. Da união estável. Da guarda, tutela, curatela e da interdição. Do bem de família. Alienação Parental. 15. Dos direitos das sucessões: Da sucessão em geral. Da sucessão legítima. Da sucessão testamentária. Do testamento em geral. Da capacidade de testar. Das formas ordinárias do testamento. Da revogação. Dos codicilos. Dos testamentos especiais. Das disposições testamentárias.

Dos legados. Herdeiros necessários. Do direito de acrescer entre herdeiros e legatários. Das substituições. Da deserdação. 16. Da redução das disposições testamentárias. Da revogação. Do rompimento do testamento. Do testamenteiro. 17. Do inventário e da partilha. 18. Registros Públicos. Registro de imóveis. Noções gerais. Princípios do Registro de Imóveis: Continuidade, Especialidade, Legalidade, Inscrição, Presunção e Fé Pública, Prioridade e Instância. Transcrição, inscrição e averbação. Procedimento de dúvida. Lei Federal nº 6.015/73. Lei Federal nº 4.591/64. 19. Registro Civil das Pessoas Naturais. Do Nascimento. Lei Federal 11.790/08. Do Registro Civil Fora do Prazo. Do Casamento. Do Registro do Casamento Religioso para Efeitos Civis. Da Conversão da União Estável em Casamento. Do Casamento ou Conversão da União Estável em Casamento de Pessoas do Mesmo Sexo. Do Óbito. Da Morte Presumida. Da Emancipação, da Interdição, da Ausência, da União Estável e da Adoção. Das Averbações em Geral e Específicas. Das Anotações em Geral e Específicas. Das Retificações, Restaurações e Suprimentos. Reconhecimento de Filhos.

(RIO DE JANEIRO 2018) BANCA PRÓPRIA

DIREITO CIVIL Ponto nº 1 a) As fontes do direito. Direito Civil Constitucional. A norma jurídica. Estrutura, características e classificação das normas. Interpretação e integração das normas. Eficácia da norma. Obrigação: conceito e natureza jurídica. Estrutura da obrigação. Características e elementos. Fontes das obrigações. Classificação das obrigações. Obrigação de dar, de fazer, de não fazer, facultativas e alternativas. b) Teoria geral dos contratos. Elementos dos contratos. Função social dos contratos. Boa-fé objetiva. Contratos de consumo. Contratos de adesão. Cláusulas contratuais gerais. Conceitos de consumidor e fornecedor. Classificação dos contratos. Compromisso irretratável de compra e venda. Regimes especiais de responsabilidade civil: estado, consumidor e meio ambiente. Culpa e risco. Posse. Classificação e desdobramento da posse. Modos de aquisição e perda da posse. Efeitos da posse. Legitimação da posse. Composse. Do Estatuto da Terra. Do parcelamento do solo. c) A família no Código Civil e na Constituição da República. Direito pessoal. Casamento. Noções gerais. Conceito. Natureza jurídica. Características. Finalidades. Princípios. Esponsais. Da sucessão em geral. Abertura da sucessão. Delação. Da herança e sua administração. Da vocação hereditária. Herança jacente. Ponto nº 2 a) Aplicação da lei no tempo e no espaço. Lei de Introdução às Normas do Direito Brasileiro (Decreto-Lei nº 4.657/42). Disposições finais e transitórias do Código Civil. A relação jurídica. O direito subjetivo. Eficácia, limitações e proteção dos direitos subjetivos. Obrigação natural. Obrigação propter rem. Obrigação solidária e obrigação indivisível. b) Efeitos do contrato. Compra e venda. Contratos eletrônicos. Marco civil da internet (Lei nº 12.965/14). Propriedade. Aquisição e perda da propriedade. Usucapião. Registros públicos. Finalidades. Efeitos do Registro Público. c) Casamento. Formalidades preliminares. Habilitação. Requisitos e pressupostos matrimoniais. Procedimento. Impedimentos matrimoniais. Oposição dos impedimentos. Cessão de Direitos Hereditários. Aceitação e Renúncia. Sucessão legítima. Responsabilidade civil dos profissionais liberais. Ponto nº 3 a) Pessoa física. Capacidade, legitimação e estado. Incapacidade absoluta e relativa. Estatuto da Pessoa com Deficiência (Lei nº 13.146/15). Direitos da personalidade. Extinção das obrigações. Pagamento. Modalidades do pagamento. Pagamento indevido. Enriquecimento sem causa. Pagamento por consignação. Pagamento por consignação bancária. Pagamento por sub-rogação. Imputação em pagamento. Dação em pagamento. Novação. Compensação. Confusão. Remissão. b) Doação. Empreitada e prestação de serviços. Da promessa de recompensa. Direito de vizinhança. Usucapião especial urbano. Registro civil das pessoas físicas. Estatuto do Idoso (Lei nº 10.741/03). Direitos fundamentais: direito à vida. Medidas de proteção ao idoso. (...) c) Casamento. Capacidade para o casamento. Celebração e provas. Celebração do casamento. Assento de casamento. Casamento nuncupativo. Casamento por procuração. Provas do casamento. Casamento inexistente, nulo, anulável e irregular. Excluídos da sucessão. Petição de Herança. Ponto nº 4 a) Pessoas jurídicas. Desconsideração da personalidade jurídica no Código Civil. Domicílio. Os bens. Prestações, títulos e direito. A empresa e o estabelecimento comercial. Patrimônio. Classificação dos bens. Benfeitorias. Consequências da inexecução das obrigações. Mora e inadimplemento. Violação positiva do contrato. Juros. Juros moratórios e compensatórios. Perdas e danos. Danos emergentes. Lucros cessantes. Responsabilidade pela perda de uma chance. b) Locação. Lei nº 8.245/91. Do enriquecimento sem causa. Condomínio. Usucapião especial rural. Aquisição e perda da propriedade móvel. Acessão. Registro civil das pessoas jurídicas. Estatuto do Idoso (Lei nº 10.741/03). Direitos fundamentais: direito à liberdade, ao respeito e à dignidade. Medidas específicas de proteção ao idoso. (...) c) Casamento. Efeitos jurídicos do casamento em geral. Direitos e deveres dos cônjuges. Regime de bens entre os cônjuges: conceito, natureza jurídica, características. Pacto antenupcial. Doações antenupciais. Bem de família legal e convencional. Sucessão dos Descendentes. Sucessão dos colaterais. Sucessão do Estado. Responsabilidade civil. Privacidade e proteção de dados dos consumidores. Redes sociais virtuais. Ponto nº 5 a) Aquisição, modificação e extinção dos direitos. Ato jurídico. Negócio jurídico. Classificação, elementos e interpretação dos negócios jurídicos. Representação. Cláusula penal. Transmissão das obrigações. Cessão de crédito. Assunção de dívida. Cessão de contrato. b) Transação. Compromisso. Cartão de crédito. Servidão. Usufruto. Uso e habitação. Estatuto da Cidade (Lei nº 10.257/01). Registro de títulos e documentos. Estatuto do Idoso (Lei nº 10.741/03). Direitos fundamentais: alimentos. Política de atendimento ao idoso. Dano moral. c) Regime de bens entre os cônjuges. Regime da comunhão universal. Regime da comunhão parcial. Regime de participação final nos aquestos. Regime da separação de bens: separação convencional e separação legal. Separação judicial. Separação de fato. Efeitos. Sucessão do Cônjuge. Formas de testamento. Disposições conjuntas. Direito de acrescer. Ponto nº 6 a) Elementos acidentais do negócio jurídico. Condição, termo e encargo. Empréstimo. Direitos reais de garantia. Penhor e hipoteca. Registro de imóveis. Estatuto do Idoso (Lei nº 10.741/03). Direitos fundamentais: direito à saúde. Entidades de atendimento ao idoso. b) Divórcio: Conceito e natureza jurídica. Efeitos. Sucessão do Companheiro. Sucessão testamentária. Cláusulas restritivas. Separação e divórcio extrajudiciais. Inventário extrajudicial. c) Direitos autorais (Lei nº 9.610/98): obras intelectuais. As excludentes de responsabilidade civil no Código de Defesa do Consumidor. Condomínio de lotes. Condomínio de fato. Direito de laje. Ponto nº 7 a) Defeitos do negócio jurídico: erro ou ignorância, dolo, coação, estado de perigo, lesão, simulação, reserva mental e fraude contra credores. Mandato. Estatuto do Idoso (Lei nº 10.741/03). Direitos fundamentais: da educação, cultura, esporte e lazer. Fiscalização das entidades de atendimento ao idoso. b) União Estável no Código Civil. Leis nos 8.971/94 e 9.278/96. Conceito. Características. Efeitos. Dissolução. Concubinato impuro. União homoafetiva. Casamento entre pessoas do mesmo sexo. Relações de parentesco: conceito, espécies, linhas e graus. Efeitos legais. Sucessão Legítima. Direito de Representação. Sucessão Testamentária. Deserdação. Legados. Aquisição e efeitos dos legados. (...) Ponto nº 8 a) Inexistência, invalidade e ineficácia dos negócios jurídicos. Direitos autorais (Lei nº 9.610/98): contratos de direitos autorais; utilização de obras intelectuais e dos fonogramas. b) Contrato de transporte. Responsabilidade civil. (...) Estatuto do Idoso (Lei nº 10.741/03). Direitos fundamentais: da profissionalização e do trabalho. c) Filiação: nas relações matrimoniais e extramatrimoniais. Investigação de paternidade (Lei nº 8.560/92). Adoção: conceito. Adoção no Código Civil. Adoção no Estatuto da Criança e do Adolescente. Biodireito: reprodução assistida e morte digna. Testamento vital. Disposições testamentárias. Substituições. Fideicomisso. Ponto nº 9 a) Ato ilícito. Abuso de direito. Responsabilidade civil. Seguro. Atos unilaterais: promessa de recompensa e gestão de negócios. Estatuto do Idoso (Lei nº 10.741/03). Direitos fundamentais: da previdência social e da assistência social. b) Poder familiar e tutela. Exercício do poder familiar. Efeitos do poder familiar. Suspensão e extinção do poder familiar. Tutela. Efeitos da tutela. Curatela. Noções gerais. Espécie de curatela. Curatela e ausência. Ausência. Estatuto da criança e do adolescente: guarda, tutela e adoção. Guarda compartilhada. c) Redução das disposições testamentárias. Revogação de testamento. Rompimento do testamento. Do testamenteiro. Partilha. Direitos autorais (Lei nº 9.610/98): direitos conexos. (...) Ponto nº 10 a) Prescrição e decadência. Fiança. Atos unilaterais: pagamento indevido e enriquecimento sem causa. Estatuto do Idoso (Lei nº 10.741/03). Direitos fundamentais: da habitação e do transporte. b) Alimentos. Prestação alimentícia: conceito, natureza jurídica, características e pressupostos. Alimentos gravídicos. Alimentos avoengos. Alimentos provisionais: provisórios e definitivos (Lei nº 5.478/68). Alimentos: revisão. Estatuto da criança e do adolescente. Direitos fundamentais da criança e do adolescente. c) Invalidade do testamento. Inventário. Sonegados. Pagamento de dívidas. Colação. Garantia dos quinhões hereditários. Anulação da partilha. Direitos autorais (Lei nº 9.610/98): as sanções civis às violações dos direitos autorais. (...)

Nota: Neste edital a matéria de Direito do Consumidor vinha disposta dentro dos tópicos de Direito Civil, mas foram extraídos em razão da organização desta obra, que aborda de forma separada tais pontos.

(PARANÁ 2018) BANCA PRÓPRIA

DIREITO CIVIL 1) Pessoa natural. Direitos de Personalidade. Incapacidade absoluta e relativa. Restrições e limitações de direito. Pessoa jurídica. Registro civil das pessoas jurídicas. Sociedades e associações. 2) Fundações. Requisitos. Constituição. Insuficiência de bens. Fiscalização. Alteração dos estatutos. Extinção das fundações e destino dos bens. Atuação do Ministério Público. Registro de atos. Organização da Sociedade Civil e Marco Regulatório do Terceiro Setor (Lei nº 13.019/14). 3) Domicílio civil. Espécies. Pluralidade. Domicílio da pessoa jurídica. Domicílio de eleição. 4) Bens. Classificação geral dos bens. Bem de família. 5) Fato jurídico. Ato jurídico. Negócio jurídico. Conceito. Condições de validade. Consentimento. Boa fé. Ato ilícito. 6) Defeitos dos negócios jurídicos. Erro, dolo, coação, simulação, fraude contra credores, lesão e estado de perigo. Reserva mental. 7) Da nulidade e da anulabilidade dos negócios jurídicos. Consequências. Ratificação. 8) Decadência. Prescrição. Causas que impedem, suspendem e interrompem a prescrição. Prazos. 9) Registros Públicos. Finalidade. Presunção de fé pública. Prioridade. Especialidade. Legalidade. Continuidade. Registros facultativos e obrigatórios. Registro Civil das Pessoas Naturais. Registro Civil das Pessoas Jurídicas. Registro de títulos e documentos. Registro de imóveis. Transcrição, inscrição, averbação e registro. Procedimento de dúvida. Registro tardio. Retificação, anulação, suprimento e restauração do registro civil. 10) Conceito de obrigações. Classificação das obrigações. Obrigações em relação ao seu vínculo (obrigação civil, moral e natural). Obrigações quanto ao seu objeto (dar, fazer e não fazer). Obrigações em relação à pluralidade de sujeitos (obrigação divisível e indivisível e obrigação solidária). Obrigações quanto ao seu conteúdo (obrigação de meio, resultado e garantia). 11) Efeitos das obrigações. Pagamento. Tempo de pagamento. Lugar do pagamento. Prova de pagamento. Pagamento indevido. Pagamento indireto. Consignação em pagamento. Pagamento com sub-rogação. Dação em pagamento. Novação. Transação. 12) Inexecução das obrigações. Efeitos. 13) Transmissão das obrigações. Cessão de crédito. 14) Contratos. Formação do contrato. Interpretação do contrato. Contratos unilaterais e bilaterais. Contratos consensuais e solenes. Contratos de execução imediata e de execução continuada. Teoria da imprevisão (cláusula *rebus sic stantibus*). Liberdade de contratar e função social do contrato. Da resolução por onerosidade excessiva. Contratos pessoais e impessoais. Contratos aleatórios. Contrato preliminar. 15) Efeitos dos contratos. Arras. Vícios redibitórios. Evicção. 16) Princípios gerais do contrato. Compra e venda. Promessa de compra e venda. Doação. Locação comercial e residencial. Mandato. Fiança e Parceria rural. 17) Atos ilícitos. Responsabilidade subjetiva, objetiva, contratual e extracontratual. Teoria do risco. Responsabilidade civil do Estado. Dano patrimonial e extrapatrimonial. Extensão do dano. 18) Posse. Classificação. Aquisição. Perda. Efeitos. Proteção possessória. Função social. 19) Propriedade. Conceito, Propriedade imóvel: aquisição e perda. Função social. 20) Usucapião. Conceito. Natureza. Extensão e espécies. 21) Condomínio. Noções gerais. 22) Usufruto. Servidão. Hipoteca. 23) Casamento. Nulidades. Impedimentos. Efeitos jurídicos. Causas suspensivas. Efeitos Jurídicos. Regimes de bens. União estável. 24) Dissolução da sociedade e do vínculo conjugal. Formas e consequências. Proteção da pessoa dos filhos. 25) Relações de parentesco. Alienação Parental. 26) Filiação havida fora do matrimônio. Formas de reconhecimento. 27) Poder Familiar. Adoção. Conceitos. Requisitos. Efeitos. 28) Alimentos. Investigação de paternidade. 29) Tutela, curatela, ausência. Hipoteca legal. 30) Sucessão. Disposições gerais. Transmissão da herança. Aceitação e renúncia da herança. Herança jacente. Incapacidade sucessória. 31) Sucessão legítima. Ordem de vocação hereditária. Herdeiros necessários. Direito de representação. 32) Sucessão testamentária. Capacidade para testar. Parte disponível. 33) Inventário, arrolamento e partilha. Sonegados. Colações. Pagamento das dívidas. Garantia dos quinhões hereditários. Nulidade da partilha. Sobrepartilha. 34) Evolução da história e da distribuição das terras no Brasil. Atuação do Ministério Público na mediação de conflitos fundiários urbanos e rurais.

(SANTA CATARINA 2020[2]) BANCA PRÓPRIA

DIREITO CIVIL: 1. Lei de Introdução às normas do Direito Brasileiro. 2. Das pessoas: Das pessoas naturais e jurídicas. Da personalidade e da capacidade. Dos direitos da personalidade. Da ausência. 3. Das pessoas jurídicas: Disposições gerais. Constituição, extinção e responsabilidade. Associações, fundações e sociedades. Desconsideração da personalidade jurídica. 4. Do domicílio. 5. Dos bens: Dos bens considerados em si mesmos (bens imóveis, móveis, fungíveis e consumíveis, divisíveis, singulares e coletivos). Dos bens reciprocamente considerados. Bens públicos e particulares. 6. Dos fatos jurídicos. Dos atos jurídicos lícitos. Dos atos ilícitos. Do negócio jurídico: modalidade, forma, defeitos e nulidades. Da representação. Da condição, do termo e do encargo. Da interpretação do negócio jurídico. Da invalidade e da ineficácia do negócio jurídico. 7. Da prescrição e da decadência. 8: Da prova. 9. Do direito das obrigações: Das modalidades e efeitos. Adimplemento, extinção e inadimplemento. Da cláusula penal e arras. Da transferência das obrigações. 10. Responsabilidade civil: Responsabilidade subjetiva e objetiva. Responsabilidade contratual e extracontratual. Culpa, dano, antijuridicidade e nexo de causalidade. Excludentes de responsabilidade e excludentes de antijuridicidade. Dano moral e material. Indenização. Responsabilidade por fato de outrem. Responsabilidade por fato da coisa. Responsabilidade civil e criminal. 11. Do enriquecimento sem causa. 12. Dos contratos em geral: Princípios. Elementos constitutivos. Pressupostos de validade. Interpretação. Classificação. Vícios redibitórios. Evicção. Da extinção do contrato. 13. Dos Contratos em espécie e dos atos unilaterais. 14. Do direito das coisas: Princípios. Da posse e de sua classificação. Da aquisição, efeitos e perda da posse. Da propriedade em geral. Histórico da propriedade e sua funcionalidade social. Da aquisição da propriedade imóvel e móvel. Usucapião constitucional urbana. Usucapião constitucional rural. Usucapião especial coletiva. Usucapião administrativa. Usucapião especial indígena. Da perda da propriedade. Das restrições ao direito da propriedade. Dos direitos de vizinhança. Do condomínio geral. Do condomínio edilício. Do condomínio de lotes. Do condomínio em multipropriedade. Novas formas de propriedade condominial. Da propriedade resolúvel. Da propriedade fiduciária. Dos direitos reais sobre coisa alheia. Da superfície. Das servidões. Do usufruto e da administração dos bens de filhos menores. Do uso. Da habitação. Do direito do promitente comprador. Do penhor, da hipoteca e da anticrese. Da laje. Incorporação. Parcelamento e Regularização

2. É o concurso em andamento quando da elaboração desta obra. Embora não tenham, ainda, sido aplicadas provas, é o Edital mais recente para fins de estudo.

do Solo Urbano. Estatuto da Cidade. 15. Do direito de família: Do casamento. Da capacidade matrimonial. Formalidades. Das relações de parentesco. Dos impedimentos. Das causas suspensivas. Do processo de habilitação. Da celebração do casamento. Das provas do casamento. Dos efeitos. Da eficácia do casamento. Da invalidade ou nulidade do casamento. Da dissolução da sociedade e do vínculo conjugal. Do direito assistencial. Dos alimentos. Da proteção da pessoa dos filhos. Da filiação: registral, biológica e socioafetiva. Do reconhecimento dos filhos. Da adoção. Do poder familiar. Do direito patrimonial. Do pacto antenupcial. Do regime de comunhão parcial. Do regime de comunhão universal. Do regime de participação final dos aquestos. Do regime de separação de bens. Da união estável. Da guarda, tutela, curatela, da toma de decisão apoiada e da interdição. Do bem de família. Alienação Parental. 16. Dos direitos das sucessões: Da sucessão em geral. Da sucessão legítima. Da sucessão testamentária. Do testamento em geral. Da capacidade de testar. Das formas ordinárias do testamento. Da revogação. Dos codicilos. Dos testamentos especiais. Das disposições testamentárias. Dos legados. Herdeiros necessários. Do direito de acrescer entre herdeiros e legatários. Das substituições. Da deserdação. Da redução das disposições testamentárias Da revogação. Do rompimento do testamento. Do testamenteiro. Do inventário e da partilha. 17. Registros Públicos: Registro de imóveis. Registro Civil das Pessoas Naturais. Lei da Desburocratização (Lei nº 13.726/2018). A gratuidade dos atos necessários ao exercício da cidadania (Lei nº 9.265/1996).

Vale destacar, antes de qualquer coisa, que alguns editais, a exemplo daqueles elaborados pela CESPE, colocam o Direito Empresarial junto com o Direito Civil. De fato, sabemos que há interconexão entre as matérias, até porque as pessoas de direito privado (e outros institutos, como os títulos de crédito) são também previstos no Código Civil. Não obstante, como acima já indicado, esta obra pretende abordar as disciplinas de forma individualizada, de forma que as questões de Direito Empresarial serão abordadas no capítulo pertinente.

Ainda preliminarmente, lembramos que para que o Edital de qualquer disciplina seja esgotado, a resolução dos exercícios e a leitura da Doutrina escolhida devem ser acompanhados – sempre – da leitura da lei, uma vez que, especialmente nas provas de 1ª fase (questões objetivas), a pura literalidade dos dispositivos legais ainda é muito cobrada.

Obviamente essa indicação vale para todas as disciplinas, mas é especialmente sensível em se tratando de Direito Civil, uma vez que a extensão do Código Civil faz com que o candidato, muitas vezes, negligencie a leitura da lei, o que facilita sobremaneira a elaboração de questões pelo examinador, além de garantir-lhe uma certa "segurança", já que questões nestes moldes têm menor chance de serem impugnadas ou anuladas.

Passando-se à efetiva análise dos editais e questões das provas objetivas (de 2016 a 2020), é possível, em linhas gerais, indicar os pontos mais cobrados ("que mais caem") em Direito Civil:

- **1)** Lei de Introdução às Normas do Direito brasileiro
- **2)** Direitos da Personalidade
- **3)** Capacidade civil
- **4)** Estatuto da Pessoa com Deficiência (lei nº 13.146/15)
- **5)** Pessoas jurídicas (em especial as fundações e a atuação do MP na sua constituição e fiscalização)
- **6)** Desconsideração da Personalidade Jurídica (no Código Civil e no CDC)
- **7)** Bens (incluindo o chamado "Bem de Família")
- **8)** Negócio jurídico
- **9)** Teoria das Nulidades (causas de nulidade e anulabilidade do negócio jurídico)
- **10)** Prescrição e Decadência
- **11)** Obrigações (modalidades, solidariedade, extinção e (in)adimplemento)
- **12)** Responsabilidade civil
- **13)** Contratos (e pré-contratos)
- **14)** Posse e Propriedade
- **15)** Outros direitos reais
- **16)** Usucapião
- **17)** Casamento, União Estável e Regime de Bens
- **18)** Filiação (e investigação de paternidade)

➔ **19)** Alimentos

➔ **20)** Tutela, Curatela e Guarda

➔ **21)** Adoção

➔ **22)** Sucessões

➔ **23)** Sucessão testamentária (e disposições testamentárias)

➔ **24)** Registros Públicos (Lei nº 6.015/73)

➔ **25)** Lei de Locações (Lei nº 8.245/91)

Como deve ter sido possível ao candidato perceber, os editais das bancas examinadoras nacionais (FCC e CESPE/CEBRASPE) costumam ser mais sucintos, ao passo que os editais das bancas próprias, mais extensos.

Não obstante, é possível, ainda assim, observar um padrão e, como indicado acima, os pontos destes editais com maior incidência, norteando o aluno nos estudos.

Como dito, é preciso estudar tudo. Mas sempre com inteligência, organização e método, priorizando, dentro de cada disciplina, os pontos mais cobrados.

3 ANÁLISE DAS ÚLTIMAS PROVAS OBJETIVAS

Prosseguindo na análise das provas realizadas para ingresso na carreira do Ministério Público dos Estados, esmiuçou-se as provas objetivas realizadas entre os anos de 2016 a 2020 por todas aas bancas já indicadas. O resultado são as tabelas abaixo apresentadas:

ANÁLISE DA BANCA CESPE/CEBRASPE	
Ponto	**Total de vezes em que foi cobrado desde 2016**
1) Lei de Introdução às Normas do Direito brasileiro	-
2) Direitos da Personalidade	-
3) Capacidade civil	3
4) Estatuto da Pessoa com Deficiência	1
5) Pessoas jurídicas	2
6) Desconsideração da Personalidade Jurídica	-

7) Bens (incluindo o Bem de Família)	2
8) Negócio jurídico	1
9) Teoria das Nulidades (causas de nulidade e anulabilidade do negócio jurídico)	-
10) Prescrição e Decadência	1
11) Obrigações	2
12) Responsabilidade Civil	1
13) Contratos	2
14) Posse e Propriedade	-
15) Outros direitos reais	-
16) Usucapião	2
17) Casamento, união estável e regime de bens	2
18) Filiação	-
19) Alimentos	-
20) Tutela, Curatela e Guarda	1
21) Adoção	-
22) Sucessão	1
23) Sucessão testamentária (e disposições testamentárias)	1
24) Registros Públicos	-
25) Lei de Locações	1

ANÁLISE DA BANCA FCC[3]	
Ponto	**Total de vezes em que foi cobrado desde 2016**
1) Lei de Introdução às Normas do Direito brasileiro	-
2) Direitos da Personalidade	-
3) Capacidade civil	1
4) Estatuto da Pessoa com Deficiência	-
5) Pessoas jurídicas	2
6) Desconsideração da Personalidade Jurídica	-

3. Vale destacar que a Banca em questão não disponibiliza alguns dos cadernos de provas. Assim, o universo de questões foi reduzido, sendo abordadas apenas as questões a que tivemos acesso.

7) Bens (incluindo o Bem de Família)	-
8) Negócio jurídico	1
9) Teoria das Nulidades (causas de nulidade e anulabilidade do negócio jurídico)	2
10) Prescrição e Decadência	1
11) Obrigações	2
12) Responsabilidade Civil	2
13) Contratos	2
14) Posse e Propriedade	-
15) Outros direitos reais	1
16) Usucapião	-
17) Casamento, união estável e regime de bens	6
18) Filiação	1
19) Alimentos	-
20) Tutela, Curatela e Guarda	-
21) Adoção	-
22) Sucessão	1
23) Sucessão testamentária (e disposições testamentárias)	3
24) Registros Públicos	-
25) Lei de Locações	-

ANÁLISE DAS DEMAIS BANCAS	
Ponto	**Total de vezes em que foi cobrado desde 2016**
1) Lei de Introdução às Normas do Direito brasileiro	6
2) Direitos da Personalidade	15
3) Capacidade civil	15
4) Estatuto da Pessoa com Deficiência	3
5) Pessoas jurídicas	5
6) Desconsideração da Personalidade Jurídica	3
7) Bens (incluindo o Bem de Família)	4
8) Negócio jurídico	6
9) Teoria das Nulidades (causas de nulidade e anulabilidade do negócio jurídico)	11
10) Prescrição e Decadência	8

11) Obrigações	13
12) Responsabilidade Civil	10
13) Contratos	11
14) Posse e Propriedade	10
15) Outros direitos reais	9
16) Usucapião	7
17) Casamento, união estável e regime de bens	25
18) Filiação	12
19) Alimentos	12
20) Tutela, Curatela e Guarda	9
21) Adoção	2
22) Sucessão	18
23) Sucessão testamentária (e disposições testamentárias)	1
24) Registros Públicos	6
25) Lei de Locações	1

Para fins de esclarecimento, vale destacar que, quando da análise das questões, aquelas que exigiram conhecimento de mais de um ponto, ainda que em apenas uma assertiva, foram incluídas em todos os pontos relacionados.

Se, por um lado, esta técnica acaba por produzir número de análises maior do que o número real de questões, por outro, resulta em uma pesquisa de incidências de pontos mais autêntica, demonstrando os temas que efetivamente devem ser mais explorados pelo candidato.

Passemos agora a uma análise qualitativa das matérias cobradas nas provas anteriores.

4. PONTOS ESPECÍFICOS MAIS RELEVANTES DAS PROVAS OBJETIVAS

De posse da lista e dos números informados acima, podemos traçar quais são os tópicos mais cobrados, que possuem maior incidência nos concursos para os Ministérios Públicos estaduais e que, logo, devem ser mais explorados pelo estudante.

Em uma análise por bancas, podemos observar uma variação pequena nos temas que têm maior incidência, sendo possível perceber, contudo, que o tema casamento e União estável (principalmente os impedimentos para casar, os regimes de bens e as consequências sucessórias) é o que ganha maior relevo em todos os certames.

A seguir, análise dos temais mais cobrados, tendo em vista a divisão que se fez acima por banca:

- **a)** CESPE/CEBRASPE
    1) Capacidade civil
    2) Pessoas jurídicas (em especial fundações)
    3) Bem de Família
    4) Obrigações
    5) Contratos
    6) Usucapião
    7) Casamento (em especial regime de bens e impedimentos)
- **b)** FCC
    1) Casamento (em especial regime de bens e impedimentos)
    2) Sucessão testamentária (e disposições testamentárias)
- **c)** OUTRAS
    1) Direitos da Personalidade
    2) Capacidade civil (e incapacidades)
    3) Obrigações
    4) Casamento (em especial regime de bens e impedimentos)
    5) Filiação
    6) Alimentos
    7) Sucessões

Mas isso quer dizer que as matérias com menor incidência não vão cair? Só é preciso estudar esses pontos de destaque?

Evidente que não. Todos os pontos contemplados no Edital podem ser cobrados. E como o nível dos candidatos nos concursos públicos está cada vez mais alto, também é crescente o número de acertos e de boas notas nas provas. Assim, pequena a margem de erro para obtenção da aprovação. Assim, e muitas vezes, o que garante o diferencial do candidato é justamente os pequenos acertos nas matérias que costumam ser negligenciadas pelos demais.

Por isso, embora o presente livro tenha como objetivo mapear para o candidato os pontos mais cobrados nas provas, não se pode negligenciar os demais, cabendo ao estudante organizar seu estudo para conferir a todas as matérias e pontos o peso devido.

5 DOUTRINA, JURISPRUDÊNCIA E "LEI SECA" NOS CONCURSOS PARA O MINISTÉRIO PÚBLICO ESTADUAL

Como já dito e reiterado acima, é indispensável que o candidato, ao longo de toda a sua preparação, resolva muitos exercícios, tanto de livros elaborados para tal fim, quanto de provas anteriores (notadamente se o concurso por ele visado for elaborado por uma banca específica).

Apenas com o estudo associado à resolução de questões o aluno efetivamente firma o conteúdo e, mais do que isso, identifica seus pontos fracos, direcionando o estudo de forma mais inteligente.

Abaixo, alguns gráficos elaborados para tentar mostrar ao candidato a importância de conhecer o perfil das provas, notadamente de múltipla escolha (que são, em regra, a forma de questionamento nas provas preambulares) e, consequentemente, a importância de se estudar com a resolução de questões.

Os esquemas analisam todas as provas objetivas, de todas as bancas, dos últimos cinco anos (de 2016 a agosto de 2020).

E a partir de seu estudo salta aos olhos a importância da leitura da lei ("lei seca", como costumamos dizer). A literalidade dos dispositivos legais é, ainda, hoje, predominante nas questões objetivas.

E por vários motivos. Em primeiro lugar porque nessa fase do certame, em regra, não há consulta à legislação. E isso nos leva ao segundo motivo, especialmente sensível em Direito Civil: a vastidão das normas legais. É impossível ao candidato ter decorados todos os artigos do Código Civil, da Lei de Locações, da Lei de Registros Públicos, e por aí vai. Assim, o examinador consegue elaborar questões relativamente difíceis, sem que tenha que "quebrar muito a cabeça". Ele faz a prova de forma célere e consegue eliminar boa parte dos candidatos. E tudo isso considerando primordialmente um terceiro motivo: as questões assim elaboradas lhe garantem uma certa "segurança", já que têm menor chance de serem impugnadas ou anuladas.

Assim, por todos os motivos acima, destacamos que, aliado à resolução de questões, deve o candidato, sempre, conjugar seu estudo com a leitura da letra da lei.

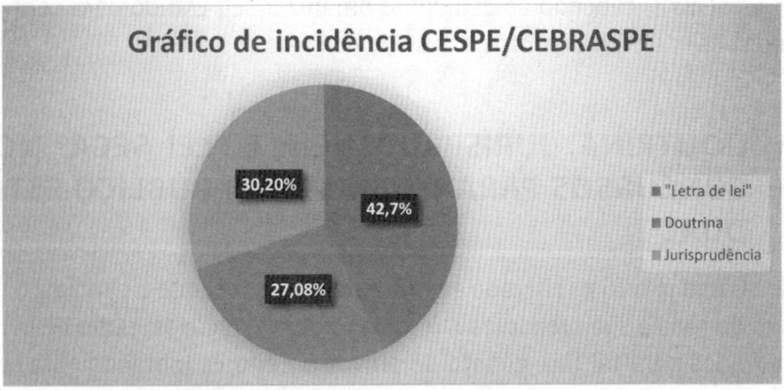

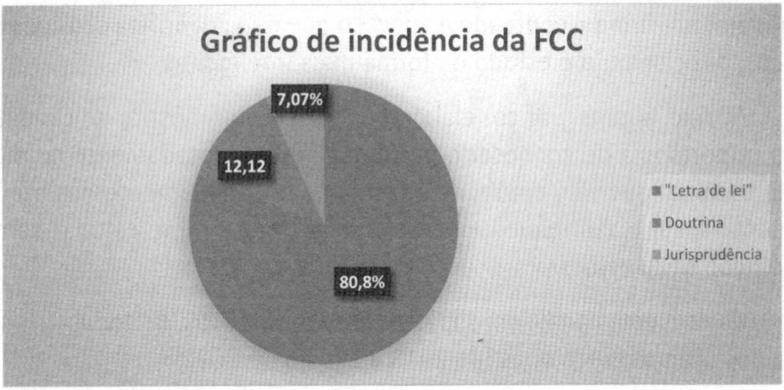

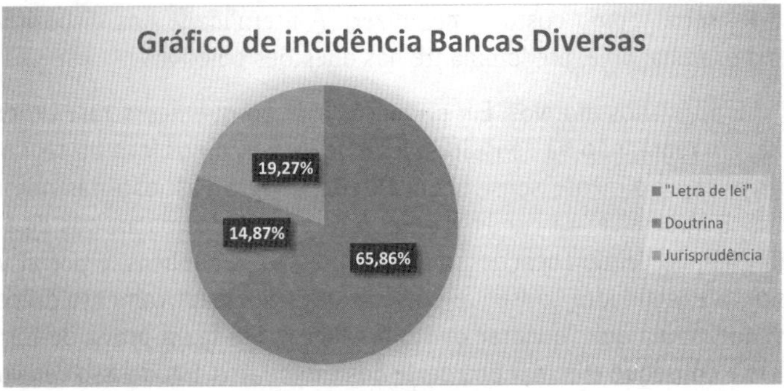

Analisados os 03 gráficos acima, salta aos olhos a (enorme) quantidade de questões que são mera reprodução da lei. Muitas vezes o examinador altera apenas um número contido no artigo (exemplo: coloca 03 dias quando a lei fala em 02) ou introduz uma negativa ("não") onde a lei não o faz. E isso basta para eliminar o candidato não familiarizado com os dispositivos legais.

Até a CESPE/CEBRASPE, conhecida por cobrar muita jurisprudência (o que se confirma, inclusive, no gráfico acima, que mostra maior incidência de questões versando sobre jurisprudência em suas provas), hoje, também se rende à segurança de exigir estritamente o conhecimento da lei.

E talvez o terceiro gráfico acima não nos dê a dimensão disso como deveria. E, por isso, trago aos candidatos os números, e não apenas os percentuais. Na análise das questões das demais bancas, das 659 assertivas analisadas, 434 (!) dependiam do conhecimento da letra da lei.

Não se está dizendo, com isso, que seja esta a melhor forma de selecionar candidatos. E nem que seja a mais justa. Mas fato que é essa a forma que vem sendo utilizada pelas bancas, cabendo ao candidato organizar seus estudos para se curvar a essa forma de cobrança.

6 ANÁLISE DE QUESTÕES DOS PONTOS ESPECÍFICOS MAIS RELEVANTES DAS PROVAS OBJETIVAS

Na tentativa de identificar um padrão entre todas as provas analisadas, é possível indicar, em linhas bastante gerais (até porque tal tendência está sujeita a alterações), quais seriam os temais mais recorrentes em provas para o Ministério Público estadual.

Os temais serão indicados abaixo, colacionando-se (e explorando-se, por óbvio), questões pertinentes de concursos anteriores, sempre buscando explorar as diferentes bancas examinadoras, tudo para que o candidato consiga visualizar como tais pontos "caem" nas provas objetivas.

Nota: As respostas consideradas corretas pelas bancas examinadoras estarão destacadas em negrito.

1) Direitos da Personalidade

Dentro dente item, de se destacar a recorrências dos temas (i) direito ao nome; (ii) tutela da intimidade e da vida privada, bem como (iii) do direito à imagem, com sua repercussão patrimonial em caso de violação;

(iv) as teorias (e repercussões) acerca do início da personalidade e, ainda, (v) questões que abordam os atos de disposição do corpo (*post mortem*).

Abaixo, exploraremos questões de provas objetivas sobre esses temas, de diferentes bancas, para que seja possível ao leitor visualizar diferentes formas de abordagem de um mesmo ponto, o que certamente lhe ajudará na programação de seu estudo.

> MPPI 2018 – Banca CESPE/CEBRASPE – Questão nº 27
>
> O Código Civil dispõe que "*toda pessoa é capaz de direitos e deveres na ordem civil*" e que "*a personalidade civil da pessoa começa com o nascimento com vida*". Considerando-se os conceitos de capacidade e personalidade, é correto afirmar que
>
> Ⓐ **pessoa passa, a partir do nascimento com vida, a ser sujeito de direitos e de deveres, e a ocorrência desse requisito determina consequências de alta relevância, incluindo aspectos sucessórios.**
>
> Ⓑ não é certo considerar a pessoa relativamente incapaz no momento da limitação quando a causa de impossibilidade de expressão da vontade for transitória.
>
> Ⓒ forma prevista na legislação civil de declarar o fim da existência da pessoa natural é somente pela morte, que será sempre natural ou física.
>
> Ⓓ o prenome e o sobrenome servem para individualizar as pessoas naturais e, por isso, à luz do princípio da sua imutabilidade, somente podem ser alterados se expuserem a pessoa ao ridículo.
>
> Ⓔ a atual legislação civil aproxima as características dos direitos de personalidade e dos direitos patrimoniais ao afirmar que ambos têm conteúdo econômico imediato e podem ser destacados do seu titular.

Verifica-se que, para garantir o acerto na questão, o candidato precisaria, não só conhecer bem a parte geral do Código Civil (o art. 2º, mais especificamente, por ser a assertiva "a" considerada correta), como também conjugar tais dispositivos a algum conhecimento (não muito aprofundado) da Doutrina e Jurisprudência sobre o tema.

Isso porque o art. 2º realmente fala que "*A personalidade civil da pessoa começa do nascimento com vida; mas a lei põe a salvo, desde a concepção, os direitos do nascituro*", de forma que estaria correto dizer que, desde o nascimento, há titularidade de direitos e deveres. Não obstante, quanto ao restante da assertiva, inclusive no que toca às consequências do início da personalidade, seria necessário não só conhecer outros dispositivos legais, como também o entendimento doutrinário acerca dos reflexos da aquisição da personalidade.

Igualmente, em relação à assertiva "d", verifica-se que o simples conhecimento da lei, embora indispensável, não resolveria a questão. Isso porque o art. 58 da Lei de Registros Públicos (Lei nº 6.015/73) realmente diz que o nome, em regra, é imutável. E o próprio dispositivo, em seu parágrafo único, contempla exceções a esta regra, não havendo, como dá a entender a assertiva, apenas uma exceção, que seria a exposição ao ridículo.

> *Art. 58. O prenome será definitivo, admitindo-se, todavia, a sua substituição por apelidos públicos notórios. (Redação dada pela Lei nº 9.708, de 1998) (Vide ADIN Nº 4.275)*
>
> *Parágrafo único. A substituição do prenome será ainda admitida em razão de fundada coação ou ameaça decorrente da colaboração com a apuração de crime, por determinação, em sentença, de juiz competente, ouvido o Ministério Público. (Redação dada pela Lei nº 9.807, de 1999)*

E mesmo isso não bastaria, já que existem outras exceções à imutabilidade trazidas pela Doutrina e pela Jurisprudência, tais como a homonímia, a realização de cirurgia de transgenitalização, a adoção, a proteção conferida às testemunhas, dentre outras.

Já na questão a seguir, elaborada pela Banca do MP de Minas Gerais, o simples conhecimento dos dispositivos legais bastava, a confirmar o que se disse em relação à importância da "lei seca" nas provas de múltipla escolha.

Direito Civil

> MPMG 2019 – FUNDEP (Gestão de Concursos)
>
> Analise as seguintes proposições sobre o fim da personalidade da pessoa natural e marque a alternativa correta:
>
> I. A retirada *post mortem* de tecidos, órgãos ou partes do corpo humano destinados a transplante ou tratamento deverá ser precedida de diagnóstico de morte encefálica, constatada e registrada por dois médicos não participantes das equipes de remoção e transplante, mediante a utilização de critérios clínicos e tecnológicos definidos por resolução do Conselho Federal de Medicina.
>
> II. Desaparecendo uma pessoa do seu domicílio sem dela haver notícia, se não houver deixado representante ou procurador a quem caiba administrar-lhe os bens, o juiz, a requerimento de qualquer interessado ou do Ministério Público, declarará a ausência, e nomear-lhe-á curador, que será, preferencialmente, o cônjuge, salvo se separado judicialmente ou de fato por mais de dois anos antes da declaração da ausência.

III. É facultado ao cônjuge sobrevivente, ou a qualquer parente em linha reta ou colateral até o quarto grau, exigir que cesse a ameaça, ou a lesão, a direito da personalidade de pessoa já falecida, e reclamar perdas e danos, sem prejuízo de outras sanções previstas em lei.

Ⓐ Apenas a assertiva I está correta.

Ⓑ Apenas as assertivas I e II estão corretas.

Ⓒ Apenas as assertivas II e III estão corretas.

Ⓓ **As assertivas I, II e III estão corretas.**

Como se vê, o acerto (ou não) das assertivas dependia exclusivamente do conhecimento do texto da lei.

No caso da assertiva I, por exemplo, cabia ao candidato conhecer a Lei nº 9.434/97 (que dispõe sobre a remoção de órgãos, tecidos e partes do corpo humano para fins de transplante e tratamento), e cujo art. 3º disciplina que

> *Art. 3º A retirada post mortem de tecidos, órgãos ou partes do corpo humano destinados a transplante ou tratamento deverá ser precedida de diagnóstico de morte encefálica, constatada e registrada por dois médicos não participantes das equipes de remoção e transplante, mediante a utilização de critérios clínicos e tecnológicos definidos por resolução do Conselho Federal de Medicina.*

Já a assertiva II tinha como base os arts. 22 e 25 do Código Civil, segundo os quais

> *Art. 22. Desaparecendo uma pessoa do seu domicílio sem dela haver notícia, se não houver deixado representante ou procurador a quem caiba administrar-lhe os bens, o juiz, a requerimento de qualquer interessado ou do Ministério Público, declarará a ausência, e nomear-lhe-á curador.*
>
> *Art. 25. O cônjuge do ausente, sempre que não esteja separado judicialmente, ou de fato por mais de dois anos antes da declaração da ausência, será o seu legítimo curador.*

Por fim, para identificar o acerto da assertiva III, o candidato precisava conhecer apenas o art. 12 do Código Civil, que diz exatamente isso em seu *caput* e parágrafo único.

> *Art. 12. Pode-se exigir que cesse a ameaça, ou a lesão, a direito da personalidade, e reclamar perdas e danos, sem prejuízo de outras sanções previstas em lei.*
>
> *Parágrafo único. Em se tratando de morto, terá legitimação para requerer a medida prevista neste artigo o cônjuge sobrevivente, ou qualquer parente em linha reta, ou colateral até o quarto grau.*

Ainda nesta matéria, trazemos abaixo questão do MPSC em que a resposta, embora também dependesse do conhecimento da lei (sempre!), obrigava o candidato a conhecer o entendimento jurisprudencial sobre o tema.

> MPSC 2019 – Banca Própria – Questão nº 163
>
> Assinale V (verdadeiro) ou F (falso)
>
> Segundo entendimento do Superior Tribunal de Justiça, a fixação do valor devido à título de indenização por danos morais deve considerar o método bifásico, que conjuga os critérios da valorização das circunstâncias do caso e do interesse jurídico lesado, e minimiza eventual arbitrariedade ao se adotar critérios unicamente subjetivos do julgador, além de afastar eventual tarifação do dano.

A assertiva foi considerada **verdadeira** pela Banca Examinadora, uma vez que, de fato, refletia o entendimento do Tribunal Superior.

Neste sentido, na edição nº 125 da Jurisprudência em Teses do STJ, verifica-se que "*A fixação do valor devido à título de indenização por danos morais deve considerar o método bifásico, que conjuga os critérios da valorização das circunstâncias do caso e do interesse jurídico lesado, e minimiza eventual arbitrariedade ao se adotar critérios unicamente subjetivos do julgador, além de afastar eventual tarifação do dano.*"

O mesmo pode ser observado em diferentes julgados, como a seguir colacionados:

> *RECURSO ESPECIAL. RESPONSABILIDADE CIVIL. ACIDENTE DE TRÂNSITO. MORTE. DANO MORAL. QUANTUM INDENIZATÓRIO. DISSÍDIO JURISPRUDENCIAL. CRITÉRIOS DE ARBITRAMENTO EQUITATIVO PELO JUIZ. MÉTODO BIFÁSICO. VALORIZAÇÃO DO INTERESSE JURÍDICO LESADO E DAS CIRCUNSTÂNCIAS DO CASO. 1. Discussão restrita à quantificação da indenização por dano moral sofrido pelo esposo da vítima falecida em acidente de trânsito, que foi arbitrado pelo tribunal de origem em dez mil reais. 2. Dissídio jurisprudencial caracterizado com os precedentes das duas turmas integrantes da Segunda Secção do STJ. 3. Elevação do valor da indenização por dano moral na linha dos precedentes desta Corte, considerando as duas etapas que devem ser percorridas para esse arbitramento.* **4. Na primeira etapa, deve-se estabelecer um valor básico para a indenização, considerando o interesse jurídico lesado, com base em grupo de precedentes jurisprudenciais que apreciaram casos semelhantes. 5. Na segunda etapa, devem ser consideradas as circunstâncias do caso, para fixação definitiva do valor da indenização, atendendo a determinação legal de arbitramento equitativo pelo juiz.** *6. Aplicação analógica do enunciado normativo do parágrafo único do art. 953 do CC/2002.*

Direito Civil

7. Doutrina e jurisprudência acerca do tema. 8. RECURSO ESPECIAL PROVIDO. (REsp 959.780/ES, Rel. Ministro PAULO DE TARSO SANSEVERINO, TERCEIRA TURMA, julgado em 26/04/2011, DJe 06/05/2011)

Informativo 470, STJ – *(...) A autorização legal para o arbitramento equitativo não representa a outorga ao juiz de um poder arbitrário, pois a indenização, além de ser fixada com razoabilidade, deve ser fundamentada com a indicação dos critérios utilizados. (...) o método mais adequado para um arbitramento razoável da indenização por dano extrapatrimonial resulta da união dos dois critérios analisados (valorização sucessiva tanto das circunstâncias como do interesse jurídico lesado). Assim,* ***na primeira fase****, arbitra-se o valor básico ou inicial da indenização, considerando o interesse jurídico lesado, em conformidade com os precedentes acerca da matéria e,* ***na segunda fase****, procede-se à fixação da indenização definitiva, ajustando-se o seu montante às peculiaridade do caso com base nas suas circunstâncias.*

⊖ 2. Capacidade civil

A capacidade civil e, principalmente, as incapacidades, aparecem em todas as provas analisadas, ora para debater as recentes mudanças promovidas pelo Estatuto da Pessoa com Deficiência (Lei nº 13.146/2015), ora dentro da teoria dos negócios jurídicos (capacidade para contratar e na análise defeitos dos negócios jurídicos), ora dentro do direito de família e de sucessões, abordando-se a capacidade para suceder, a idade núbil, etc.

Na questão a seguir, elaborada pela Banca do MP do Mato Grosso do Sul, o simples conhecimento dos dispositivos legais não bastava para se chegar à resposta correta, como se vê abaixo:

MPMS 2018 – Banca Própria – Questão nº 49

Quanto ao direito das sucessões, analise as seguintes assertivas.

I. Na hipótese em que a ação de investigação de paternidade *post mortem* tenha sido ajuizada após o trânsito em julgado da decisão de partilha de bens deixados pelo *de cujus*, o termo inicial do prazo prescricional para o ajuizamento de ação de petição de herança é a data do trânsito em julgado da sentença que julgou a ação de inventário.

II. O cônjuge sobrevivente casado sob o regime de comunhão parcial de bens somente concorrerá com os descendentes do cônjuge falecido com relação aos bens particulares eventualmente constantes do acervo hereditário.

III. O princípio da saisine se aplica aos herdeiros legítimos e testamentários, aos legatários e à herança jacente.

IV. Nada obsta o testamento conjuntivo, seja simultâneo, recíproco ou correspectivo, desde que seja realizado em instrumentos diferentes, em escrituras diversas.

V. O concepturo possui capacidade testamentária sucessória passiva em razão de ter personalidade jurídica.

Assinale a alternativa correta:

A) Somente as assertivas II e IV estão corretas.

B) Somente as assertivas I, II, IV e V estão corretas.

C) Somente as assertivas I, II e IV estão corretas.

D) Somente as assertivas I, II, III e V estão corretas.

E) Todas as assertivas estão corretas.

Isso porque embora, como sempre, a letra fria da lei fosse de conhecimento indispensável, especialmente para identificar as assertivas corretas, fazia-se necessário saber, por exemplo, o entendimento doutrinário acerca da capacidade/personalidade do concepturo, que levava ao erro da assertiva V e o entendimento jurisprudencial acerca do prazo prescricional para a petição de herança do herdeiro assim reconhecido por ação de investigação de paternidade *post mortem*, que permitia identificar o erro na assertiva I.

Como vem sendo reiteradamente decidido pelo STJ, quando a ação de investigação de paternidade tenha sido ajuizada após o trânsito em julgado da decisão de partilha de bens, e como forma de não punir o titular da pretensão com a prescrição, já que ele sequer tinha seu direito constituído, o termo inicial do prazo prescricional para o ajuizamento de ação de petição de herança é a data do trânsito em julgado da sentença que julgou a investigação de paternidade (e não a ação de inventário).

Da mesma forma, e em relação à assertiva V, sabe-se que o concepturo efetivamente é dotado de capacidade testamentária passiva, tanto que contemplado, inclusive, na substituição fideicomissária, nos termos a seguir:

> *Art. 1.952. A substituição fideicomissária somente se permite em favor dos não concebidos ao tempo da morte do testador.*
>
> *Parágrafo único. Se, ao tempo da morte do testador, já houver nascido o fideicomissário, adquirirá este a propriedade dos bens fideicometidos, convertendo-se em usufruto o direito do fiduciário.*

Mas o concepturo não tem, ainda, personalidade jurídica, uma vez que, de acordo com o próprio Código Civil e a Doutrina reinante sobre o tema, esta se adquire com o nascimento com vida.

Nota: A questão foi anulada, mas não nos impede de explorá-la para fins de análise da forma com que os pontos relevantes são cobrados.

Já na questão a seguir, elaborada pela Banca do MP de Goiás, o simples conhecimento dos dispositivos legais bastava, a confirmar o que se disse em relação à importância da "lei seca" nas provas de múltipla escolha.

> MPGO 2019 – Banca Própria – Questão nº 72
>
> Em relação à capacidade e à personalidade das Pessoas Naturais, é **incorreto** afirmar que:
>
> **A** Toda pessoa é capaz de direitos e deveres na ordem civil, contudo, são absolutamente incapazes de exercer pessoalmente os atos da vida civil os menores de 16 (dezesseis) anos.
>
> **B** A menoridade cessa aos dezoito anos completos, quando a pessoa fica habilitada à prática de todos os atos da vida civil. Cessará, para os menores, a incapacidade: I- pela concessão dos pais, ou de um deles na falta do outro, mediante instrumento público, independentemente de homologação judicial, ou por sentença do juiz, ouvido o tutor, se o menor tiver dezesseis anos completos; II- pelo casamento; III- pelo exercício de emprego público efetivo; IV- pela colação de grau em curso de ensino superior; V- pelo estabelecimento civil ou comercial, ou pela existência de relação de emprego, desde que, em função deles, o menor com dezesseis anos completos tenha economia própria.
>
> **C** **São incapazes, relativamente a certos atos ou à maneira de os exercer: I- os maiores de dezesseis e menores de dezoito anos; II- os excepcionais, sem desenvolvimento mental completo; III- os ébrios habituais e os viciados em tóxico; IV- aqueles que, por causa transitória ou permanente, não puderem exprimir sua vontade e; V- pródigos.**
>
> **D** A existência da pessoa natural termina com a morte. Presume-se esta, quanto aos ausentes, nos casos em que a lei autoriza a abertura de sucessão definitiva, sendo que a morte presumida pode ser declarada sem decretação de ausência quando for extremamente provável a morte de quem estava em perigo de vida ou se alguém, desaparecido em campanha ou feito prisioneiro, não for encontrado até dois anos após o término da guerra.

Como o examinador pedia que o candidato trouxesse a alternativa incorreta, o gabarito apresentado foi a assertiva "c". Isso porque a assertiva mistura causas de incapacidade relativa e antigas causas de incapacidade absoluta contempladas, respectivamente, nos antigos art.

4º e 3º do Código Civil de 2002. Cabia ao aluno, então, além de perceber tal confusão, saber que tais dispositivos sofreram modificação pelo Estatuto da Pessoa com Deficiência, deixando o Código Civil de trazer hipóteses pré-concebidas de incapacidade absoluta. Assim, vale colar abaixo a atual redação de tais dispositivos (como visto, conferida pela Lei nº 13.146/2015):

> *Art. 3º São absolutamente incapazes de exercer pessoalmente os atos da vida civil os menores de 16 (dezesseis) anos. (Redação dada pela Lei nº 13.146, de 2015)*
>
> *I - (Revogado); (Redação dada pela Lei nº 13.146, de 2015)*
>
> *II - (Revogado); (Redação dada pela Lei nº 13.146, de 2015)*
>
> *III - (Revogado). (Redação dada pela Lei nº 13.146, de 2015).*
>
> *Art. 4º São incapazes, relativamente a certos atos ou à maneira de os exercer: (Redação dada pela Lei nº 13.146, de 2015)*
>
> *I - os maiores de dezesseis e menores de dezoito anos;*
>
> *II - os ébrios habituais e os viciados em tóxico; (Redação dada pela Lei nº 13.146, de 2015)*
>
> *III - aqueles que, por causa transitória ou permanente, não puderem exprimir sua vontade; (Redação dada pela Lei nº 13.146, de 2015)*
>
> *IV - os pródigos.*

3. Casamento / União Estável / Regime de bens

Embora seja um tópico amplo, verifica-se que todas as provas analisadas abordaram, pelo menos em uma oportunidade, alguma questão relativa à capacidade para o casamento, ao regime de bens ou, ainda, ao direito sucessório do cônjuge ou companheiro (inclusive sob o enfoque jurisprudencial). Assim, não há como pretender prestar uma prova para um MP Estadual sem dominar tais temas.

Na questão abaixo, elaborada pela FCC, aborda-se a questão do regime da separação obrigatória de bens no casamento – imposta àqueles que (i) o contraírem com inobservância das causas suspensivas; (ii) forem maiores de 70 (setenta) anos e (iii) que dependerem, para casar, de suprimento judicial – art. 1.641 do Código Civil.

> MPMT 2019 – FCC
>
> Ana Lúcia e Heitor, ela com sessenta e cinco, ele com sessenta e sete anos, casam-se pelo regime de comunhão universal, tendo antes estipulado pacto antenupcial por escritura pública para adoção desse regime; dois anos depois arrependem-se e requerem judicialmente alteração do regime para o de comunhão parcial de bens. Em relação a ambas as situações,

Direito Civil

A era possível a estipulação do pacto antenupcial, pois ambos não haviam atingido setenta anos de idade; é possível também a alteração do regime de bens, mediante autorização judicial em pedido motivado de ambos os cônjuges, apurada a procedência das razões invocadas e ressalvados os direitos de terceiros.

B embora possível o pacto antenupcial, a alteração do regime de bens escolhido só é possível após três anos de casamento, mediante autorização judicial, explicitação de motivos e ressalvados direitos de terceiros.

C era possível a alteração do regime de bens, mediante autorização judicial em pedido de ambos os cônjuges, sem especificação de razões, por se tratar de questões privadas do casal; era possível o pacto antenupcial, mas por serem maiores de 65 anos somente para o regime de separação de bens.

D não era possível o pacto antenupcial porque Ana Lúcia já tinha 65 anos de idade, o que tornava obrigatório o regime de separação de bens; a alteração do regime de bens era no caso necessária, para o citado regime de separação de bens, prescindindo de autorização judicial.

E era possível o pacto antenupcial, escolhendo qualquer regime, pois não haviam atingido setenta anos; era possível alterar o regime de bens, a qualquer tempo, prescindindo de autorização judicial, mas ressalvados direitos de terceiros.

Como visto acima, o conhecimento da literalidade dos arts. 1.639 e 1.641 do Código Civil de 2002 levaria o candidato a acertar essa questão.

> *Art. 1.639. É lícito aos nubentes, antes de celebrado o casamento, estipular, quanto aos seus bens, o que lhes aprouver.*
>
> *§ 1º O regime de bens entre os cônjuges começa a vigorar desde a data do casamento.*
>
> *§ 2º É admissível alteração do regime de bens, mediante autorização judicial em pedido motivado de ambos os cônjuges, apurada a procedência das razões invocadas e ressalvados os direitos de terceiros.*
>
> *Art. 1.641. É obrigatório o regime da separação de bens no casamento:*
>
> *I - das pessoas que o contraírem com inobservância das causas suspensivas da celebração do casamento;*
>
> *II – da pessoa maior de 70 (setenta) anos; (Redação dada pela Lei nº 12.344, de 2010)*
>
> *III - de todos os que dependerem, para casar, de suprimento judicial.*

Como se vê no inciso II do art. 1.641, impõe-se o regime de separação de bens (a chamada "separação obrigatória"), me razão da idade, quando um ou ambos os nubentes tenham mais de 70 anos. Na questão acima analisada, ela tem 65, ao passo que ele tem 67 anos de idade. E se nenhum deles tem mais de 70 anos, podem escolher livremente o regime de bens de seu casamento, o que torna as assertivas "c" e "d" erradas.

E quanto à possibilidade de alteração de regime, verifica-se no art. 1.639 do Código Civil não haver limite temporal para sua realização, bastando que seja observado o trâmite ali disposto, a saber, pedido motivado de ambos os cônjuges, manifestação do MP e posterior autorização judicial. Assim, equivocadas as assertivas "b" e "e", que previam, respectivamente, lapso temporal mínimo de 3 anos após a celebração do casamento e prescindibilidade de autorização judicial.

Também na questão abaixo, elaborada pela Fundação CEFET-BAHIA, vê-se a mesma abordagem em relação ao tema, testando-se o conhecimento do candidato acerca dos mesmos dispositivos legais acima transcritos.

> MPBA 2018 – Fundação CEFET-BAHIA – Questão nº 08
>
> João, brasileiro, solteiro, maior, com 68 (sessenta e oito) anos de idade e sua namorada Maria, também brasileira, solteira, com 61 (sessenta e um) anos de idade resolveram se casar. Neste caso, é correto afirmar que:
>
> **A** Os namorados devem necessariamente celebrar um pacto antenupcial, optando pelo regime da separação de bens.
>
> **B** Os namorados podem se casar pelo regime da comunhão parcial de bens, com autorização judicial, após o pronunciamento Ministério Público.
>
> **C** **Poderão, os namorados, adotar livremente qualquer dos regimes de bens previstos no Código Civil.**
>
> **D** Somente poderão se casar pelo regime da separação obrigatória de bens.
>
> **E** Poderão adotar qualquer regime de bens, desde que façam um pacto antenupcial.

De se destacar, ainda, que, sobre esse mesmo tema, inúmeras são as questões que apenas repetem a literalidade do texto legal, como se vê mais um exemplo abaixo:

> MPRO 2017 – FMP Concursos
>
> De acordo com o Código Civil, no que concerne ao regime de bens entre os cônjuges, assinale a alternativa CORRETA.
>
> **A** É obrigatório o regime da separação de bens no casamento da pessoa maior de 60 anos.

Direito Civil

B É obrigatório o regime da separação de bens no casamento de todos os que dependerem, para casar, de suprimento judicial.

C No regime de comunhão parcial, comunicam-se as pensões, meios-soldos, montepios e outras rendas semelhantes.

D No regime de comunhão parcial, excluem-se da comunicação os bens adquiridos por fato eventual, com ou sem o concurso de trabalho ou despesa anterior.

E No regime de comunhão parcial, excluem-se da comunicação as benfeitorias em bens particulares de cada cônjuge.

O mesmo se observa, ainda, na questão do MPMS já explorada no tópico anterior ("capacidade civil"), já que uma das assertivas consideradas corretas (a de número II) aborda a literalidade do art. 1.829, inciso I, do Código Civil (leitura a contrário senso), como se vê a seguir:

MPMS 2018 – Banca Própria – Questão nº 49

Quanto ao direito das sucessões, analise as seguintes assertivas.

I. Na hipótese em que a ação de investigação de paternidade *post mortem* tenha sido ajuizada após o trânsito em julgado da decisão de partilha de bens deixados pelo *de cujus*, o termo inicial do prazo prescricional para o ajuizamento de ação de petição de herança é a data do trânsito em julgado da sentença que julgou a ação de inventário.

II. O cônjuge sobrevivente casado sob o regime de comunhão parcial de bens somente concorrerá com os descendentes do cônjuge falecido com relação aos bens particulares eventualmente constantes do acervo hereditário.

III. O princípio da saisine se aplica aos herdeiros legítimos e testamentários, aos legatários e à herança jacente.

IV. Nada obsta o testamento conjuntivo, seja simultâneo, recíproco ou correspectivo, desde que seja realizado em instrumentos diferentes, em escrituras diversas.

V. O concepturo possui capacidade testamentária sucessória passiva em razão de ter personalidade jurídica.

Assinale a alternativa correta:

A Somente as assertivas II e IV estão corretas.

B Somente as assertivas I, II, IV e V estão corretas.

C Somente as assertivas I, II e IV estão corretas.

D Somente as assertivas I, II, III e V estão corretas.

E Todas as assertivas estão corretas.

> Art. 1.829 *A sucessão legítima defere-se na ordem seguinte:*
>
> *I - aos descendentes, em concorrência com o cônjuge sobrevivente, salvo se casado este com o falecido no regime da comunhão universal, ou no da separação obrigatória de bens (art. 1.640, parágrafo único); ou se, no regime da comunhão parcial, o autor da herança não houver deixado bens particulares.*

Abordagem diferente sobre o mesmo tema, entretanto, se observa em outras provas objetivas, que exigem do candidato o conhecimento de regras de direito intertemporal e, ainda, de entendimentos jurisprudenciais sobre a matéria.

É o que se vê, por exemplo, na questão abaixo, elaborada pela Banca do Ministério Público de Goiás em 2019:

> MPGO 2019 – Banca Própria – Questão nº 74
>
> De acordo com as regras de direito intertemporal dispostas no Código Civil e na jurisprudência dominante dos Tribunais Superiores, assinale a alternativa correta:
>
> **A** O atual Código Civil permite a alteração de regime de bens casamento, sendo tal regra inaplicável aos matrimônios contraídos na vigência do Código Civil de 1916, tendo em vista a ausência de previsão legal.
>
> **B** O Supremo Tribunal Federal julgou inconstitucional a distinção de regimes sucessórios entre cônjuges e companheiros, devendo ser aplicado, em ambos os casos, o regime estabelecido para os cônjuges. Tal entendimento, por contemplar inconstitucionalidade, que tem efeito ex tunc, é aplicável aos inventários judiciais mesmo com o trânsito em julgado da sentença de partilha.
>
> **C** Se o curador, na vigência do Código Civil de 1916, tinha inscrito hipoteca por força de sentença judicial em procedimento de interdição, com a entrada em vigor do atual Código Civil, teve o prazo decadencial de dois anos para pleitear o seu cancelamento.
>
> **D** **O regime de bens nos casamentos celebrados na vigência do Código Civil de 1916 é o por ele estabelecido, para fins de aferição da divisão patrimonial dos bens adquiridos pelo casal, ainda que o divórcio ocorra sob a égide do atual Código Civil.**

O caminho para se chegar à resposta correta era o conhecimento, pelo candidato, da literalidade do art. 2.039 do Código Civil, que tornava correta a assertiva "d".

> Art. 2.039. *O regime de bens nos casamentos celebrados na vigência do Código Civil anterior, Lei nº 3.071, de 1º de janeiro de 1916, é o por ele estabelecido.*

Direito Civil

Como visto em questões anteriores (acima), admite-se a mudança de regime de bens do casamento, desde que na forma do já citado art. 1.639, §2º, do Código Civil. E em que pese continuar, na forma do art. 2.039 (acima transcrito), o casamento celebrado na vigência do Código de 1916 por ele regido, já está pacificado, no STJ[4], o entendimento de que tal não impediria a mudança de regime de bens de casamentos celebrados antes do Código de 2002. Assim, errada a assertiva "a".

Da mesma forma, equivocada a assertiva "b" ao dispor que a decisão do STF aplicar-se-ia mesmo após o trânsito em julgado da sentença de partilha. Isso porque embora o STF tenha, de fato, ao julgar os Recursos Extraordinários de nº 646721/RS e 878694/MG, declarado a inconstitucionalidade da diferenciação do regime sucessório entre cônjuges e companheiros[5], determinando a aplicação, para ambos, da regra do art. 1.829 do Código Civil, entendeu que, em nome da segurança jurídica, tal entendimento aplicar-se-ia apenas às partilhas ainda em curso, como se vê na Ementa a seguir:

> Ementa: *Direito constitucional e civil. Recurso extraordinário. Repercussão geral. Inconstitucionalidade da distinção de regime sucessório entre cônjuges e companheiros. 1. A Constituição brasileira contempla diferentes formas de família legítima, além da que resulta do casamento. Nesse rol incluem-se as famílias formadas mediante união estável. 2. Não é legítimo desequiparar, para fins sucessórios, os cônjuges e os companheiros, isto é, a família formada pelo casamento e a formada por união estável. Tal hierarquização entre entidades familiares é incompatível com a Constituição de 1988. 3. Assim sendo, o art. 1790 do Código Civil, ao revogar as Leis nºs 8.971/94 e 9.278/96 e discriminar a companheira (ou o companheiro), dando-lhe direitos sucessórios bem inferiores aos conferidos à esposa (ou ao marido), entra em contraste com os princípios*

---

4. *CIVIL. CASAMENTO. CÓDIGO CIVIL DE 1916. COMUNHÃO PARCIAL DE BENS. ALTERAÇÃO DE REGIME. COMUNHÃO UNIVERSAL. POSSIBILIDADE JURÍDICA. I. Ambas as Turmas de Direito Privado desta Corte assentaram que o art. 2.039 do Código Civil não impede o pleito de autorização judicial para mudança de regime de bens no casamento celebrado na vigência do Código de 1916, conforme a previsão do art. 1.639, § 2º, do Código de 2002, respeitados os direitos de terceiros. II. Recurso especial não conhecido.* (REsp 812.012/RS, Rel. Ministro ALDIR PASSARINHO JUNIOR, QUARTA TURMA, julgado em 02/12/2008, DJe 02/02/2009).
5. Atenção! Esse tema, especificamente quanto ao entendimento jurisprudencial, "despenca" em provas objetivas, sendo prudente que o candidato faça leitura do inteiro teor do julgado, inclusive para usá-lo em eventual prova discursiva sobre o assunto. Por fim, de se destacar que o STJ decide em igual sentido, o que demonstra – ainda mais – a relevância do tema.

> *da igualdade, da dignidade humana, da proporcionalidade como vedação à proteção deficiente, e da vedação do retrocesso.* ***4. Com a finalidade de preservar a segurança jurídica, o entendimento ora firmado é aplicável apenas aos inventários judiciais em que não tenha havido trânsito em julgado da sentença de partilha, e às partilhas extrajudiciais em que ainda não haja escritura pública.*** 5. Provimento do recurso extraordinário. Afirmação, em repercussão geral, da seguinte tese: "No sistema constitucional vigente, é inconstitucional a distinção de regimes sucessórios entre cônjuges e companheiros, devendo ser aplicado, em ambos os casos, o regime estabelecido no art. 1.829 do CC/2002". (RE 878694, Relator(a): Min. ROBERTO BARROSO, Tribunal Pleno, julgado em 10/05/2017, PROCESSO ELETRÔNICO REPERCUSSÃO GERAL - MÉRITO DJe-021 DIVULG 05-02-2018 PUBLIC 06-02-2018) (Grifos não existentes no original).

Assim, nesta questão, além da literalidade da lei – sempre presente -, o candidato precisava conhecer regras intertemporais e, mais do que isso, o entendimento dos Tribunais Superiores sobre o tema.

O mesmo se vê na questão abaixo, elaborada pela Banca do Ministério Público do Paraná:

> MPPR 2019 – Banca Própria – Questão nº 49
>
> Não é tese de repercussão geral do STF:
>
> **A** **A paternidade socioafetiva, declarada ou não em registro público, impede o reconhecimento do vínculo de filiação concomitante baseado na origem biológica, com os efeitos jurídicos próprios.**
>
> **B** O transgênero tem direito fundamental subjetivo à alteração de seu prenome e de sua classificação de gênero no registro civil, não se exigindo, para tanto, nada além da manifestação de vontade do indivíduo, o qual poderá exercer tal faculdade tanto pela via judicial como diretamente pela via administrativa.
>
> **C** A alteração do prenome do transgênero deve ser averbada à margem do assento de nascimento, vedada a inclusão do termo 'transgênero'.
>
> **D** É inconstitucional a distinção de regimes sucessórios entre cônjuges e companheiros prevista no art. 1.790 do CC/2002, devendo ser aplicado, tanto nas hipóteses de casamento quanto nas de união estável, o regime do art. 1.829 do CC/2002.
>
> **E** É constitucional a penhora de bem de família pertencente a fiador de contrato de locação, em virtude da compatibilidade da exceção prevista no art. 3°, inciso VII, da Lei n. 8.009/1990

com o direito à moradia consagrado no art. 6º da Constituição Federal, com redação da EC 26/2000.

A assertiva "d", correta, contemplava justamente o entendimento do STF acerca da equiparação sucessória de cônjuge e companheiro. E exatamente por ser tese de repercussão gral, não deveria ser assinalada pelo candidato, já que o enunciado pedia que fosse marcada a que **não** fosse.

Para encerrar este tópico, e acreditando que isso tenha ficado bastante claro ao longo dos últimos tópicos, volto a frisar a importância de conhecer a literalidade dos dispositivos legais. E para aqueles mais céticos, que não acreditam no estudo de questões, sugiro que voltem algumas páginas e vejam, mais uma vez, os gráficos que elaboramos sobre a incidência de "letra de lei" em provas objetivas. Assim, e correndo o risco de soar repetitiva, repito: estudem sempre fazendo a leitura da lei. Sempre. E façam muitos exercícios e questões. O máximo que puderem.

7 ANÁLISE DE QUESTÕES DISSERTATIVAS

Como já dito no início desta obra, seu enfoque maior se destina a, a partir de uma análise dos editais e das questões de concursos, preparar o candidato para as provas, em especial as objetivas, e ajudá-lo na organização do estudo para concursos do Ministério Público.

Mas não podemos encerrar essa análise sem falar, ainda que de forma mais breve, sobre as provas subjetivas, sempre presentes nos concursos para o MP (em alguns, como o MPRJ, desde a prova preambular).

E como já dito também anteriormente, o candidato, ao chegar a uma segunda fase de um certame para o MP, deverá olhar para seus examinadores, fazendo uma pesquisa sobre cada um deles, uma vez que existe grande chance de eles serem autores, seja de livros ou manuais, seja de artigos doutrinários.

E existindo doutrina do membro da Banca, sua leitura se torna obrigatória, pois servirá para responder perguntas específicas, ainda que não seja cobrado exatamente o tema por ele abordado em sua obra. Porque conhecendo a produção do examinador, o aluno consegue entender como ele se posiciona em relação a alguns temas, quais teorias e concepções adota, se é mais legalista, se é mais vanguardista, e por aí vai.

E mais do que isso, também tal leitura permite ao aluno identificar a forma de escrita e de organização de pensamento daquele autor, adaptando, na medida do possível, sua forma de escrever as respostas a algo que agrade o examinador, como, por exemplo, valendo-se de expressões e exemplos por ele adotados, o que, sem dúvidas, criará uma maior aproximação entre candidato e banca no momento da correção.

Em nossas pesquisas, verifica-se que na maior parte das provas discursivas, o conteúdo de direito civil é explorado incidentalmente, no bojo de peças processuais, sem trazer questões eminentemente doutrinárias.

Comum ver, por exemplo, peças em que, no desenvolvimento, o candidato precisa explorar a legitimidade do Ministério Público, seja para uma ação de alimentos, seja para a tutela de outros direitos individuais.

Também são comuns peças que explorem o tema da responsabilidade civil, devendo o candidato enfrentar questões como se há, no caso em espécie, dever de indenizar, bem como a quantificação do valor devido.

Dito isso, importante destacar, também, que a elaboração de peças a título de treino / estudo é essencial para o candidato nessa fase. Isso porque além de praticar a escrita e o encadeamento de ideias, o candidato precisa trabalhar com a organização do tempo, com diagramação e estruturação da peça, para que não esqueça suas formalidades, bem como com o destaque dos pontos principais de sua pela, para que o examinador, de pronto, os identifique.

Feita a sugestão acima, passa-se a analisar algumas questões de provas dissertativas que cobraram aspectos práticos-jurisprudenciais e doutrinários, por exemplo nos concursos para o MP do Rio de Janeiro, do Paraná, do Piauí e de São Paulo.

Tal análise se faz importante para que o candidato consiga visualizar de que diferentes formas poderá ser indagado acerca dos temas de Direito Civil.

No enunciado que se vê a seguir, o mesmo tema indicado acima (legitimidade do MP) é explorado, desta feita em forma de questão discursiva, integrante da prova subjetiva do MP do Piauí, elaborado pela CESPE no ano de 2018:

> MPPI 2018 – CESPE – Prova discursiva P3 – Questão nº 01
>
> O Ministério Público, por meio de promotor de justiça, ajuizou ação de alimentos em desfavor de Pedro Henrique, pai de Gabriel e Juliana, de cinco e oito anos de idade, respectivamente. Alegando que o requerido deixou de contribuir com o sustento dos filhos após o divórcio com a genitora e atual detentora da guarda das crianças, Aline, o *parquet* pleiteou a condenação de

> Pedro ao pagamento de meio salário mínimo para cada um dos menores. Em decisão, o juízo competente extinguiu o processo sem resolução de mérito sob a alegação de que o Ministério Público carece de legitimidade ativa para a propositura da ação de alimentos em benefício de criança ou adolescente que esteja sob o poder familiar de um dos pais. Nessa situação hipotética, agiu corretamente o juízo? Fundamente sua resposta com base no entendimento do STJ sobre o assunto, considerando as disposições da Constituição Federal de 1988 e do Estatuto da Criança e do Adolescente.

Percebe-se que a questão aborda tema que a maioria dos candidatos saberia responder, afirmando que o juiz teria errado ao reconhecer que o MP careceria de legitimidade ativa. Até porque, sem dúvidas, a legitimidade do Ministério Público é tema frequentemente estudado dentro dos diversos pontos do Direito Civil por aqueles que pretendem tal carreira: legitimidade para postular anulação de negócios jurídicos; legitimidade para impugnar casamento; legitimidade para a ação de alimentos; legitimidade para a interdição, etc.

Contudo, e exatamente por ser tema relativamente "fácil", a questão exigia uma resposta completa, com citação também de artigos que contemplassem outras hipóteses em que se admite (ou não) a tutela de direitos individuais pelo MP e, principalmente, o entendimento jurisprudencial sobre o tema, uma vez que essa possibilidade de atuação pelo *parquet* sofreu intensa modificação ao longo dos últimos anos.

E quais seriam, então, os fundamentos legais e constitucionais para que se reconheça a legitimidade ativa do MP nesta ação de alimentos?

Os fundamentos seriam, basicamente, a indisponibilidade do direito individual das crianças e adolescentes aos alimentos, a ensejar a atuação do MP, com fundamento no art. 127 da Constituição e art. 201, III, do ECA, além, claro, de ser esse direito encarado constitucionalmente como uma prioridade absoluta (art. 227 da Constituição), objeto de proteção integral pelo ECA.

Assim, a legitimidade do Ministério Público está condicionada exclusivamente à indisponibilidade do direito, e não a qualquer outro fator externo como ter ou não Defensoria na localidade ou estar ou não sujeito a poder familiar. Até porque, embora sujeito ao poder familiar, se o(s) detentor(es) deste poder é(são) omisso(s), necessária a atuação de um terceiro – no caso, o Ministério Público – para que o direito seja adequadamente tutelado.

Por fim, vale destacar o Enunciado nº 594 da Súmula do STJ, que consagrou a evolução jurisprudencial para dizer que:

> Súmula nº 594: "*O Ministério Público tem legitimidade ativa para ajuizar ação de alimentos em proveito de criança ou adolescente independentemente do exercício do poder familiar dos pais, ou do fato de o menor se encontrar nas situações de risco descritas no art. 98 do Estatuto da Criança e do Adolescente, ou de quaisquer outros questionamentos acerca da existência ou eficiência da Defensoria Pública na comarca.*" (Súmula 594, SEGUNDA SEÇÃO, julgado em 25/10/2017, DJe 06/11/2017) (Grifo não existente no original).

Passando-se à análise de outros temas cobrados me provas discursivas, veja-se abaixo a questão cobrada na prova discursiva do Grupo III do MP do Paraná em 2016.

> MPPR 2016 – Banca própria – Questão nº 07 (pontuação: 1,0 – máximo de 15 linhas)
>
> Diferencie os planos da existência, validade e eficácia dos negócios jurídicos.

De se destacar que idêntica questão foi cobrada na prova preambular do MP do Rio de Janeiro - que também é discursiva! – neste mesmo ano de 2016, como se vê a seguir:

> MPRJ 2016 – Banca Própria – Questão nº 7 da Prova preliminar (Valor: 4 pontos)
>
> Faça a distinção entre os planos da existência, validade e eficácia dos negócios jurídicos. Resposta objetivamente fundamentada.

A sugestão de gabarito fornecida pela Banca do Paraná indicava que a resposta deveria abordar os seguintes tópicos: (i) Existência: ausência de elementos fático-naturais, não gera nenhum efeito; (ii) Validade: ausência de elementos jurídicos (exigidos pela lei); dois graus (nulidade e anulabilidade); pode gerar alguns efeitos e (iii) Eficácia: efetiva geração de efeitos, vinculada a elementos acidentais.

A Banca do Rio de Janeiro não fornece padrão de respostas. Mas, como se pode encontrar no nosso livro de comentários às provas anteriores do MPRJ pela JusPodivum[6], colamos abaixo uma sugestão de resposta lá elaborada, considerando sempre as peculiaridades do entendimento do examinador à época.

6. Coleção preparando para concursos: Questões Discursivas Comentadas – Ministério Público do Rio de Janeiro – 2ª ed. rev., ampl. e atualizada.

Sugeriu-se, naquela ocasião, a seguinte resposta: "Para a Doutrina majoritária, o negócio jurídico deve ser analisado em três planos distintos, fazendo-se frequente referência à chamada "Escada Ponteana" para indicá-los, uma vez que Pontes de Miranda tratou intensamente do tema. No primeiro degrau desta escada estariam os elementos (ou pressupostos) de existência do negócio jurídico (agente; objeto; forma e vontade), que precisam estar presentes para que ele ingresse no universo jurídico. Importante destacar que, a rigor, o Código Civil de 2002 não se ocupou de tal plano, o que leva alguns autores a negar sua existência no ordenamento jurídico brasileiro e, consequentemente, encarar a ausência de um de seus pressupostos como motivo para invalidade do negócio, e não para sua inexistência. No degrau seguinte estão os requisitos de validade, adjetivos que, somados aos pressupostos de existência, fazem com que o ingresso no mundo jurídico se dê de forma válida (agente capaz; objeto lícito, possível e determinado ou ao menos determinável; forma prescrita ou não defesa em lei e vontade livre, consciente e de boa fé). A rigor, se o negócio existe e é válido, passaria ao degrau seguinte (da eficácia), porque apto a produzir efeitos. Mas nesta etapa podem existir fatores que condicionam esta eficácia (termo, condição e encargo). Logo, embora normalmente sigam ordem lógica, nem sempre os planos do negócio jurídico se farão todos presentes podendo, por exemplo, ser o negócio válido e ineficaz, ou mesmo inválido e, ainda assim, produzir efeitos".

Nota: O examinador de Direito Civil do MP à época, José Maria Leoni, embora de forma minoritária, sustenta que o plano da existência do negócio jurídico não foi admitido pelo ordenamento jurídico brasileiro. Assim, enquanto para a maioria um negócio jurídico ao qual falte pressuposto de existência (ex: declaração de vontade), é inexistente, para o examinador seria inválido, porque o vício seria analisado no plano da validade. Embora não seja o entendimento dominante e, assim, não deva ser o único indicado na resposta, é importante que o candidato, quando souber o entendimento do examinador acerca de determinado ponto da matéria, faça expressa menção a ele, como já indicado e sugerido acima.

Nota 2: Obviamente há muito mais a se falar sobre o tema. Era possível, por exemplo, trazer casos em que o negócio existe e é válido, mas não produz efeitos, explicando e classificando as figuras do termo, da condição e do encargo e abordando, ainda, a disciplina do art. 2.035 do CC e as hipóteses em que é aplicável. Seria possível, também, dar outros exemplos em que o negócio jurídico é inválido, mas pode produzir efeitos, tratando também das formas de invalidade, ou seja, distinguindo os negócios nulos dos anuláveis, bem como abordando o regime jurídico de cada qual e, ainda, os vícios dos negócios jurídicos (erro, dolo, estado de perigo, lesão, coação, simulação, etc.), tratando de suas consequências (se tornam o negócio nulo ou apenas anulável). Importante, porém, perceber que o candidato dispunha, nas duas provas mencionadas, de pouquíssimas linhas para elaborar a resposta. Assim, caso se detivesse na apresentação de exemplos ou no aprofundamento dos temas, poderia não conseguir encerrar a resposta dentro do número de linhas disponíveis. É por isso que fazer questões anteriores é tão fundamental no processo de preparação, justamente porque permite ao candidato aprender a como planejar sua resposta.

Muitas questões discursivas abordam, também, temáticas modernas do Direito Civil, tais como as limitações à liberdade de contratar e a função social da propriedade, bem como a eficácia externa dos contratos e a boa-fé objetiva que se exige dos contratantes. É o que se vê nos enunciados a seguir:

> MPGO 2019 – Banca Própria – Prova Subjetiva do Grupo II – Questão nº 03 (Pontuação: 1,5 – Limite: 30 Linhas)
>
> A respeito do tema: "Direito Civil e antidiscriminação", discorra sobre os seus efeitos no âmbito do direito contratual brasileiro.

Nota: esta Banca fornece padrões de respostas. Para fins de organização, a sugestão para esta questão está abaixo, em formato de nota de rodapé[7].

7. "Espera-se que o candidato apresente argumentos que sustentem mecanismos de correção do exercício da liberdade contratual em face dos direitos fundamentais (não deixando de reconhecer uma tensão entre os princípios da liberdade contratual e da igualdade de tratamento), contrapondo "autonomia privada e discriminação", bem como traçando parâmetros sobre a existência de um direito fundamental à igualdade de tratamento e a proteção contra discriminação no âmbito do direito contratual, além de desenvolver o tema acerca da existência de um princípio implícito, na legislação brasileira, de proibição de discriminação nas relações interprivadas. Espera-se, ainda, que o candidato contextualize que a discriminação, no âmbito do direito de antidiscriminação, deve ser compreendida como uma desigualdade nociva, em contraste como uma desigualdade material que é própria ao mundo fático, cujo tratamento distinto é muitas vezes exigido para a correção da própria desigualdade (conceito de igualdade material). Por isso, nem todo tratamento desigual implica em discriminação. O civilista português Paulo Mota Pinto "exemplifica como se operacionalizam esses conceitos, que demanda o cotejo entre o exercício de direitos fundamentais na esfera da autonomia privada e da autodeterminação pessoal: (i) um locador poderia rejeitar uma proposta de locação por um locatário pelo fato de este professar determinado credo religioso?; (ii) um empregador poderia rejeitar um empregado para a função de *baby sitter*, que deveria trabalhar apenas nos sábados, quando o candidato professa uma religião que lhe exige a guarda do sábado? Segundo ele, no exemplo (ii), o direito à

MPMG – Banca Própria – Prova Subjetiva do Grupo Temático III – Questão nº 02 (Pontuação: 2,0 – Limite: 20 linhas).

A ideia romana de um direito de propriedade absoluto instigou a codificação europeia oitocentista, refletindo seu caráter individualista e patrimonialista, que se estendeu também ao Código Civil de Napoleão, de 1804, e ao Código Civil Alemão, cujos valores, à época, visavam a proteger preferencialmente o patrimônio, e influenciou a primeira codificação privada no Brasil, o Código Civil de 1916. Com o advento da Constituição Federal de 1988, seus princípios e fundamentos que norteiam o Estado Democrático de Direito, especialmente a dignidade da pessoa humana, reposicionaram interesses, e o status jurídico do patrimônio foi realocado dentro do ordenamento legal. A propriedade e sua função social foram catalogados como direitos fundamentais, de forma que a análise de ambos deve ser ponderada e articulada entre vários institutos jurídicos presentes no texto constitucional e na legislação infraconstitucional. A exemplo de diversos direitos fundamentais, o direito de propriedade comporta limitações em nome de outros valores também tutelados pelo texto constitucional. Da mesma forma, muitos princípios constitucionais admitem restrição em face do direito de propriedade. O confronto entre princípios constitucionais, sobretudo no caso de direitos fundamentais, requer que uns tenham moderada sua aplicação em face de outros. Considerando que se pretende tratar de propriedade imobiliária, é importante destacar que o Estado de Minas Gerais tem território de quase 600.000 km2, dividido em 853 municípios, sendo 665 com população inferior a 20.000 habitantes. Sua população estimada supera 21 milhões de habitantes, dos quais, segundo o IBGE, 26,4% têm ocupação formal e o salário médio mensal é de 2,4 salários mínimos. O *déficit* habitacional

recusa à contratação descansaria em uma "razão substancial": "seria impossível que o candidato à vaga (trabalhador de final de semana) pudesse executar suas funções". No exemplo (i), ter-se-ia "uma limitação ditada pelos limites da esfera privada da pessoa". A discriminação lícita separar-se-ia da ilícita pela presença dos "elementos suspeitos": "compreensivos de origem ética, língua, aparência, raça, orientação sexual, religião, independentemente de sua utilização em sua expressão pública ou como fundamento para a recusa a contratar". Enfim, espera-se que o candidato consiga descrever como uma "ordem jurídica que não possui lei geral contra a discriminação no Direito Privado dispõe de meios jurídicos efetivos contra atos discriminatórios no âmbito contratual. A utilização de instrumentos gerais de Direito Privado, tais como a indenização por danos extrapatrimoniais ou a proteção do consumidor, não só pode ser útil à realização de fins antidiscriminatórios, como também possui a vantagem de reduzir ou extinguir a necessidade de modificações adaptativas, ao mesmo tempo que reduz ou extingue o risco de quebras sistêmicas. Além disso, a utilização desses mecanismos reduz também os riscos de potencial tensão entre a autonomia privada e a proteção antidiscriminatória no Direito Privado".

do Estado é o segundo da Federação, atingindo 575.000 moradias, entre zoneamento urbano e rural. Na Capital do Estado, a população em situação de rua supera 4.500 pessoas. Diante de tais premissas:

A Disserte sobre a função social da propriedade, à luz da Constituição da República de 1988 e do Código Civil Brasileiro.

B Comente os institutos jurídicos constitucionais e infraconstitucionais que garantem a coexistência de ambos os direitos, o de propriedade e a sua função social.

MPRJ 2016 – Banca Própria – Prova específica de Direito Civil – Questão nº 01

Distinga, exemplificando cada qual, mora, inadimplemento absoluto e violação positiva do contrato. Resposta objetivamente fundamentada.

A questão, embora bastante ampla, dava ao candidato espaço ilimitado para resposta. E isso, ao contrário do que pode se pensar de início, é um perigo, já que, muitas vezes, ao sentir-se confortável com uma indagação à qual saiba responder, o candidato pode perder significante tempo na sua resposta, buscando "mostrar conhecimento" ao examinador, e acabar não reservando tempo suficiente para resolver, como deve, as demais. Até porque a questão aqui examinada é eminentemente objetiva: pede para distinguir e exemplificar os institutos, e não para abordar todos os temas com profundidade.

Assim, é preciso ter cuidado para não fugir do que foi perguntado com a (boa) intenção de "mostrar conhecimento ao examinador que sabe" e, com isso, não conseguir fazer com a necessária atenção as demais. Então, e mais uma vez, ressalto a importância de ladear os estudos com a elaboração de questões anteriores, já que isso permite ao candidato, além de fixar a matéria, criar sua organização de prova e aprender a controlar o tempo de resposta.

A Banca do Rio de Janeiro, como já salientado, não fornece padrão de respostas. Mas, como se pode encontrar no nosso livro de comentários às provas anteriores do MPRJ pela JusPodivum[8], colamos abaixo um trecho da sugestão de resposta lá elaborada, focando-se principalmente na "violação positiva do contrato", uma vez que se está a falar, aqui,

8. Coleção preparando para concursos: Questões Discursivas Comentadas – Ministério Público do Rio de Janeiro – 2ª ed. rev., ampl. e atualizada.

de temas modernos de Direito Civil que vêm sendo cobrados em provas discursivas.

Elaborou-se, naquela ocasião, sugestão de resposta completa, que contemplava os institutos da mora e do inadimplemento. Em relação à "violação positiva", sugeriu-se que o candidato indicasse que "(...) a "violação positiva do contrato", advinda do direito alemão, não se confunde com os institutos abordados anteriormente, embora caracterize, também ela, uma espécie de inadimplemento (o que é confirmado, inclusive, pelo Enunciado nº 24 da I Jornada de Direito Civil do CJF[9]. A boa fé objetiva, na linha do vetor da eticidade (que rege, ao lado da aplicabilidade e da sociabilidade) o Código Civil de 2002, tem três relevantes funções: (i) interpretativa, nos moldes do art. 113 do CC e Enunciado 409 da V Jornada de Direito Civil do CJF; (ii) limitativa, nos termos do art. 189 do CC e (iii) supletiva ou criadora de deveres anexos ou laterais, tais como o dever de informação, de cooperação, de lealdade, etc. É o que se vê no art. 422 do CC, por exemplo. Desta função criadora de direitos se extraiu uma das vertentes da "violação positiva do contrato": <u>por violação de deveres laterais ou anexos</u>, que é justamente o adimplemento da prestação, porém com violação a tais deveres. É o que ocorre, por exemplo, quando o médico, embora forneça ao paciente o tratamento que lhe garante a cura, deixa de avisá-lo que o procedimento lhe causará impotência sexual: embora prestado o serviço (adimplemento), há violação positiva do contrato, por descumprimento do dever anexo de informação. Mas a "violação positiva do contrato" também pode se apresentar sob outra vertente: <u>violação positiva do contrato por cumprimento defeituoso ou "adimplemento ruim"</u>. Neste caso, embora cumprida a obrigação, ela não se dá como fora ajustada ou como devida. É o caso do comerciante que contrata empresa para colocação de *outdoors* de propaganda e esta, embora efetivamente instale todos os cartazes contratados (adimplemento), o faz em lugares de pouca ou nenhuma visibilidade e de difícil acesso. Neste caso, houve o cumprimento da prestação, mas de forma que não atende ao contratante. É por isso que, majoritariamente, se diz que a "violação positiva do contrato", embora soe como forma de adimplemento é, na verdade, espécie de inadimplemento, entendimento este que, como já destacado, é encampado pelo Enunciado nº 24 da I Jornada de Direito Civil do CJF".

---

9. *"Em virtude do princípio da boa-fé, positivado no art. 422 do novo Código Civil, a violação dos deveres anexos constitui espécie de inadimplemento, independentemente de culpa."*

Por fim, trazemos abaixo algumas questões discursivas que tratam de assuntos explorados quando da análise das provas objetivas, tais como a equiparação do cônjuge e do companheiro para fins sucessórios, permitindo ao candidato enxergar como aqueles mesmos temas podem ser abordados de forma diversa em questões subjetivas.

> MPPR 2017 – Banca Própria – Questão nº 8 (Pontuação: 1,0 – Limite: 15 linhas).
>
> Discorra sobre o atual entendimento jurisprudencial sobre a constitucionalidade do art. 1790 do Código Civil.
>
> MPPR 2018 – Banca Própria – Questão nº 8 (Pontuação: 1,0 – Limite: 10 linhas).
>
> Rimbaud não tem descendentes nem ascendentes vivos, tampouco é casado. Tem três irmãos solteiros (Keats, Baudelaire e Byron). Keats tem dois filhos (Dostoievski e Gorki). Baudelaire tem um filho (Mallarmé). Byron tem dois filhos (Bukowski e Eliot) e dois netos (Ungaretti e Paveses, ambos filhos de Bukowski). Quando Rimbaud falece, já eram pré-mortos Keats, Byron e Bukowski. Como fica a partilha dos bens deixados por Rimbaud, cujo patrimônio totalizava 100? Justifique.
>
> MPSP 2017 – Banca Própria – Questão nº 05 da Prova 3
>
> Qual é a dimensão do poder familiar, a quem compete e como pode ser exercido?

De todas as questões acima exploradas (que, por obvio, não esgotam as discursivas dos concursos objeto de análise), verifica-se que deve o candidato estar "afiado" com a Doutrina e com os entendimentos jurisprudenciais.

Assim como se disse, em relação às provas objetivas, acerca da importância da "letra da lei", fundamental, na segunda fase, o conhecimento da Doutrina e da Jurisprudência. Não que o candidato seja, sempre, obrigado a concordar com o que dizem os Tribunais ou os autores. Mas é preciso conhecer tais entendimentos, ainda que, com um viés crítico e questionador, próprio dos Promotores de Justiça, deles discorde.

Assim, repito: pesquise sobre os membros da Banca e, em havendo, leia os textos e livros que os examinadores porventura tenham escrito. Além disso, acompanhem, sempre, as mudanças da Jurisprudência, principalmente dos Tribunais Superiores.

8 DICAS FINAIS PARA OS CANDIDATOS

Diante de tudo que se disse anteriormente, acredito que o candidato já tenha percebido que dificilmente se alcança a aprovação em um concurso para o Ministério Público Estadual sem ter conhecimento suficiente da letra da lei ("lei seca"), bem como da Doutrina e da Jurisprudência, mormente quanto aos pontos destacados ao longo desta obra.

Assim, também o estudo da Jurisprudência deve ser constante, por meio do acompanhamento dos informativos dos Tribunais Superiores.

Importante destacar, contudo, e como já se fez anteriormente, que o estudo da Doutrina e da Jurisprudência não deve ser "cego" como é o da literalidade dos dispositivos legais. Ao estudar as produções doutrinárias e entendimentos jurisprudenciais, deve o candidato conhecer, também, as críticas a que se submetem os entendimentos dominantes, criando, assim, também o seu próprio posicionamento crítico acerca das matérias.

Isso sem falar, como já bastante destacado, na importância de conhecer, nas fases mais avançadas dos concursos, o entendimento de seus examinadores.

Além disso, e notadamente no Direito Civil, deve o candidato explorar os Enunciados elaborados pelo CJF (Conselho da Justiça Federal), que são relevantíssima fonte de conteúdo doutrinário com grande aceitação inclusive pela Jurisprudência.

Por fim, não é demais lembrar que muitos Ministérios Públicos estaduais dispõem de Escolas, que produzem textos/revistas com os temas atuais, bem como que existem, no âmbito interno, Enunciados que orientam a atuação de seus membros, o que, sem dúvida, constitui rica fonte de pesquisa para os candidatos, até porque refletem os temais mais "quentes" na instituição. Por isso, uma visita ao site do órgão para o qual o candidato preste o concurso é essencial.

DIREITO EMPRESARIAL

Teilor Santana da Silva

1 BIBLIOGRAFIA INDICADA E DICAS COMPLEMENTARES DE ABORDAGEM.

Na esteira do que descrito na apresentação da disciplina de Direito Processual Civil, também por mim trabalhada, rememora-se que a preparação para os concursos de ingresso à carreira do Ministério Público Estadual, em virtude da imensidade de matérias, exige "autoconhecimento" e "organização" por parte do candidato. Nesse ínterim, embora Direito Empresarial não faça parte do núcleo das matérias mais cobradas, esses dois vetores também devem ser observados. Assim, com o objetivo de evitar desnecessária tautologia, remete-se o leitor para as "dicas complementares de abordagem" trabalhadas no Item 1, da matéria de Direito Processual Civil, aplicadas, na íntegra, para todas as disciplinas do edital.

Dito isso, nesta obra, como meio de auxiliar na "organização" dos estudos, serão indicados meios para otimizar e concentrar a análise da lei seca, da jurisprudência e da doutrina, com as respectivas fontes, segundo as preferências e particularidades das bancas examinadoras. Passamos à análise.

- **a)** LEI SECA: nas provas aplicadas entre os anos de 2015 e 2020, conforme será analisado nos tópicos abaixo, a grande maioria das questões de Direito Empresarial exigiu a cobrança de mera reprodução do texto legislativo (com exceção do CEBRASPE, que tem preferência por decisões dos tribunais superiores).

A fim de concentrar em um único lugar a análise do texto legislativo, sugere-se a utilização de *vade mecum* devidamente atualizado. Por outro lado, para se manter informado em tempo real a respeito das constantes alterações legislativas, recomenda-se o cadastro no "Sistema Push", no *site* da Presidência da República.

- **b)** JURISPRUDÊNCIA: malgrado a maioria das questões envolvam o estudo de "lei seca", é importante que o candidato não negligencie o acompanhamento da evolução jurisprudencial. Isso se justifica em Direito Empresarial pelo fato de que a leitura de julgados auxilia na construção do raciocínio jurídico – o qual será facilitado e estimulado na análise dos casos apreciados pelo STJ e pelo STF, visto que a maioria dos candidatos não possui prática na área de Direito Empresarial. Ademais, não se pode deixar de lado que algumas bancas examinadoras, como é o caso do MPRS e do MPRJ, acabam por intercalar a cobrança de casos práticos, junto com lei seca e jurisprudência, o que aumenta a importância da leitura de julgados.

Recomenda-se que o candidato acompanhe os *sites* oficiais do STJ e do STF, cujas notícias e informativos podem ser lidos em tempo real. Assim como o *site* da Presidência da República (para lei seca), os *sites* do STJ e do STF também possuem o "Sistema Push", encaminhando as novidades diárias diretamente para o e-mail cadastrado.

Por fim, recomendam-se as seguintes funcionalidades para pesquisa de jurisprudência: (i) jurisprudência em teses – STJ; (ii) pesquisa pronta – STJ; (iii) súmulas – STJ e STF; (iv) súmulas vinculantes – STF; (v) aplicação das súmulas no STF; (vi) teses de repercussão geral (STF) e recursos repetitivos (STJ).

- **c)** DOUTRINA: a escolha da doutrina varia bastante, segundo o perfil de cada candidato. Sugerem-se, a título ilustrativo, as seguintes obras: (i) Direito Empresarial, Volume Único – André Luiz Santa Cruz Ramos; (ii) Sinopse de Direito Empresarial – André Luiz Santa Cruz Ramos; (iii) Novo Manual de Direito Comercial – Fábio Ulhoa Coelho; (iv) Manual de Direito Empresarial – Gladston Mamede; (v) Manual de Direito Empresarial – Ricardo Negrão; (vi) Recuperação Judicial, Extrajudicial e Falência – Teoria e Prática – Luís Felipe Salomão e Paulo Penalva Santos.

2 CONTEÚDO PROGRAMÁTICO NAS PROVAS DE MINISTÉRIO PÚBLICO ESTADUAL.

Na disciplina de Direito Empresarial o conteúdo abordado pelas bancas examinadoras (ao contrário do que foi externalizado em Direito Processual Civil) é extremamente heterogêneo. Com o escopo de concentrar – e facilitar – a análise pelo candidato, colaciona-se a íntegra dos editais mais recentes sobre a matéria. Confira-se:

CEBRASPE - MPCE - 2020

14 Direito Empresarial. 14.1 Empresário. Da caracterização, da inscrição e da capacidade. 14.2 Estabelecimento. 14.3 Nome empresarial. 14.4 Contratos mercantis. Compra e venda. Mandato mercantil. Alienação fiduciária em garantia. Contrato de câmbio. Arrendamento mercantil. Leasing, franquia e faturização. 14.5 Sociedade. 14.5.1 Caracterização jurídica do regime societário. 14.5.2 Personalização das sociedades. 14.5.3 Elementos do contrato de sociedade. 14.5.4 Dissolução e liquidação das sociedades. 14.5.5 Incorporação, fusão, cisão e transformação de sociedades. 14.6 Sociedade por quotas de responsabilidade limitada. 14.6.1 Características e direito aplicável. 14.6.2 Limitação da responsabilidade dos sócios. 14.6.3 Regime das quotas. 14.6.4 Alteração do contrato e direito de recesso. 14.6.5 Administração social. 14.6.6 A despersonificação da sociedade e abuso de gestão. Procedimentos. 14.7 Títulos de crédito. Letra de câmbio. Nota promissória. Duplicata. Cheque. Cédulas de crédito. Cartão de crédito. 15 Recuperação de empresas e falência. 15.1 Abrangência da Lei nº 11.101/2005. Modalidades de recuperação. Processo e procedimentos. 15.2 Disposições comuns à recuperação e à falência. Verificação e habilitação dos créditos concursais. 15.3 Intervenção do Ministério Público segundo a Lei nº 11.101/2005 e o Código de Processo Civil. 15.4 Decretação e convolação da recuperação em falência. Recursos. 15.5 Outras fases do procedimento falencial. 15.5.1 Administração, integração, depuração e realização do ativo (arrecadação, ação revocatória, pedidos de restituição, embargos de terceiro, liquidação e encerramento). Fase pré-falencial (extinção das obrigações). 15.6 Disposições penais e respectivos procedimentos da Lei nº 11.101/2005. 15.7 Lei Anticorrupção nº 12.846/2013 e compliance. 15.8 Leniência.

MPGO - banca própria - 2019

8. Direito das empresas. Empresário. Sociedade. Estabelecimento. Institutos complementares. Falência e recuperação.

MPMG - FUNDEP - 2019

6. Do Direito de Empresa. Do empresário. Da sociedade. Do estabelecimento. Dos institutos complementares. Liberdade de concorrência e seus limites. Clientela. Concorrência desleal.

MPMT – FCC – 2019

Da sociedade. Do estabelecimento.

MPSP – banca própria – 2019

1. Direito de empresa. 2. Empresário. Caracterização, inscrição e capacidade. Os microempresários e empresários de pequeno porte. Registro público de empresa mercantis e atividades afins. As obrigações do empresário. A escrituração. Os prepostos do empresário. A Empresa Individual de Responsabilidade Limitada. 3. Estabelecimento. 4. Nome empresarial. 5. Teoria geral da concorrência e dos bens imateriais. Livre iniciativa e livre concorrência. Concorrência empresarial. Infrações da ordem econômica. 6. Propriedade industrial. Concorrência desleal. 7. Empresário e Direito do Consumidor. 8. A desconsideração da personalidade jurídica no Direito Comercial e de Empresa. 9. Sociedades. 9.1. Disposições gerais. 9.2. Sociedade não personificada. Sociedade em comum. Sociedade em conta de participação. 9.3. Sociedade personificada. Sociedade simples. Sociedade empresária. 9.4. Tipos societários. Sociedade em nome coletivo. Sociedade em comandita simples. Sociedade limitada. Sociedade anônima. Sociedade em comandita por ações. Sociedade cooperativa. 9.5. Sociedades coligadas, controladas e de simples participação. Participações recíprocas de capital. Grupo de sociedades. Consórcios. 9.6. Sociedades dependentes de autorização para funcionamento. 9.10. Incorporação, fusão, cisão e transformação das sociedades. 9.11. Dissolução, liquidação e extinção das sociedades. 10. Mercados financeiros. Sistema Financeiro Nacional. Mercado de capitais. Regulação do mercado de capitais. Comissão de Valores Mobiliários. Valores mobiliários. Negócios relativos aos valores mobiliários. Fundos de investimentos. Ilícitos administrativos e penais no mercado de capitais. A proteção aos investidores no mercado de valores mobiliários. 11. Contratos mercantis: Teoria geral dos contratos. Contratos em espécie: Compra e venda. Compra e venda internacional. Venda sob documentos. Contrato de fornecimento. Compromisso arbitral. Gestão de negócios. Locação, arrendamento e usufruto do estabelecimento. Transporte de coisas e de pessoas. Mandato mercantil. Fiança. Penhor industrial e mercantil. Penhor de direitos e de títulos de crédito. Agência e Distribuição. Corretagem. Representação Comercial. Comissão. Concessão mercantil. Franquia. Depósito mercantil. Contratos bancários. Conta corrente. Mútuo mercantil. Depósito pecuniário. Antecipação bancária. Desconto bancário. Contrato de abertura de crédito. Seguro. Contrato de cartão de crédito. Operações de custódia de valores e títulos. Contrato de câmbio. Alienação fiduciária em garantia de bens móveis e imóveis. Arrendamento mercantil ou "Leasing". Contrato de garagem ou estacionamento. Faturização. Contratos de propriedade industrial. Transferência de tecnologia. Licença de "software". Contratos de engenharia

("engineering"). Contratos do agronegócio. 12. Títulos de crédito. Títulos de crédito no Código Civil e na legislação especial. Letra de câmbio. Nota Promissória. Cheque. Duplicatas mercantil e de serviços. Títulos de crédito rural. Títulos de crédito industrial. Títulos de financiamento comercial. Títulos de financiamento comercial. Títulos de garantia imobiliária. Conhecimento de depósito e Warrant. 13. Recuperação de empresas e falência. 13.1. Sujeitos à lei de recuperações e falências. 13.2. Competência. 13.3. Intervenção do Ministério Público. 13.4. Disposições comuns à recuperação e à falência. Verificação e habilitação dos créditos concursais. O Administrador Judicial. Comitê e Assembleia Geral de Credores. 13.5 Modalidades de recuperação. Processo e procedimentos. 13.6. Decretação e convolação da recuperação em falência. 13.7. Pedidos de falência. 13.8. Sentença de falência e seus efeitos. Efeitos em relação aos credores. Efeitos em relação ao falido e aos administradores e liquidantes. Efeitos em relação aos bens do falido e dos sócios da sociedade falida. Efeitos em relação aos contratos. 13.9. Administração, arrecadação, realização do ativo e pagamento do passivo. 13.10. Encerramento da falência. 13.11. Extinção das obrigações do falido. 13.12. Crimes nas recuperações judicial e extrajudicial e na falência. Procedimentos penais. 14. O regime de intervenção, o regime de administração especial temporária e a liquidação extrajudicial de instituições financeiras.

MPSC – banca própria – 2019

1. A recuperação judicial, a extrajudicial e a falência do empresário e da sociedade empresária: Lei Federal n. 11.101/2005.

CEBRASPE – MPPI – 2019

16 Direito de empresa: empresário; empresa individual de responsabilidade limitada; sociedade; estabelecimento; institutos complementares. Títulos de crédito.

MPPR – banca própria – 2018

1) Empresário. 2) Capacidade. 3) Empresário casado. 4) Estabelecimento. 5) Nome empresarial e prepostos. 6) Propriedade comercial. 7) Propriedade industrial. 8) Sociedade. Classificação. Personalidade Jurídica. Sociedades não personificadas e de fato. Ato constitutivo. Sociedade simples. Sociedade em nome coletivo. Sociedade em comandita simples. Sociedade de capital e indústria. Sociedade em conta de participação. Sociedade limitada. Sociedade anônima. Sociedade em comandita por ações. Sociedade cooperativa. Sociedades coligadas. Sociedade dependente de autorização. Sociedade nacional e estrangeira. Sociedade entre cônjuges. Dissolução e liquidação das sociedades. 9) Falência. Noções gerais. Caracterização do estado falimentar. Declaração judicial. Processamento. Sentença e seus efeitos. Administração da massa. Continuação de negócio. Pedido de restituição e embargos de terceiro. Verificação de crédito. Ação

revocatória. Inquérito Judicial. Crimes falimentares. Realização do ativo. Extinção das obrigações. Da recuperação judicial, extrajudicial e a falência do empresário e da sociedade empresarial (Lei nº 11.101/05). Recuperação judicial de microempresas e empresas de pequeno porte: plano especial. Da convolação da recuperação judicial em falência. 10) Concordata preventiva. Concordata suspensiva. Artigo 192 da Lei nº 11.101/05.

MPBA – CEFETBahia – 2018

8. Recuperação de empresas e falência. 8.1 Abrangência da Lei nº. 11.101/05. Modalidades de recuperação. Processo e procedimentos. 8.2 Disposições comuns à recuperação e à falência. Verificação e habilitação dos créditos concursais. 8.3 Intervenção do Ministério Público segundo a Lei nº. 11.101/05 e o Código de Processo Civil. 8.4 Decretação e convolação da recuperação em falência. Recursos. 8.5 Outras fases do procedimento falencial: administração, integração, depuração e realização do ativo (arrecadação, ação revocatória, pedidos de restituição, embargos de terceiro, liquidação e encerramento). Fase pré-falencial (extinção das obrigações). 8.6 Disposições penais e respectivos procedimentos da Lei nº. 11.101/05.

MPPB – FCC – 2018

Ponto 01: Teoria dos atos do comércio. Teoria da empresa. Sociedades limitadas. Pedido de falência. Impontualidade dos atos de falência. Ponto 02: Empresário individual. Contrato de arrendamento mercantil (leasing). Contrato de alienação fiduciária em garantia. Estabelecimento empresarial. Sociedades anônimas. Ministério Público no processo de insolvência empresarial (falências e recuperação de empresas). Sentença de falência. Ponto 03: Letra de câmbio. Nota promissória. Responsabilidade do administrador da sociedade limitada e sociedade anônima. Contrato de faturização (factoring). Contrato de desconto bancário. Contrato de abertura de crédito em conta corrente. Habilitação, verificação e classificação de crédito na falência. Ponto 04: Protesto. Ações cambiais. Ação de locupletamento. Títulos de crédito virtuais. Sistema de infraestrutura de chaves públicas – ICP Brasil. Direito de retirada. Exclusão de sócio. Apuração de haveres. Contrato de cartão de crédito. Efeitos da falência quanto à pessoa do falido. Agentes da falência: Ministério Público. Juízo. Administrador. Credores e Assembleia de Credores. Ponto 05: Teoria geral dos títulos de crédito. Sociedades controladoras e controladas (holdings). Sociedades coligadas. Grupos de sociedades. Consórcios de sociedades. Sociedade de propósito específico. Sociedade Off Shores. Efeitos da falência em relação aos bens do falido. Pedido de restituição. Embargos de terceiros. Ponto 06: Princípios e atributos de direito cambiário. Interesses transindividuais societários. Efeitos da falência quanto aos contratos do falido. R.A.E.T. – Regime de Administração Especial Temporária.

Intervenção e liquidação extrajudicial. Ponto 07: Sociedades simples e empresariais. Sociedades cooperativas. Sistema nacional de registro das sociedades. Juntas comerciais e registros civis de pessoas jurídicas. Sociedades limitadas. Desconsideração da personalidade jurídica. Ação revocatória. Inquérito civil. Apuração dos crimes falimentares e de recuperação de empresas: formas de investigação e procedimento judicial. Ponto 08: Teoria geral do direito societário. Sociedade em conta de participação. Sociedade comum. Função social da empresa. Governança corporativa e poupança popular. Sociedades anônimas. Realização de ativo e liquidação do passivo na falência. Sentença de encerramento e sentença de reabilitação na falência. Ponto 09: Cheque. Duplicata. Cédula de crédito bancário. Recuperação de empresas. Incorporação, fusão, cisão e transformação de sociedades. Ponto 10: Contrato de trespasse de estabelecimento empresarial. Contrato de franquia empresarial. Endosso. Aceite. Aval. Concorrência e controle.

Bibliografia adotada:

COELHO, Fabio Ulhôa. Curso de Direito Comercial. Direito de Empresa. v. 1, 21ª Ed, 2017; v. 2, 20ª Ed., 2016 e v. 3, 17ª. Ed. São Paulo: Saraiva, 2016.

BEZERRA FILHO, Manoel Justino. Lei de Recuperação de Empresas e Falência Comentada. 12. Ed. São Paulo: Editora Revista dos Tribunais, 2017.

MPMS - MPMS - 2018

Direito das empresas. Empresário. Sociedade. Estabelecimento. Institutos complementares. Falência e recuperação. Lei de Falências e recuperação de empresas. Súmulas e jurisprudência do STF e do STJ.

MPRO - FMP - 2017

Não há previsão no edital.

MPRR - CESPE - 2017

1 Fundamentos do direito empresarial. 1.1 Origem e evolução histórica, autonomia, fontes e características. 1.2 Teoria da empresa. 1.3 Empresário: conceito, caracterização, inscrição, capacidade; empresário individual; pequeno empresário. 1.4 Lei Complementar nº 123/2006 (microempresa e empresa de pequeno porte) e suas alterações. 1.5 Prepostos do empresário. 1.6 Institutos complementares: nome empresarial, estabelecimento empresarial, escrituração. 2 Registro de empresa. 2.1 Órgãos de registro de empresa. 2.2 Atos de registro de empresa. 2.3 Processo decisório do registro de empresa. 2.4 Inatividade da empresa. 2.5 Empresário irregular. 2.6 Lei nº 8.934/1994 e suas alterações. 3 Propriedade industrial. 3.1 Lei nº 9.279/1996. 3.2 O Instituto Nacional da Propriedade Industrial (INPI). 3.3 Propriedade

industrial e direitos autorais. 3.4 Patentes. 3.5 Desenho industrial. 3.6 Marca: espécies. 3.7 Procedimento de registro. 3.8 Indicações geográficas. 4 Títulos de crédito. 4.1 Histórico da legislação cambiária. 4.2 Conceito de títulos de crédito, características e princípios informadores. 4.3 Classificação dos títulos de crédito: letra de câmbio, nota promissória, cheque, duplicata, endosso e aval. 4.4 Títulos de crédito comercial, industrial, à exportação, rural, imobiliário, bancário. 4.5 Letra de arrendamento mercantil. 5 Ação cambial. 5.1 Ação de regresso. 5.2 Inoponibilidade de exceções. 5.3 Responsabilidade patrimonial e fraude à execução. 5.4 Embargos do devedor. 5.5 Ação de anulação e substituição de título. 6 Protesto de títulos e outros documentos de dívida: legislação, modalidades, procedimentos, efeitos, ações judiciais envolvendo o protesto. 7 Direito societário. 7.1 Sociedade empresária: conceito, terminologia, ato constitutivo. 7.2 Sociedades simples e empresárias. 7.3 Personalização da sociedade empresária. 7.4 Classificação das sociedades empresárias. 7.5 Sociedade irregular. 7.6 Teoria da desconsideração da personalidade jurídica. 7.7 Desconsideração inversa. 7.8 Regime jurídico dos sócios. 7.9 Sociedade limitada. 7.10 Sociedade anônima. 7.11 Lei nº 6.404/1976 e suas alterações. 7.12 Sociedade em nome coletivo. 7.13 Sociedade em comandita simples. 7.14 Sociedade em comandita por ações. 7.15 Operações societárias: transformação, incorporação, fusão e cisão. 7.16 Relações entre sociedades: coligações de sociedades, grupos societários, consórcios, sociedade subsidiária integral, sociedade de propósito específico. 7.17 Dissolução, liquidação e extinção das sociedades. 7.18 Concentração empresarial e defesa da livre concorrência. 8 Contratos mercantis. 8.1 Características. 8.2 Compra e venda mercantil. 8.3 Comissão mercantil. 8.4 Representação comercial. 8.5 Concessão mercantil. 8.6 Franquia (franchising). 8.7 Contratos bancários: depósito bancário, mútuo bancário, desconto bancário, abertura de crédito. 8.8 Contratos bancários impróprios: alienação fiduciária em garantia, arrendamento mercantil (leasing), faturização (factoring), cartão de crédito. 8.9 Contrato de seguro. 8.10 Contratos intelectuais: cessão de direito industrial, licença de uso de direito industrial, transferência de tecnologia, comercialização de logiciário (software). 9 Direito falimentar. 9.1 Lei nº 11.101/2005 e suas alterações. 9.2 Teoria geral do direito falimentar. 9.3 Processo falimentar. 9.4 Pessoa e bens do falido. 9.5 Regime jurídico dos atos e contratos do falido. 9.6 Regime jurídico dos credores do falido. 9.7 Recuperação judicial. 9.8 Recuperação extrajudicial. 9.9 Liquidação extrajudicial de instituições financeiras.

MPRS – MPRS – 2017

A atividade empresarial: fatores da produção. Comércio e indústria. Denominações. Conceito de empresário. Atividades econômicas e civis. Quem não pode ser empresário. A figura do preposto. Gerentes, contabilista e empregados. Regime jurídico de livre iniciativa. Proteção da ordem econômica e da livre concorrência. Empresário irregular. Livros Comerciais. Optantes pelo SIMPLES. Balanços anuais. Estabelecimento empresarial. Alienação do estabelecimento empresarial. Proteção ao título do estabelecimento empresarial. O comércio eletrônico. Nome empresarial. Proteção do nome empresarial. Espécies de patentes, invenção, modelo de utilidade. Requisitos. Conceito de marca. Teoria geral do direito societário. Pessoa jurídica e atividade empresarial. Regime jurídico dos sujeitos de direito. Empresário Individual. Empresário Individual de Responsabilidade Limitada. Sociedades Empresárias. Desconsideração da pessoa jurídica. Requisitos. Código de Defesa do Consumidor. Eficácia episódica. Constituição das sociedades contratuais. Requisitos de validade de contrato social. Cláusulas contratuais. Forma do contrato. Alterações do contrato social. Regime jurídico do sócio de sociedade contratual. Sociedades contratuais menores. Sociedade em nome coletivo. Sociedade em comandita por ações. Sociedade em conta de participação. Sociedade limitada. Responsabilidade dos sócios. Deliberação dos sócios. A administração da sociedade. Conselho fiscal e sua composição e atribuições. Dissolução da sociedade contratual. A dissolução parcial ou resolução em relação a um sócio. Dissolução total da sociedade. Liquidação e apuração dos haveres. Sociedade por ações. Conceito. Constituição. Valores mobiliários. Órgão da sociedade anônima. O acionista. Poder de controle acionário. Lucros, reservas e dividendos. Dissolução e liquidação da sociedade anônima. Falências e recuperação de empresas. Disposições gerais. Disposições comuns à recuperação judicial e à falência. A recuperação judicial. A falência. A recuperação extrajudicial. Direito penal e processual penal falimentar. Noções gerais dos títulos de crédito. A literalidade, a autonomia, abstração, princípio do rigor cambial. A letra de câmbio. Contrato de câmbio. O mandado puro e simples de pagar quantia determinada. A circulação cambial – o endosso. O aval e o vencimento. Vencimento e pagamento, protesto, multiplicação – duplicatas e anulação. Nota promissória. Conceito. Requisitos essenciais. Ações cambiais. O cheque. Duplicata mercantil. Títulos de crédito e financiamento rural. Títulos de crédito e financiamento industrial, comercial e imobiliário.

MPAM – FMP – 2015

DIREITO DE EMPRESA: A atividade empresarial: fatores da produção. Comércio e indústria. Denominações. Conceito de empresário. Atividades econômicas e civis. Quem não pode ser empresário. A figura do preposto. Gerentes, contabilista e empregados. Regime jurídico de livre iniciativa. Proteção da ordem econômica e da livre concorrência. Empresário irregular. Livros Comerciais. Optantes pelo SIMPLES. Balanços anuais. Estabelecimento empresarial. Alienação do estabelecimento empresarial. Proteção ao título do estabelecimento empresarial. O comércio eletrônico.

Nome empresarial. Proteção do nome empresarial. Espécies de patentes, invenção, modelo de utilidade. Requisitos. Conceito de marca. Teoria geral do direito societário. Pessoa jurídica e atividade empresarial. Regime jurídico dos sujeitos de direito. Empresário Individual. Empresário Individual de Responsabilidade Limitada. Sociedades Empresárias. Desconsideração da pessoa jurídica. Requisitos. Código de Defesa do Consumidor. Eficácia episódica. Constituição das sociedades contratuais. Requisitos de validade de contrato social. Cláusulas contratuais. Forma do contrato. Alterações do contrato social. Regime jurídico do sócio de sociedade contratual. Sociedades contratuais menores. Sociedade em nome coletivo. Sociedade em comandita por ações. Sociedade em conta de participação. Sociedade limitada. Responsabilidade dos sócios. Deliberação dos sócios. A administração da sociedade. Conselho fiscal e sua composição e atribuições. Dissolução da sociedade contratual. A dissolução parcial ou resolução em relação a um sócio. Dissolução total da sociedade. Liquidação e apuração dos haveres. Sociedade por ações. Conceito. Constituição. Valores mobiliários. Órgão da sociedade anônima. O acionista. Poder de controle acionário. Lucros, reservas e dividendos. Dissolução e liquidação da sociedade anônima. Falências e recuperação de empresas. Disposições gerais. Disposições comuns à recuperação judicial e à falência. A recuperação judicial. A falência. A recuperação extrajudicial. Direito penal e processual penal falimentar. Noções gerais dos títulos de crédito. A literalidade, a autonomia, abstração, princípio do rigor cambial. A letra de câmbio. Contrato de câmbio. O mandado puro e simples de pagar quantia determinada. A circulação cambial – o endosso. O aval e o vencimento. Vencimento e pagamento, protesto, multiplicação – duplicatas e anulação. Nota promissória. Conceito. Requisitos essenciais. Ações cambiais. O cheque. Duplicata mercantil. Títulos de crédito e financiamento rural. Títulos de crédito e financiamento industrial, comercial e imobiliário.

MPDFT – MPDFT – 2015

DO DIREITO DE EMPRESA. TÍTULOS DE CRÉDITO. RECUPERAÇÃO JUDICIAL E FALÊNCIA DO EMPRESÁRIO. SOCIEDADES COMERCIAIS.

MPRJ, banca própria, 2015 e 2017: o MPRJ apresenta particularidade com relação ao conteúdo programático, visto que há sorteio dos pontos que serão objeto de questionamento em todas as fases do certame, publicados por meio de "aviso" da banca examinadora. Veja-se o caso do último concurso, por exemplo: *"O PROCURADOR-GERAL DE JUSTIÇA DO ESTADO DO RIO DE JANEIRO, na qualidade de Presidente da Comissão do XXXV Concurso para Ingresso na Classe Inicial da Carreira do Ministério Público, TORNA PÚBLICA a relação dos pontos para as provas escritas (preliminar e especializadas) e orais do referido certame, nos termos do art. 10,*

> *caput, da Deliberação CSMP nº 67, de 14 de dezembro de 2017".* Por isso, no caso particular do MPRJ, importante que o candidato fique atento às publicações, de modo que se trata de importante instrumento de delimitação dos estudos.

Destaca-se, desde logo, que serão tecidas abaixo considerações complementares acerca dos editais (e dos respectivos pontos), analisando a forma e a frequência que os temas são questionados pelas bancas examinadoras.

3 ANÁLISE DAS ÚLTIMAS PROVAS OBJETIVAS:

O objeto de análise desta obra abrange todas as provas dos concursos de ingresso à carreira do Ministério Público aplicadas entre os anos de 2015 e 2020. Confira-se a tabela abaixo, na qual constam informações sobre a banca examinadora, o respectivo MP e o ano de realização:

BANCA	MINISTÉRIO PÚBLICO	ANO
CEBRASPE	MPCE	2020
MPGO	MPGO	2019
FUNDEP	MPMG	2019
FCC	MPMT	2019
MPSP	MPSP	2019
MPSC	MPSC	2019
CEBRASPE	MPPI	2019
MPPR	MPPR	2018
CEFETBahia	MPBA	2018
FCC	MPPB	2018
FUNDEP	MPMG	2018
MPMS	MPMS	2018
MPRJ	MPRJ	2017
MPSP	MPSP	2017
FMP	MPRO	2017
CEBRASPE	MPRR	2017
MPPR	MPPR	2017
FUNDEP	MPMG	2017
MPRS	MPRS	2017
MPPR	MPPR	2016

BANCA	MINISTÉRIO PÚBLICO	ANO
MPGO	MPGO	2016
MPSC	MPSC	2016
MPRJ	MPRJ	2015
FMP	MPAM	2015
MPDFT	MPDFT	2015
FAPEC	MPMS	2015
MPSP	MPSP	2015
CEFETBahia	MPBA	2015

Analisando detidamente todas as provas citadas acima, verifica-se que os temas preferidos, em geral, das bancas examinadoras são (i) falência e recuperação; (ii) sociedades empresárias; (iii) contratos empresariais e (iv) títulos de crédito.

Para facilitar a compreensão, colacionam-se tabelas, nas quais se analisam todas as referidas provas, de acordo com a banca examinadora, ano, tema e abordagem. Isso, sem dúvida, organizará e direcionará o estudo do candidato, conforme a(s) Unidade(s) da Federação desejada(s). Confira-se:

CEBRASPE – MPCE – 2020

03 questões

TEMA	ABORDAGEM
Arrendamento mercantil.	Jurisprudência.
Sociedade simples.	Jurisprudência.
Habilitação de crédito na falência.	Jurisprudência.
Recuperação.	Jurisprudência.
Títulos de crédito.	Jurisprudência.
Lei Anticorrupção.	Lei seca.

ESTILO DE QUESTÃO

Acerca de associações, habilitação de crédito na falência, recuperação judicial e títulos de crédito, julgue os itens a seguir, de acordo com a jurisprudência do STJ.

I. A regra do Código Civil que prevê a responsabilidade subsidiária dos sócios de sociedade simples, caso os bens da sociedade não lhe cubram as dívidas, aplica-se às associações civis.

II. Em razão de sua natureza alimentar, os créditos decorrentes de honorários advocatícios se equiparam aos trabalhistas para efeito de habilitação em falência.

III É legítima a cláusula de plano de recuperação judicial que suspenda protesto apenas em relação à sociedade empresária em recuperação, sob a condição resolutiva do cumprimento do plano de recuperação, mas que mantenha ativo o protesto existente em relação a coobrigado.

IV A mera vinculação de nota promissória a contrato de abertura de crédito não é apta a retirar a autonomia do referido título cambial.

Estão certos apenas os itens

A I e II.

B I e IV.

C II e III.

D I, III e IV.

E II, III e IV

Gabarito: C

COMENTÁRIOS: o CEBRASPE exigiu do candidato conhecimento da jurisprudência do Superior Tribunal de Justiça a respeito dos temas *"associações, habilitação de crédito na falência, recuperação judicial e títulos de crédito".*

A "assertiva I" vai de encontro à jurisprudência do STJ, segundo a qual a regra do art. 1.023 do Código Civil aplica-se somente às sociedades simples, não incidindo às associações civis. Por ser pertinente, veja-se o conteúdo do art. 1.023 do CC: *"Se os bens da sociedade não lhe cobrirem as dívidas, respondem os sócios pelo saldo, na proporção em que participem das perdas sociais, salvo cláusula de responsabilidade solidária"*. Por fim, confira-se decisão do STJ sobre o tema: *"2. Associações civis são caracterizadas pela união de pessoas que se organizam para a execução de atividades sem fins lucrativos. Sociedades simples são formas de execução de atividade empresária, com finalidade lucrativa. 3. Art. 1.023 do CC/02 aplicável somente às sociedades simples"* (REsp 1398438/SC, Rel. Ministra NANCY ANDRIGHI, TERCEIRA TURMA, julgado em 04/04/2017, DJe 11/04/2017).

A "assertiva II" está de acordo com a jurisprudência do STJ, a qual, em virtude da natureza alimentar, equipara os créditos decorrentes de honorários advocatícios aos trabalhistas para fins de habilitação em sede de falência. Confira-se o que consta na Edição 65, da ferramenta "Jurisprudência em Teses": *"Os créditos resultantes de honorários advocatícios têm natureza alimentar e equiparam-se aos trabalhistas para efeito de habilitação em falência, recuperação judicial e privilégio geral em concurso de credores nas execuções fiscais. (Tese julgada sob o rito do art. 543-C do CPC – Tema 637)".*

A "assertiva III" encontra ressonância na jurisprudência do STJ, que legitima a suspensão do protesto, por meio de cláusula do plano de recuperação judicial, somente em face da sociedade em recuperação, mantendo-se ativo quanto aos demais coobrigados. Confira-se: *"1. Controvérsia acerca da validade de um plano de recuperação judicial, na parte em que prevista a suspensão dos protestos e a atualização dos créditos por meio de TR + 1% ao ano, com prazo de pagamento de 14 anos. 2. Nos termos da tese firmada no julgamento do Tema 885/STJ: 'A recuperação judicial do devedor principal não impede o prosseguimento das execuções nem induz suspensão ou extinção de ações ajuizadas contra terceiros devedores solidários ou coobrigados em geral, por garantia cambial, real ou fidejussória, pois não se lhes aplicam a suspensão prevista nos arts. 6º, caput, e 52, inciso III, ou a novação a que se refere o art. 59, caput, por força do que dispõe o art. 49, § 1º, todos da Lei n. 11.101/2005'. 3. Descabimento da suspensão dos protestos tirados em face dos coobrigados pelos créditos da empresa recuperanda. Aplicação das razões de decidir do precedente qualificado que deu origem ao supramencionado Tema 885/STJ"* (REsp 1630932/SP, Rel. Ministro PAULO DE TARSO SANSEVERINO, TERCEIRA TURMA, julgado em 18/06/2019, DJe 01/07/2019).

A "assertiva IV" colide com a jurisprudência do STJ, materializada por meio do Enunciado 258, pois a vinculação da nota promissória a contrato de abertura de crédito retirará sua autonomia, em virtude da iliquidez do título originário. Confira-se: *"A nota promissória vinculada a contrato de abertura de crédito não goza de autonomia em razão da iliquidez do título que a originou".*

MPGO – banca própria – 2019

Não foi questionado Direito Empresarial.

Também não foi questionado Direito Empresarial na prova anulada.

MPMG – FUNDEP – 2019

Não foi questionado Direito Empresarial.

MPMT – FCC – 2019

Não foi questionado Direito Empresarial.

MPSP – banca própria – 2019

04 questões

TEMA	ABORDAGEM
Recuperação.	Lei seca.
Falência.	Lei seca.
Títulos de crédito.	Lei seca.

Contratos empresariais.	Lei seca.
Sociedades empresárias.	Lei seca.

ESTILO DE QUESTÃO:

66. No que diz respeito à Assembleia Geral de Credores, é correto afirmar que

Ⓐ o voto do credor será sempre proporcional ao valor do seu crédito para deliberar sobre a aprovação do plano de recuperação judicial.

Ⓑ a assembleia geral instalar-se-á em 1a (primeira) convocação, com a presença de credores titulares de mais da metade dos créditos de cada classe, computados pelo valor, e, em 2ª (segunda) convocação, com qualquer número.

Ⓒ a assembleia de credores será presidida pelo juiz, que designará um secretário dentre os credores presentes.

Ⓓ para aprovação do plano de recuperação judicial é necessária a aprovação de credores que representem mais da metade do valor total dos créditos presentes à assembleia em cada uma das instâncias classistas.

Ⓔ a assembleia geral será composta pelas seguintes classes de credores: I - titulares de créditos derivados da legislação do trabalho, II - titulares de créditos com garantia real, III- titulares de créditos quirografários, com privilégio especial ou subordinados, IV - titulares de créditos enquadrados como microempresa ou empresa de pequeno porte.

Gabarito: "B". A questão exige o conhecimento de mera reprodução do texto legislativo. A assertiva correta está de acordo com o art. 37, § 2º, da Lei 11.101/2005, assim redigido: *"Art. 37, § 2º. A assembleia instalar-se-á, em 1ª (primeira) convocação, com a presença de credores titulares de mais da metade dos créditos de cada classe, computados pelo valor, e, em 2ª (segunda) convocação, com qualquer número".*

Empresarial

MPSC – banca própria – 2019

04 questões de V ou F de Direito Falimentar

TEMA	ABORDAGEM
Falência e recuperação.	Lei seca e jurisprudência.

ESTILO DE QUESTÃO:

183ª QUESTÃO: Nos termos da Lei n. 11.101/2005 (Lei da Recuperação Judicial), a decretação da falência ou o deferimento do processamento da recuperação judicial suspende o curso da prescrição e das ações e execuções em face do devedor, com exceção da execução fiscal e aquelas dos credores particulares do sócio solidário.

GABARITO: "ERRADO", devendo-se observar as particularidades do art. 6º da Lei 11.101/2005, com a interpretação conferida pelo Superior Tribunal de Justiça.

184ª QUESTÃO: Preceitua a Lei n. 11.101/2005 (Lei da Recuperação Judicial) que o recurso cabível em face da sentença que decretar a falência do devedor é o recurso de apelação.

GABARITO: "ERRADO", pois colide com o art. 100 da Lei 11.101/2005. Confira-se: *"Art. 100. Da decisão que decreta a falência cabe agravo, e da sentença que julga a improcedência do pedido cabe apelação".*

185ª QUESTÃO: Segundo redação da Lei n. 11.101/2005 (Lei da Recuperação Judicial), o administrador judicial, o Comitê, qualquer credor ou o representante do Ministério Público poderá, até o encerramento da recuperação judicial ou da falência, observado, no que couber, o procedimento ordinário previsto no Código de Processo Civil, pedir a exclusão, outra classificação ou a retificação de qualquer crédito, nos casos de descoberta de falsidade, dolo, simulação, fraude, erro essencial ou, ainda, documentos ignorados na época do julgamento do crédito ou da inclusão no quadro-geral de credores.

GABARITO: "CERTO". Confira-se o que dispõe a Lei 11.101/2005 sobre o tema:

"Art. 19. O administrador judicial, o Comitê, qualquer credor ou o representante do Ministério Público poderá, até o encerramento da recuperação judicial ou da falência, observado, no que couber, o procedimento ordinário previsto no Código de Processo Civil, pedir a exclusão, outra classificação ou a retificação de qualquer crédito, nos casos de descoberta de falsidade, dolo, simulação, fraude, erro essencial ou, ainda, documentos ignorados na época do julgamento do crédito ou da inclusão no quadro-geral de credores.

§ 1º A ação prevista neste artigo será proposta exclusivamente perante o juízo da recuperação judicial ou da falência ou, nas hipóteses previstas no art. 6º, §§ 1º e 2º, desta Lei, perante o juízo que tenha originariamente reconhecido o crédito.

§ 2º Proposta a ação de que trata este artigo, o pagamento ao titular do crédito por ela atingido somente poderá ser realizado mediante a prestação de caução no mesmo valor do crédito questionado.

CEBRASPE – MPPI – 2019

02 questões

TEMA	ABORDAGEM
Títulos de crédito.	Lei seca e doutrina.
Empresário.	Lei seca.

MPPR – banca própria – 2018

02 questões

TEMA	ABORDAGEM
Sociedade cooperativa.	Lei seca.
Falência e recuperação.	Lei seca.

MPBA – CEFETBahia – 2018

Não foi questionado Direito Empresarial.

MPPB – FCC – 2018

04 questões

TEMA	ABORDAGEM
Sociedade limitada.	Lei seca.
Falência.	Lei seca.
Contratos empresariais.	Lei seca e doutrina.
Fraude contra credores.	Lei seca e doutrina.

MPMG – FUNDEP – 2018

Não foi questionado Direito Empresarial.

MPMS – MPMS – 2018

TEMA	ABORDAGEM
Falência (uma assertiva).	Lei seca.

MPSP – MPSP – 2017

04 questões

TEMA	ABORDAGEM
Sociedade limitada.	Lei seca.
Aplicação supletiva de normas na soc. limitada.	Lei seca.
Contratos mercantis.	Lei seca.
Sociedade anônima.	Lei seca.

MPRO – FMP – 2017

Não foi questionado Direito Empresarial.

MPRR – CESPE – 2017

03 questões

TEMA	ABORDAGEM
Sociedades empresariais.	Lei seca.
Contratos empresariais.	Lei seca e jurisprudência.
Falência.	Lei seca e jurisprudência.

MPPR – MPPR – 2017

02 questões

TEMA	ABORDAGEM
EIRELI	Lei seca.
Falência.	Lei seca.

MPMG – FUNDEP – 2017

Não foi questionado Direito Empresarial.

MPRS – MPRS – 2017

01 questão

TEMA	ABORDAGEM
Sociedade simples, empresário individual, sociedades cooperativas, títulos de crédito e falência.	Casos práticos, abordando interpretação da lei seca.

MPRJ, banca própria, 2017

Questão discursiva.

TEMA	ABORDAGEM
Recuperação judicial.	Lei seca e doutrina.

ESTILO DE QUESTÃO: *"O Banco X ajuíza ação de execução em face da sociedade empresária ABC Mecânica Ltda., no valor de R$ 500.000,00. O título executivo tem o aval dos sócios da sociedade ABC e a obrigação é garantida por alienação fiduciária de bens, com avaliação firme de R$ 300.000,00. No curso da execução, a sociedade ABC informa a esse juízo a concessão da sua recuperação judicial em outra comarca, pugnando pela extinção do feito diante da novação da dívida exequenda. Levando em consideração ser obrigatória a intervenção do Ministério Público no feito e que os bens objeto da alienação fiduciária são 'não essenciais' e tampouco afetados* *ao cumprimento do plano de recuperação judicial, como opinaria o candidato quanto: a) ao pedido de extinção da execução; b) ao tratamento dos sócios avalistas; c) à submissão do crédito exequendo à recuperação judicial. Resposta objetivamente fundamentada".*

PADRÃO APRESENTADO PELA BANCA EXAMINADORA: *"Considerando que a novação decorrente da concessão da recuperação judicial (após a aprovação do plano de recuperação em AGC e sua homologação judicial), é 'sui generis', se descumprido o plano, os créditos e suas garantias retornam ao status quo ante, e sendo a obrigação garantida por aval dos sócios e alienação fiduciária em garantia, a execução não deve ser extinta, mas suspensa em face de ABC Mecânica Ltda. Os sócios avalistas não estão submetidos à recuperação judicial, nos termos do art. 6º e 49, § 1º da LFRE, e Súmula 581 do STJ, e por isso não lhes aproveita a suspensão. Sendo os bens alienados fiduciariamente, avaliados em R$ 300mil, a execução prosseguirá em face da recuperanda especificamente nesse valor (art. 49, §3º da LFRE). O saldo de R$200mil deverá ser habilitado na recuperação judicial, na qualidade de credor quirografário (classe III), já que não está garantido pela referida alienação".*

MPPR – banca própria – 2016

02 questões

TEMA	ABORDAGEM
Propriedade industrial.	Lei seca.
Falência.	Lei seca.

MPGO – banca própria – 2016

Não foi questionado Direito Empresarial.

MPSC – banca própria – 2016

TEMA	ABORDAGEM
Falência e recuperação.	Lei seca e jurisprudência.

MPAM – FMP – 2015

05 questões

TEMA	ABORDAGEM
Sociedade em conta de participação.	Lei seca.
Sociedade limitada.	Lei seca.
Recuperação judicial.	Lei seca.

TEMA	ABORDAGEM
Alienação do estabelecimento.	Lei seca.
Letra de câmbio.	Lei seca.

MPDFT - MPDFT - 2015

Não foi questionado Direito Empresarial.

MPMS - FAPEC - 2015

12 questões

TEMA	ABORDAGEM
Desconsideração da personalidade jurídica.	Lei seca e jurisprudência.

MPSP - MPSP - 2015

04 questões

TEMA	ABORDAGEM
Massa falida.	Lei seca.
Recuperação judicial.	Lei seca.
Títulos de crédito.	Lei seca e doutrina.
Sociedades empresárias.	Lei seca.

MPBA - CEFETBahia - 2015

01 questão

TEMA	ABORDAGEM
Falência e recuperação judicial.	Lei seca.

MPRJ, banca própria, 2015

02 questões discursivas.

TEMA	ABORDAGEM
Recuperação judicial.	Lei seca e doutrina.
Contratos empresariais.	Lei seca e doutrina.

EXEMPLO DE QUESTÃO

"12ª Questão – Direito Empresarial (Valor: 4 pontos) Qual é o efeito da decisão de processamento da recuperação judicial sobre as execuções fiscais em curso em que figura como executada a recuperanda? Resposta objetivamente fundamentada".

Como visto, as tabelas acima destacam os temas (dentro da disciplina de direito empresarial) assim como o modo de abordagem (lei seca, doutrina e/ou jurisprudência) de cada uma das bancas examinadoras nos certames dos últimos 05 (cinco) anos. De posse dessas informações o candidato terá o substrato necessário para organizar os seus estudos, direcionando para as temáticas mais exigidas na Unidade da Federação desejada, conforme o padrão e profundidade exigidos.

4 ANÁLISE DAS ÚLTIMAS PROVAS DISCURSIVAS.

Assim como destacado em Direito Processual Civil, nesta etapa do certame, será a primeira oportunidade em que o candidato precisará demonstrar o modo de externalização do seu raciocínio jurídico à banca examinadora, por meio da construção de respostas na forma discursiva. A fim de evitar desnecessária tautologia, remete-se o leitor aos comentários realizados na parte inicial do Item 4, Análise das últimas provas discursivas de Direito Processual Civil.

Na tabela abaixo, descreve-se a forma de abordagem da disciplina nas provas discursivas – questões, peças práticas, parecer etc. –, de acordo com a descrição dos respectivos editais. Confira-se:

MINISTÉRIO PÚBLICO (UF)	PREVISÃO DE ABORDAGEM (EDITAL)
MPCE, Cebraspe.	Prevê uma questão prática, que pode envolver temas de empresarial.
MPGO, banca própria.	"O candidato habilitado na prova preambular será submetido a 3 (três) provas subjetivas, que versarão sobre questões teóricas e práticas de acordo com os seguintes grupos de disciplinas" (...) "Grupo 2 Direito Civil, Direito Processual Civil, Tutela de Interesses Difusos, Coletivos e Individuais Homogêneos". Eventual questionamento de Direito Empresarial enquadra-se em Direito Civil, mais especificamente no Ponto 8 da disciplina.
MPMG, Fundep.	"As provas escritas especializadas, envolvendo temas jurídicos relacionados aos Grupos Temáticos I, II, III e IV, consistirão: a) na elaboração de peça processual ou dissertação sobre tema abrangido pelo programa, valendo 4 (quatro) pontos; b) na redação de 3 (três) questões dissertativas, valendo 2 (dois) pontos cada".

MPMT, FCC.	"Cada uma das Provas Discursivas (P1, P2, P3 e P4) constarão de duas partes, sendo que a primeira parte da prova terá o valor de 4 (quatro) pontos. Nessa primeira parte, será reservada à redação de um texto para demonstração do conhecimento aplicado, por meio de um dos seguintes elementos de verificação: a) Ato de Instauração de Ação Civil ou Penal; b) Parecer, Recurso ou Peça aplicável a procedimento judicial; ou c) Dissertação sobre institutos jurídicos correlatos a uma ou mais disciplinas de um mesmo grupo. 9.2.1 A segunda parte será constituída de 4 (quatro) questões, distribuídas entre as disciplinas que compõem os grupos temáticos conforme capítulo 8, subitem 8.2, valendo cada uma delas 1,5 ponto (um ponto e meio), totalizando 6 (seis) pontos".
MPSP, banca própria.	"A Prova Escrita contará com uma dissertação, uma peça prática e 5 (cinco) questões sobre as matérias indicadas no artigo 7º deste Regulamento e respectivo programa constante do Edital", entre as quais se inclui Direito Comercial e Empresarial.
MPSC, banca própria.	"Os dois grupos de provas do processo seletivo preambular discursivo serão realizados, em domingos sucessivos, em dois períodos por dia, o primeiro, com 4 (quatro) horas e, o segundo, com 3 (três) horas de duração. 6.3 As provas a que alude o item 6.1 poderão conter incursões incidentais sobre Direito Constitucional, Direito Administrativo, Direito Tributário, Direito Eleitoral, Direito Falimentar e Legislação Institucional".
MPPI, Cebraspe.	"a) P2: peça processual ou dissertação, de até 120 linhas, no valor de 4,00 pontos, acerca de temas jurídicos relacionados aos grupos de disciplinas previstos para a prova preambular, descritos no quadro do subitem 8.1 deste edital; b) P3: três questões dissertativas, de até 30 linhas cada, no valor de 2,00 pontos para cada questão, acerca de temas jurídicos relacionados aos grupos de disciplinas previstos para a prova preambular, descritos no quadro do subitem 8.1 deste edital".
MPPR, banca própria.	"GRUPO 3 - 1 (uma) dissertação, podendo ser substituída por 1 (uma) peça prática, 5 (cinco) questões discursivas para Direito Processual Civil, 3 (três) questões discursivas para Direito Civil e 1 (uma) questão discursiva para Direito Empresarial".

MPBA, CEFETBahia.	"§ 1º - Cada uma das quatro Provas Discursivas versará sobre um dos grupos de conteúdo acima, e será elaborada em 2 (duas) partes, subdivididas em: a) 01 (uma) dissertação valendo 40 (quarenta) pontos, que poderá, quando for o caso, ser substituída por redação de peça processual; b) 03 (três) questões subjetivas, valendo 20 (vinte) pontos cada".
MPPB, FCC.	"9.2 A Primeira Etapa compreenderá a formulação de uma Denúncia Criminal ou de uma Petição Inicial de Ação Civil Pública, baseadas em relatório de fatos específicos. 9.2.1 A definição do tema relativo à Primeira Etapa far-se-á por sorteio público, a ser realizado, no mínimo, 15 (quinze) minutos antes de sua aplicação. 9.3 A Segunda Etapa compreenderá a formulação de respostas fundamentadas a 4 (quatro) Questões Discursivas sobre quaisquer das matérias principais do concurso".
MPRO, FMP.	- - - - -
MPRR, Cebraspe.	- - - - -
MPRS, banca própria.	"PROVA II: GRUPO TEMÁTICO II - Direito Civil, Direito do Consumidor, Direito de Empresa, Direito Registral, Direito Processual Civil e Direito Urbanístico. 3. Cada PROVA DISCURSIVA corresponde a um grupo temático e será composta de até 4 (quatro) questões".
MPAM, FMP.	"GRUPO TEMÁTICO II - Direito Civil, Direito Processual Civil e Direito de Empresa. Cada PROVA DISCURSIVA corresponde a um respectivo grupo temático e consistirá de questões teóricas e/ou práticas, a critério do examinador da respectiva disciplina, com tempo mínimo de duração de 04 (quatro) horas".
MPDFT, banca própria.	- - - - -
MPMS, banca própria.	- - - - -
MPRJ, banca própria	"Art. 48 – Cada prova conterá questões relativas às matérias pertinentes à respectiva Banca Examinadora, podendo ser exigida do candidato a elaboração de promoções, pareceres ou outras peças processuais" (...) "§ 2º – A nota final de cada Banca corresponderá à média ponderada das notas atribuídas pelos respectivos examinadores, observados os seguintes pesos: II – Direito Civil – peso 4; Direito Processual Civil – peso 4; e Direito Empresarial – peso 2".

A seguir, colacionam-se questões cobradas nos mais diversos certames de Ministério Público Estadual, a fim de que o candidato tenha noção do padrão de abordagem e nível de aprofundamento das temáticas. Confira-se:

> **MPSC, banca própria, 2019:** *"3ª QUESTÃO (2,000 pontos). A sociedade empresária A&C LTDA foi constituída no ano de 2000, na cidade de Xaxim/SC, pelos sócios Antônio Francesco (majoritário) e Celestino Schmidt (minoritário), tendo por objeto social a criação e confecção de peças de vestuário. No ano de 2012, sentindo os reflexos da crise econômica mundial, a sociedade empresária efetuou financiamento bancário, para levantar capital de giro, no valor de R$ 500.000,00 (quinhentos mil reais) com o BANCO CRÉDITO BRASIL S.A., por meio de uma cédula bancária (CCB), garantida em 60% do valor da dívida por cessão fiduciária de títulos. Com a indicação da recuperação da economia brasileira e vislumbrando um quadro de grandes negócios futuros, os sócios, em 2013, resolveram ampliar o parque fabril da empresa, com a aquisição de um imóvel maior, em que foi construída uma ampla e moderna sede, o que apenas foi possível em razão de uma excelente linha de crédito oferecida pelo BNDES/FINAME, por intermédio do BRDE – Banco Regional de Desenvolvimento do Extremo Sul. No contrato de financiamento foi prevista a hipoteca do imóvel, como garantia ao pagamento, a qual foi registrada na matrícula constante no Ofício de Registro de Imóveis de Xaxim/SC. Com a ampliação do parque fabril e a reestruturação da empresa, os sócios resolveram acrescer ao objeto social de A&C LTDA, em alteração do contrato social, a venda direta dos produtos ao consumidor final, por intermédio de uma moderna loja virtual. Esta mudança no objeto social levou a empresa a adquirir 5 (cinco) novas máquinas e um veículo Mercedes-Benz Furgão Sprinter, por linha de crédito ofertada pelo BNDES/FINAME, por meio do BADESC – Agência de Fomento do Estado de Santa Catarina S.A. Os bens adquiridos permaneceram em garantia do contrato por alienação fiduciária. No ano seguinte (2015), os sócios Antônio e Celestino, de comum acordo, resolveram adquirir, em nome da empresa A&C LTDA, veículos para uso próprio, quais sejam, um veículo Ferrari 488 Spider e um veículo Lamborghini Huracán, por meio de financiamento, garantido por alienação fiduciária de ambos veículos, com a instituição financeira JJ BANK OF AMERICA. Em 2016, frente as inúmeras execuções fiscais ajuizadas contra a empresa A&C LTDA, tanto pelo Estado de Santa Catarina (falta de pagamento de ICMS, tanto em Operações Próprias como Substituição Tributária) e da União (inclusive pelo não recolhimento de verbas previdenciárias e de FGTS de seus empregados desde o ano de 2014) foram penhorados os únicos bens imóveis sob domínio consolidado da empresa devedora, ambos imóveis rurais, sendo um localizado no município de Faxinal dos Guedes/SC e outro, em Santa Terezinha do Progresso/SC. Em meados de 2018, dada a qualidade das peças criadas e produzidas pela A&C LTDA, surgiu um importante negócio, com uma empresa portuguesa, de exportação para a União*

Europeia. Em razão deste negócio, a empresa contratou com o BANK AND MONEY DO BRASIL S.A. adiantamento de contrato de câmbio para exportação (ACC) no valor de 250 (duzentos e cinquenta) mil euros. Em março de 2019, frente ao expressivo passivo e aumento do número de ações e execuções movidas contra a sociedade empresária, os sócios Antônio e Celestino resolveram contratar conhecida sociedade de advogados para ajuizar pedido de recuperação judicial da empresa A&C LTDA, outorgando procuração com poderes próprios e entrega de documentos. O pedido foi protocolizado no último dia útil do mês (de março). Na inicial, a empresa A&C LTDA narrou que está a atravessar momentânea situação de crise econômica- financeira, ligada à crise mundial, que trouxe reflexos no mercado brasileiro. Acrescentando que, diante do quadro de negócios, inclusive no exterior, e expressivo ativo, aliada à implementação de reestruturação administrativa e posterior aprovação do plano de recuperação judicial e ser apresentado oportunamente, facilmente superará o momento de dificuldade momentânea. Por fim, ao argumento de que preenche os requisitos legais, requereu o deferimento do processamento da recuperação judicial. O pedido foi devidamente instruído. O magistrado ao receber a inicial, verificando presentes os requisitos de lei, deferiu o processamento da recuperação judicial nos termos da Lei n. 11.101/2005, determinando, entre outras medidas, a suspensão de todas as ações e execuções movidas contra a empresa por 180 dias. Sabedora de que algumas das instituições financeiras credoras estavam ajuizando pedidos de busca e apreensão, A&C LTDA peticionou ao juízo da recuperação judicial requerimento de medida de urgência para que as máquinas e veículos alienados fiduciariamente em garantia permanecessem em sua posse, ao argumento de que se trata de bens de capital essenciais para a atividade empresarial e, portanto, imprescindíveis para o sucesso do plano de recuperação judicial. No prazo legal a sociedade empresária em recuperação judicial apresentou o plano de recuperação judicial, especificando, de forma pormenorizada, os meios de recuperação a serem empregados, como ainda demonstrou, por meio de levantamentos próprios, possuir viabilidade econômica. Junto com o plano de recuperação judicial foi apresentado o laudo econômico-financeiro e de avaliação dos bens e ativos, elaborado por empresa especializada. Entre os meios de recuperação judicial, o plano previu os seguintes expedientes: a) concessão de prazo e condições especiais para quitação das obrigações sujeitas à recuperação judicial, de acordo com a classe a que pertencem os credores; b) reestruturação da empresa com a alienação judicial dos ativos imobilizados consistentes nos imóveis rurais localizados em Faxinal dos Guedes/SC e Santa Terezinha do Progresso/SC; c) sendo anotado na parte conclusiva que, uma vez aprovado e homologado o plano de recuperação judicial e operada a novação dos créditos concursais, verificar-se-á o levantamento da hipoteca pendente sobre o imóvel da sede da empresa em Xaxim/SC, para, em seguida,

Empresarial

também este imóvel ser alienado judicialmente. O plano fez constar que a venda deverá prever locação do imóvel vendido pelo prazo de 20 anos, com previsão de recompra, de modo que a continuidade dos negócios se dê no mesmo espaço. O administrador judicial apresentou a relação de credores, na qual fez constar o BRDE como único credor na classe II (titulares de crédito com garantia real) e, as demais instituições bancárias na Classe III (titulares de créditos quirografários, com privilégio especial, com privilégio geral ou subordinados). Relação que foi devidamente publicada. Os bancos BADESC, BANCO CRÉDITO BRASIL S.A., JJ BANK OF AMERICA e BANK AND MONEY DO BRASIL S.A. apresentaram impugnação na forma da lei, dizendo, resumidamente, que os créditos dos quais são titulares não se submetem ao processo de recuperação judicial. No final do ano de 2018, visando angariar mais clientes, A&C LTDA fez uso de propaganda enganosa (comunicação de caráter publicitário, capaz de induzir em erro consumidor), ao tempo em que deixou de cumprir com entregas de mercadorias, ou fazendo-o após escoado o prazo prometido, ou ainda entregando mercadorias defeituosas, fato que se estendeu, inclusive, para depois do deferimento do processamento da recuperação judicial. Diante deste quadro, o Ministério Público ajuizou Ação Civil Pública, assim como os clientes, na qualidade de consumidores lesados, ajuízam ações individuais buscando o ressarcimento dos prejuízos. Com base nos elementos descritos no caso relatado, como Promotor de Justiça atuando no caso, responda: a) Correta a decisão do magistrado que, ao receber o pedido de recuperação judicial, determinou a suspensão do curso da prescrição e de todas as ações e execuções? Este prazo poderá ser dilatado? Justifique. b) Os créditos dos quais os bancos BADESC, BANCO CRÉDITO BRASIL S.A., JJ BANK OF AMERICA e BANK AND MONEY DO BRASIL S.A. são titulares se sujeitam ao processo de recuperação judicial? Justifique a situação de cada um dos bancos credores, observadas as naturezas de seus créditos. c) A concessão de prazos e condições especiais de pagamento das obrigações sujeitas ao plano de recuperação, bem como venda parcial dos bens se constituem em meios de recuperação judicial previstos em lei? Em qual dispositivo legal? A novação prevista no Código Civil é idêntica à prevista na Lei n. 11.101/2005? De que forma deve dar-se a alienação judicial de bens previstos no plano de recuperação judicial aprovado pela assembleia geral de credores e homologado pelo juízo da recuperação judicial? O arrematante de bens no processo de recuperação judicial sucede a empresa devedora nas obrigações? d) No caso retratado, os bens alienados fiduciariamente em garantia nos contratos firmados com instituições financeiras podem ser considerados, em sua integralidade, bens de capital essenciais para a atividade empresarial desenvolvida pela empresa A&C LTDA? Justifique. Agiu com acerto a empresa devedora em recuperação judicial em peticionar ao juízo da recuperação judicial para que decida sobre questões patrimoniais – buscas e apreensões - discutidas em ações que se processam perante outros juízos? e) Considerando o princípio da preservação da empresa como base do processo de recuperação judicial e o princípio da efetividade e da responsabilidade patrimonial que norteiam os processos de execução fiscal, poderia a empresa em recuperação judicial prever a venda dos imóveis rurais sobre os quais pendem garantias processuais – penhoras - em favor dos fiscos da União e do Estado de Santa Catarina, sem permanecer com nenhum bem imóvel consolidado em seu nome para ser ofertado em substituição? As execuções fiscais são suspensas com o deferimento do processamento da recuperação judicial? Em caso de seguimento das execuções fiscais, os atos que importem em expropriação podem ter seguimento no juízo da execução? Explique. f) A suspensão de ações e execuções de que trata o art. 6º da Lei n. 11.101/2005 se aplica à Ação Civil Pública e às ações indenizatórias? Explique. Qual o critério que definirá se o crédito do consumidor se submeterá ao plano de recuperação judicial ou não? Explique. g) Discorra sobre a importância e necessidade de atuação do Ministério Público nos processos de falência e recuperação judicial. O(a) candidato(a) deverá apontar de forma discursiva, minuciosa e fundamentada as respostas às indagações".

MPPR, banca própria, 2018: *"10ª QUESTÃO – DIREITO COMERCIAL (pontuação: 1,0 – máximo de 15 linhas). Quais os requisitos da capacidade para o exercício da empresa? O menor de idade pode ser representado ou assistido e, assim, exercer atividade de empresário? O ato de empresa praticado por pessoa impedida de exercer atividade própria de empresário é inválido? Explique".* **PADRÃO APRESENTADO PELA BANCA EXAMINADORA**: *"(i) capacidade civil e ausência de impedimentos [0,50; não há pontuação parcial]; (ii) podem exercer mas não podem iniciar a empresa (não se aceita mera transcrição ou paráfrase da lei, sendo necessário referir que o menor não pode iniciar a empresa) [0,25]; (iii) o ato não é inválido [0,25]".*

MPPR, banca própria, 2017: *"10ª QUESTÃO – DIREITO EMPRESARIAL (pontuação: 1,0 – máximo de 10 linhas). Conceitue marca de alto renome e discorra sobre o âmbito e os requisitos de sua proteção no Brasil".* **PADRÃO APRESENTADO PELA BANCA EXAMINADORA**: *"**Conceito**: 1) marca conhecida por consumidores pertencentes a diversos segmentos de mercados diferentes daquele mercado que corresponde aos produtos ou serviços protegidos por esta marca; 2) marca com grande reconhecimento, reputação, prestígio, poder de atração de clientela (goodwill). **Âmbito**: todos os segmentos mercadológicos (exceção ao princípio da especialidade) (art. 25 da LPI). **Requisitos**: registro do alto renome por requerimento autônomo (resolução 107/13 do INPI)".*

MPPR, banca própria, 2016: *"10ª QUESTÃO – DIREITO COMERCIAL (pontuação: 1,0 – máximo de 10 linhas). Sobre as indicações geográficas, (a) explique os objetivos de sua proteção no Brasil; (b)* *descreva as espécies de indicação geográfica protegidas; (c) indique os legitimados para requerer o registro e (d) indique a natureza de seu registro, conforme o INPI".* **PADRÃO APRESENTADO PELA BANCA EXAMINADORA**: *"(a)* ***Objetivos****: proteção ao consumidor e concorrência desleal. (b)* ***Espécies****: indicação de procedência e denominação de origem. (c)* ***Legitimados****: produtor/prestador de serviço, titular do direito sobre a indicação geográfica (caso de nome geográfico estrangeiro já reconhecido), associações/institutos/pessoas jurídicas representativas da coletividade legitimada ao uso exclusivo do nome geográfico e estabelecidas no respectivo território (art. 5º da Resolução INPI nº 75). (d)* ***Declaratória*** *(art. 1º, par. único da Resolução INPI nº 75)".*

MPRJ, banca própria, 2017:

*"****5ª Questão – Direito Empresarial*** *(Valor: 50 pontos). A sociedade A emite uma nota promissória em favor do Banco Beta S/A garantida por aval de João, administrador da companhia A. Vencida e não paga a nota promissória, o Banco Beta S/A ajuíza ação cambial em face de João, obtendo a penhora de bem imóvel de propriedade de João e de Maria, com quem João é casado sob o regime da comunhão universal de bens. Maria opõe embargos de terceiro, sob o argumento da nulidade da nota promissória, por dela não constar a necessária outorga conjugal, conforme disposto no art. 1.647, III, do Código Civil. A pretensão de Maria deve prosperar? Resposta objetivamente fundamentada".* **PADRÃO APRESENTADO PELA BANCA EXAMINADORA**: *"O candidato deve demonstrar conhecer a controvérsia em relação à aplicação do Código Civil (art. 1647, III) e da Lei Uniforme de Genebra (Decreto nº 57.663/66), no que tange ao aval concedido por pessoas casadas. A incidência do art. 1647, III, do Código Civil se restringe aos títulos previstos no próprio código, por força do disposto no art. 903 do Código Civil. Assim, por estar a nota promissória regulamentada em lei especial (Decreto nº 57.663/66), a regra incidente é a dos arts. 30 e seguintes da própria Lei Uniforme de Genebra, que dispõem sobre o aval, não havendo qualquer restrição ao aval prestado por pessoas casadas. Esse é o posicionamento atual do STJ, por suas Terceira e Quarta Turmas (REsp 1633399/SP e REsp 1526560/MG). Deve ser identificado que o aval se limitará ao patrimônio do avalista casado, protegida a meação do outro cônjuge".*

*"****6ª Questão – Direito Empresarial*** *(Valor: 50 pontos). Decretada a liquidação extrajudicial de uma instituição financeira pelo Banco Central, a autarquia informa tal fato à Promotoria de Justiça de Massas Falidas para adoção das medidas cabíveis. O membro do Ministério Público verifica que o inquérito instaurado ainda não foi concluído e tampouco há distribuição de qualquer procedimento às Varas Empresariais da Capital. Face ao expediente recebido, no que diz respeito à responsabilização dos ex-administradores pelo passivo a descoberto que vier a ser apurado, como deve oficiar a*

promotoria? Resposta objetivamente fundamentada". **PADRÃO APRESENTADO PELA BANCA EXAMINADORA**: *"O candidato deve identificar que o trâmite ordinário do inquérito instaurado pelo BACEN apenas prevê o encaminhamento ao MP ao final da apuração dos fatos, com o relatório conclusivo e respectivo protocolo na Vara Empresarial. Assim, em regra, o MP não tem o dever legal de agir, em 8 dias, no momento de tal comunicação extemporânea recebida. Todavia, nada impede a adoção das medidas regulares, caso presentes os elementos necessários à apuração da responsabilidade dos ex-administradores. Deve o candidato demonstrar conhecer a atuação do MP quanto à propositura de ação cautelar de arresto e posterior ingresso com ação de responsabilidade, em 8 dias, sob pena de responsabilidade. Admite-se também o ingresso direto com a ação de responsabilidade, com pedido de tutela cautelar de arresto dos bens dos ex-administradores, dando-se ênfase ao posicionamento atual do STJ, no sentido da teoria da responsabilidade subjetiva, com presunção de culpa".*

MPRJ, banca própria, 2015: *"5ª Questão – Direito Empresarial (Valor: 50 pontos). Decretada a falência de uma sociedade empresária, os autos são encaminhados à Promotoria de Massas Falidas para ciência, quando é verificada a ausência de manifestação do Ministério Público na fase pré-falimentar (entre o requerimento e a sentença de quebra). Que postura deve ser adotada pelo membro do Parquet? (dispensada a forma de parecer ou outra peça processual). Resposta objetivamente fundamentada".*

MPSP, banca própria, 2019: *"QUESTÃO 03 – A sociedade empresária X teve sua recuperação judicial concedida em 10.08.2016, por meio de decisão que homologou o plano de recuperação judicial aprovado em assembleia geral de credores. O plano previa basicamente: (a) repactuação dos créditos quirografários, com um deságio de 40% (quarenta por cento) sobre o valor principal; (b) remissão dos juros e das multas; e (c) pagamento em 240 (duzentas e quarenta) parcelas mensais, iguais e sucessivas, vencendo a primeira delas 24 (vinte e quatro) meses, após a concessão da recuperação judicial. Em 25.10.2018, sob a alegação de que já havia transcorrido o prazo de supervisão judicial, a devedora requer ao juízo da recuperação que profira sentença de encerramento da recuperação judicial. Procede o pedido formulado pela recuperanda? Justifique sua resposta, indicando: a) o prazo legal para a empresa permanecer em recuperação judicial e o termo inicial para contagem do referido prazo; b) posicionamento jurisprudencial em relação ao termo inicial do período da supervisão judicial.*

MPSP, banca própria, 2017: em dois – dos três modelos de prova discursiva do certame – havia questão de direito empresarial. Confira-se:

"QUESTÃO 05 – Há diferença de atuação do Ministério Público em processos de falência e em processos de recuperação judicial? Explique".

"QUESTÃO 05 – Qual é a dimensão da atuação do Ministério Público no processo de recuperação judicial? Explique as possibilidades de atuação e os seus eventuais limites".

MPSP, banca própria, 2015: em um – dos três modelos de prova discursiva do certame – havia questão de direito empresarial. Confira-se:

"5ª. QUESTÃO: DIREITO COMERCIAL E EMPRESARIAL. Em que circunstâncias surge a responsabilidade para o endossatário-mandatário por protesto indevido de um título de crédito? Fundamente".

5 INFORMAÇÕES SOBRE A PREPARAÇÃO PARA AS PROVAS ORAIS.

Chegamos, por derradeiro, à análise da famigerada prova oral, etapa do certame que possui determinadas particularidades. Com o objetivo de evitar desnecessária tautologia, remete-se o leitor para as "informações sobre a preparação para as provas orais" trabalhadas no Item 5, de Direito Processual Civil, aplicadas, na íntegra, para todas as matérias envolvidas no edital. Por fim, na conclusão da análise de todas as etapas, de modo a proporcionar ao candidato conhecimento empírico, colacionam-se questões de provas orais realizadas recentemente. Confira-se:

MPSP, banca própria, 2019:

- O RAET (regime de administração especial e temporária) é sucedâneo da intervenção?
- Qual a diferença entre RAET, intervenção e liquidação extrajudicial?
- Por que o RAET foi criado?
- Qual a diferença entre recuperação extrajudicial obrigatória e facultativa?
- Qual a diferença entre o acordo celebrado entre o credor e o devedor e a recuperação extrajudicial? Na recuperação extrajudicial há necessidade de envolver todos os credores? O devedor pode optar por alguns?
- O que é *vis atrativa*? Existe juízo universal na recuperação judicial?
- Qual a diferença entre insolvência jurídica e econômica?

- Na tríplice omissão, é necessário o protesto do documento? Qual é o documento necessário para que o credor faça o pedido de falência do devedor na execução?
- Uma pessoa viúva, exercente de uma atividade empresarial, faleceu e deixou dois filhos menores. O tutor dos menores entende que eles não têm condições de exercer a atividade empresarial, pois o sistema não permite. Assim, ele pretende encerrar as atividades. É correta essa posição? Como fica essa situação? O MP deve intervir?
- O que você entende por inatividade de uma empresa?
- O empresário casado depende de vênia do cônjuge para alienar bens da empresa? Independe do regime de comunhão de bens?
- Se houver a dissolução do casamento, há necessidade de formalidade junto à junta comercial?
- Qual a diferença entre gerente e administrador?
- O que é nome de domínio? E marca? Como se resolve o conflito de registros?
- Nome de domínio integra o estabelecimento comercial?
- Qual a diferença entre estabelecimento e título de estabelecimento?
- Estabelecimento é bem móvel ou imóvel?
- X faz uma invenção – equação matemática – com valor econômico. O que deve ser feito?
- Qual a diferença entre registro e patente?
- Para que um nome tenha proteção nacional, precisa de registro no INPI?
- Problema entre nome e marca, o que deve prevalecer?
- O Empresário Individual e o EIRELI podem adotar como firma o próprio nome. Se quiserem colocar expressões como, por exemplo, Junior, Filho, Neto, Sobrinho, podem ser abreviadas? O que indicam essas expressões?
- Identifique no copo de água à sua frente a marca, invenção e desenho industrial.

- Quem tem estabelecimento virtual tem direito de ação de renovação em relação ao local física?
- Fale sobre duas características específicas de um contrato de locação em shopping center?
- Para a composição de seu nome empresarial, uma empresa individual de responsabilidade limitada somente pode adotar firma integrada pela palavra final EIRELI. Procede essa afirmação?
- Qual o prazo de vigência da patente de invenção? Qual o início do prazo?

DIREITO DO CONSUMIDOR

Laura Minc Baumfeld

1 BIBLIOGRAFIA INDICADA

Como já dissemos no capítulo pertinente ao Direito Civil, a partir de uma análise minuciosa dos editais para os concursos do Ministério Público Estadual, percebe-se que, em especial nas provas preliminares (normalmente elaboradas com questões de múltipla escolha), a quantidade de disciplinas e pontos a serem estudados é enorme. Quase inesgotável.

Por isso a preparação do candidato exige, antes de qualquer coisa, organização. E a organização não se restringe ao ambiente de estudo e a cadernos completos, coloridos e cheios de esquemas. Pelo contrário. Organização é, antes de tudo, saber como estudar e por onde estudar.

Digo isso porque, considerado o volume de matérias e pontos a serem explorados, certamente não será possível ler uma obra bibliográfica para cada um. E muito menos dedicar os dias, semanas e meses a uma única disciplina só, porque, em determinado concurso, ela é mais cobrada ou mais aprofundada.

E como dito alhures, o concurseiro precisa encarar sua preparação para o certame como uma maratona, um caminho longo e de muito esforço, em que é preciso ter bom desempenho em todo o percurso, ou seja, em todas as fases e matérias.

E tendo isso em mente, o estudante precisa ter estratégia para investir a dose certa de energia em todas as disciplinas, sabendo que precisará esgotar todos os pontos dela e das demais ao longo de sua preparação. Não adianta, então, investir toda a sua energia (tempo, atenção, estudo) em uma determina disciplina e negligenciar as demais. Não adianta tirar 100 na prova de direito do consumidor (que, inclusive, não costuma ter expressivo número de questões) e zero na prova de direito penal. É importante estar suficientemente bem preparado para todas elas.

Por óbvio, algumas disciplinas exigem maior atenção, a depender do concurso em que se está mirando. Isso porque, com certeza, algumas são mais cobradas e têm maior chance de serem exploradas pelo examinador conforme o cargo a que se destine o concurso. Em se tratando de concursos para o Ministério Público Estadual, por exemplo, não há como o candidato não estar afiado em direito penal e processo penal. Mas, também, é preciso ter domínio razoável de todas as outras disciplinas para que se obtenha êxito.

É por isso que se disse acima que, estrategicamente, o candidato precisa distribuir de forma adequada o tempo investido em cada uma das disciplinas previstas no edital. E, para completar a ideia de organização (e, então, ter sucesso nessa caminhada), a escolha do material de estudo mostra-se essencial.

Isso porque, como dito, não há como ler obras completas para cada um dos pontos previstos no edital. Obviamente, avançando no certame, a preparação para a 2ª fase e mesmo para a prova oral exigirá o aprofundamento do candidato nos temas, em especial nos mais sensíveis. Mas para o estudo da 1ª fase tal aprofundamento não é recomendado, até porque impossível.

Assim, e focando na primeira fase, tem-se que o candidato deva ter uma doutrina base, para onde recorra quando não compreender os pontos por ele estudados ou para se aprofundar em determinados temas mais sensíveis. Mas deve, principalmente, focar na elaboração de seu próprio material de estudo (caderno), na resolução de questões anteriores, no estudo da jurisprudência (fundamental no estudo do Direito do Consumidor) e da letra da lei (ainda muito cobrada em questões objetivas).

E na escolha do melhor material de apoio, vale a dica que recebi de um professor ainda na faculdade: "livro bom é aquele que você lê e entende". Obviamente existem livros melhores, porque mais completos ou mais didáticos. Mas de nada adianta um bom livro se o candidato não compreende a linguagem do autor. Então, tendo registrado que a escolha do livro é de índole pessoal, passo a indicar aqueles que, na maioria dos casos, são bem recebidos pelos alunos e apresentam posicionamentos corretos e boa didática.

Especialmente na seara do Direito do Consumidor, entendo que as melhores e mais completas obras são as escritas por Claudia Lima Marques com Antônio Herman Benjamin (também com Bruno Miragem nos "Comentários ao CDC" e com Leonardo Bessa no "Manual de Direito do Consumidor").

Mas partindo para as obras mais voltadas para concursos, que permitem uma leitura mais breve e específica da matéria (ainda mais considerada sua pouca expressão no número de questões dos concursos para o MP), vale a leitura do volume de Leis Especiais para Concursos – Direito do Consumidor, do Leonardo Garcia ou do Manual de Direito do Consumidor à luz da Jurisprudência do STJ, de Felipe Braga Netto, ambos da Ed. Juspodivm.

E como já dito quando tratamos de Direito Civil, além dos livros doutrinários, de se recomendar também o estudo por livros com resolução de exercícios (para a 1ª fase) e de questões discursivas ou provas orais para as demais etapas. A Ed. Juspodivm tem farta coleção nesse sentido (tendo esta autora inclusive participado da elaboração de diversos volumes).

De se destacar, ainda, que como dito acima, o estudo para a segunda fase dos certames exige aprofundamento de diversos pontos, notadamente os mais sensíveis para o concurso que se pretende, e, ainda, de predileção de cada examinador (que, muitas vezes, são autores de livros, que devem ser estudados pelo candidato a partir da preparação para a 2ª fase).

Por fim, quando do estudo da Jurisprudência, de grande valia a utilização dos materiais e livros elaborados pelo Dr. Marcio André Lopes Cavalcante, do "Dizer o Direito", que, com excelente didática, explora e aprofunda os principais julgados do STF e do STJ.

2 CONTEÚDO PROGRAMÁTICO NOS EDITAIS DOS CONCURSOS PARA O MINISTÉRIO PÚBLICO ESTADUAL

Inicialmente, vale destacar que cada Ministério Público tem confeccionado o seu edital de acordo com a comissão organizadora de seu concurso. Muitos MP's adotam como banca examinadora a CESPE/CEBRASPE ou a FCC, o que acaba garantindo uma semelhança nos editais de tais certames. Outros, porém, optam por bancas próprias (da própria instituição), fugindo um pouco da padronização antes observada.

Não obstante, em se tratando de editais de Direito do Consumidor, verifica-se uma grande repetição dos conteúdos programáticos, o que se explica provavelmente pela pequena extensão da matéria e pela própria sistemática do CDC (com seus capítulos e títulos bem delimitados).

Foram analisados todos os editais de concursos publicados entre 2016 até agosto de 2020. Os editais dos concursos para o Estado do Rio de Janeiro foram também lidos e analisados, mas não contam com etapas objetivas, fugindo um pouco do objetivo do presente trabalho (mas destacando-se que existem obras próprias, considerada a peculiaridade do certame).

No lapso temporal analisado não foram realizados novos concursos nos seguintes Estados: Amazonas, Acre, Amapá, Pará, Maranhão, Rio Grande do Norte, Alagoas, Pernambuco, Sergipe, Tocantins e Espírito Santo, bem como no Distrito Federal (último concurso em 2015).

Nos demais estados foram analisados 26 editais, sendo que, como dito, o MPRJ não conta com fase objetiva e realizou concurso nos anos de 2016 e 2018. Assim, seu edital (concurso de 2018) consta abaixo, mas suas questões não são computadas para fins de análise estatística.

Dos 24 editais de concursos que possuem provas objetivas na etapa preliminar, 02 foram de certames realizados pela FCC e 03 elaborados pela CESPE/CEBRASPE, sendo os demais elaborados por bancas próprias (e agrupados para fins de análise).

Assim, em seguida apresentamos os últimos editais de cada um dos Ministério Públicos Estaduais que realizaram certames nos anos analisados para que se extraia uma esquematização, servindo de norte para nossa análise, sendo também orientador para as demais bancas.

> **(RORAIMA 2017) CESPE/CEBRASPE:**
>
> DIREITO DO CONSUMIDOR: 1 Direito do consumidor. 1.1 Natureza e fonte de suas regras. 1.2 Características e princípios do Código de Defesa do Consumidor. 1.3 Integrantes e objeto da relação de consumo. 1.4 Política nacional de relações de consumo. 1.4.1 Objetivos e princípios. 1.5 Direitos básicos do consumidor. 1.6 Qualidade de produtos e serviços, prevenção e reparação de danos. 1.6.1 Proteção à saúde e segurança. 1.6.2 Responsabilidade pelo fato do produto e do serviço. 1.6.3 Responsabilidade por vício do produto e do serviço. 1.6.4 Decadência e prescrição. 1.6.5 Desconsideração da personalidade jurídica. 1.7 Práticas comerciais. 1.7.1 Oferta e efeito vinculante da oferta publicitária. 1.7.2 Publicidade. 1.7.3 Práticas abusivas. 1.7.4 Cobrança de dívidas. 1.7.5 Bancos de dados e cadastros de consumidores. 1.8 Proteção

contratual. 1.8.1 Princípios basilares dos contratos de consumo. 1.8.2 Cláusulas abusivas. 1.8.3 Contratos de adesão. 1.9 Sanções administrativas. 2 Infrações penais. 2.1 As relações de consumo como bem jurídico penal. 2.2 Sujeitos ativo e passivo dos crimes contra as relações de consumo. 2.3 Código penal e proteção ao consumidor. 2.4 Resultado nas infrações penais de consumo e crimes de perigo. 2.5 Responsabilidade penal da pessoa jurídica. 2.6 Tipos penais. 2.6.1 Omissão de informação a consumidores. 2.6.2 Omissão de comunicação da nocividade de produtos. 2.6.3 Execução de serviço de alto grau de periculosidade. 2.6.4 Oferta não publicitária enganosa. 2.6.5 Publicidade enganosa ou abusiva. 2.6.6 Indução a comportamento prejudicial ou perigoso. 2.6.7 Publicidade sem base fática, técnica ou científica. 2.6.8 Troca de peças usadas sem autorização. 2.6.9 Cobrança abusiva de dívidas. 2.6.10 Impedimento de acesso a cadastros e banco de dados. 2.6.11 Omissão de correção de informações em bancos de dados e cadastros. 2.6.12 Omissão de entrega do termo de garantia. 2.7 Individualização e fixação judicial da pena. 2.8 Valor da fiança. 2.8.1 Assistência. 2.8.2 Ação penal subsidiária. 3 Defesa do consumidor em juízo. 3.1 Interesses ou direitos difusos, coletivos e individuais homogêneos. 3.2 Legitimidade ativa para a propositura de ações coletivas. 3.3 Ações coletivas para a defesa de interesses individuais homogêneos. 3.4 Ações de responsabilidade do fornecedor de produtos e serviços. 3.5 Coisa julgada. 4 Sistema nacional de defesa do consumidor. 4.1 Ministério Público e Defensoria Pública. 4.2 Delegacia do consumidor. 4.3 PROCON. 4.4 Associações civis de defesa do consumidor. 4.5 Instituto Brasileiro de Política e Direito do Consumidor. 4.6 Instituto brasileiro de defesa do consumidor. 4.7 Departamento de proteção e defesa do consumidor. 4.8 Sistema nacional de informações de defesa do consumidor. 4.9 Conflito de atribuições entre PROCON e outros órgãos de defesa do consumidor. 5 Convenção coletiva de consumo.

Nota: Neste edital a matéria de Direito do Consumidor vinha disposta dentro dos tópicos de Direito Civil, mas foram extraídos em razão da organização desta obra, que aborda de forma separada tais pontos.

(CEARÁ 2019) CESPE/CEBRASPE:

DIREITO DO CONSUMIDOR: 1 Conceitos básicos no Código de Defesa do Consumidor (CDC). Consumidor, Fornecedor, Produto, Serviço e Relação de Consumo. 2 Princípios no CDC. Direitos básicos do consumidor. 3 Responsabilidade por acidente de consumo. Fato do Produto e fato do serviço. Excludentes de responsabilidade. Responsabilidade do comerciante. Responsabilidade por vício do produto (qualidade e quantidade) e por vício do serviço. 4 Oferta e Publicidade. Publicidade enganosa e abusiva. Práticas abusivas. 5 Responsabilidade administrativa. 6 Crimes contra as relações de consumo. Responsabilidade penal. 7 Proteção contratual. 7.1 Princípios e cláusulas abusivas. 8 Proteção do consumidor em juízo. 9 Conceito de direitos metaindividuais. 9.1 Direitos difusos, coletivos e individuais homogêneos. 10 Ação coletiva. 10.1 Legitimidade ativa. Competência. Efeitos da coisa julgada. Litispendência. Execução. 11 Lei Complementar Estadual nº 30/2002 (Programa Estadual de Proteção e Defesa do Consumidor). Atribuições do DECON. Processo administrativo. Aplicação das sanções administrativas. 12 Acesso à Justiça e o Direito do Consumidor. 13 Direito do Consumidor e o Ministério Público.

(PIAIU 2018) CESPE/CEBRASPE:

DIREITO DO CONSUMIDOR: 1 Direito do consumidor: natureza e fonte de suas regras; características e princípios do Código de Defesa do Consumidor; integrantes e objeto da relação de consumo; política nacional de relações de consumo: objetivos e princípios; direitos básicos do consumidor; qualidade de produtos e serviços, prevenção e reparação de danos: proteção à saúde e segurança, responsabilidade pelo fato do produto e do serviço, responsabilidade por vício do produto e do serviço, decadência e prescrição, desconsideração da personalidade jurídica; práticas comerciais: oferta e efeito vinculante da oferta publicitária, publicidade, práticas abusivas, cobrança de dívidas, bancos de dados e cadastros de consumidores; proteção contratual: princípios basilares dos contratos de consumo, cláusulas abusivas, contratos de adesão; sanções administrativas. 2 Infrações penais: as relações de consumo como bem jurídico penal; sujeitos ativo e passivo dos crimes contra as relações de consumo; Código Penal e proteção ao consumidor; resultado nas infrações penais de consumo e crimes de perigo; responsabilidade penal da pessoa jurídica; tipos penais: omissão de informação a consumidores, omissão de comunicação da nocividade de produtos, execução de serviço de alto grau de periculosidade, oferta não publicitária enganosa, publicidade enganosa ou abusiva, indução a comportamento prejudicial ou perigoso, publicidade sem base fática, técnica ou científica, troca de peças usadas sem autorização, cobrança abusiva de dívidas, impedimento de acesso a cadastros e banco de dados, omissão de correção de informações em bancos de dados e cadastros, omissão de entrega do termo de garantia; individualização e fixação judicial da pena; valor da fiança: assistência. 2 Ação penal subsidiária. 3 Defesa do consumidor em juízo: interesses ou direitos difusos, coletivos e individuais homogêneos; legitimidade ativa para a propositura de ações coletivas; ações coletivas para a defesa de interesses individuais homogêneos; ações de responsabilidade do fornecedor de produtos e serviços; coisa julgada. 4 Sistema Nacional de Defesa do Consumidor: Ministério Público e Defensoria Pública; Delegacia do consumidor; PROCON; associações civis de defesa do consumidor; Instituto Brasileiro de Política e Direito do Consumidor; Instituto Brasileiro de Defesa do Consumidor; Departamento de Proteção e Defesa do Consumidor; Sistema Nacional de Informações de Defesa do Consumidor; conflito de atribuições entre PROCON e outros órgãos de defesa do consumidor. 5 Convenção coletiva de consumo. 6 Entendimento dos tribunais superiores.

Nota: Neste edital a matéria de Direito do Consumidor vinha disposta dentro dos tópicos de Direito Civil, mas foram extraídos em razão da organização desta obra, que aborda de forma separada tais pontos.

(PARAÍBA 2018) FCC:

Ponto 6: Defesa do consumidor: Princípios constitucionais de proteção ao consumidor. O código de defesa do consumidor: princípios e direitos básicos do consumidor. A relação jurídica de consumo. Qualidade e segurança dos produtos e serviços. O recall. Teoria do risco e responsabilidade civil objetiva. Vício e defeito. Vícios dos produtos. Vícios dos serviços. O fato do produto. O fato do serviço. Danos morais, patrimoniais, estéticos e à imagem e critérios para fixação da indenização correspondente. Serviços de reparação. Garantia. Prazos para reclamar, decadência e prescrição. Oferta. Publicidade. Prova. Ponto 7: Defesa do consumidor: Práticas abusivas. Orçamento. Cobrança de dívidas. Bancos de dados e cadastro: Serviços de proteção ao crédito. Proteção contratual. Formas de contratação. Contratos de adesão. Teoria da transparência. Compras fora do estabelecimento. Cláusulas abusivas. Empréstimos e financiamentos. Compras e vendas com pagamentos mediante prestações. Mecanismos, procedimentos e aspectos processuais de defesa do consumidor em juízo. Direitos das pessoas portadoras de deficiência e sua defesa em juízo (Lei nº 7.853/1989).

(MATO GROSSO 2019) FCC:

5. Direito do Consumidor: 5.1. Código de Defesa do Consumidor (LF nº 8.078/90). 5.2. Relação jurídica de consumo: sujeito, consumidor e fornecedor. 5.3. Objeto da relação de consumo: produtos, serviços e serviços públicos. 5.4. Princípios aplicáveis à relação jurídica de consumo: vulnerabilidade do consumidor, hipossuficiência do consumidor, boa-fé, informação, segurança e In dubio pro consumidor. 5.5. Teoria da Qualidade. Tipos de periculosidade. Deveres do fornecedor. 5.6. O fato do produto ou do serviço: Responsabilidade civil pelos acidentes de consumo: causas de exclusão da responsabilidade, caso fortuito e força maior, subsidiariedade - Hipóteses de responsabilidade solidária e subsidiária do comerciante Dever de indenizar independente de vínculo contratual - Responsabilidade e culpa do profissional liberal. 5.7. Vícios dos produtos e serviços: Incidentes de consumo - Obrigações do fornecedor de produtos ou serviços com vícios - Distinção entre incidentes e acidentes de consumo. 5.8. Práticas comerciais: Oferta - publicidade - práticas abusivas - cadastro

de consumidores e fornecedores. 5.9. Proteção contratual: evolução da teoria contratual - conhecimento prévio das cláusulas - Interpretação de cláusulas dúbias - pré-contratos - Direito de arrependimento. 5.10. Cláusulas contratuais abusivas: Revisão das cláusulas abusivas. 5.11. Outorga de crédito e concessão de financiamento.

(RONDÔNIA 2017) FMP Concursos – Fundação Escola Superior do MP

DIREITO DO CONSUMIDOR: A constitucionalização do direito do consumidor. Natureza jurídica das normas do Código de Defesa do Consumidor. Fontes do direito do consumidor. Relação jurídica de consumo. Consumidor. Consumidor por equiparação. Fornecedor. Objeto da relação de consumo. Produtos. Serviços. Serviços públicos *uti singuli*. Princípios. Reconhecimento da vulnerabilidade do consumidor. Educação e informação de fornecedores e consumidores quanto a direitos e deveres. Harmonização dos interesses entre consumidores e fornecedores com base na boa-fé objetiva. Coibição e repressão eficientes a todos os abusos praticados no mercado de consumo. Garantia quanto à segurança e qualidade de produtos e serviços. Racionalização e melhoria dos serviços públicos. Direitos básicos. Proteção à vida, saúde e segurança. Informação adequada e clara. Proteção contra as práticas e cláusulas abusivas. Revisão contratual: prestações desproporcionais ou fatos supervenientes que as tornem excessivamente onerosas. Efetiva prevenção e reparação de danos coletivos lato sensu ou individuais, patrimoniais ou morais. Facilitação da defesa com a inversão ope judieis do ônus da prova pela hipossuficiência do consumidor ou verossimilhança de suas alegações. Teoria da qualidade. Tipos de periculosidade. Deveres do fornecedor. O fato do produto ou do serviço. Responsabilidade civil pelos acidentes de consumo. Dever de indenizar independente de vínculo contratual. Os responsáveis pelo dever de indenizar. Causas de exclusão da responsabilidade e o ônus da prova em favor do fornecedor. Caso fortuito e força maior. Responsabilidade especial ou subsidiária do comerciante. A responsabilidade solidária do comerciante. O direito de regresso e o descabimento de denunciação da lide. Responsabilidade dos profissionais liberais. A culpa do profissional liberal. O ônus da prova. Vítima de acidente de consumo. Vícios dos produtos e serviços. Incidentes de consumo. Distinção entre incidentes e acidentes de consumo. Responsabilidade objetiva e solidária do fornecedor de produtos ou serviços com vícios de qualidade ou quantidade. Possibilidade de o fornecedor sanar o vício. Cabimento e prazo. Opções do consumidor para a solução do problema. Prazo para reclamação quanto a produtos ou serviços duráveis ou não duráveis. Termo inicial para vícios ocultos e vícios aparentes. Vício do serviço. Opções do consumidor. Serviço público *uti singuli*. Vícios de quantidade. Opções do consumidor.

Garantias: legal e contratual. Desconsideração da pessoa jurídica. Prazos decadenciais e de prescrição na relação de consumo. Decadência. Prescrição. Aplicação subsidiária do Código Civil. Práticas comerciais. A oferta. Princípio da vinculação da oferta e da publicidade. A oferta não publicitária - dever de informar. A Lei nº 5.903/2006. Descumprimento da oferta. Publicidade. Princípios da publicidade. Publicidade enganosa e abusiva. Inversão ope legis do ônus da prova da veracidade da mensagem publicitária. Cobrança de dívidas. A devolução em dobro da importância indevidamente exigida. A hipótese de engano justificável. Cadastro de fornecedores e consumidores. Práticas comerciais abusivas. Conceito de consumidor por equiparação: a coletividade de pessoas expostas às práticas comerciais e aos contratos de consumo. Rol não exaustivo das principais práticas comerciais. Proteção contratual. A nova ordem contratual baseada na boa-fé. Conhecimento prévio do conteúdo do contrato. Pré-contratos. Interpretação das cláusulas dúbias. Direito de arrependimento. Cabimento, prazo para exercício e os ônus a cargo do fornecedor. Cláusulas contratuais abusivas. Cláusulas nulas de pleno direito. Rol não exaustivo das cláusulas abusivas. Papel do Ministério Público no controle de cláusulas abusivas. Outorga de crédito e concessão de financiamento. Direito de informação. Amortização e quitação antecipada. Contratos de adesão. Súmulas e entendimentos dos Tribunais Superiores sobre estes temas de Direito do Consumidor.

(BAHIA 2018) - CEFET BAHIA

DIREITO DO CONSUMIDOR 1. Lei nº 8.078/90 e Decreto nº 2.181/97. 2. Fontes constitucionais do Direito do Consumidor. 3. Sujeitos e objetos da Relação Jurídica de Consumo. 4. Principiologia do Código de Defesa do Consumidor. 5. Política Nacional de relações de consumo. 6. Direitos básicos do consumidor. 7. Qualidade de produtos e serviços, prevenção e reparação dos danos aos consumidores. 8. Proteção à saúde e segurança do consumidor. 9. Responsabilidade civil nas relações de consumo: fato e vício do produto e do serviço. 10. Decadência e prescrição nas relações de consumo. 11. Desconsideração da personalidade jurídica. 12. Práticas comerciais. Oferta. Publicidade. Práticas abusivas. Cobrança de dívidas. Bancos de dados e cadastros de consumidores. 13. Proteção contratual do consumidor. Cláusulas abusivas. Contratos de adesão. 14. Evolução da teoria contratual. Teoria da imprevisão. Revisão de cláusulas contratuais. 15. Outorga de crédito e concessão de financiamento. 16. Defesa do consumidor em juízo. Defesa coletiva. Interesses difusos, coletivos e individuais homogêneos. Legitimação. Competência. Litispendência. Coisa julgada. Execução. Tutela individual do consumidor. 17. Funções do Ministério Público no Código de Defesa do Consumidor. Lei n° 9656/1998. Lei n° 9870/99. Lei n° 12.886/13.

(GOIÁS 2019) BANCA PRÓPRIA

Não há um ponto no edital próprio para a disciplina, que aparece como tópico de TUTELA DOS INTERESSES DIFUSOS, COLETIVOS E INDIVIDUAIS HOMOGÊNEOS, na forma a seguir: "6. Tutela dos direitos dos consumidores. Lei Federal n. 8.078/90 e legislação correlata".

(MATO GROSSO DO SUL 2017) BANCA PRÓPRIA

Também aqui não foi aberto item específico para a matéria no edital, vindo como tópico de TUTELA DOS INTERESSES DIFUSOS, COLETIVOS E INDIVIDUAIS HOMOGÊNEOS, na forma a seguir: "4. Direito do consumidor: Lei nº 8.078/90 (Código de Defesa do Consumidor). Súmulas e Jurisprudência do STJ e do STF".

(RIO GRANDE DO SUL 2020[1]) BANCA PRÓPRIA

DIREITO DO CONSUMIDOR: Natureza jurídica das normas do Código de Defesa do Consumidor. Fontes do direito do consumidor. Relação jurídica de consumo. Conceito de Consumidor. O Consumidor por equiparação. Conceito de Fornecedor. Objeto da relação de consumo. Produtos. Serviços. Serviços públicos *uti singuli*. Princípios. A boa-fé objetiva. Reconhecimento da vulnerabilidade do consumidor. Educação e informação. Coibição e repressão eficientes a todos os abusos praticados no mercado de consumo. Garantia quanto à segurança e qualidade de produtos e serviços. Racionalização e melhoria dos serviços públicos. Direitos básicos. Proteção à vida, saúde e segurança. Informação adequada e clara. Proteção contra as práticas e cláusulas abusivas. Revisão contratual: prestações desproporcionais ou fatos supervenientes que as tornem excessivamente onerosas. Efetiva prevenção e reparação de danos coletivos lato sensu ou individuais, patrimoniais ou morais. Facilitação da defesa com a inversão *ope judicis* do ônus da prova pela hipossuficiência do consumidor ou verossimilhança de suas alegações. Teoria da qualidade. Tipos de periculosidade. Deveres do fornecedor. Responsabilidade civil pelo fato do produto ou do serviço. Dever de indenizar independente de vínculo contratual. Os responsáveis pelo dever de indenizar. Causas de exclusão da responsabilidade e o ônus da prova em favor do fornecedor. Caso fortuito e força maior. Responsabilidade especial ou subsidiária do comerciante. A responsabilidade solidária do comerciante. O direito de regresso e o descabimento de denunciação da lide. Responsabilidade dos profissionais liberais. A culpa do profissional liberal. O ônus da prova. Vítima de acidente de consumo. Vícios dos produtos e serviços. Incidentes de consumo. Distinção entre incidentes e acidentes de consumo.

1. O último concurso completo deu-se no ano de 2016. Em 2020, porém, já há novo concurso em andamento, cujo edital encontra-se transcrito em razão de sua atualidade.

Responsabilidade objetiva e solidária do fornecedor de produtos ou serviços com vícios de qualidade ou quantidade. Possibilidade do fornecedor sanar o vício. Cabimento e prazo. Opções do consumidor para a solução do problema. Prazo para reclamação quanto a produtos ou serviços duráveis ou não-duráveis. Termo inicial para vícios ocultos e vícios aparentes. Vício do serviço. Opções do consumidor. Vícios de quantidade. Opções do consumidor. Garantias: legal e contratual. Desconsideração da pessoa jurídica. Prazos decadenciais e de prescrição na relação de consumo. Decadência. Prescrição. Aplicação subsidiária do Código Civil. Práticas comerciais. A oferta. Princípio da vinculação da oferta e da publicidade. A oferta não publicitária – dever de informar. Decreto n. 5.903/2006. Descumprimento da oferta. Publicidade. Princípios da publicidade. Publicidade enganosa e abusiva. Inversão ope legis do ônus da prova da veracidade da mensagem publicitária. Cobrança de dívidas. A devolução em dobro da importância indevidamente exigida. A hipótese de engano justificável. Cadastro de fornecedores e consumidores. Práticas comerciais abusivas. Conceito de consumidor por equiparação: a coletividade de pessoas expostas às práticas comerciais e aos contratos de consumo. Rol não-exaustivo das principais práticas comerciais. Proteção contratual. Conhecimento prévio do conteúdo do contrato. Pré-contrato e relação de consumo. Interpretação das cláusulas contratuais. Direito de arrependimento. Cabimento, prazo para exercício e os ônus a cargo do fornecedor. Cláusulas contratuais abusivas. Cláusulas nulas de pleno direito. Rol não-exaustivo das cláusulas abusivas. Papel do Ministério Público no controle de cláusulas abusivas. Outorga de crédito e concessão de financiamento. Direito de informação. Amortização e quitação antecipada. Contratos de adesão. Lei que dispõe sobre os planos e seguros privados de assistência à saúde – Lei n. 9.656/1998. Lei Geral de Proteção de Dados – Lei n. 13.709/2018. Lei da Resolução do Contrato por Inadimplemento do Adquirente em Incorporação Imobiliária e em Parcelamento do Solo Urbano – Lei n. 13.786/2018.

(MINAS GERAIS 2019) – FUNDEP (GESTÃO DE CONCURSOS)

Também aqui não foi aberto item específico para a matéria no edital, vindo como tópico de DIREITO MATERIAL COLETIVO, na forma a seguir: "9. Consumidor - Objetivos, princípios e direitos básicos. Vulnerabilidade, hipervulnerabilidade e publicidade. Informação, tabaco e produtos transgênicos. Rotulagem de alimentos. Digitalização do consumo. Responsabilidade do fornecedor. Práticas Abusivas. Proteção contratual. Economia do compartilhamento. Superendividamento. Contratos eletrônicos. Proteção de dados pessoais do consumidor. Tempo e desvio produtivo. Autonomia privada e consumo sustentável."

(SÃO PAULO 2019) BANCA PRÓPRIA

Mais uma vez, aqui, o Direito do Consumidor não é previsto como disciplina específica, mas como tópico de TUTELA DE INTERESSES DIFUSOS E COLETIVOS, na forma a seguir: "2.4. Consumidor. A proteção e defesa do consumidor na Constituição Federal de 1988. Política nacional de relações de consumo. Direitos básicos do consumidor. Prevenção e reparação de danos. Desconsideração da personalidade jurídica. Práticas comerciais. Proteção contratual. Sanções administrativas. Defesa do consumidor em juízo. Ações coletivas. Sistema Nacional de Defesa do Consumidor".

(RIO DE JANEIRO 2018) BANCA PRÓPRIA

Como acima indicado, a prova preliminar do Ministério Público do Estado do Rio de Janeiro não contempla prova objetiva. A sua primeira fase é, como as demais, discursiva, de forma que os pontos do edital servem para todas as etapas do certame. Ademais, os pontos atinentes ao Direito do Consumidor são contemplados dentro do Edital de Direito Civil, sendo abaixo destacados:

Ponto nº 03 (...) b) (...) Direito do consumidor: responsabilidade pelo fato do produto e do serviço e pelo vício do produto e do serviço (...) Ponto nº 04 (...) b) (...) Direito do consumidor: oferta e publicidade. Práticas abusivas. Cláusulas abusivas. Superendividamento. (...) Ponto nº 07 (...) c) Direitos autorais. Dos direitos do consumidor: direitos básicos do consumidor. Proteção à saúde e segurança do consumidor. Bancos de dados e cadastros positivos (...) Ponto nº 08 (...) Dos direitos do consumidor. Da qualidade de produtos e serviços, da prevenção e reparação dos danos (...) Ponto nº 09 (...) c) (...) Direito do consumidor (Lei nº 8.078/90): das práticas comerciais. Desconsideração da personalidade jurídica no Código de Defesa do Consumidor (...) Ponto nº 10 (...) c) (...) Direito do consumidor (Lei nº 8.078/90): Da proteção contratual. Cobrança de dívidas. Princípios da política nacional das relações de consumo.

(PARANÁ 2018) BANCA PRÓPRIA

DIREITO DO CONSUMIDOR. 1) Legislação. Histórico. Lei nº 8.078, de 11.09.1990 (Código de Proteção e Defesa do Consumidor). Legislação de Ordem Pública e Interesse Social. Outras Normatizações. Relação de Consumo. Consumidor. Fornecedor. Produtos e Serviços. Conceitos.

2) Política Nacional das Relações de Consumo. Sistema Nacional de Defesa do Consumidor. Direitos Básicos do Consumidor. Tutela Administrativa do Consumidor. Poder de Normatização e de Fiscalização do Município, Distrito Federal, Estado e União. Sanções Administrativas. Órgãos Administrativos de Tutela do Consumidor. Lei nº 8.884/1994. Decreto nº 2.181/1997. 3) Da Qualidade de Produtos e Serviços, da Prevenção e da Reparação dos Danos. Responsabilidade do Fornecedor pelo Fato do Produto e do Serviço (acidente de consumo) e pelo Vício do Produto e

do Serviço. Da Decadência e da Prescrição. Desconsideração da Personalidade Jurídica. 4) Tutela Penal do Consumidor. Crimes contra ordem tributária, econômica e contra as relações de consumo (Lei nº 8.137/90). Crimes contra a Economia Popular (Lei nº 1.521/51). Crimes da Legislação Esparsa Aplicável (Código Penal e outras). 5) Práticas Comerciais. Oferta e Publicidade. Práticas Abusivas. Cobrança de Dívidas. Banco de Dados e Cadastro de Consumidores e Fornecedores. 6) Práticas Contratuais. Cláusulas Abusivas. Contratos de Adesão. Convenção Coletiva de Consumo. Garantia Legal e contratual. 7) O Ministério Público na Tutela do Consumidor. Atribuições das Promotorias de Justiça de Defesa do Consumidor e do Centro de Apoio Operacional das Promotorias de Justiça de Defesa do Consumidor. 8) Prerrogativas e técnicas da atuação extraprocessual do Ministério Público do consumidor. 9) Da Defesa do Consumidor em Juízo. Das Ações Coletivas para a Defesa de Interesses Individuais Homogêneos. Das Ações de Responsabilidade do Fornecedor de Produtos e Serviços. Da Coisa Julgada. Ação Civil Pública (Lei nº 7.347/85). 10) Estatuto do Torcedor (Lei nº 10.671/2003) e suas disposições.

(SANTA CATARINA 2020[2]) BANCA PRÓPRIA

DIREITO DO CONSUMIDOR: 1. A constitucionalização do Direito do Consumidor. 2. Objetivos, princípios e direitos básicos. 3. Código de Defesa do Consumidor. 4. Relação jurídica de consumo. 5. Serviço público e a Defesa do Consumidor. 6. Responsabilidade do fornecedor. 7. Garantias. 8. Decadência e prescrição. 9. Da desconsideração da Personalidade jurídica. 10. Oferta. 11. Publicidade. 12. Práticas abusivas. 13. Cobrança de dívidas. 14. Banco de Dados e cadastros de inadimplentes. 15. Proteção contratual. 16. Sanções administrativas; 17. Superendividamento. 18. Planos e Seguros Privados de Assistência à Saúde (Lei nº 9.656/1998). 19. Estatuto do Torcedor (Lei nº 10.671/2003 e Decreto nº 6.795/2009). 20. Serviço de Atendimento ao Consumidor - SAC (Decreto nº 6.523/2008). 21. Exibição do preço dos produtos por unidade de medida (Lei Estadual 14.993/2009). 22. Entrega de produtos ou realização de serviços com data e turno marcados (Lei Estadual nº 15.779/2012). 23. Crimes contra o consumidor e relações de consumo (Lei nº 8.078/1990). 24. Crimes contra a economia popular (Lei nº 1.521/1951). 25. Crimes contra a ordem econômica e relações de consumo (Lei nº 8.137/1990 e Lei nº 8.176/1991).

Vale destacar, antes de qualquer coisa, que alguns editais, a exemplo daqueles elaborados pela CESPE e pelo Ministério Público do Rio de

2. É o concurso em andamento quando da elaboração desta obra. Embora não tenham, ainda, sido aplicadas provas, é o Edital mais recente para fins de estudo.

Janeiro, colocam o Direito do Consumidor dentro dos tópicos do Direito Civil.

Outras, como a Banca do MP de Goiás, do Mato grosso do Sul, de Minas Gerais (FUNDEP – Gestão de Concursos) e de São Paulo, não preveem edital próprio para a disciplina, que aparece como tópico dentro dos "Direitos Difusos, Coletivos e Individuais Homogêneos"

Não obstante, como acima já indicado, esta obra pretende abordar as disciplinas de forma individualizada, de forma que as questões de Direito do Consumidor serão aqui abordadas, tendo sido retiradas do capítulo destinado ao Direito Civil.

Ainda preliminarmente, lembramos que para que o Edital de qualquer disciplina seja esgotado, a resolução dos exercícios e a leitura da Doutrina escolhida devem ser acompanhados – sempre – da leitura da lei, uma vez que, especialmente nas provas de 1ª fase (questões objetivas), a pura literalidade dos dispositivos legais ainda é muito cobrada.

Obviamente essa indicação vale para todas as disciplinas, mas é bastante relevante no tocante ao Direito do Consumidor, sendo extremamente frequentes as questões que abordam os prazos previstos no CDC, bem como a literalidade dos conceitos de "consumidor" e "fornecedor", por exemplo.

E sabemos que a utilização da "letra da lei" facilita sobremaneira a elaboração de questões pelo examinador, porque além de conferir-lhe certa "segurança", já que questões nestes moldes têm menor chance de serem impugnadas ou anuladas, elimina com facilidade grande número de candidatos que negligenciam seu estudo.

Passando-se à efetiva análise dos editais e questões das provas objetivas (de 2016 a 2020), é possível, em linhas gerais, indicar os pontos mais cobrados ("que mais caem") em Direito do Consumidor:

- **1)** Relação consumo / conceitos de consumidor, fornecedor, produto e serviço
- **2)** Vícios/defeitos/fato do serviço e do produto;
- **3)** Oferta, pré-contrato e contrato de adesão;
- **4)** Prazos prescricionais e decadenciais no CDC;
- **5)** Responsabilidade do fornecedor/produtor;

- **6)** Publicidade abusiva ou enganosa;
- **7)** Cláusulas abusivas nos contratos de consumo;
- **8)** Direitos difusos, coletivos e individuais homogêneos na seara do consumidor (e legitimidade do MP para sua tutela);
- **9)** Sistema Nacional de Defesa do Consumidor (SNDC) e Convenção coletiva de consumo;
- **10)** Bancos de Dados e Cadastros de Consumidores;
- **11)** Crimes no CDC.

Como deve ter sido possível ao candidato perceber, os editais das bancas examinadoras nacionais (FCC e CESPE/CEBRASPE) costumam ser mais sucintos, ao passo que os editais das bancas próprias, mais extensos.

Não obstante, é possível, ainda assim, observar um padrão e, como indicado acima, os pontos destes editais com maior incidência, norteando o aluno nos estudos.

Como dito, é preciso estudar tudo. Mas sempre com inteligência, organização e método, priorizando, dentro de cada disciplina, os pontos mais cobrados.

3 ANÁLISE DAS ÚLTIMAS PROVAS OBJETIVAS

Prosseguindo na análise das provas realizadas para ingresso na carreira do Ministério Público dos Estados, esmiuçou-se as provas objetivas realizadas entre os anos de 2016 a 2020 por todas aas bancas já indicadas. O resultado são as tabelas abaixo apresentadas:

ANÁLISE DA BANCA CESPE/CEBRASPE	
Ponto	**Total de vezes em que foi cobrado desde 2016**
1) Relação consumo / conceitos de consumidor, fornecedor, produto e serviço	5
2) Vícios/defeitos/fato do serviço e do produto	8
3) Oferta, pré-contrato e contrato de adesão	1
4) Prazos prescricionais e decadenciais no CDC	2
5) Responsabilidade do fornecedor/produtor	5

6) Publicidade abusiva ou enganosa	5
7) Cláusulas abusivas	4
8) Direitos difusos, coletivos e individuais homogêneos na seara do consumidor (e legitimidade do MP)	9
9) Sistema Nacional de Defesa do Consumidor (SNDC) e Convenção coletiva de consumo	3
10) Bancos de Dados e Cadastros de Consumidores;	7
11) Crimes no CDC	4

ANÁLISE DA BANCA FCC	
Ponto	**Total de vezes em que foi cobrado desde 2016**
1) Relação consumo / conceitos de consumidor, fornecedor, produto e serviço	-
2) Vícios/defeitos/fato do serviço e do produto	-
3) Oferta, pré-contrato e contrato de adesão	10
4) Prazos prescricionais e decadenciais no CDC	-
5) Responsabilidade do fornecedor/produtor	5
6) Publicidade abusiva ou enganosa	--
7) Cláusulas abusivas	5
8) Direitos difusos, coletivos e individuais homogêneos na seara do consumidor (e legitimidade do MP)	-
9) Sistema Nacional de Defesa do Consumidor (SNDC) e Convenção coletiva de consumo	-
10) Bancos de Dados e Cadastros de Consumidores;	-
11) Crimes no CDC	-

ANÁLISE DAS DEMAIS BANCAS	
Ponto	**Total de vezes em que foi cobrado desde 2016**
1) Relação consumo / conceitos de consumidor, fornecedor, produto e serviço	20
2) Vícios/defeitos/fato do serviço e do produto	31
3) Oferta, pré-contrato e contrato de adesão	14
4) Prazos prescricionais e decadenciais no CDC	8

5) Responsabilidade do fornecedor/produtor	30
6) Publicidade abusiva ou enganosa	23
7) Cláusulas abusivas	26
8) Direitos difusos, coletivos e individuais homogêneos na seara do consumidor (e legitimidade do MP)	20
9) Sistema Nacional de Defesa do Consumidor (SNDC) e Convenção coletiva de consumo	5
10) Bancos de Dados e Cadastros de Consumidores;	14
11) Crimes no CDC	6

Para fins de esclarecimento, vale destacar que, quando da análise das questões, aquelas que exigiram conhecimento de mais de um ponto, ainda que em apenas uma assertiva, foram incluídas em todos os pontos relacionados.

Se, por um lado, esta técnica acaba por produzir número de análises maior do que o número real de questões, por outro, resulta em uma pesquisa de incidências de pontos mais autêntica, demonstrando os pontos que efetivamente devem ser mais explorados pelo candidato.

Passemos agora a uma análise qualitativa das matérias cobradas nas provas anteriores.

4 PONTOS ESPECÍFICOS MAIS RELEVANTES DAS PROVAS OBJETIVAS

De posse da lista e dos números informados acima, podemos traçar quais são os tópicos mais cobrados em Direito do Consumidor, que possuem maior incidência nos concursos para os Ministérios Públicos estaduais e que, logo, devem ser mais explorados pelo estudante.

a) CESPE

1) Vícios/defeitos/fato do serviço e do produto;
2) Direitos difusos, coletivos e individuais homogêneos na seara do consumidor (e legitimidade do MP para sua tutela);
3) Bancos de Dados e Cadastros de Consumidores;

b) FCC

1) Oferta, pré-contrato e contrato de adesão;

2) Responsabilidade do fornecedor/produtor;

3) Cláusulas abusivas nos contratos de consumo;

c) OUTRAS

1) Relação consumo / conceitos de consumidor, fornecedor, produto e serviço;

2) Vícios/defeitos/fato do serviço e do produto;

3) Responsabilidade do fornecedor/produtor;

4) Publicidade abusiva ou enganosa;

5) Cláusulas abusivas nos contratos de consumo;

6) Direitos difusos, coletivos e individuais homogêneos na seara do consumidor (e legitimidade do MP para sua tutela);

Em uma análise por bancas, então, podemos observar uma variação nos temas que têm maior incidência, sendo possível perceber, contudo, que o Direito do Consumidor é uma matéria relativamente pequena, de forma que todos os pontos acabam sendo cobrados nas provas, ainda que dentro de assertivas que abordem mais de um tema.

Então, e como já se disse alhures, destacar que uma matéria tem maior incidência de forma alguma quer dizer que as demais não serão cobradas.

Todos os pontos contemplados no Edital podem ser cobrados. E como o nível dos candidatos nos concursos públicos está cada vez mais alto, também é crescente o número de acertos e de boas notas nas provas. Assim, pequena a margem de erro para obtenção da aprovação. Assim, e muitas vezes, o que garante o diferencial do candidato é justamente os pequenos acertos nas matérias que costumam ser negligenciadas pelos demais.

Por isso, embora o presente livro tenha como objetivo mapear para o candidato os pontos mais cobrados nas provas, não se pode negligenciar os demais, cabendo ao estudante organizar seu estudo para conferir a todas as matérias e pontos o peso devido.

5 DOUTRINA, JURISPRUDÊNCIA E "LEI SECA" NOS CONCURSOS PARA O MINISTÉRIO PÚBLICO ESTADUAL

Como já dito e reiterado acima, é indispensável que o candidato, ao longo de toda a sua preparação, resolva muitos exercícios, tanto de livros elaborados para tal fim, quanto de provas anteriores (notadamente se o concurso por ele visado for elaborado por uma banca específica).

Apenas com o estudo associado à resolução de questões o aluno efetivamente firma o conteúdo e, mais do que isso, identifica seus pontos fracos, direcionando o estudo de forma mais inteligente.

Abaixo, alguns gráficos elaborados para tentar mostrar ao candidato a importância de conhecer o perfil das provas, notadamente de múltipla escolha (que são, em regra, a forma de questionamento nas provas preambulares) e, consequentemente, a importância de se estudar com a resolução de questões.

Os esquemas analisam todas as provas objetivas, de todas as bancas, dos últimos cinco anos (de 2016 a agosto de 2020).

E a partir de seu estudo salta aos olhos a importância da leitura da lei ("lei seca", como costumamos dizer) e, no ramo do Direito do Consumidor, também do entendimento dos Tribunais Superiores, notadamente do STJ. É possível dizer, sem medo de errar, que a banca de Direito do Consumidor é uma das que mais aborda a Jurisprudência pátria.

E por que isso?

Em relação às questões que reproduzem a literalidade dos dispositivos legais, e como já dito antes, porque nessa fase do certame, em regra, não há consulta à legislação. E isso nos leva ao segundo motivo: o examinador consegue elaborar questões relativamente difíceis, sem que tenha que "quebrar muito a cabeça". Ele faz a prova de forma célere e consegue eliminar boa parte dos candidatos. E tudo isso considerando primordialmente um terceiro motivo: as questões assim elaboradas lhe garantem uma certa "segurança", já que têm menor chance de serem impugnadas ou anuladas.

Já em relação às questões que abordam a Jurisprudência, não tão frequentes em outras matérias, mas muito presentes no Direito do Consumidor, o motivo também é simples: a matéria não se esgota na letra da lei. Pelo contrário. Boa parte do que se sabe sobre Direito do Consumidor foi construído, na ausência de lei, pela Doutrina e, posteriormente, incorporado (ou não) pela Jurisprudência. Os grandes temas de Consumidor são normalmente definidos pelos Tribunais, tanto os Tribunais de Justiça – ao julgarem as pequenas causas do dia a dia -, quanto pelo STJ – ao firmar entendimentos que orientam os demais órgãos julgadores. Assim, essencial, quando do estudo da matéria, debruçar-se o candidato sobre os julgados e Enunciados da Súmula do STJ.

Assim, por todos os motivos acima, destacamos que, aliado à resolução de questões, deve o candidato, sempre, conjugar seu estudo com a leitura da letra da lei e dos julgados do STJ.

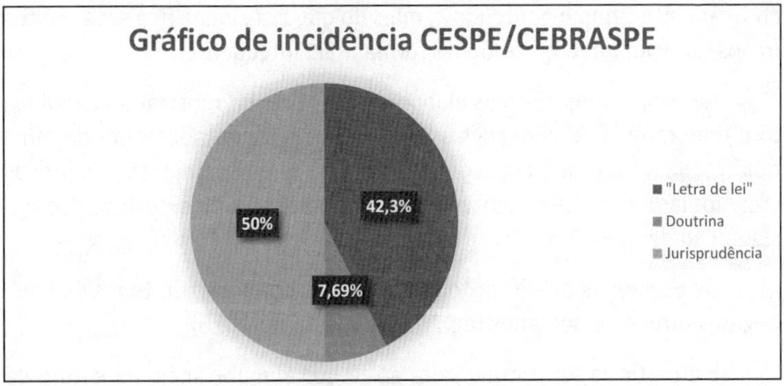

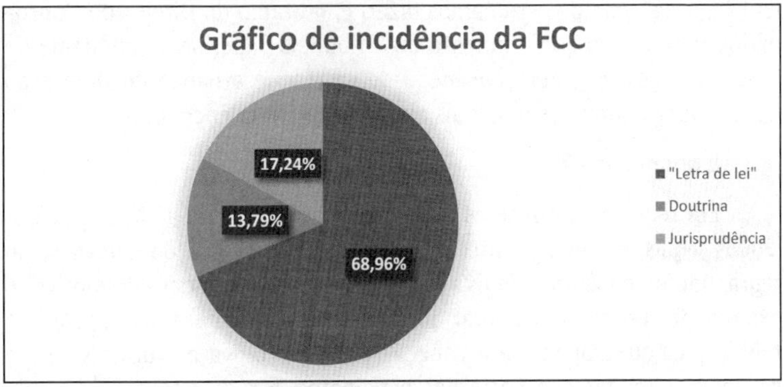

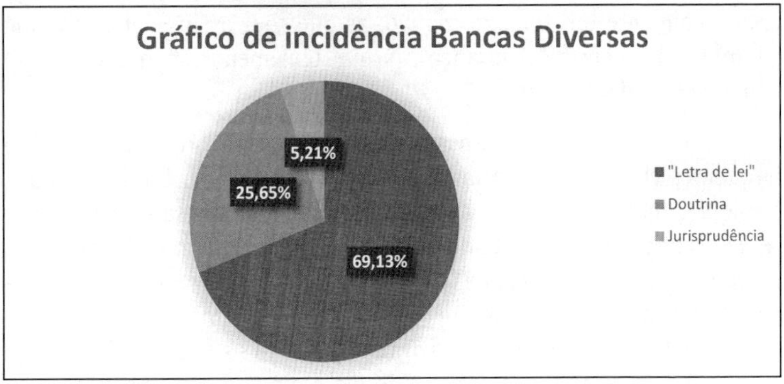

Analisados os 03 gráficos acima, salta aos olhos a (enorme) quantidade de questões que são mera reprodução da lei. Muitas vezes o examinador altera apenas um número contido no artigo (exemplo: coloca 03

dias quando a lei fala em 02) ou introduz uma negativa ("não") onde a lei não o faz. E isso basta para eliminar o candidato não familiarizado com os dispositivos legais.

Até a CESPE/CEBRASPE, conhecida por cobrar muita jurisprudência (o que se confirma, inclusive, no gráfico acima, que mostra maior incidência de questões versando sobre jurisprudência em suas provas de Direito do Consumidor), hoje, também se rende à segurança de exigir o conhecimento estrito da lei, quase na mesma medida em que cobra os entendimentos jurisprudenciais.

Não se está dizendo, com isso, que seja esta a melhor forma de selecionar candidatos. E nem que seja a mais justa. Mas fato que é essa a forma que vem sendo utilizada pelas bancas, cabendo ao candidato organizar seus estudos para se curvar a essa forma de cobrança.

6 ANÁLISE DE QUESTÕES DOS PONTOS ESPECÍFICOS MAIS RELEVANTES DAS PROVAS OBJETIVAS

Na tentativa de identificar um padrão entre todas as provas analisadas, é possível indicar, em linhas bastante gerais (até porque tal tendência está sujeita a alterações), quais seriam os temais mais recorrentes em provas para o Ministério Público estadual em Direito do Consumidor.

Os temais serão indicados abaixo, colacionando-se (e explorando-se, por óbvio), questões pertinentes de concursos anteriores, sempre buscando explorar as diferentes bancas examinadoras, tudo para que o candidato consiga visualizar como tais pontos "caem" nas provas objetivas.

Nota: As respostas consideradas corretas pelas bancas examinadoras estarão destacadas em negrito.

1) Relação consumo / conceitos de consumidor, fornecedor, produto e serviço.

Dentro desse item, muito importante destacar que nenhuma das provas objetivas de Direito do Consumidor analisadas deixou de abordar, em pelo menos uma questão, hipóteses em que haveria – ou não – relação de consumo a ensejar a incidência do CDC.

E quando dessa análise, claro, o candidato precisava conhecer a fundo a Jurisprudência do STJ, uma vez que boa parte destes entendimentos está sumulada por aquele Tribunal Superior.

E, além disso, precisava conhecer alguns conceitos e Teorias elaborados pela Doutrina (e incorporados pela Jurisprudência) quanto ao tema, tais como a noção de "consumidor por equiparação" ou "bystander"[3] e as Teorias Objetiva, Finalista e Finalista aprofundada ou mitigada.

É o que se pretende demonstrar nas questões a seguir:

> MPPI 2018 – Banca CESPE/CEBRASPE – Questão nº 47
>
> Assinale a opção que apresenta relações jurídicas em que, de acordo com o entendimento do STJ, aplicam-se primordialmente as disposições do Código de Defesa do Consumidor (CDC).
>
> **A** contrato firmado com cooperativa de crédito e a relação estabelecida entre condomínio e condôminos;
>
> **B** responsabilidade civil do transportador aéreo internacional pelo extravio da carga e contrato de plano de saúde
>
> **C** **contrato de seguro firmado por microempresa e relação jurídica entre os titulares do direito de uso dos jazigos de cemitério particular e a administradora deste**
>
> **D** serviços notariais e contrato previdenciário celebrado com entidade fechada
>
> **E** contrato de franquia e contrato firmado entre postos e distribuidores de combustível

O enunciado da questão já deixa claro que o candidato, para garantir seu acerto, precisa conhecer o entendimento do STJ acerca do campo de incidência do CDC.

Com esse conhecimento é que o concurseiro perceberia que a assertiva "a" estava incorreta. Isso porque, de fato, o STJ entende que os contratos bancários, como regra, se submetem à disciplina do CDC, o que englobaria o contrato firmado com a cooperativa de crédito (aplicação do Enunciado nº 297 de sua Súmula – Jurisprudências em tese: Edição 83, Tese 04); mas afasta sua incidência na relação entre condôminos e o condomínio (Jurisprudências em tese: Edição 74, Tese 14).

Da mesma forma, na assertiva "b", seria correto afirmar que o CDC se aplica ao contrato de Plano de Saúde (Súmula 608 do STJ), mas errado dizer que teria incidência na responsabilidade decorrente do contrato de

3. Em linhas gerais, é aquele que não participa diretamente da relação de consumo, mas sofre os efeitos de um evento danoso, sendo tratado, na forma do art. 17 do CDC, como um consumidor por equiparação.

transporte aéreo internacional pelo extravio de carga, já que o STJ expressamente afasta sua aplicação.

Já a assertiva "c" foi tida como correta, já que nos dois casos o STJ reconhece a aplicação do CDC, dizendo inclusive, quando da análise da relação estabelecida com o adquirente de direito de uso de jazigo, que se aplica a Teoria Subjetiva, já que seu titular dele se vale de forma não profissional e como destinatário fático e econômico, destacada sua situação de vulnerabilidade.

Por fim, em relação às assertivas "d" e "e", de fato o STJ entende que o CDC é aplicável aos serviços notariais e às entidades **abertas** de previdência complementar (Súmula 563), mas não às entidades fechadas, nem aos contratos de franquia ou à relação entre revendedores e distribuidores de combustível, ante a evidente natureza empresarial destes contratos.

Na questão a seguir, elaborada pela Banca do MP de Rondônia, o mesmo ocorre, cobrando-se do candidato o conhecimento acerca da Jurisprudência do STJ sobre o âmbito de incidência do CDC, a confirmar o que se disse em relação à importância do estudo dos entendimentos jurisprudenciais nesta disciplina:

MPRO 2017 – FMP Concursos

Sobre o âmbito de incidência do Código de Defesa do Consumidor, é CORRETO afirmar:

- **A** Não há relação de consumo em nenhum caso quando se trate de produto ou serviço oferecido gratuitamente pelo fornecedor.
- **B** Aplica-se o Código às relações locatícias, equiparando-se o inquilino a consumidor.
- **C** Os serviços públicos de água, saneamento, educação e saúde, mesmo quando prestados diretamente pelo Estado, são objetos de relação de consumo.
- **D** Não se aplica aos contratos bancários e às relações de caráter trabalhista.
- **E** **Exclui as relações de natureza associativa.**

Verifica-se, inclusive, que o erro da assertiva "d" já se evidenciava nos comentários feitos acima, já que, como visto, o CDC se aplica aos contratos bancários (Súmula 297 do STJ).

2) Oferta, pré-contrato e contrato de adesão.

É possível identificar, na análise das provas objetivas de Direito do Consumidor, diversas questões acerca da vinculação à oferta e outras tantas envolvendo os contratos de adesão, indagando ao candidato, por exemplo, acerca do tamanho da fonte que deve ser utilizada, bem como o devido destaque que deva ser dado às cláusulas, etc.

Em que pese a relevância do tema, já que recorrente, chamo atenção para um ponto específico, que é a responsabilidade do fornecedor pela oferta veiculada.

Existem diversos enunciados que abordam o resultado do descumprimento da oferta, indagando acerca da responsabilização do anunciante, colacionando-se dois a seguir para análise:

> MPRR 2017 – Banca CESPE/CEBRASPE – Questão nº 65.
>
> À luz da jurisprudência do STJ e do entendimento doutrinário a respeito do tema, assinale a opção correta acerca das práticas comerciais.
>
> **A** O fornecedor é subsidiariamente responsável pelos atos praticados por seus prepostos.
>
> **B** A publicidade enganosa é aquela que ofende direitos básicos da sociedade, ainda que possa ser totalmente verdadeira.
>
> **C** A cobrança de tarifa básica pelo serviço de telefonia fixa configura a prática da venda casada.
>
> **D** **O princípio da vinculação da oferta faz surgir uma obrigação pré-contratual do fornecedor do produto ou serviço.**

> MPRO 2017 – FMP Concursos
>
> Sobre a disciplina da oferta e da publicidade no Código de Defesa do Consumidor, é CORRETO afirmar:
>
> **A** **A violação do dever de identificação da publicidade caracteriza a publicidade clandestina, espécie de publicidade ilícita.**
>
> **B** O descumprimento da oferta publicitária pelo fornecedor dá causa à responsabilidade pré- contratual.
>
> **C** A publicidade enganosa, para que seja considerada como tal, deve levar o consumidor à efetiva contratação, porque foi induzido ao erro.
>
> **D** A oferta realizada por representante autônomo não vincula o fornecedor, quando este demonstrar que com ela não obteve nenhum proveito.
>
> **E** O veículo de comunicação por que é transmitida a publicidade responde pela exatidão e licitude de seu conteúdo.

Como se verifica, a Banca CESPE/CEBRASPE indicou como verdadeira a assertiva que dizia que, da oferta, surgiria para o fornecedor uma obrigação pré-contratual. Assim, o descumprimento da oferta ensejaria sua responsabilização, mas ela seria, ainda, pré-contratual.

Já a Banca do MP de RO indicou como **incorreta** justamente a assertiva que dispunha que essa responsabilização seria pré-contratual.

Isso porque considerou que a oferta, somada à adesão do destinatário, já perfaz o contrato, de forma que seu descumprimento acarretaria responsabilidade contratual (e não mera responsabilidade pré-contratual), na forma do art. 35, III, do CDC.

Mas isso quer dizer que as bancas adotam entendimentos diferentes? Que alguma delas está errada e a outra certa? Não necessariamente.

De fato, antes de a oferta ser aceita, seu descumprimento gera, apenas, responsabilidade pré-contratual, na forma do art. 30 do CDC.

> Art. 30. *Toda informação ou publicidade, suficientemente precisa, veiculada por qualquer forma ou meio de comunicação com relação a produtos e serviços oferecidos ou apresentados, obriga o fornecedor que a fizer veicular ou dela se utilizar e integra o contrato que vier a ser celebrado.*

E, depois de aceita, já se tem perfectibilizada a relação contratual, de forma que o descumprimento importará responsabilidade contratual, na forma do art. 35, III, do CDC.

> Art. 35. *Se o fornecedor de produtos ou serviços recusar cumprimento à oferta, apresentação ou publicidade, o consumidor poderá, alternativamente e à sua livre escolha:*
>
> *I - exigir o cumprimento forçado da obrigação, nos termos da oferta, apresentação ou publicidade;*
>
> *II - aceitar outro produto ou prestação de serviço equivalente;*
>
> *III - rescindir o contrato, com direito à restituição de quantia eventualmente antecipada, monetariamente atualizada, e a perdas e danos.*

Ocorre que as questões objetivas não dão margem para esse tipo da análise pelo candidato. Não será possível ao examinando, depois, questionar o gabarito dizendo, por exemplo, que ele sabia dessa diferença, mas "achou" que o enunciado falava da oferta aceita ou não aceita. As questões objetivas muitas vezes prejudicam os candidatos que "sabem muito", pois são justamente eles que questionam os enunciados, conhecem as exceções, etc.

Por isso é tão importante conhecer a Banca do concurso pretendido, o que só se alcança com a leitura de obras especializadas como esta, bem como com a resolução de questões anteriores daquela instituição.

⊝ 3) Cláusulas abusivas nos contratos de consumo.

As cláusulas abusivas também são ponto extremamente recorrente nas provas de Direito do Consumidor. Difícil ver uma prova, especialmente preambular (objetiva), que não aborde esse tema, ainda que em apenas uma assertiva de questão mais ampla (multitemática).

É por isso que trazemos, abaixo, questões que abordaram o tema, reiterando-se que é muito comum que venham como assertivas no bojo de outras questões multitemáticas, como se vê a seguir.

E vale lembrar ao candidato: as cláusulas abusivas são disciplinadas no CDC, notadamente em seu art. 51. Mas nele não se esgotam. Sobre o tema é importante, sempre, conhecer o que entende a Jurisprudência, em especial o STJ – o que se percebe já na questão abaixo.

> MPPI 2018 – Banca CESPE/CEBRASPE
>
> À luz do entendimento do STJ quanto a contratos bancários celebrados com instituições financeiras, julgue os seguintes itens.
>
> I - É abusiva cláusula que preveja a cobrança de ressarcimento de serviços prestados por terceiros, sem a especificação do serviço a ser efetivamente prestado.
>
> II - É abusiva cláusula que imponha o ressarcimento, pelo consumidor, da comissão do correspondente bancário nos contratos celebrados a partir de 25/2/2011, sendo válida a cláusula anterior a essa data, ressalvado o controle da onerosidade excessiva.
>
> III - É válida a cobrança de tarifa de avaliação de bem dado em garantia, bem como cláusula que preveja o ressarcimento de despesa com o registro do contrato, ressalvadas a abusividade da cobrança por serviço não efetivamente prestado e a possibilidade de controle da onerosidade excessiva.
>
> Assinale a opção correta.
>
> **A** Apenas o item I está certo;
>
> **B** Apenas o item II está certo;
>
> **C** Apenas os itens I e III estão certos;
>
> **D** Apenas os itens II e III estão certos;
>
> **E** **Todos os itens estão certos.**

A Banca considerou, nesta questão, que todas as assertivas estavam corretas. Isso porque, de fato, refletiam o entendimento do STJ, como abaixo se pretende demonstrar:

A assertiva I (*É abusiva cláusula que preveja a cobrança de ressarcimento de serviços prestados por terceiros, sem a especificação do serviço a ser efetivamente prestado*), de fato, espelha o entendimento do STJ sobre o tema, já que aquele Tribunal Superior, reiteradamente (a exemplo do Informativo nº 639), decide que o contrato precisa indicar, de modo específico, qual serviço será prestado – e cobrado –, entendendo que a cobrança genérica viola o CDC e, além disso, não encontraria amparo na regulação bancária.

O mesmo em relação às assertivas II e III (*É abusiva cláusula que imponha o ressarcimento, pelo consumidor, da comissão do correspondente bancário nos contratos celebrados a partir de 25/2/2011, sendo válida a cláusula anterior a essa data, ressalvado o controle da onerosidade excessiva*), como veiculado no mesmo Informativo de Jurisprudência acima indicado.

Vê-se, portanto, que a questão cobrou exclusivamente o conhecimento de julgados do STJ acerca do tema, de forma que o candidato que não estivesse afinado com a Jurisprudência, limitando seu estudo das cláusulas abusivas à letra da lei, dificilmente obteria os pontos respectivos.

MPGO 2019 – Banca própria – Questão nº 70

No âmbito do Direito do Consumidor (Lei n. 8.078/90), assinale a alternativa que está em **desacordo** com posicionamento dominante no âmbito do Superior Tribunal de Justiça (STJ):

A) A devolução em dobro dos valores pagos pelo consumidor, prevista no art. 42, parágrafo único, do CDC, pressupõe tanto a existência de pagamento indevido quanto a má fé do credor.

B) A ação de repetição de indébito de tarifas de água e esgoto sujeita-se ao prazo prescricional estabelecido no Código Civil.

C) **Configura-se abusiva a cláusula de cobrança de juros compensatórios incidentes em período anterior à entrega das chaves nos contratos de compromisso de compra e venda de imóveis em construção sob o regime de incorporação imobiliária.**

D) As instituições financeiras respondem objetivamente pelos danos gerados por fortuito interno relativo a fraudes e delitos praticados por terceiros no âmbito de operações bancárias.

Nesta questão, elaborada pelo MPGO, a matéria "cláusula abusiva" vinha abordada em apenas uma assertiva, tratando-se de questão multitemática. Não obstante, foi justamente ela a assertiva considerada incorreta pela banca (era o que o enunciado pedia ao candidato), evidenciando a incidência de cobrança do tema, bem como a sua importância.

E foi considerada incorreta porque, de fato, o STJ entende que os juros compensatórios cobrados pela incorporadora antes da entrega das chaves (ou "juros no pé") não constituem prática (ou cláusula) abusiva, já que, em linhas gerais, o financiamento pelo promitente comprador traz riscos para o promitente vendedor (especialmente o inadimplemento), de forma que seria injusto que o valor pago, ao final, fosse exatamente o que seria pago à vista.

Por fim, veja-se questão do MP de Santa Catarina em que o candidato deveria julgar a assertiva e, para tanto, bastava que conhecesse a literalidade do art. 51 do CDC:

> MPSC 2019 – Banca própria – Questão nº 122
>
> Assinale **V (verdadeira)** ou F (falsa)
>
> O Código de Defesa do Consumidor estabelece a nulidade de pleno direito das cláusulas contratuais abusivas relativas ao fornecimento de produtos e serviços, que transfiram responsabilidades a terceiros e estabeleçam inversão do ônus da prova em prejuízo do consumidor, dentre outras.

A assertiva deveria ser apontada como correta, já que refletia a literalidade dos incisos III e VI do art. 51 do CDC, transcritos a seguir:

> *"Art. 51. São nulas de pleno direito, entre outras, as cláusulas contratuais relativas ao fornecimento de produtos e serviços que:*
>
> *(...)*
>
> *III - transfiram responsabilidades a terceiros;*
>
> *(...)*
>
> *VI - estabeleçam inversão do ônus da prova em prejuízo do consumidor."*

⊝ 4) Direitos difusos, coletivos e individuais homogêneos na seara do consumidor (e legitimidade do MP para sua tutela).

Por fim, importante perceber que, diferentemente de outras Bancas, as de Direito do Consumidor em concursos para o Ministério Público costumam abordar justamente a atuação do MP na tutela dos direitos do consumidor. E isso por alguns motivos.

Em primeiro lugar, porque o próprio CDC traz disciplina nesse sentido, dedicando diversos artigos à tutela dos interesses difusos e coletivos, o que permite ao examinador explorar diversos conceitos (que, destaque-se, são comumente confundidos pelos candidatos) sem grande esforço, bastando valer-se da literalidade dos dispositivos. É por isso que, com frequência, o candidato é indagado, por exemplo, acerca da diferença entre direitos difusos, coletivos e individuais homogêneos, bem como acerca dos diferentes efeitos que as sentenças (e a coisa julgada) produzem no processo coletivo, a depender do interesse tutelado.

Em segundo lugar, porque, de fato, a atuação do MP na tutela desses direitos (e na construção de novos entendimentos jurisprudenciais, como, por exemplo, acerca da indenizabilidade do dano moral coletivo) vem ganhando destaque, colocando a instituição em posição de pioneirismo em áreas comumente pouco ou mal tuteladas individualmente.

Por isso, além das questões teóricas, que envolvem as diferenciações acima indicadas (sempre permeadas, como já destacado, por abordagens jurisprudenciais), é comum que as bancas explorem questões acerca da legitimidade do MP, por exemplo.

É o que se vê nas questões a seguir:

> MPPI 2019 – Banca CESPE/CEBRASPE – Questão nº 50
>
> No que se refere à defesa do consumidor em juízo e a assuntos relacionados a esse tema, assinale a opção correta, considerando as normas do CDC e o entendimento do STJ.
>
> **A** O Ministério Público não tem legitimidade para pleitear tratamento médico ou entrega de medicamentos nas demandas de saúde propostas contra os entes federativos quando se tratar de feitos contendo beneficiários individualizados.
>
> **B** O Ministério Público tem legitimidade ativa para atuar na defesa de direitos difusos, coletivos e individuais homogêneos do consumidor, exceto se decorrentes da prestação de serviço público.
>
> **C** **O prazo prescricional para a execução individual é contado da data do trânsito em julgado da sentença coletiva, sendo desnecessária a sua publicação em órgão oficial.**
>
> **D** A procedência da pretensão reparatória coletiva em sentença genérica exige do interessado individual a propositura de nova ação para comprovar o dano, a sua extensão, o nexo causal, além de sua qualidade de parte integrante da coletividade lesada.
>
> **E** O Ministério Público tem legitimidade exclusiva para a liquidação e execução da sentença coletiva quando decorrido o

> prazo de um ano sem habilitação de interessados em número compatível com a gravidade do dano.

Nos termos do entendimento sumulado pelo STJ,

> Súmula 601-STJ: *O Ministério Público tem legitimidade ativa para atuar na defesa de direitos difusos, coletivos e individuais homogêneos dos consumidores, ainda que decorrentes da prestação de serviço público.*

Assim, conhecendo o candidato o teor deste Enunciado, já verificaria que a assertiva "b" estava incorreta, já que excetua os direitos decorrentes da prestação de serviços públicos, a destacar, mais uma vez, a importância do estudo dos entendimentos jurisprudenciais acerca do Direito do Consumidor.

Da mesma forma, a assertiva "a", ao negar legitimidade ao MP, deveria ser tido como errada pelo candidato. Isso porque, em que pese inicial divergência doutrinária e jurisprudencial, de há muito se tem pacificado pelo STJ[4] o entendimento de que a legitimidade do MP para pleitear tratamento médico ou entrega de medicamentos em ações propostas contra entes federativos, **mesmo que** seja em favor de beneficiários individualizados. Isso porque a legitimidade decorreria da caracterização da saúde como direito individual indisponível, a atrair a atribuição ministerial prevista pela Lei Orgânica do Ministério Público (Lei nº 8.625/93).

As assertivas "c", "d" e "e", por sua vez, tratavam da legitimidade (e prazo) para a execução da sentença coletiva.

De fato, segundo o STJ[5], o prazo prescricional para a execução individual é contado do trânsito em julgado da sentença coletiva, sendo desnecessária a providência de que trata o art. 94 do CDC (publicação de edital em órgão oficial), razão pela qual correta a assertiva "c". E, na mesma linha, incorreta a "d", já que tal execução não depende de uma nova ação individual, e sim de uma liquidação de sentença.

Errada, ainda, a letra "e", já que, nos termos do art. 100 do CDC, após o decurso de tal prazo sem habilitação de interessados em número compatível com a gravidade do dano, podem promover a liquidação os legitimados do art. 82

4. Tema Repetitivo 766.
5. Tema Repetitivo 877.

> *"Art. 100. Decorrido o prazo de um ano sem habilitação de interessados em número compatível com a gravidade do dano, poderão os legitimados do art. 82 promover a liquidação e execução da indenização devida.*
>
> *(...)*
>
> *Art. 82. Para os fins do art. 81, parágrafo único, são legitimados concorrentemente: (Redação dada pela Lei nº 9.008, de 21.3.1995)*
>
> *I - o Ministério Público,*
>
> *II - a União, os Estados, os Municípios e o Distrito Federal;*
>
> *III - as entidades e órgãos da Administração Pública, direta ou indireta, ainda que sem personalidade jurídica, especificamente destinados à defesa dos interesses e direitos protegidos por este código;*
>
> *IV - as associações legalmente constituídas há pelo menos um ano e que incluam entre seus fins institucionais a defesa dos interesses e direitos protegidos por este código, dispensada a autorização assemblear."*

Assim, de fato, o MP pode promover a referida liquidação, mas ele não será o único legitimado (legitimação exclusiva), como afirma a assertiva "e".

Por fim, ressalto uma vez mais (e colo abaixo questão do MP de Santa Catarina que comprova) a importância de se estudar o Direito do Consumidor à luz da Jurisprudência.

> MPSC 2019 – Banca própria – Questão nº 113
>
> Assinale **V (verdadeira)** ou F (falsa)
>
> De acordo com o entendimento do Supremo Tribunal Federal, com fundamento no art. 127 da Constituição Federal, o Ministério Público está legitimado a promover a tutela coletiva de direitos individuais homogêneos, mesmo de natureza disponível, quando a lesão a tais direitos, visualizada em seu conjunto, em forma coletiva e impessoal, transcender a esfera de interesses puramente particulares, passando a comprometer relevantes interesses sociais.

A resposta para essa questão (ou seja, afirmar que seria verdadeira) dependeria do mesmo conhecimento exigido na assertiva "a" da questão anterior, exclusivamente jurisprudencial. Isso porque, como visto acima, em que pese inicial divergência doutrinária e jurisprudencial, de há muito se tem pacificado pelo STJ a afirmação da legitimidade do MP para tutelar direitos individuais homogêneos, tais como tratamento médico ou entrega de medicamentos em ações propostas contra entes federativos, **mesmo que** seja em favor de beneficiários individualizados. Isso porque a legitimidade decorreria da caracterização da saúde como direito individual indisponível, a atrair a atribuição ministerial prevista pela Lei Orgânica do Ministério Público (Lei nº 8.625/93).

É o que se vê pacificado no tema Repetitivo nº 766 do STJ (entendimento também materializado nos julgados do STF sobre o tema).

> Tema Repetitivo 766 - *O Ministério Público é parte legítima para pleitear tratamento médico ou entrega de medicamentos nas demandas de saúde propostas contra os entes federativos, mesmo quando se tratar de feitos contendo beneficiários individualizados, porque se refere a direitos individuais indisponíveis, na forma do art. 1º da Lei n. 8.625/1993 (Lei Orgânica Nacional do Ministério Público).*

7 ANÁLISE DE QUESTÕES DISSERTATIVAS

Como já dito no início desta obra, seu enfoque maior se destina a, a partir de uma análise dos editais e das questões de concursos, preparar o candidato para as provas, em especial as objetivas, e ajudá-lo na organização do estudo para concursos do Ministério Público.

Mas não podemos encerrar essa análise sem falar, ainda que de forma mais breve, sobre as provas subjetivas, sempre presentes nos concursos para o MP (em alguns, como o MPRJ, desde a prova preambular).

E como já dito também anteriormente, o candidato, ao chegar a uma segunda fase de um certame para o MP, deverá olhar para seus examinadores, fazendo uma pesquisa sobre cada um deles, uma vez que existe grande chance de eles serem autores, seja de livros ou manuais, seja de artigos doutrinários.

E existindo doutrina do membro da Banca, sua leitura se torna obrigatória, pois servirá para responder perguntas específicas, ainda que não seja cobrado exatamente o tema por ele abordado em sua obra. Porque conhecendo a produção do examinador, o aluno consegue entender como ele se posiciona em relação a alguns temas, quais teorias e concepções adota, se é mais legalista, se é mais vanguardista, e por aí vai.

E mais do que isso, também tal leitura permite ao aluno identificar a forma de escrita e de organização de pensamento daquele autor, adaptando, na medida do possível, sua forma de escrever as respostas a algo que agrade o examinador, como por exemplo se valendo de expressões e exemplos por ele adotados, o que, sem dúvidas, criará uma maior aproximação entre candidato e banca no momento da correção.

Em nossas pesquisas, verifica-se que na maior parte das provas discursivas, não há questões específicas de Direito do Consumidor. O que se vê, com alguma frequência, é seu conteúdo sendo explorado incidentalmente, no bojo de peças processuais, notadamente quanto à legitimidade do Ministério Público para a propositura de demandas coletivas (questionando, por exemplo, se poderia tutelar direitos individuais homogêneos em favor de um só indivíduo). Algumas questões abordam, ainda, a abusividade de cláusulas e práticas contratuais.

Dito isso, importante destacar, também, que a elaboração de peças a título de treino / estudo é essencial para o candidato nessa fase. Isso porque além de praticar a escrita e o encadeamento de ideias, o candidato precisa trabalhar com a organização do tempo, com diagramação e estruturação da peça, para que não esqueça suas formalidades, bem como com o destaque dos pontos principais de sua pela, para que o examinador, de pronto, os identifique.

Feita a sugestão acima, passa-se a analisar duas questões de provas dissertativas que cobraram aspectos práticos-jurisprudenciais e doutrinários, por exemplo nos concursos para o MP do Piauí e de Minas Gerais

Tal análise se faz importante para que o candidato consiga visualizar de que diferentes formas poderá ser indagado acerca dos temas de Direito do Consumidor.

A questão que se vê a seguir, elaborada pela Banca do MP de Minas Gerais, é uma das poucas de todos os concursos analisados que trazia indagações de índole teórica acerca do Direito do Consumidor.

> MPMG – Banca Própria – Prova Subjetiva do Grupo Temático III – Questão nº 04 (Pontuação: 2,0 – Limite: 30 linhas).
>
> O Banco KRB S/A, valendo-se de funcionários devidamente identificados, passou a abordar, no interior das respectivas agências, vários idosos que teriam contratado empréstimo consignado, induzindo-lhes a renovações automáticas e sucessivas do pacto, mediante simples e rápida operação realizada no caixa eletrônico, sem nenhuma formalidade. Posteriormente, constatava-se que a renovação disponibilizada liquidava o contrato anteriormente entabulado, com liberação de pequeno valor remanescente, mas aumento significativo do saldo devedor, o que surpreendia o cliente, comprometia de forma expressiva o seu orçamento e dificultava a quitação da dívida. O modo pelo qual o serviço descrito era ofertado pelo Banco gerou inúmeras reclamações dos consumidores.
>
> Diante da situação, o Banco alegou que as renegociações efetivadas eram revestidas de legalidade; que as reclamações dos clientes eram maliciosas, pois os devedores deveriam ter consciência

> do grau de comprometimento de suas rendas e que o acesso ao crédito permite um incremento da economia.
>
> Levando-se em consideração o cenário descrito: identifique e justifique, nos termos do parágrafo único do art. 81 da Lei n. 8.078/90, a(s) modalidade(s) de direito metaindividual que poderia(m) ser tutelada(s) em juízo; aborde a questão relativa ao papel do consumo no nosso sistema jurídico; classifique a prática adotada pelo Banco no tocante à forma pela qual se efetivavam as renegociações, elencando os princípios abarcados pela situação, levando-se em conta a subjetividade do consumidor, bem como a externação da vontade racional e rebata a alegação do Banco credor.

Assim, a partir de um caso concreto, o candidato precisava abordar diversos temas e conceitos da disciplina, notadamente a caracterização do direito dos idosos (enquadrando-o nas categorias do CDC, com suporte na Doutrina) e os princípios regentes da matéria, sempre visando identificar a abusividade (ou não) da prática adotada pela instituição financeira.

E com isso, precisaria também, inevitavelmente, abordar a caracterização da relação de consumo entre o Banco e seus correntistas, tema absolutamente recorrente nas provas de Direito do Consumidor, como já exaustivamente indicado acima.

Já na questão abaixo, integrante da prova subjetiva do MP do Piauí, elaborado pela CESPE no ano de 2018, o tema legitimidade do MP, tão recorrente nas questões objetivas e nas peças processuais, é explorado, desta feita em forma de peça questão discursiva.

Mas também aqui, e mais uma vez, cobra-se o conhecimento acerca da caracterização do direito (se difuso, coletivo ou individual homogêneo) e da abusividade da cláusula, a evidenciar que, como dito acima, estes temas estão SEMPRE presentes nas provas desta disciplina.

> MPPI 2018 – Banca CESPE/CEBRASPE – Prova Subjetiva de Direito do Consumidor – Questão nº 02
>
> Diversas pessoas noticiaram ao Ministério Público a recusa de determinada empresa de seguros a contratar novos clientes e a renovar os contratos de clientes antigos, caso constassem sobre esses consumidores anotações de restrição financeira junto a órgãos de proteção ao crédito, ainda que eles se dispusessem a realizar o pronto pagamento do prêmio para ter direito ao serviço. Devidamente notificada, a empresa confirmou a informação, tendo justificado sua conduta com o argumento de que, ainda que o pronto pagamento do valor do prêmio fosse efetuado pelo consumidor, a liquidação do preço não seria apta a substituir a

análise do risco pela seguradora, de modo que a recusa da contratação constituía exercício regular de direito.

À luz do Código de Defesa do Consumidor e da jurisprudência do STJ, redija um texto dissertativo que aborde, de maneira justificada, os seguintes aspectos referentes à situação hipotética apresentada:

1) natureza do direito dos consumidores nessa situação – se difuso, coletivo ou individual homogêneo; disponível ou indisponível; com ou sem interesse social relevante; [valor: 0,50 ponto]
2) legitimidade do Ministério Público para ajuizar ação civil pública a fim de compelir a seguradora a se abster de recusar a contratação ou a renovação de seguro para consumidores na situação narrada; [valor: 0,50 ponto]
3) validade ou abusividade da conduta da seguradora, bem como de eventual recusa de contratação ou renovação de seguro a quem tenha restrição financeira junto a órgãos de proteção ao crédito e queira realizar o pagamento do prêmio de maneira parcelada. [valor: 0,90 ponto]

A sugestão de gabarito fornecida pela Banca indicava, em linhas gerais, que a resposta deveria abordar os seguintes tópicos:

i) O direito dos consumidores exposto na situação hipotética seria individual homogêneo disponível e, conforme entendimento do STJ, consideradas a natureza e a finalidade social das diversas espécies securitárias, haveria interesse social qualificado na tutela coletiva de tais direitos dos consumidores lesados por prática abusiva do ente segurador;

ii) Conforme entendimento do STJ (inclusive a Súmula 601), o Ministério Público possuiria legitimidade para promover a tutela coletiva (ação civil pública) de direitos individuais homogêneos, mesmo de natureza disponível, quando a lesão a tais direitos, visualizada em seu conjunto, em forma coletiva e impessoal, transcender a esfera de interesses puramente particulares, passando a comprometer relevantes interesses sociais; e

iii) Em relação à conduta da seguradora descrita na situação hipotética, a jurisprudência do STJ a entenderia como abusiva, uma vez que, nas relações securitárias, a interpretação do art. 39, IX, do CDC, seria mitigada, devendo sua incidência ser apreciada concretamente, principalmente se considerada a ressalva constante na parte final do mencionado dispositivo legal. Apontava, ainda, alternativas para o ente segurador, como a elevação do valor do prêmio, diante do aumento do risco, ou a exclusão de algumas garantias (cobertura parcial), ressaltando que a recusa de venda de seguro (contratação ou renovação) a quem tenha restrição financeira junto a órgãos de proteção ao crédito, somente seria válida se o pagamento do prêmio fosse parcelado, a representar uma venda a crédito.

Assim, além de todo o conhecimento Doutrinário e legal exigido do candidato, havia evidente enfoque na abordagem jurisprudencial do tema, demandando que o candidato estivesse a par dos julgados do STJ (como, por exemplo, o REsp 1594024/SP, julgado em 27/11/2018, cujo teor respondia integralmente à questão).

Assim, e de todas as questões acima exploradas (que, por obvio, não esgotam as discursivas dos concursos objeto de análise), verifica-se que deve o candidato estar "afiado" com a Doutrina e com os entendimentos jurisprudenciais, notadamente do STJ.

Assim como se disse, em relação às provas objetivas, acerca da importância da "letra da lei", fundamental, na segunda fase, o conhecimento da Doutrina e da Jurisprudência. Não que o candidato seja, sempre, obrigado a concordar com o que dizem os Tribunais ou os autores. Mas é preciso conhecer tais entendimentos, ainda que, com um viés crítico e questionador, próprio dos Promotores de Justiça, deles discorde.

Assim, repito: pesquise sobre os membros da Banca e, em havendo, leia os textos e livros que os examinadores porventura tenham escrito. Além disso, acompanhem, sempre, as mudanças da Jurisprudência, principalmente dos Tribunais Superiores (em matéria de Direito do Consumidor, especialmente do STJ).

8 DICAS FINAIS PARA OS CANDIDATOS

Diante de tudo que se disse anteriormente, acredito que o candidato já tenha percebido que dificilmente se alcança a aprovação em um concurso para o Ministério Público estadual sem ter conhecimento suficiente da letra da lei ("lei seca"), bem como da Doutrina e, em sede de Direito do Consumidor, da Jurisprudência, mormente quanto aos pontos destacados ao longo desta obra.

Assim, também o estudo da Jurisprudência deve ser constante, por meio do acompanhamento dos informativos dos Tribunais Superiores, em especial do STJ.

Importante destacar, contudo, e como já se fez anteriormente, que o estudo da Doutrina e da Jurisprudência não deve ser "cego" como é o da literalidade dos dispositivos legais. Ao estudar as produções doutrinárias e entendimentos jurisprudenciais, deve o candidato conhecer, também, as críticas a que se submetem os entendimentos dominantes, criando, assim, também o seu próprio posicionamento crítico acerca das matérias.

Isso sem falar, como já bastante destacado, na importância de conhecer, nas fases mais avançadas dos concursos, o entendimento de seus examinadores.

Por fim, não é demais lembrar que muitos Ministérios Públicos estaduais dispõem de Escolas, que produzem textos/revistas com os temas atuais, bem como que existem, no âmbito interno, Enunciados que orientam a atuação de seus membros, o que, sem dúvida, constitui rica fonte de pesquisa para os candidatos, até porque refletem os temais mais "quentes" na instituição. Por isso, uma visita ao site do órgão para o qual o candidato preste o concurso é essencial.

DIREITO PROCESSUAL CIVIL

Teilor Santana da Silva

1 BIBLIOGRAFIA INDICADA E DICAS COMPLEMENTARES DE ABORDAGEM

A preparação para os concursos de ingresso à carreira do Ministério Público Estadual, diante da imensidade de matérias, exige autoconhecimento e organização por parte do candidato. Esse panorama não é diverso nas disciplinas de Direito Processual Civil e Direito Empresarial, as quais serão por mim abordadas nesta obra coletiva.

Assim, antes de mais nada, no fator "autoconhecimento" é necessário que o candidato saiba (ou, com o passar do tempo de estudos, identifique) qual mecanismo que é o mais adequado (ou que se tornou mais produtivo) para o seu perfil pessoal, ou seja, de acordo com as suas necessidades particulares. Exemplo: videoaulas; áudios; livros completos; resumos; cadernos; sinopses.

Essas questões são extremamente particulares e dependem de outras variantes, tais como a base que o candidato produziu em sua trajetória acadêmica, bem como depois de formado; o tempo que possui de estudos específicos para determinada carreira; e, também, a carga horária livre (horas líquidas) disponível para estudar atualmente. A compreensão do fator "autoconhecimento", por isso, é de grande importância, evitando que o candidato alterne, com frequência, o seu método de estudos – diante da apresentação casuística de meras fórmulas genéricas e abstratas. Concluindo: o "autoconhecimento" é empírico.

De outro lado, o fator "organização" exige do candidato conhecimento específico a respeito do seu objetivo final (a aprovação em concurso de ingresso à carreira do Ministério Público), quais metas – e de qual forma – deverão ser batidas. Destacam-se as formas de abordagem das matérias, cuja tríade é corriqueira em concursos públicos: lei seca, jurisprudência e doutrina.

Nesta obra, como forma de auxiliar na "organização" dos estudos, serão indicados meios para otimizar e concentrar a análise da lei seca, da jurisprudência e da doutrina, com as respectivas fontes, segundo as preferências e particularidades das bancas examinadoras. Passemos à análise:

➔ **a)** LEI SECA: nos certames realizados entre 2015 e 2020, conforme minuciado nos tópicos abaixo, foi recorrente a cobrança de questões envolvendo mera reprodução do texto legislativo, o que ainda será realidade nas próximas provas. Isso se dá pelos seguintes motivos: (i) vivencia-se o período de transição entre o CPC/1973 e o CPC/2015; (ii) o CPC/2015 trouxe novos institutos e/ou introduziu diverso tratamento legislativo a pontos até então consolidados; (iii) determinados temas ainda são objeto de controvérsia na doutrina e/ou na jurisprudência. Por isso, a observância do texto legislativo evita a anulação de questões objetivas, proporcionando maior segurança – aos candidatos e à banca examinadora.

A fim de concentrar em um único lugar a análise do texto legislativo, sugere-se a utilização de *vade mecum* devidamente atualizado. Por outro lado, para se manter informado em tempo real a respeito das constantes alterações legislativas, recomenda-se o cadastro no "Sistema Push", no *site* da Presidência da República.

➔ **b)** JURISPRUDÊNCIA: considerando o curto período decorrido desde a vigência do CPC/2015, torna-se ainda mais importante que o candidato acompanhe tanto a oscilação quanto a consolidação dos precedentes em matéria processual civil. Explica-se: (i) oscilação dos precedentes – e eventuais divergências – pode ser utilizada em provas discursivas e orais na condição de reforço argumentativo, apresentando maior amplitude de conhecimento por parte do candidato; de outra face, (ii) precedentes consolidados são relevantes em todas as fases do concurso, desde a avaliação da assertiva correta/incorreta em provas objetivas até eventuais arguições orais.

Recomenda-se que o candidato acompanhe os *sites* oficiais do STJ e do STF, cujas notícias e informativos podem ser lidos em tempo real. Assim como o *site* da Presidência da República (para lei seca), os *sites* do STJ e do STF também possuem o "Sistema Push", encaminhando as novidades diárias diretamente para o e-mail cadastrado.

Por fim, recomendam-se as seguintes funcionalidades para pesquisa de jurisprudência: (i) jurisprudência em teses – STJ; (ii) pesquisa pronta – STJ; (iii) súmulas – STJ e STF; (iv) súmulas vinculantes – STF; (v) aplicação das súmulas no STF; (vi) jurisprudência do STF e do STJ sobre o CPC/2015 (basta clicar no "martelo" disponível ao lado de cada um dos artigos – site da Presidência da República); (vii) teses de repercussão geral (STF) e recursos repetitivos (STJ).

- **c)** DOUTRINA: a escolha da doutrina varia bastante, sobretudo com base no perfil de cada candidato. Sugerem-se, a título ilustrativo, as seguintes obras: (i) Curso de Processo Civil – Daniel Mitidiero, Luiz Guilherme Marinoni e Sérgio Cruz Arenhart; (ii) Curso de Direito Processual Civil – Fredie Didier Júnior; (iii) Manual de Direito Processual Civil, Volume Único – Daniel Amorim Assumpção Neves; (iv) Código de Processo Civil para Concursos – Rodrigo da Cunha Lima Freire e Maurício Ferreira Cunha; (v) Diálogos sobre o Novo CPC – Mozart Borba; (vi) Revisaço – tanto de Processo Civil, quanto para Ministério Público Estadual.

Por fim, a título complementar, sugere-se a leitura dos (i) Enunciados do Fórum Permanente de Processualistas Civis e dos (ii) Enunciados Administrativos do STJ, elaborados na transição do CPC/1973 para o CPC/2015.

2 CONTEÚDO PROGRAMÁTICO NAS PROVAS DE MINISTÉRIO PÚBLICO ESTADUAL

Na disciplina de Direito Processual Civil o conteúdo abordado pelas bancas examinadores, em geral, é bastante homogêneo. Adota-se como padrão, nesta obra, o edital mais recente (**MPCE, Cebraspe, 2020**). Confira-se:

- **1** Normas processuais civis. 1.1 Normas (regras e princípios) fundamentais; interpretação e aplicação.

- **2** Função jurisdicional. 2.1 Jurisdição, limites e cooperação internacional.

- **3** Competência interna. 3.1 Critérios determinativos. Competência absoluta e relativa. Modificação da competência. Incompetência. Cooperação nacional.
- **4** Sujeitos do processo. Partes e Procuradores. Capacidade processual. Deveres das partes e dos procuradores. Responsabilidade por dano processual. Sucessão, substituição e representação.
- **5** Despesas, honorários advocatícios e multas. Gratuidade da justiça.
- **6** Litisconsórcio. Intervenção de terceiros. Intervenção voluntária e provocada. Assistência. Denunciação da lide. Chamamento ao processo. Incidente de desconsideração da personalidade jurídica. Amicus curiae. Outras intervenções.
- **7** Juiz. Poderes, deveres e responsabilidades. Impedimentos e suspeição.
- **8** Ministério Público. Perfil constitucional. Intervenção como parte. Intervenção como fiscal da ordem jurídica. Poderes investigatórios. Responsabilidades. Impedimentos e suspeição.
- **9** Advocacia Pública. Regime processual.
- **10** Defensoria pública. Regime processual.
- **11** Métodos de resolução dos litígios individuais e coletivos.
- **12** Conciliação, mediação, negociação e formas alternativas de resolução dos litígios.
- **13** Ação. Direito de ação. Teorias. Direito de defesa. Exceções e objeções materiais e processuais.
- **14** Processo. Atos processuais. Forma, tempo e lugar. Atos das partes. Pronunciamentos do juiz. Prazos. Penalidades e preclusões. Comunicação dos atos processuais.
- **15** Fatos jurídicos processuais. Atos, fatos e negócios processuais.
- **16** Pressupostos processuais.
- **17** Invalidades processuais.

- **18** Tutela jurisdicional. Formas de tutela. Classificações. Tutela provisória. Tutela definitiva.

- **19** Processo e procedimento. Procedimento comum e procedimentos especiais.

- **20** Jurisdição contenciosa. 20.1 Ações possessórias; inventário e partilha; embargos de terceiro; habilitação; ações de família; processos contenciosos de divórcio, separação, reconhecimento e extinção de união estável, guarda, visitação, filiação e alimentos; ação monitória.

- **21** Jurisdição voluntária. 21.1 Disposições gerais; alienações judiciais; divórcio, separação, extinção consensual de união estável e alteração do regime de bens do matrimônio; testamentos e codicilos; herança jacente; bens dos ausentes; coisas vagas; interdição, tutela e curatela e estatuto da pessoa com deficiência; organização e fiscalização das fundações.

- **22** Procedimento comum. 22.1 Petição inicial e seus requisitos, registro e distribuição, valor da causa, cumulação de pedidos; deferimento, indeferimento e emenda da inicial; improcedência liminar do pedido; audiência de conciliação ou mediação; transação e homologação; contestação e reconvenção; revelia e seus efeitos; providências preliminares e saneamento; julgamento conforme o estado do processo; saneamento e organização do processo; audiência de instrução e julgamento; provas; provas ilícitas.

- **23** Sentença. Coisa julgada.

- **24** Cumprimento provisório e definitivo da sentença.

- **25** Processo de execução. 25.1 Execução em geral; partes; competência; requisitos; formação, suspensão e extinção da execução; responsabilidade patrimonial; fraudes; espécies de execução para entrega de coisa, das obrigações de fazer ou de não fazer e por quantia certa; execução de alimentos; execução contra a Fazenda Pública.

- **26** Oposição à execução. 26.1 Impugnação ao cumprimento de sentença; embargos à execução; defesa por simples petição.

- **27** Recursos. 27.1 Disposições gerais; apelação; agravo de instrumento; agravo interno; embargos de declaração.

- **28** Recursos para o Supremo Tribunal Federal e para o Superior Tribunal de Justiça. Recurso Ordinário Constitucional. Recurso Extraordinário. Recurso Especial. Embargos de Divergência. Noções gerais e hipóteses de cabimento. Julgamento dos recursos repetitivos.

- **29** Precedentes e julgados vinculantes. Precedente, jurisprudência e súmula. Efeito vinculante. Limites do efeito vinculante. Fundamentos relevantes. Distinção e superação.

- **30** Incidente de resolução de demandas repetitivas. Incidente de assunção de competência.

- **31** Ação de usucapião. Mandado de segurança individual e coletivo. Mandado de injunção. Habeas data. Ação Popular.

Todavia, a despeito das considerações gerais citadas acima, aplicáveis a qualquer certame em nível nacional; deve-se averiguar as particularidades de determinados editais, que ora incluem matérias diversas, ora apresentam novo modo de abordagem, sobremaneira especificando temas, o que indica provável forma de ser questionado pelo examinador. Confira-se:

> **MPGO, banca própria, 2016 e 2019**:
>
> 1. Teoria Geral do Processo. Das normas processuais civis. Eficácia, Fontes e Interpretação das leis processuais. Direito intertemporal. Princípios informativos do Direito Processual. Princípios Constitucionais do Processo.
>
> (...)
>
> 12. Métodos de resolução dos litígios individuais e coletivos. Conciliação, mediação, negociação e formas alternativas de resolução dos litígios. Leis Federais n. 9.307/1996 e 13.140/2015.
>
> (...)
>
> 13. Juizado Especial Cível (Lei Federal n. 9.099/95). Processo Judicial Eletrônico (Lei Federal n. 11.419/2006). Mandado de segurança. Ação popular. Mandado de injunção. Habeas data. Ações coletivas. Súmulas, jurisprudência dos Tribunais Superiores e legislação relacionada com os temas.
>
> **MPMG, Fundep, 2017 a 2019**:
>
> 21. Processo Judicial Eletrônico. Lei de Informatização do Processo Judicial (Lei nº 11.419/2006 e Resolução 780/2014 do Tribunal de Justiça de Minas Gerais). 22. Lei de Arbitragem (Lei nº 9.307/1996). 23. Lei de Mediação (Lei nº 13.140/2015) 24. Outros diplomas normativos: Lei nº 1.060/1950. Lei n.º 7.347/1985. Lei n.º 8.069/1990. Lei n.º 8.078/1990. Lei n.º 8.429/1992. Lei n.º 8.560/1992. Lei n.º 9.099/1995. Lei nº 9.507/1997. Lei n.º

10.257/2001. Lei n.º 11.417/2006. Lei n.º 11.419/2006. Lei nº 12.016/2009. Lei nº 13.105/2015 (Código de Processo Civil). Lei nº 13.300/2016. (Atenção: todas as leis mencionadas devem ser observadas com suas respectivas atualizações).

MPSP, banca própria, 2015, 2017 e 2019:

13. Ação. Direito de ação. Teorias. Direito de defesa. Exceções e objeções materiais e processuais.

MPSC, banca própria, 2016 e 2019:

1. Princípios reitores do Processo Civil. Princípios constitucionais expressos e implícitos. Princípio da cooperação.

2. Teoria da ação: elementos, condições, tipologia das ações.

(...)

11. Provas. Teoria da prova. A função probatória no processo civil. Produção antecipada de prova. Ata notarial, depoimento pessoal, confissão, exibição de documento ou coisa. Prova documental: força probante, arguição de falsidade, produção e documentos eletrônicos. Prova testemunhal: admissibilidade, valor e produção. Prova pericial. Inspeções judiciais.

12. Sentença e coisa julgada. Teoria da decisão judicial. Elementos e efeitos da sentença. Remessa necessária. Julgamento das ações relativas a prestações de fazer, não fazer e entregar coisa. Conceito de coisa julgada. A coisa julgada no processo civil. Efeitos da coisa julgada. Liquidação de sentença.

(...)

20. Direito processual coletivo. Conceito e princípios das tutelas coletivas. Regramento da competência. Conexão e litispendência. Legitimidade ad causam. Inquérito civil: natureza jurídica, características, formas de instauração, arquivamento e o papel do Conselho Superior do Ministério Público. Compromisso de ajustamento de conduta: autorizados a celebrar, conteúdo, limites, efeitos. Execução do compromisso de ajustamento de conduta. Especificidades do processo coletivo: intervenção de terceiros, liquidação e execução de sentença, coisa julgada e reexame necessário.

21. Ação civil pública. Ritos e medidas antecipatórias na proteção da probidade administrativa, patrimônio público, consumidor e meio ambiente. Ação de ressarcimento ao erário.

22. Juizados especiais cíveis e da Fazenda Pública.

23. Assistência judiciária.

24. Prescrição das ações contra a Fazenda Pública e suas dívidas (Decreto n. 20.910/1932 e Decreto-lei n. 4.597/1942).

25. Ações constitucionais. Mandado de segurança (individual e coletivo). Mandado de injunção. Ação popular. Habeas data.

26. Processo judicial eletrônico. Informatização do processo judicial.

MPPI, Cebraspe, 2019:

23 Mandado de Segurança. 24 Ação Popular. 25 Ação Civil Pública. 26 Ação de Improbidade Administrativa. 27 Reclamação Constitucional. 28 Lei nº 8.245/1991 e suas alterações (Locação de imóveis urbanos): procedimentos. 29 Entendimento dos tribunais superiores.

MPPR, banca própria, 2016, 2017 e 2018:

17) CPC/15. Disposições Finais e Transitórias. Legislações esparsas e subsequentes alterações: Execução Fiscal (Lei nº 6.9830/80). Divórcio. Separação. União Estável (Lei nº 9.278/96). Desapropriação (Decreto-lei 3.365/41). Registros Públicos (Lei nº 6.015/73). Mandado de Segurança (Lei nº 12.016/09). Ação Popular (Lei nº 4.717/65). Habeas Data (Lei nº 9.507/97). Alimentos (Lei nº 5.478/68 e Lei nº 11.804/08). Investigação de Paternidade (Lei nº 8.560/92). Habeas Corpus no Cível. Usucapião. Juizado Especial Cível Estadual (Lei nº 9.099/95). Juizado Especial Estadual da Fazenda Pública (Lei nº 12.153/09). Juizado Especial Federal (Lei nº 10.259/01). Informatização do Processo Judicial (Lei nº 11.419/06). Lei nº 8.437/92. Lei nº 9494/97. Reflexos do CPC/15 nas legislações extravagantes.

MPBA, CEFETBahia, 2015 e 2018:

30. Precedentes e julgados vinculantes. Aproximação entre as tradições de civil law e de common law. Precedente, jurisprudência e súmula. Efeito vinculante. Limites do efeito vinculante. Fundamentos relevantes. Distinção e superação. 31. O microssistema dos Juizados Especiais Cíveis – Leis n.º 9.099/1995, 10.259/2001 e 12.153/2009: noções gerais.

MPMS, banca própria, 2015 e 2018:

Há previsão expressa da abordagem de "métodos de resolução de conflitos individuais e coletivos".

MPRO, FMP, 2017:

Das ações coletivas (Lei n 8.078, de 11 de setembro de 1990, com as alterações posteriores). Da atuação extrajudicial do Ministério Público. Do inquérito civil. Natureza jurídica e principais características. Formas de instauração. Procedimento. Diligências investigatórias. Notificações. Requisições. Crime. Sigilo. Crime do art. 10 da Lei n. 7.347/85. Valoração judicial da prova coletada no inquérito civil e peças de informação. Arquivamento do inquérito civil e das peças de informação. Papel do Conselho Superior do Ministério Público. Compromisso de ajustamento de conduta. Legitimação para celebrar. Conteúdo e limites do compromisso de ajustamento. Efeitos de sua celebração para o expediente investigatório do Ministério Público. Efeitos para outros legitimados. Execução judicial do compromisso de ajustamento de conduta descumprido. Juizado Especial Cível, Juizado Especial da Fazenda Pública. Súmulas e Jurisprudências sobre estes temas em matéria de Direito Processual Civil do STF e do STJ.

MPRR, Cebraspe, 2017:

24 Mandado de segurança. 25 Ação popular. 26 Ação civil pública. 27 Ação de improbidade administrativa. 28 Reclamação constitucional. 29 Lei nº 8.245/1991 e suas alterações (Locação de imóveis urbanos). 29.1 Procedimentos. 30 Jurisprudência dos tribunais superiores.

MPRS, banca própria, 2017:

Das ações constitucionais. Do mandado de segurança individual e coletivo (Lei n. 12.016 de 7 de agosto de 2009, com as alterações posteriores). Da ação popular (Lei n. 4.717, de 29 de junho de 1965, com as alterações posteriores). Da ação civil pública (Lei n. 7.347, de 24 de julho de 1985, com as alterações posteriores). Das ações coletivas (Lei n. 8.078, de 11 de setembro de 1990, com as alterações posteriores). Da atuação extrajudicial do Ministério Público. Do inquérito civil. Natureza jurídica e principais características. Formas de instauração. Procedimento. Diligências investigatórias. Notificações. Requisições. Crime. Sigilo. Crime do art. 10 da Lei n. 7.347/85. Valoração judicial da prova coletada no inquérito civil e peças de informação. Arquivamento do inquérito civil e das peças de informação. Papel do Conselho Superior do Ministério Público. Compromisso de ajustamento de conduta. Legitimação para celebrar. Conteúdo e limites do compromisso de ajustamento. Efeitos de sua celebração para o expediente investigatório do Ministério Público. Efeitos para outros legitimados. Execução judicial do compromisso de ajustamento de conduta descumprido.

MPAM, FMP, 2015:

Exceção de pré-executividade. Atuação extrajudicial do Ministério Público. O inquérito civil. Natureza jurídica e principais características. Formas de instauração. Procedimento. Diligências investigatórias. Notificações. Requisições. Crime. Sigilo. O crime do art. 10 da lei 7.347/85. Valoração judicial da prova coletada no inquérito civil e peças de informação. Arquivamento do inquérito civil e das peças de informação. Papel do Conselho Superior do Ministério Público. Compromisso de ajustamento de conduta: autorizados a celebrar. Conteúdo e limites do compromisso de ajustamento. Efeitos de sua celebração para o expediente investigatório do Ministério Público. Efeitos para outros legitimados. Execução judicial do compromisso de ajustamento de conduta descumprido.

MPDFT, banca própria, 2015:

PONTO 2. a) Ministério Público. Atribuições do Ministério Público no processo civil. Ministério Público demandista e resolutista. Algumas diretrizes do neoconstitucionalismo no novo perfil constitucional do Ministério Público. A aferição do interesse público.

MPRJ, banca própria, 2015 e 2017: o MPRJ apresenta particularidade com relação ao conteúdo programático, visto que há sorteio dos pontos que serão objeto de questionamento em todas as fases do certame, publicados por meio de "aviso" da banca examinadora. Veja-se o caso do último concurso, por exemplo: *"O PROCURADOR-GERAL DE JUSTIÇA DO ESTADO DO RIO DE JANEIRO, na qualidade de Presidente da Comissão do XXXV Concurso para Ingresso na Classe Inicial da Carreira do Ministério Público, TORNA PÚBLICA a relação dos pontos para as provas escritas (preliminar e especializadas) e orais do referido certame, nos termos do art. 10, caput, da Deliberação CSMP nº 67, de 14 de dezembro de 2017".* Por isso, no caso particular do MPRJ, importante que o candidato fique atento às publicações, de modo que se trata de importante instrumento de delimitação dos estudos.

Destaca-se, desde logo, que serão tecidas abaixo considerações complementares acerca dos editais (e dos respectivos pontos), analisando a forma e a frequência que os temas são questionados pelas bancas examinadoras.

3 ANÁLISE DAS ÚLTIMAS PROVAS OBJETIVAS

O objeto de análise desta obra abrange todas as provas dos concursos de ingresso à carreira do Ministério Público aplicadas entre os anos de 2015 e 2020. Confira-se a tabela abaixo, na qual constam informações sobre a banca examinadora, o respectivo MP e o ano de realização:

BANCA	MINISTÉRIO PÚBLICO	ANO
CEBRASPE	MPCE	2020
MPGO	MPGO	2019
FUNDEP	MPMG	2019
FCC	MPMT	2019
MPSP	MPSP	2019
MPSC	MPSC	2019
CEBRASPE	MPPI	2019
MPPR	MPPR	2018
CEFETBahia	MPBA	2018

BANCA	MINISTÉRIO PÚBLICO	ANO
FCC	MPPB	2018
FUNDEP	MPMG	2018
MPMS	MPMS	2018
MPRJ	MPRJ	2017
MPSP	MPSP	2017
FMP	MPRO	2017
CEBRASPE	MPRR	2017
MPPR	MPPR	2017
FUNDEP	MPMG	2017
MPRS	MPRS	2017
MPPR	MPPR	2016
MPGO	MPGO	2016
MPSC	MPSC	2016
MPRJ	MPRJ	2015
FMP	MPAM	2015
MPDFT	MPDFT	2015
FAPEC	MPMS	2015
MPSP	MPSP	2015
CEFETBahia	MPBA	2015

Analisando detidamente todas as provas citadas acima, verifica-se que os temas preferidos, em geral, das bancas examinadoras são (i) atuação/funções do Ministério Público no processo civil, (ii) recursos, (iii) tutela provisória, (iv) jurisdição e competência, (v) provas e (vi) intervenção de terceiros. Além disso, deve-se destacar a importância de matérias consideradas "novidades" ou com "nova abordagem" a partir do CPC/2015, tais como (vii) normas fundamentais do processo civil, (viii) solução consensual de conflitos, (ix) incidente de resolução de demandas repetitivas (IRDR) e incidente de assunção de competência (IAC) e, por fim, (x) ações de família.

Para facilitar a compreensão, colacionam-se tabelas, nas quais se analisam todas as referidas provas, de acordo com a banca examinadora, ano, tema e abordagem. Isso, sem dúvida, organizará e direcionará o estudo do candidato, conforme a(s) Unidade(s) da Federação desejada(s). Confira-se:

MPCE, CEBRASPE, 2020
08 questões

TEMA	ABORDAGEM
Cumprimento de sentença e execução.	Jurisprudência e lei seca.
Atuação do MP.	Lei seca.
Recursos.	Jurisprudência e lei seca.
Defensoria pública no processo civil.	Jurisprudência.
Tutela provisória.	Jurisprudência.
Precedentes.	Doutrina.
Procedimentos especiais.	Lei seca.

ESTILO DE QUESTÃO

59. A respeito do cumprimento de sentença e do processo de execução, julgue os itens a seguir.

I De acordo com a jurisprudência do STF, em sede de execução contra a fazenda pública não devem incidir os juros da mora no período compreendido entre a data de realização dos cálculos e a da expedição da requisição de pequeno valor ou do precatório.

II O indivíduo que possua título executivo extrajudicial pode optar por ajuizar ação de conhecimento em detrimento do processo de execução e, dessa forma, obter título de natureza judicial.

III Considere que João tenha requerido o cumprimento de sentença que condenou Marcela a lhe pagar a quantia de cem mil reais. Nesse caso, o Código de Processo Civil (CPC) permite que a devedora seja intimada na pessoa de seu advogado, devidamente constituído nos autos, por meio de publicação no Diário da Justiça, para cumprir a sentença.

IV Em ação que contenha pedido de reconhecimento de paternidade cumulado com pedido de alimentos, ainda que já seja possível a execução provisória em razão do recurso do réu ter sido recebido apenas no efeito devolutivo, o prazo prescricional para o cumprimento da sentença que condene o réu ao pagamento de verba alimentícia retroativa não se iniciará antes do trânsito em julgado da sentença que reconheça a paternidade.

Estão certos apenas os itens

A) I e II.
B) I e IV.
C) II e III.
D) I, III e IV.
E) II, III e IV.

Gabarito: alternativa "E".

A "assertiva I" está incorreta, visto que colide com a jurisprudência do STF e do STJ sobre o tema. Confira-se: *"Incidem juros da mora no período compreendido entre a data da realização dos cálculos e a da requisição ou do precatório"* (STF, Plenário, RE 579431/RS, Rel. Marco Aurélio, julgado em 19/04/2017, publicado no Informativo 861). Em igual sentido: *"3. Nova redação que se dá ao enunciado de Tema Repetitivo 291/STJ: incidem os juros da mora no período compreendido entre a data da realização dos cálculos e a da requisição ou do precatório. 4. Questão de ordem acolhida a fim de dar nova redação ao Tema 291/STJ, em conformidade com Parecer favorável do MPF e em estrita observância da redação conferida ao tema pelo STF"* (QO no REsp 1665599/RS, Rel. Ministro NAPOLEÃO NUNES MAIA FILHO, CORTE ESPECIAL, julgado em 20/03/2019, DJe 02/04/2019).

A "assertiva II" está correta, visto que em conformidade com o art. 785 do CPC: *"A existência de título executivo extrajudicial não impede a parte de optar pelo processo de conhecimento, a fim de obter título executivo judicial".*

A "assertiva III" está correta, devendo-se atentar para o disposto no art. 513, § 2º, inciso I, do CPC: *"Art. 513. (...) § 2º O devedor será intimado para cumprir a sentença: I – pelo Diário da Justiça, na pessoa de seu advogado constituído nos autos".*

A "assertiva IV" está correta, sugerindo-se que o candidato avalie a jurisprudência do STJ sobre o tema. Confira-se: *"2. O prazo prescricional para o cumprimento de sentença que condenou ao pagamento de verba alimentícia retroativa se inicia tão somente com o trânsito em julgado da decisão que reconheceu a paternidade. 2.1. A possibilidade da execução provisória de sentença em virtude da atribuição apenas do efeito devolutivo ao recurso de apelação, não pode ter o condão de modificar o termo inicial da prescrição"* (REsp 1634063/AC, Rel. Ministro MOURA RIBEIRO, TERCEIRA TURMA, julgado em 20/06/2017, DJe 30/06/2017).

MPGO, banca própria, 2019

08 questões

TEMA	ABORDAGEM
Impenhorabilidade.	Jurisprudência.
Funções do MP e princípios.	Doutrina.
Execução e TAC.	Lei Seca.
Processo de conhecimento.	Lei seca e doutrina.
Jurisdição.	Lei seca.
Atos processuais.	Lei seca.
Provas.	Lei seca e doutrina.
Processo de execução.	Lei seca.

ESTILO DE QUESTÃO

"A consagração do direito à prova como um direito fundamental significa o reconhecimento da máxima potencialidade possível (efetividade) a ser atribuído ao mecanismo probatório, assegurando às partes do processo todos os meios considerados úteis e idôneos para que possam influenciar no convencimento do juiz, o que implica a inviabilidade de criação de obstáculos legislativos irracionais ou não razoáveis que tornem praticamente impossível ou extremamente difícil o seu exercício, sob pena de a vedação legislativa ter de ser considerada inconstitucional" (CAMBI, Eduardo. Direito constitucional à prova no processo civil. São Paulo: RT, 2001. p. 200-201). Acerca do tema sobre a prova, assinale a alternativa incorreta:

A O Código de Processo Civil trouxe, diversamente do CPC/1973, a prova emprestada como prova típica, regulando sua utilização no processo.

B A regra do Código de Processo Civil é a distribuição estática do ônus da prova, mediante a prefixação abstrata das hipóteses em que o autor e o réu são onerados. Podem as partes, no entanto, convencionarem diversamente, desde que durante o trâmite processual, a distribuição do ônus da prova, encontrando-se limites na indisponibilidade do direito ou no tornar excessivamente difícil a uma parte o exercício do direito.

C A produção antecipada de prova, antes arrolada entre as cautelares, passa a ser um típico procedimento probatório. Ao contrário do ordenamento processual anterior, não se faz delimitação dos meios de prova passíveis de serem realizados antecipadamente, possibilitando que todos os meios de prova admissíveis possam ser realizados de forma antecipada

D Preservado o direito de não produzir prova contra si própria, incumbe à parte comparecer em juízo, respondendo ao que lhe for interrogado, colaborar com o juízo na realização de inspeção judicial que for considerada necessária e praticar o ato que lhe for determinado.

Gabarito: alternativa "B".

Ao lado dos apontamentos doutrinários básicos para a compreensão da questão, o candidato deverá estar atento à redação dos seguintes dispositivos legais:

- "Assertiva A": *"Art. 372, CPC. O juiz poderá admitir a utilização de prova produzida em outro processo, atribuindo-lhe o valor que considerar adequado, observado o contraditório".*

- "Assertiva B": *"Art. 373, CPC (...) § 3º A distribuição diversa do ônus da prova também pode ocorrer por convenção das partes, salvo quando: I – recair sobre direito indisponível da parte; II – tornar excessivamente difícil a uma parte o exercício do direito. § 4º A convenção de que trata o § 3º pode ser celebrada antes ou durante o processo".*
- "Assertiva C": *"Art. 381, CPC. A produção antecipada da prova será admitida nos casos em que: I – haja fundado receio de que venha a tornar-se impossível ou muito difícil a verificação de certos fatos na pendência da ação; II – a prova a ser produzida seja suscetível de viabilizar a autocomposição ou outro meio adequado de solução de conflito; III – o prévio conhecimento dos fatos possa justificar ou evitar o ajuizamento de ação".*
- "Alternativa D": *"Art. 379, CPC. Preservado o direito de não produzir prova contra si própria, incumbe à parte: I – comparecer em juízo, respondendo ao que lhe for interrogado; II – colaborar com o juízo na realização de inspeção judicial que for considerada necessária; III – praticar o ato que lhe for determinado".*

MPGO, banca própria, 2019

09 questões – prova anulada

TEMA	ABORDAGEM
Funções do MP.	Lei seca e jurisprudência.
Normas fundamentais do processo civil.	Lei seca.
Jurisdição.	Lei seca.
Tutela provisória.	Lei seca.
Interdição.	Lei seca.
Solução consensual de conflitos.	Doutrina.
Mandado de segurança.	Jurisprudência.
Processo de execução.	Lei seca.
Recursos.	Lei seca.

MPMG, FUNDEP, 2019

09 questões

TEMA	ABORDAGEM
Intervenções de terceiros.	Lei seca.

TEMA	ABORDAGEM
Impedimento e suspeição.	Lei seca.
Atos de comunicação processual.	Lei seca.
Tutela provisória.	Lei seca.
Provas.	Lei seca.
Arbitragem.	Lei seca.
Mediação.	Lei seca.
Saneamento e organização do processo.	Lei seca.
Reclamação.	Lei seca.

MPMT, FCC, 2019

10 questões

TEMA	ABORDAGEM
Funções do MP.	Lei seca e jurisprudência.
Recursos.	Lei seca.
Petição inicial.	Lei seca.
Competência.	Lei seca.
Prazos.	Lei seca.
Sentença.	Doutrina.
Tutela provisória.	Lei seca.
Execução de alimentos.	Lei seca.
Ações possessórias.	Lei seca.

ESTILO DE QUESTÃO

Relativamente às suas funções no Processo Civil, é correto afirmar que o Ministério Público:

A atuará na defesa da ordem pública, do regime democrático e dos interesses e direitos sociais e individuais, disponíveis ou indisponíveis.

B tem legitimidade para recorrer no processo em que oficiou como fiscal da lei, desde que haja recurso próprio da parte.

C tem legitimidade ativa para ajuizar ação de alimentos em proveito da criança ou adolescente independentemente do exercício do poder familiar dos pais, ou do fato de o menor se encontrar nas situações de risco descritas no Estatuto da Criança e do Adolescente, ou de quaisquer outros questionamentos acerca da existência ou eficiência da Defensoria Pública na comarca.

D tem legitimidade para recorrer na ação de acidente do trabalho, a não ser que o segurado esteja assistido por advogado.

E enquadra seu membro como civil, regressiva ou diretamente responsável quando agir com culpa, dolo ou fraude no exercício de suas funções.

Gabarito: alternativa "C".

A "assertiva A" está incorreta, visto que colide com o disposto no art. 127 da Constituição da República, assim redigido: *"Art. 127. O Ministério Público é instituição permanente, essencial à função jurisdicional do Estado, incumbindo-lhe a defesa da ordem jurídica, do regime democrático e dos interesses sociais e individuais indisponíveis".* No mesmo sentido, o art. 176 do CPC: "*O Ministério Público atuará na defesa da ordem jurídica, do regime democrático e dos interesses e direitos sociais e individuais indisponíveis*". Em conclusão, perceba-se: (a) incumbe ao Ministério Público a defesa da "ordem jurídica", e não da "ordem pública", termo utilizado pela banca examinadora; (b) em caso de defesa de interesses e direitos "individuais", o texto constitucional refere-se somente aos de "natureza indisponível".

A "assertiva B" está incorreta, considerando que a jurisprudência do Superior Tribunal de Justiça reconhece a legitimidade recursal do Ministério Público na condição de fiscal da ordem jurídica, ainda que não haja recurso das partes. Confira-se: "*I. Na forma da jurisprudência do STJ, 'o Ministério Público tem legitimidade para recorrer nos processos em que oficiou como custos legis, ainda que se trate de controvérsia relativa a direitos individuais disponíveis e as partes estejam devidamente representadas por advogados. Enunciado da Súmula n. 99/STJ, art. 499 do Código de Processo Civil de 1973, art. 996 do Código de Processo Civil de 2015. Precedentes do STF e do STJ. Preliminar de ilegitimidade recursal do Parquet afastada' (STJ, AgInt no Resp 1.606.433/RS, Rel. Ministro FRANCISCO FALCÃO, SEGUNDA TURMA, DJe de 10/03/2017)*" (AgInt no AgRg no AREsp 83.968/SE, Rel. Ministra ASSUSETE MAGALHÃES, SEGUNDA TURMA, julgado em 22/04/2020, DJe 24/04/2020).

A "assertiva C" está correta, tendo em vista que encontra ressonância na juriprudência do STJ, consolidada no Enunciado 594. Confira-se: "*O Ministério Público tem legitimidade ativa para ajuizar ação de alimentos em proveito de criança ou adolescente independentemente do exercício do poder familiar dos pais, ou do fato de o menor se encontrar nas situações de risco descritas no art. 98 do Estatuto da Criança e do Adolescente, ou de quaisquer outros questionamentos acerca da existência ou eficiência da Defensoria Pública na comarca. (Súmula 594, SEGUNDA SEÇÃO, julgado em 25/10/2017, DJe 06/11/2017)".* Assim, a legitimidade ativa do MP independe (a) do exerício do poder familiar por parte dos genitores; (b) do fato do infante se encontrar, ou não, em situação de risco, nos termos do art. 98 do ECA; (c) de questionamento sobre a existência ou eficiência da Defensoria Pública na comarca.

A "assertiva D" está incorreta, por força da incompatibilidade com o Enunciado 226 do STJ. Confira-se: "*O Ministério Público tem legitimidade para recorrer na ação de acidente do trabalho, ainda que o segurado esteja assistido por advogado. (Súmula 226, CORTE ESPECIAL, julgado em 02/08/1999, DJ 01/10/1999)".* Segundo o enunciado, o reconhecimento da legitimidade recursal do MP independe do segurado estar, ou não, assistido por advogado.

A "assertiva E" está incorreta, devendo-se observar o art. 181 do CPC, assim redigido: "*O membro do Ministério Público será civil e regressivamente responsável quando agir com dolo ou fraude no exercício de suas funções".* Assim, a responsabilidade civil do membro do MP será de ordem regressiva (e não *"regressiva ou diretamente responsável"*), restringindo-se aos casos em que agir com dolo ou fraude no exercício das suas funções (e não *"quando agir com culpa, dolo ou fraude no exercício de suas funções"*).

MPSP, banca própria, 2019

10 questões

TEMA	ABORDAGEM
Poderes do juiz.	Lei seca.
Prazos.	Lei seca.
Tutela provisória.	Lei seca.
Incidente de resolução de demanda repetitiva.	Lei seca.
Desconsideração da personalidade jurídica.	Lei seca.
Reexame necessário.	Lei seca.
Recursos.	Lei seca.
Provas.	Lei seca.

ESTILO DE QUESTÃO

42. Em relação ao incidente de resolução de demandas repetitivas, assinale a alternativa INCORRETA.

(A) Não será examinado o mérito do incidente se houver desistência ou abandono do processo.

(B) A sua admissão provoca a suspensão dos processos pendentes, individuais ou coletivos, que tramitam no Estado ou na Região, conforme o caso.

(C) Autoriza o juiz, nas causas que dispensem a fase instrutória, a julgar liminarmente improcedente o pedido que contrarie o entendimento nele firmado.

(D) Admite-se recurso do *amicus curiae* contra a decisão que o julga.

(E) Deverá intervir obrigatoriamente o Ministério Público.

Gabarito: alternativa "A".

A "assertiva A" está incorreta, porquanto o art. 976, § 1º, do CPC ressalta que *"a desistência ou o abandono do processo não impede o exame de mérito do incidente"*. Por sua vez, as demais assertivas estão de acordo com o texto legal. Confira-se:

- "Assertiva B" (art. 982, I, do CPC): *"Art. 982. Admitido o incidente, o relator": I – "suspenderá os processos pendentes, individuais ou coletivos, que tramitam no Estado ou na região, conforme o caso".*
- "Assertiva C" (art. 332, III, do CPC): *"Art. 332. Nas causas que dispensem a fase instrutória, o juiz, independentemente da citação do réu, julgará liminarmente improcedente o pedido que contrariar": (...) "III – entendimento firmado em incidente de resolução de demandas repetitivas ou de assunção de competência".*
- "Assertiva D" (art. 138, § 3º, do CPC): *"Art. 138 (...) § 3º O amicus curiae pode recorrer da decisão que julgar o incidente de resolução de demandas repetitivas".*
- "Assertiva E" (art. 976, § 2º, do CPC): *"Art. 976 (...) § 2º Se não for o requerente, o Ministério Público intervirá obrigatoriamente no incidente e deverá assumir sua titularidade em caso de desistência ou de abandono".*

MPSC, banca própria, 2019

30 questões de V ou F

TEMA	ABORDAGEM
Tutela de urgência.	Lei seca.
Competência.	Lei seca.

TEMA	ABORDAGEM
Provas.	Lei seca.
Normas fundamentais do processo civil.	Lei seca.
Intervenção de terceiros.	Lei seca.
Coisa julgada.	Jurisprudência.
Prazos processuais.	Lei seca.
Sentença.	Lei seca.
Recursos.	Jurisprudência.
Nulidades.	Jurisprudência.
Solução consensual dos conflitos.	Doutrina.
Ação possessória.	Lei seca.
Litisconsórcio.	Lei seca.
Atuação do MP.	Jurisprudência e lei seca.
Audiência.	Lei seca.
Assunção de competência.	Lei seca.
Precedentes.	Doutrina e lei seca.
Ações de família.	Lei seca.
Inventário.	Lei seca.
Ações constitucionais.	Jurisprudência.

ESTILO DE QUESTÃO

O Código de Processo Civil adota o modelo multiportas, de modo que cada demanda deve ser submetida à técnica ou método mais adequado para a sua solução e devem ser adotados todos os esforços para que as partes cheguem a uma solução consensual do conflito. Em regra, apenas se não for possível a solução consensual, o processo seguirá para a segunda fase, litigiosa, voltada para instrução e julgamento adjudicatório do caso.

Gabarito: CERTO

A temática do "Sistema Multiportas" vem sendo questionada em outros certames de Ministério Público (como é o caso do MPGO e do MPSC). Sobre o tema, em primeiro lugar, deve-se observar o disposto no art. 3º, § 3º, do CPC, assim redigido: *"A conciliação, a mediação e outros métodos de solução consensual de conflitos deverão ser estimulados por juízes, advogados, defensores públicos e membros do Ministério Público, inclusive no curso do processo judicial"*.

Além disso, confira-se precedente do STJ: *"A desjudicialização dos conflitos e a promoção do sistema multiportas de acesso à justiça deve ser francamente incentivada, estimulando-se a adoção da solução consensual, dos métodos autocompositivos e do uso dos mecanismos adequados de solução das controvérsias, tendo como base a capacidade que possuem as partes de livremente convencionar e dispor sobre os seus bens, direitos e destinos"* (REsp 1623475/PR, Rel. Ministra NANCY ANDRIGHI, TERCEIRA TURMA, julgado em 17/04/2018, DJe 20/04/2018).

Por fim, destaca-se que, de acordo com o STJ, o sistema multiportas (*multi-door system*) aplica-se na seara penal, a exemplo do que ocorre com as medidas despenalizadoras no âmbito do juizado especial criminal. Confira-se: *"1. Tratando-se de caso envolvendo Juizado Especial Criminal, importante ressaltar que as medidas despenalizadoras são como verdadeiros alicerces de política criminal que visam possibilitar maior celeridade e efetividade às infrações de menor potencial ofensivo, no contexto maior de desjudicialização dos conflitos e sistema multiportas de acesso à Justiça, ressalvada sempre a possibilidade de constatação de ilegalidade como em qualquer ato do processo penal"* (RHC 107.603/PR, Rel. Ministro RIBEIRO DANTAS, QUINTA TURMA, julgado em 13/08/2019, DJe 19/08/2019).

MPPI, CEBRASPE, 2019

07 questões

TEMA	ABORDAGEM
Honorários advocatícios (e gratuidade).	Jurisprudência.
Recursos.	Jurisprudência.
Ações de família.	Lei seca.
Contrato de locação.	Lei seca.
Intervenção de terceiros.	Lei seca.
Procedimento comum.	Lei seca.
Atuação do MP.	Lei seca.
Execução de alimentos.	Lei seca.
Ação civil pública.	Jurisprudência.
Mandado de segurança.	Jurisprudência.

MPPR, banca própria, 2018

12 questões

TEMA	ABORDAGEM
Normas fundamentais.	Lei seca.
Jurisdição e ação.	Lei seca.
Competência.	Lei seca.
Deveres das partes e procuradores.	Lei seca.
Litisconsórcio.	Lei seca.
Intervenção de terceiros.	Lei seca.
Conciliação e mediação.	Lei seca.
Nulidades.	Lei seca.
Petição inicial.	Lei seca.
Sentença e coisa julgada.	Lei seca.
Processos nos tribunais.	Lei seca.
Recursos.	Lei seca.

MPBA, CEFETBahia, 2018

15 questões

TEMA	ABORDAGEM
Recursos.	Lei seca.
Teoria dos precedentes.	Lei seca.
Incidente de resolução de demandas repetitivas.	Lei seca.
Aplicação da lei processual no tempo.	Lei seca.
Competência.	Lei seca.
Jurisdição.	Lei seca.
Direito de ação.	Doutrina.
Partes e seus procuradores.	Lei seca.
Sentença.	Lei seca e doutrina.
Incidente de assunção de competência.	Lei seca e doutrina.
Coisa julgada.	Lei seca.
Impedimento e suspeição.	Lei seca.
Reclamação constitucional.	Lei seca.
Atuação do MP.	Lei seca e jurisprudência.
Recurso ordinário constitucional.	Lei seca e doutrina.

ESTILO DE QUESTÃO

30. Os pressupostos de admissibilidade merecem análise prévia a ser feita pelo órgão jurisdicional, e, quando presentes, propiciam o seguimento do recurso para que o mérito recursal seja julgado. Sobre o juízo de admissibilidade recursal, uma das alternativas abaixo não encontra respaldo na nossa lei processual civil. Assinale-a.

A O juízo de admissibilidade recursal, no caso da apelação, será feito pelos tribunais responsáveis pelo seu julgamento, sendo dispensável aos juízes de primeiro grau exercê-lo.

B Após o cumprimento das formalidades perante os tribunais de origem, far-se-á a remessa do Recurso Especial ou do Recurso Extraordinário ao Superior Tribunal de Justiça ou ao Supremo Tribunal Federal, independentemente de juízo de admissibilidade, onde deverão ser processados.

C Pode ser negado seguimento ao recurso extraordinário pelo órgão destinatário, independentemente de juízo positivo de admissibilidade pelo remetente.

D Proferido juízo positivo de admissibilidade no Tribunal de origem e pelo relator no Superior Tribunal de Justiça (STJ) ou ao Supremo Tribunal Federal (STF), ainda assim pode ter o seu processamento obstado pela turma ou seção julgadora do mérito recursal.

E Do juízo de admissibilidade negativo, impeditivo da remessa ao Supremo Tribunal Federal (STF) ou ao Superior Tribunal de Justiça (STJ), caberá agravo ao tribunal superior.

Gabarito: alternativa "B".

Busca-se a assertiva incorreta. Por isso, a "assertiva B" deverá ser marcada pelo candidato, visto que não está de acordo com o art. 1.030, V, do CPC, assim redigido: *"Art. 1.030. Recebida a petição do recurso pela secretaria do tribunal, o recorrido será intimado para apresentar contrarrazões no prazo de 15 (quinze) dias, findo o qual os autos serão conclusos ao presidente ou ao vice-presidente do tribunal recorrido, que deverá" (...) "V – realizar o juízo de admissibilidade e, se positivo, remeter o feito ao Supremo Tribunal Federal ou ao Superior Tribunal de Justiça"* (...). Por sua vez, as demais assertivas estão de acordo com o texto legal.

MPPB, FCC, 2018

12 questões

TEMA	ABORDAGEM
Competência.	Lei seca.
Revelia.	Lei seca.

TEMA	ABORDAGEM
Desconsideração da personalidade jurídica.	Lei seca.
Sentença.	Lei seca.
Liquidação de sentença.	Lei seca.
Atuação do MP.	Lei seca.
Recursos.	Lei seca.
Técnica de julgamento ampliado.	Lei seca.
Mandado de segurança coletivo.	Lei seca.
Ação civil pública.	Lei seca.
Improbidade administrativa.	Lei seca.
Tutela provisória.	Lei seca.

MPMG, FUNDEP, 2018
10 questões

TEMA	ABORDAGEM
Procedimentos especiais.	Lei seca.
Recursos.	Lei seca.
Improbidade administrativa.	Lei seca.
Jurisdição.	Lei seca.
Procedimento comum.	Lei seca.
Arbitragem.	Lei seca.
Mediação e conciliação.	Lei seca.
Atuação do MP.	Lei seca.
Provas.	Lei seca e doutrina.
Cumprimento de sentença e execução.	Lei seca.

MPMS, banca própria, 2018
12 questões

TEMA	ABORDAGEM
Normas fundamentais do processo.	Lei seca (CPC e Resolução do CNJ).
Cooperação internacional.	Lei seca.
Sentença.	Lei seca.
Tutela provisória.	Lei seca.
Antecipação de tutela.	Lei seca.

TEMA	ABORDAGEM
Atuação do MP.	Lei seca e jurisprudência.
Intervenção de terceiros.	Lei seca.
Comunicação dos atos processuais.	Lei seca.
Provas.	Lei seca.
IRDR.	Lei seca.
Recursos.	Lei seca.

MPSP, banca própria, 2017

10 questões

TEMA	ABORDAGEM
Reconvenção.	Lei seca.
Extinção do processo.	Lei seca.
Atuação do MP.	Lei seca.
IAC e IRDR.	Lei seca.
Competência.	Lei seca.
Mandado de segurança.	Lei seca.
Execução de alimentos.	Lei seca.
Desconsideração da personalidade jurídica.	Lei seca.
Assistência judiciária.	Lei seca.
Inventário.	Lei seca.

MPRJ, banca própria, 2017

02 questões discursivas

TEMA	ABORDAGEM
Atuação do MP.	Doutrina.
Ações coletivas.	Doutrina.
Negócios jurídicos processuais.	Doutrina.

ESTILO DE QUESTÃO

9ª Questão – Direito Processual Civil (Valor: 5 pontos)

A cláusula geral de negociação processual prevista no art. 190, CPC, autoriza que as partes convertam qualquer espécie de procedimento especial em procedimento comum?

Resposta objetivamente fundamentada.

PADRÃO APRESENTADO PELA BANCA EXAMINADORA: *"Deverá ser abordada a distinção de classificação entre os procedimentos* *especiais, podendo eles, nesse particular, se subdividirem em opcionais (ou facultativos) ou obrigatórios. Imprescindível, ainda, a contextualização normativa com referências, no mínimo, aos arts. 190 e 327, §2º, CPC. Aos procedimentos especiais opcionais (exs: mandado de segurança, ações possessórias, Juizados Especiais Cíveis, ação monitória etc.) se aplicam irrestritamente as potencialidades decorrentes da cláusula geral de negociação. Já procedimentos especiais obrigatórios (exs: inventário e partilha, interdição, desapropriação, falência, etc.) conduzem a um regime diverso de aplicação da cláusula geral de negociação processual, não se aplicando, em regra, a conversibilidade, salvo se se ampliar a garantia do núcleo essencial que diferencia e justifica o procedimento especial; nos demais casos, a irredutibilidade ao procedimento comum é absoluta".*

MPRO, FMP, 2017

07 questões

TEMA	ABORDAGEM
Competência.	Lei seca.
Capacidade processual.	Lei seca.
Atuação do MP.	Lei seca.
IRDR.	Lei seca.
Recursos.	Lei seca.
Litisconsórcio.	Lei seca.
Tutela de urgência.	Lei seca.

MPRR, CEBRASPE, 2017

08 questões

TEMA	ABORDAGEM
Tutela coletiva.	Lei seca e jurisprudência.
Procedimentos especiais.	Lei seca.
Tutela de urgência.	Lei seca.
Atuação do MP.	Jurisprudência.
Atuação do MP.	Lei seca e jurisprudência.
Procedimento comum.	Lei seca.
Recursos e processos nos tribunais.	Lei seca, doutrina e jurisprudência.
Provas, revelia, sentença, coisa julgada.	Lei seca e doutrina.

MPPR, banca própria, 2017
10 questões

TEMA	ABORDAGEM
Normas fundamentais.	Lei seca.
Jurisdição, ação e processo.	Lei seca e doutrina.
Sujeitos do processo.	Lei seca.
Litisconsórcio e intervenção de terceiros.	Lei seca.
Atuação do MP.	Lei seca.
Tutela provisória.	Lei seca e doutrina.
Petição inicial.	Lei seca.
Provas.	Lei seca.
Regime de processos nos tribunais.	Lei seca.
Recursos.	Lei seca.

MPMG, FUNDEP, 2017
10 questões

TEMA	ABORDAGEM
Recursos.	Lei seca.
Competência.	Lei seca.
Litisconsórcio.	Lei seca.
Provas.	Lei seca.
Tutela provisória.	Lei seca.
Execução.	Lei seca.
Procedimentos especiais.	Lei seca.
Nulidades.	Lei seca.
IRDR.	Lei seca.
Calendarização dos atos processuais.	Lei seca.

MPRS, banca própria, 2017
08 questões

TEMA	ABORDAGEM
Impedimento e suspeição.	Lei seca.
Atos processuais.	Lei seca.
Liquidação de sentença.	Lei seca.

Partilha.	Lei seca.
Ações de família.	Lei seca.
Execução.	Lei seca.
Embargos de declaração.	Lei seca.
Ações possessórias.	Lei seca.

MPPR, banca própria, 2016
10 questões

TEMA	ABORDAGEM
Normas fundamentais.	Lei seca e doutrina.
Jurisdição e ação.	Lei seca e doutrina.
Sujeitos do processo.	Lei seca.
Atuação do MP.	Lei seca.
Atos processuais.	Lei seca.
Tutela provisória.	Lei seca.
Processo de conhecimento.	Lei seca.
Provas.	Lei seca.
Sentença.	Lei seca.
Cumprimento de sentença.	Lei seca.
Ordem dos processos nos tribunais (IAC, apelação, técnica de julgamento ampliado).	Lei seca.
Recursos.	Lei seca.

EXEMPLO DE QUESTÃO:

51. Sobre as normas fundamentais do Processo Civil e os temas de jurisdição e ação, assinale a alternativa correta:

(A) A Constituição da República Federativa do Brasil serve, para o Direito Processual Civil, como critério de validade, sem influenciar a interpretação dos dispositivos legais;

(B) A atuação da jurisdição depende da constatação de lesão a direito, sem se cogitar sobre uma atuação preventiva em casos de ameaças a direitos;

(C) Para o Código de Processo Civil de 2015, o contraditório é garantia de ouvir e ser ouvido, não tendo relação com os ônus processuais, os deveres nem à aplicação de sanções processuais;

(D) De acordo com o Código de Processo Civil de 2015, postular em juízo requer interesse de agir, legitimidade de parte e possibilidade jurídica do pedido;

E O interesse do autor pode ser limitar à declaração do modo de ser relação jurídica, ainda que não exista pedido de condenação ou de reparação de dano.

Gabarito: alternativa "E".

Nesta questão, muito embora seja, na essência, abordado o mero texto de lei seca, o conhecimento básico da doutrina evitará que o candidato incorra em equívocos evitáveis, assim como auxiliará na execução do raciocínio jurídico. Sobre as assertivas, perceba-se:

A "assertiva A" está incorreta, pois as normas do CPC serão interpretadas segundo os valores e normas fundamentais anunciados na Constituição da República. Confira-se o art. 1º do CPC: *"O processo civil será ordenado, disciplinado e interpretado conforme os valores e as normas fundamentais estabelecidos na Constituição da República Federativa do Brasil, observando-se as disposições deste Código".*

A "assertiva B" está incorreta, visto que o art. 3º do CPC determina que *"não se excluirá da apreciação jurisdicional ameaça ou lesão a direito"*, de modo que abrange a tutela repressiva, bem como a de natureza preventiva.

A "assertiva C" está incorreta, tendo em vista que o art. 7º do CPC refere que *"é assegurada às partes paridade de tratamento em relação ao exercício de direitos e faculdades processuais, aos meios de defesa, aos ônus, aos deveres e à aplicação de sanções processuais, competindo ao juiz zelar pelo efetivo contraditório"*, de modo que o exercício do contraditório também possui relação com os *ônus processuais, os deveres e a aplicação de sanções processuais.*

A "assertiva D" está incorreta, considerando que o art. 17 do CPC elenca somente dois elementos: interesse e legitimidade. Confira-se: *"Para postular em juízo é necessário ter interesse e legitimidade".*

A "assertiva E" encontra respaldo no art. 19, I, do CPC. Confira-se a redação, na íntegra, do dispositivo: *"Art. 19. O interesse do autor pode limitar-se à declaração: I – da existência, da inexistência ou do modo de ser de uma relação jurídica; II – da autenticidade ou da falsidade de documento".*

MPGO, banca própria, 2016

09 questões

TEMA	ABORDAGEM
Técnica de julgamento ampliado.	Lei seca.
Julgamento conforme o estado do processo.	Lei seca.
Normas fundamentais do processo.	Lei seca.
Desconsideração da personalidade jurídica.	Lei seca.
Petição inicial.	Lei seca.
Reconvenção.	Lei seca.
Formação e suspensão do processo.	Lei seca.
Competência.	Lei seca.
Atuação do MP.	Lei seca.
Procedimento comum.	Lei seca.

MPSC, banca própria, 2016

30 questões de V ou F

TEMA	ABORDAGEM
Normas fundamentais.	Lei seca.
Tutela de evidência.	Lei seca.
Tutela inibitória.	Lei seca.
Astreintes.	Jurisprudência.
Competência.	Lei seca.
Atuação do MP.	Lei seca.
Recursos.	Jurisprudência.
Desconsideração da personalidade jurídica.	Lei seca.
Amicus curiae.	Lei seca.
Tutela de urgência e evidência.	Lei seca.
Prazos processuais.	Lei seca.
IRDR.	Lei seca.
Julgamento antecipado de mérito.	Lei seca.
Alimentos.	Lei seca.
Rescisória.	Lei seca.
Incidente de assunção de competência.	Lei seca.
Ações de família.	Lei seca.
Reexame necessário.	Lei seca.
Juizados especiais.	Lei seca.
Mandado de segurança.	Lei seca e jurisprudência.

MPRJ, banca própria, 2015

02 questões discursivas

TEMA	ABORDAGEM
Citação.	Lei seca e doutrina.
Interesse recursal do MP no processo coletivo.	Doutrina.

MPAM, FMP, 2015

07 questões

TEMA	ABORDAGEM
Petição inicial.	Lei seca.
Provas.	Lei seca.
Recursos.	Lei seca.
Ação civil pública.	Lei seca.
Defesa do consumidor em juízo.	Lei seca.
Atuação do MP.	Lei seca.
Coisa julgada.	Lei seca.

MPDFT, banca própria, 2015

15 questões

TEMA	ABORDAGEM
Comparações entre CPC/15 e CPC/73.	Lei seca e doutrina.
Princípios.	Lei seca e doutrina.
Atuação do MP.	Lei seca e jurisprudência.
Resolução alternativa de conflitos.	Lei seca e doutrina.
Princípios da tutela coletiva.	Lei seca e doutrina.
Procedimentos extrajudiciais.	Lei seca e doutrina.
Ações possessórias.	Lei seca e doutrina.
Ação popular.	Lei seca e doutrina.
Ações de família.	Lei seca e doutrina.
Recursos.	Lei seca e doutrina.
Sentença e coisa julgada.	Lei seca e doutrina.
Ação civil pública.	Lei seca e doutrina.
Mandado de segurança coletivo.	Lei seca e doutrina.

EXEMPLO DE QUESTÃO

QUESTÃO 59

Mauro Cappelletti relaciona a "terceira onda de acesso à justiça" aos métodos alternativos de solução dos conflitos (In Os métodos alternativos de solução de conflitos no quadro do movimento universal de acesso à justiça, RePro 74/82, São Paulo, editora RT). Sobre o tema, julgue os itens a seguir:

I. No procedimento comum ordinário, a audiência de tentativa de conciliação acontece após transcorrido o prazo de contestação do réu e se a causa versar sobre direitos que admitam a transação. Cabe, contudo, ao juiz tentar, a qualquer tempo, conciliar as partes.

II. Para as novas regras do Código de Processo Civil de 2015, não é necessária a espera do transcurso do prazo de contestação, para que o juiz designe a primeira audiência de conciliação ou de mediação.

III. Coincidem, contudo, os dois diplomas processuais civis – CPC/1973 e CPC/2015, acerca do não comparecimento injustificado da parte, procurador ou preposto, na primeira audiência de conciliação, isto é, ambos os códigos consideram a ausência injustificada como mero desinteresse na conciliação.

IV. Nos procedimentos dos juizados especiais cíveis (Lei 9.099/1995) a solução dos conflitos será obtida pela homologação judicial do termo de conciliação ou do laudo do juízo arbitral, bem assim, caso não obtidas tais soluções, pelo julgamento do juiz togado, após audiência de instrução e julgamento.

V. Conciliação e mediação são termos intercambiáveis, no novo Código de Processo Civil de 2015, e significam que o conciliador ou mediador podem sugerir soluções para o encerramento do litígio entre as partes.

Assinale a alternativa que contém os itens CORRETOS:

Ⓐ III, IV e V.

Ⓑ I, II e IV.

Ⓒ II, IV e V.

Ⓓ II, III e IV.

Ⓔ I, III e IV.

Gabarito: alternativa "B".

De início, destacam-se dois pontos centrais da questão: (i) a introdução ao tema foi realizada por meio de conceito doutrinário a respeito da "terceira onda de acesso à justiça", embora as assertivas possuam ligação maior ao mero texto legislativo; (ii) mesclam-se conceitos e previsões normativas do CPC/1973 e do CPC/2015, considerando que se trata de certame aplicado no período de transição legislativa.

A "assertiva I" está correta, visto que encontra respaldo nos arts. 125, IV e 331, ambos do CPC/1973.

A "assertiva II" está correta, pois observa o disposto no art. 334 do CPC/2015: *"Se a petição inicial preencher os requisitos essenciais e não for o caso de improcedência liminar do pedido, o juiz designará audiência de conciliação ou de mediação com antecedência mínima de 30 (trinta) dias, devendo ser citado o réu com pelo menos 20 (vinte) dias de antecedência".*

A "assertiva III" está incorreta, colidindo com o art. 334, § 8º, do CPC/2015: *"o não comparecimento injustificado do autor ou do réu à audiência de conciliação é considerado ato atentatório à dignidade da justiça e será sancionado com multa de até dois por cento da vantagem econômica pretendida ou do valor da causa, revertida em favor da União ou do Estado".*

A "assertiva IV" está correta, devendo-se avaliar o disposto nos arts. 21, 22, 24 e 28, todos da Lei 9.099/1995: *"Art. 21. Aberta a sessão, o Juiz togado ou leigo esclarecerá as partes presentes sobre as vantagens da conciliação, mostrando-lhes os riscos e as consequências do litígio, especialmente quanto ao disposto no § 3º do art. 3º desta Lei" (...) "Art. 22. A conciliação será conduzida pelo Juiz togado ou leigo ou por conciliador sob sua orientação". (...) "Art. 24. Não obtida a conciliação, as partes poderão optar, de comum acordo, pelo juízo arbitral, na forma prevista nesta Lei". (...) "Art. 28. Na audiência de instrução e julgamento serão ouvidas as partes, colhida a prova e, em seguida, proferida a sentença".*

A "assertiva V" está incorreta, tendo em conta que conciliação e mediação não são termos intercambiáveis, possuindo diferenças entre si. Confira-se o art. 165, §§ 2º e 3º, do CPC: *"Art. 165" (...) "§ 2º O conciliador, que atuará preferencialmente nos casos em que não houver vínculo anterior entre as partes, poderá sugerir soluções para o litígio, sendo vedada a utilização de qualquer tipo de constrangimento ou intimidação para que as partes conciliem". (...) "§ 3º O mediador, que atuará preferencialmente nos casos em que houver vínculo anterior entre as partes, auxiliará aos interessados a compreender as questões e os interesses em conflito, de modo que eles possam, pelo restabelecimento da comunicação, identificar, por si próprios, soluções consensuais que gerem benefícios mútuos".*

MPMS, FAPEC, 2015

12 questões

TEMA	ABORDAGEM
Teorias da ação.	Doutrina.
Atuação do MP.	Lei seca e doutrina.
Processo de conhecimento.	Lei seca.
Litisconsórcio.	Lei seca.
Processo de conhecimento.	Jurisprudência.
Astreintes.	Lei seca.
Tutela antecipada.	Lei seca.
Sentença.	Lei seca e jurisprudência.
Recursos.	Lei seca e doutrina.
Competência.	Jurisprudência.
Mandado de segurança.	Lei seca e jurisprudência.
Usucapião.	Lei seca.
Procedimentos especiais.	Lei seca.

MPSP, banca própria, 2015

10 questões

TEMA	ABORDAGEM
Cumprimento de sentença.	Lei seca.
Liquidação de sentença.	Lei seca.
Citação.	Lei seca.
Atuação do MP (intervenção).	Lei seca e jurisprudência.
Atuação do MP (recurso).	Lei seca e jurisprudência.
Antecipação de tutela.	Lei seca.
Provas.	Lei seca.
Inventário e partilha.	Lei seca.
Penhora.	Lei seca.
Assistência judiciária.	Lei seca.

MPBA, CEFETBahia, 2015

08 questões

TEMA	ABORDAGEM
Ação civil pública.	Lei seca e jurisprudência.
Prazos.	Lei seca.

TEMA	ABORDAGEM
Revelia.	Lei seca e doutrina.
Representação das partes.	Lei seca e doutrina.
Ações mandamentais.	Doutrina.
Atuação do MP.	Lei seca e jurisprudência.
Princípios.	Doutrina.
Nulidades.	Lei seca e doutrina.

Como visto, as tabelas acima destacam os temas (dentro da disciplina de processo civil) e o modo de abordagem (lei seca, doutrina e/ou jurisprudência) de cada uma das bancas examinadoras nos certames dos últimos 05 (cinco) anos. De posse dessas informações o candidato terá o substrato necessário para organizar os seus estudos, direcionando para as temáticas mais exigidas na Unidade da Federação desejada, conforme o padrão e profundidade exigidos.

4 ANÁLISE DAS ÚLTIMAS PROVAS DISCURSIVAS.

Nesta etapa do certame, será o primeiro momento em que o candidato precisará demonstrar o modo de externalização do seu raciocínio jurídico à banca examinadora, por meio da construção de respostas na forma discursiva. Sem prejuízo das sugestões destacadas para a prova objetiva – que se aplicam ao certame em geral –, acrescem-se as seguintes providências: (i) organização das ideias, principalmente respondendo na ordem questionada pelo examinador, o que facilitará a compreensão do que foi exposto, bem como a comparação com o espelho de correção; (ii) menção a todos os fundamentos que levaram à conclusão da resposta – doutrinários, constitucionais, convencionais, legais ou jurisprudenciais; (iii) leitura do inteiro teor de julgados, sobretudo do STF e do STJ, o que estimula o desenvolvimento de raciocínio jurídico sobre os temas; (iv) leitura de eventuais obras e textos escritos pelo examinador, o que pode indicar preferências de temas a abordar.

Na tabela abaixo, descreve-se a forma de abordagem da disciplina nas provas discursivas – questões, peças práticas, parecer etc. –, de acordo com a previsão dos respectivos editais. Confira-se:

MINISTÉRIO PÚBLICO (UF)	PREVISÃO DE ABORDAGEM (EDITAL)
MPCE, Cebraspe.	O edital prevê uma questão prática, que pode envolver temas de processo civil.
MPGO, banca própria.	"O candidato habilitado na prova preambular será submetido a 3 (três) provas subjetivas, que versarão sobre questões teóricas e práticas de acordo com os seguintes grupos de disciplinas" (...) "Grupo 2 Direito Civil, Direito Processual Civil, Tutela de Interesses Difusos, Coletivos e Individuais Homogêneos".
MPMG, Fundep.	"As provas escritas especializadas, envolvendo temas jurídicos relacionados aos Grupos Temáticos I, II, III e IV, consistirão: a) na elaboração de peça processual ou dissertação sobre tema abrangido pelo programa, valendo 4 (quatro) pontos; b) na redação de 3 (três) questões dissertativas, valendo 2 (dois) pontos cada".
MPMT, FCC.	"Cada uma das Provas Discursivas (P1, P2, P3 e P4) constarão de duas partes, sendo que a primeira parte da prova terá o valor de 4 (quatro) pontos. Nessa primeira parte, será reservada à redação de um texto para demonstração do conhecimento aplicado, por meio de um dos seguintes elementos de verificação: a) Ato de Instauração de Ação Civil ou Penal; b) Parecer, Recurso ou Peça aplicável a procedimento judicial; ou c) Dissertação sobre institutos jurídicos correlatos a uma ou mais disciplinas de um mesmo grupo. 9.2.1 A segunda parte será constituída de 4 (quatro) questões, distribuídas entre as disciplinas que compõem os grupos temáticos conforme capítulo 8, subitem 8.2, valendo cada uma delas 1,5 ponto (um ponto e meio), totalizando 6 (seis) pontos".
MPSP, banca própria.	"A Prova Escrita contará com uma dissertação, uma peça prática e 5 (cinco) questões sobre as matérias indicadas no artigo 7º deste Regulamento e respectivo programa constante do Edital", entre as quais se inclui Direito Processual Civil.
MPSC, banca própria.	"Os dois grupos de provas do processo seletivo preambular discursivo serão realizados, em domingos sucessivos, em dois períodos por dia, o primeiro, com 4 (quatro) horas e, o segundo, com 3 (três) horas de duração. 6.3 As provas a que alude o item 6.1 poderão conter incursões incidentais sobre Direito Constitucional, Direito Administrativo, Direito Tributário, Direito Eleitoral, Direito Falimentar e Legislação Institucional".

MPPI, Cebraspe.	"a) P2: peça processual ou dissertação, de até 120 linhas, no valor de 4,00 pontos, acerca de temas jurídicos relacionados aos grupos de disciplinas previstos para a prova preambular, descritos no quadro do subitem 8.1 deste edital; b) P3: três questões dissertativas, de até 30 linhas cada, no valor de 2,00 pontos para cada questão, acerca de temas jurídicos relacionados aos grupos de disciplinas previstos para a prova preambular, descritos no quadro do subitem 8.1 deste edital".
MPPR, banca própria.	"GRUPO 3 – 1 (uma) dissertação, podendo ser substituída por 1 (uma) peça prática, 5 (cinco) questões discursivas para Direito Processual Civil, 3 (três) questões discursivas para Direito Civil e 1 (uma) questão discursiva para Direito Empresarial".
MPBA, CEFETBahia.	"§ 1º – Cada uma das quatro Provas Discursivas versará sobre um dos grupos de conteúdo acima, e será elaborada em 2 (duas) partes, subdivididas em: a) 01 (uma) dissertação valendo 40 (quarenta) pontos, que poderá, quando for o caso, ser substituída por redação de peça processual; b) 03 (três) questões subjetivas, valendo 20 (vinte) pontos cada".
MPPB, FCC.	"9.2 A Primeira Etapa compreenderá a formulação de uma Denúncia Criminal ou de uma Petição Inicial de Ação Civil Pública, baseadas em relatório de fatos específicos. 9.2.1 A definição do tema relativo à Primeira Etapa far-se-á por sorteio público, a ser realizado, no mínimo, 15 (quinze) minutos antes de sua aplicação. 9.3 A Segunda Etapa compreenderá a formulação de respostas fundamentadas a 4 (quatro) Questões Discursivas sobre quaisquer das matérias principais do concurso".
MPRO, FMP.	"10.2 Cada uma das provas de respostas fundamentadas constará de duas partes: a primeira, reservada à redação de um texto de até 120 (cento e vinte) linhas para demonstração do conhecimento aplicado, por meio de um dos seguintes elementos de verificação: a) ato de instauração de ação cível ou penal; b) parecer, recurso ou peça aplicável a procedimento judicial ou extrajudicial; c) dissertação sobre institutos jurídicos correlatos a uma ou mais disciplinas de um mesmo grupo. 10.3 A segunda parte da prova será constituída de, no mínimo, 3 (três) questões, distribuídas dentre as disciplinas que compõem o grupo, respondidas em até 30 (trinta) linhas cada".

MPRR, Cebraspe.	"Uma peça processual civil e três questões" envolvendo os temas "Direito Administrativo, Direito Constitucional, Direito Civil, Direito Processual Civil, Direitos Difusos e Coletivos".
MPRS, banca própria.	"PROVA II: GRUPO TEMÁTICO II – Direito Civil, Direito do Consumidor, Direito de Empresa, Direito Registral, Direito Processual Civil e Direito Urbanístico. 3. Cada PROVA DISCURSIVA corresponde a um grupo temático e será composta de até 4 (quatro) questões".
MPAM, FMP.	"GRUPO TEMÁTICO II – Direito Civil, Direito Processual Civil e Direito de Empresa. Cada PROVA DISCURSIVA corresponde a um respectivo grupo temático e consistirá de questões teóricas e/ou práticas, a critério do examinador da respectiva disciplina, com tempo mínimo de duração de 04 (quatro) horas".
MPDFT, banca própria.	"Art. 34. As provas discursivas estarão divididas em duas partes: I – a primeira, no valor de 40 (quarenta) pontos, reservada à redação de um texto para demonstração do conhecimento aplicado, por meio de um dos seguintes elementos de verificação: a) peça de instauração de ação cível ou penal; b) parecer, recurso ou peça aplicável a procedimento judicial; c) manifestação ministerial, judicial ou extrajudicial, sobre institutos jurídicos correlatos a uma ou mais disciplinas de um mesmo grupo; II – a segunda, no valor de 60 (sessenta) pontos, será constituída de, no mínimo, 3 (três) questões e de, no máximo, 6 (seis) questões distribuídas entre as disciplinas que compõem cada um dos grupos temáticos ou de forma interdisciplinar".
MPMS, banca própria.	"As provas escritas versarão sobre os seguintes grupos de disciplinas: (...) GRUPO III – Direito Civil e Direito Processual Civil".
MPRJ, banca própria	"Art. 48 – Cada prova conterá questões relativas às matérias pertinentes à respectiva Banca Examinadora, podendo ser exigida do candidato a elaboração de promoções, pareceres ou outras peças processuais" (...) "§ 2º – A nota final de cada Banca corresponderá à média ponderada das notas atribuídas pelos respectivos examinadores, observados os seguintes pesos: II – Direito Civil – peso 4; Direito Processual Civil – peso 4; e Direito Empresarial – peso 2".

A seguir, colacionam-se questões cobradas nos mais diversos certames de Ministério Público Estadual, a fim de que o candidato tenha noção do padrão de abordagem e nível de aprofundamento das temáticas. Confira-se:

MPRS, banca própria, 2017: *"a) Discorra sobre a execução da sentença no processo coletivo, considerando a sistemática e a legitimação ativa em casos que envolvem interesses difusos e coletivos stricto sensu. b) Discorra sobre a execução da sentença no processo coletivo, considerando, à luz da jurisprudência do Supremo Tribunal Federal, as peculiaridades da execução de ação coletiva ajuizada por associação civil na defesa de interesses dos associados".*

MPSC, banca própria, 2016: *"No denominado Código Buzaid, as tutelas de urgência possuíam uma organização estrutural diferente da disposição desse tema no atual Código de Processo Civil. O tratamento da referida matéria em ambos os códigos possui relevantes diferenças que podem ser consideradas, em muitos aspectos, como avanços efetivos e, em outros, como simples manutenção de equívocos que já deveriam ter sido superados. Ciente desses pressupostos, discorra sobre as diferenças existentes nos referidos códigos quanto ao tema, mormente no que tange aos fundamentos; à organização da matéria; aos procedimentos; aos requisitos para deferimento; aos prazos para a ação ou o pedido principal; aos recursos cabíveis; ao princípio da demanda; e à aplicabilidade nas ações destinadas a promover interesses difusos e coletivos".*

MPPR, banca própria, 2018:

"Questão 01 – Dissertação (Máximo de 50 linhas)"

"(2,0 pontos) Discorra sobre a técnica de ampliação do quórum de julgamento, prevista pelo art. 942, do Código de Processo Civil de 2015. Em sua resposta, explique se o instituto tem natureza de recurso, se sua aplicação depende de requerimento da parte, se a devolução da matéria se limita ao tema da divergência inicial e aponte qual é a função do instituto e quais princípios lhe dão fundamento".

"Questão 02 (Máximo de 15 linhas) (1,0 ponto)"

"Explique o instituto da estabilização da tutela antecipada de urgência requerida em caráter antecedente, destacando seus requisitos e seus efeitos".

(...) *"Questão 05 (Máximo de 15 linhas) (0,5 ponto)"*

"Explique o regime de recorribilidade das decisões que admitem ou que inadmitem o ingresso de amicus curiae no processo".

"Questão 06 (Máximo de 15 linhas) (0,5 ponto)"

"O que se entende por eficácia preclusiva da coisa julgada?"

MPSP, banca própria, 2019: *"QUESTÃO 03 – Reclamação no processo civil: a) natureza jurídica; b) legitimidade e competência; c) hipóteses de cabimento e de inadmissibilidade; d) procedimentos e providências acautelatórias; e) provimentos jurisdicionais e seus efeitos".*

MPRJ, banca própria, 2017: *"4ª Questão – Direito Processual Civil (Valor: 50 pontos) Na hipótese de suspensão do processo em razão da sistemática dos recursos repetitivos, repercussão geral, incidente de resolução de demandas repetitivas ou incidente de assunção de competência, haverá a possibilidade de julgamento antecipado parcial de mérito pelo juiz? Resposta objetivamente fundamentada".*

MPMG, Fundep, 2019: *"QUESTÃO 3 – Valor: 2 (dois) pontos. Responda aos itens elencados abaixo apontando, para cada um deles, os devidos fundamentos legais e o posicionamento do STJ. a) Com relação ao cumprimento provisório de sentença, é possível o levantamento de depósito ou transferência de bens na pendência de julgamento de recursos sem a prestação de caução? E ainda, quais recursos cabíveis contra o pronunciamento judicial que acolhe a impugnação ao cumprimento provisório de sentença e a extingue, e contra o pronunciamento judicial que a julga improcedente? b) Disserte sobre o instituto da execução invertida e o arbitramento de honorários advocatícios nesta modalidade de execução. c) Disserte sobre a interpretação lógico-sistemática e se a sua aplicação poderá transformar o julgamento em extra petita/ultra petita ou afastar tais vícios. d) Discorra sobre o entendimento do STJ com relação à taxatividade, ou não, do rol do cabimento do Agravo de Instrumento do artigo 1.015 do CPC. E ainda, podem as mudanças de entendimento do STJ ser aplicadas aos recursos pendentes, ou violariam os institutos da segurança jurídica e do tempus redit actum? (máximo de 20 linhas)".*

MPGO, banca própria, 2019: *"1ª QUESTÃO (PONTUAÇÃO: 1,5 – LIMITE: 30 LINHAS) Acerca do tema: 'O ordenamento jurídico e os litígios estruturais', discorra sobre os seguintes pontos: a) Conceito, origem e características de litígio estrutural; b) Dificuldades práticas do processo estrutural".*

MPBA, CEFETBahia, 2018: *"Questão 01 (20 pontos) Em face da não instantaneidade da jurisdição, há necessidade de organizar as várias formas pelas quais os atos processuais se sucedem. Por isso, nas palavras de Humberto Theodoro Júnior, é justamente a maneira de estipular os atos necessários e de concatená-los de forma a estabelecer o iter a ser percorrido pelos litigantes e pelo juiz ao longo do desenrolar da relação processual (THEODORO JÚNIOR, 2016). Considerando que o texto acima tem caráter exclusivamente motivador, discorra em no máximo 40 linhas, sobre o complexo normativo que regula a jurisdição, abordando, de forma objetiva, os seguintes aspectos: a) a distinção entre processo e procedimento, e a competência legislativa em cada caso (até 3,0 pontos); b) os critérios utilizados pelo legislador para definir o tipo de procedimento a ser utilizado pelos interessados nas querelas jurisdicionadas (até 3,0 pontos); c) os tipos de procedimentos presentes no Código de Processo Civil, e a possibilidade de utilização de norma procedimental estranha ao*

Código de Processo Civil, citando exemplos (até 3,0 pontos); d) a possibilidade de conversão de procedimentos. Se possível, em quais situações. Em caso negativo, justifique (até 3,0 pontos); e) necessidade de intervenção do Ministério Público no procedimento especial da recuperação judicial (Lei 11.101/05), fundamentando (até 3,0 pontos); f) o Mandado de Segurança (Lei 12.016/2009). Espécie de procedimento adotado. Delimite a intervenção do Ministério Público em face da lei específica (até 3,0 pontos). OBS: A pontuação relativa à estrutura gramatical totaliza 2,0 pontos".

MPRR, Cebraspe, 2017: *"O Ministério Público do Estado de Roraima ajuizou ação civil pública em face da empresa pública estadual X, concessionária de serviço público e responsável pelo fornecimento de energia elétrica aos moradores do município Y, em razão dos seguintes fatos. 1 No município Y, tem ocorrido, de forma repetida e reiterada, a interrupção no fornecimento de energia elétrica, além de oscilação de tensão. 2 Conforme apurado pelo Ministério Público e alegado na petição inicial, os problemas têm sido causados pela falta de manutenção preventiva e pela grave deterioração do sistema de fornecimento de energia elétrica. Na petição inicial, elaborada de acordo com os requisitos formais previstos no CPC, além de ter requerido a citação da empresa ré, o Ministério Público pediu 1 a concessão da tutela provisória, inaudita altera pars, consistente na obrigação de fazer, para que a empresa ré adotasse, no prazo de dez dias, providências técnicas eficazes no sentido de eliminar as constantes oscilações e quedas da energia elétrica fornecida aos moradores do município Y, sob pena de pagamento de multa no valor de R$ 20.000 a cada ocorrência, a ser revertido em favor do Fundo Estadual de Defesa dos Direitos Difusos, além da concessão, ao final do processo, da tutela em caráter definitivo; 2 a condenação da ré ao pagamento de indenização genérica aos usuários destinatários finais do serviço que tivessem sofrido prejuízos materiais, com posterior liquidação de sentença a ser promovida pelos interessados; 3 a total procedência da ação para condenar a requerida à reparação dos danos morais coletivos decorrentes da deficiência na prestação de serviço público essencial, no valor de R$ 500.000, montante a ser revertido em favor do Fundo Estadual de Defesa dos Direitos Difusos, conforme previsão no art. 13 da Lei da Ação Civil Pública; 4 a inversão do ônus da prova em razão da presença dos requisitos previstos na legislação. Ao examinar a petição inicial, o magistrado indeferiu a concessão da tutela provisória referente à obrigação de fazer, sob o fundamento de que não era possível demonstrar a culpa da empresa antes da devida instrução do processo e de que não haveria justificativa plausível para que não se aguardasse a tutela definitiva quanto a esse pedido. O juiz também rejeitou parcialmente a petição inicial quanto ao pedido de pagamento de indenização genérica aos usuários que tivessem sofrido prejuízos materiais, sob o fundamento de ilegitimidade da parte autora para a tutela de direitos individuais, além de ter julgado liminarmente improcedente o* *pedido de danos morais coletivos em razão de sua impossibilidade jurídica, por considerar que essa modalidade de indenização não encontra amparo no ordenamento jurídico pátrio. Por fim, indeferiu o requerimento de inversão do ônus da prova, tendo apenas mencionado, quanto a esse ponto, que 'não estavam configurados os requisitos para deferimento desse pedido'. Dessa forma, o magistrado determinou a citação da empresa apenas em relação ao pedido de obrigação de fazer (adoção, no prazo de dez dias, de providências técnicas eficazes no sentido de eliminar, definitivamente, as constantes oscilações e quedas da energia elétrica). Na condição de promotor de justiça, elabore a peça judicial cabível para impugnar a decisão junto ao tribunal de justiça do estado. Ao elaborar a peça, aborde todos os aspectos de direito material e processual pertinentes ao caso. Dispense o relatório e não crie fatos novos".*

5 INFORMAÇÕES SOBRE A PREPARAÇÃO PARA AS PROVAS ORAIS.

Chegamos, por derradeiro, à análise da famigerada prova oral, etapa do certame que possui determinadas particularidades. Destaca-se que significativa parcela do que será exposto decorre de conhecimento empírico, obtido desde que tive a oportunidade de trabalhar especificamente com a preparação de candidatos à prova oral, em aulas e atividades práticas ministradas pelo Curso CEI.

Nesta fase, o candidato terá a oportunidade de se apresentar "cara a cara" com o examinador, demonstrando que perfil de Ministério Público poderá proporcionar nas comarcas que desempenhar o seu mister. Sobressaem os seguintes pontos: (i) postura (ii) raciocínio e (iii) linguagem jurídica.

Em linhas gerais, necessário observar, no que se refere à postura, que o candidato deverá ser o mais natural possível, dispensando fórmulas prontas, padrões de movimentos e de gesticulação, bem como de tom de voz. Por isso, prescindíveis eventuais "robotizações". O examinador busca, em verdade, aquilatar como o futuro Promotor de Justiça poderá se manifestar – e se apresentar de modo oral – em situações quotidianas, para as quais inevitavelmente não haverá padrão de conduta em manuais.

E como obter essa segurança e naturalidade necessárias? Deixando de lado qualquer fórmula pronta. Considerando que se trata de elemento intrínseco ao autoconhecimento do candidato, não há melhor – e mais efetivo – mecanismo do que o treinamento, simular a situação de prova.

Isso, inclusive, colaborará no aperfeiçoamento do raciocínio e da linguagem jurídica na expressão oral.

Sugerem-se as seguintes providências destinadas às respostas das questões de prova oral: (i) organização das ideias, sendo possível – e recomendável – que candidato realize "pausa" antes de responder aos questionamentos; (ii) na medida do possível, a resposta deve ser apresentada na ordem questionada pelo examinador, o que facilita a compreensão do que foi exposto, bem como a comparação com eventual espelho de resposta; (iii) também na medida do possível, menção a todos os fundamentos que levaram à conclusão da resposta – doutrinários, constitucionais, convencionais, legais e/ou jurisprudenciais; (iv) assim como sugerido para as demais etapas do certame, leitura do inteiro teor de julgados, principalmente do STF e do STJ, o que estimula o desenvolvimento de raciocínio jurídico sobre os temas; bem como (v) a leitura de eventuais obras e textos escritos pelo examinador, o que pode indicar preferências de temas a abordar.

Concluindo a análise de todas as etapas, de modo a proporcionar ao candidato conhecimento empírico, colacionam-se questões de provas orais realizadas recentemente. Confira-se:

MPSP, banca própria, 2019:

- Qual o prazo para a interposição dos embargos de terceiros? Qual o termo *a quo*?
- O procedimento das ações de família previstos no CPC se aplica aos alimentos?
- A eficácia da sentença declaratória é *ex nunc* ou *ex tunc*?
- O que é preclusão máxima?
- Há decisão interlocutória que possa formar coisa julgada material? Em que momento isso pode ocorrer?
- A autoridade da coisa julgada alcança o assistente simples e o assistente litisconsorcial?
- Dentro da teoria das invalidades processuais, como se classifica a sentença proferida por quem não é juiz?
- Após aquele que não é juiz proferir a sentença, havendo suposta apelação das partes, sobrevém ao processo um outro magistrado, este sim investido na função jurisdicional. Esse

magistrado deve processar os recursos interpostos ou simplesmente ignorar a sentença e proferir outra em substituição?

- Magistrado, conhecendo causa de impedimento, prosseguiu na relação processual. Não foi impugnado pelas partes e, ao final, proferiu sentença. A sentença é válida e eficaz?
- O impedimento retira do magistrado poder jurisdicional?
- O que é o princípio da consequencialidade?
- É válida a instauração da execução antes do prazo do vencimento do título extrajudicial que acabou se vencendo no curso do processo?

MPMG, Fundep, 2019:

- No reexame necessário pode ser agravada a situação da fazenda pública? Se sim ou se não, quais os argumentos? Qual o princípio que deve ser observado para fundamentar a resposta? A *reformatio in pejus* se aplica neste caso?
- Em quais circunstâncias o STJ permite a relativização da coisa julgada? Qual princípio fundamentaria essa resposta? A instrumentalidade poderia fundamentar?
- Discorra sobre a sentença condicional e se seria possível o juiz incluir na sentença fatos supervenientes ao saneamento. Uma vez podendo fazê-lo, qual princípio deve ser observado?
- Explique o inciso IV do § 1º do art. 489 do CPC
- Explique o inciso V do § 1º do art. 489 do CPC.

> Art. 489.
>
> (...)
>
> § 1º Não se considera fundamentada qualquer decisão judicial, seja ela interlocutória, sentença ou acórdão, que: (...)
>
> IV – não enfrentar todos os argumentos deduzidos no processo capazes de, em tese, infirmar a conclusão adotada pelo julgador;
>
> V – se limitar a invocar precedente ou enunciado de súmula, sem identificar seus fundamentos determinantes nem demonstrar que o caso sob julgamento se ajusta àqueles fundamentos;

- O juiz poderá, de ofício ou a requerimento, alterar o procedimento no curso do processo? Se sim ou se não, qual o fundamento?

- Quais são as fases que compreendem o procedimento comum? Para cada fase citar um ato processual típico e quem o pratica.
- Discorra sobre a improcedência liminar do pedido, em quais circunstâncias poderá ocorrer, qual o recurso cabível e se é possível retratação do juiz a este recurso. Essa retratação é um julgamento da apelação ou um outro ato?
- É possível a emenda da petição inicial após a contestação? Se sim, quais os princípios que devem ser considerados para tal hipótese?

MPPR, banca própria, 2018:

- Qual classificação doutrinária em relação às sentenças?
- Diferencie sentenças suficientes e sentenças não autossuficientes.
- Quais são os elementos da sentença?
- Qual o propósito do legislador, na sua visão, ao estipular algumas regras em relação à fundamentação da sentença?
- O Código de Processo Civil possui previsão expressa sobre a relativização da coisa julgada?
- O que se entende por uniformização de jurisprudência?
- Qual é o sentido da expressão "observar" no artigo 927 do Código de Processo Civil?
- Quais são os critérios previstos para o Incidente de Assunção de Competência? O Ministério Público tem legitimidade para requerer a sua instauração?
- Qual é o papel do Ministério Público nos casos de definição de tese?
- Qual é a diferença entre juízo rescindente e juízo rescisório?
- Qual é o conceito de parte no Processo Civil?
- O Ministério Público quando atua como fiscal da ordem jurídica é considerado como parte ou não?
- Todo litisconsórcio necessário é unitário? Por quê?

- Caso prático: é feito um requerimento de desconsideração da personalidade jurídica com a indicação de dois sócios. Estes dois sócios figuram como litisconsortes unitários ou não?
- Quais são as faculdades processuais do *amicus curiae*?
- Em que sentido o *amicus curiae* se submete à decisão final do processo em que atuou como *amicus curiae*?
- Quais são os poderes do Ministério Público quando atua como fiscal da ordem jurídica? Tem algum ônus?
- O que acontece quando o Ministério Público perde o prazo quando atua como fiscal da ordem jurídica?

TUTELA COLETIVA

Heleno Ribeiro P. Nunes Filho

1 BIBLIOGRAFIA INDICADA

Sem qualquer sombra de dúvida, o tema Tutela Coletiva é uma das maiores disciplinas de todos os editais dos concursos para os Ministérios Públicos Estaduais.

Também pudera. O tema congloba todos os direitos individuais homogêneos, os direitos coletivos e os direitos difusos, além de contar com uma vertente processual recheada de particularidades e regras próprias, o que torna a disciplina extremamente extensa e difícil para a grande maioria dos candidatos.

A boa notícia é que há no mercado uma enorme gama de opções de manuais e sinopses que tratam da parte processual da Tutela Coletiva. A notícia ruim é que, com relação à parcela material do direito coletivo, as opções são muito escassas quando não inexistentes.

Comecemos pelo mais fácil, ou seja, pela parte processual da Tutela Coletiva.

Da mesma forma que tratado com vocês quando da análise da disciplina de Direito Administrativo, lembre-se que o mais importante na hora de escolher por qual doutrina estudar é compará-las para entender qual delas te agrada mais: o melhor livro do mundo é aquele que você vai ler.

Também como já mencionado, eis um bom *modus operandi* na hora de escolher qual livro comprar: entre em uma livraria, pegue 3 ou 4 obras da disciplina e leia o mesmo tema (*v.g.* legitimidade ativa) em todos eles. O que mais te agradar por ser mais completo, mais fácil de entender ou, às vezes, até o mais direto, leve para casa.

Na esfera processual, de fato, as opções são muitas: existem aquelas obras na forma de manual, aquelas que são verdadeiros cursos completos de direito processual coletivo, e até mesmo as sinopses que, nesta disciplina, podem se mostrar bem completas e eficientes.

De trás para frente, para quem gosta de sinopses, a indicação é o v. 54 da série de *Sinopses para Concursos – Processo Coletivo* da Editora Juspodivm. A obra é escrita pelo Defensor Público do Estado do Rio de Janeiro, e hoje assessor no Supremo Tribunal Federal, José Roberto Mello Porto.

A opção pela sinopse é extremamente indicada para aqueles que precisam de uma obra mais objetiva, mais preto no branco, ou para aqueles que não querem/podem gastar muito dinheiro com a compra de doutrina, sem deixar de lado o conteúdo imprescindível para concursos públicos.

Por outro lado, para os fãs dos manuais e cursos completos, uma excelente opção é a obra do já conhecido professor de processo civil Daniel Amorim Assumpção Neves, que possui um *Manual de Processo Coletivo*, escrito em volume único e bem completo para os concursos dos Ministérios Públicos Estaduais.

A obra do professor Daniel Assumpção é o que chamaríamos do "clássico" do Processo Coletivo, contando com diversas correntes doutrinárias, jurisprudência dos Tribunais Superiores acerca dos temas, tudo em linguagem simples, direta e completa, verticalizando a disciplina na medida certa.

Para quem estudou processo civil por ela (e gostou), sem dúvidas a versão coletiva da sua obra processual é uma ótima escolha.

Também nesse modelo, mas com uma pegada mais doutrinária e especializada, temos o livro dos professores Sérgio Arenhart e Gustavo Osno, chamado *Curso de Processo Civil Coletivo*, da editora Revista dos Tribunais, obra que se encontra na 2ª edição.

A referida obra pode não ser a preferida de muitos em razão de aprofundar temas que nem sempre são os mais cobrados em concursos públicos para os Ministérios Públicos Estaduais. Contudo, se você optar por ela para estudar não irá se arrepender, tampouco ficará atrás de qualquer concorrente que tenha optado por outra obra com uma visão mais "concurseira".

Repito: quando o assunto é estilo de redação, organização da obra e conteúdo que prenda a atenção do leitor, não há como apontar um manual melhor ou pior. Sem dúvidas, todos os aqui indicados são muito bem recomendados, todos de doutrinadores brilhantes; o que irá mudar é a sua adequação a cada estilo.

Por fim, não poderia deixar de indicar a excelente obra do meu hoje colega de MPRJ, o professor Fabricio Bastos, já conhecido de muitos pelas aulas ministradas nos mais diversos cursos voltados para concursos públicos, sobretudo quando o assunto é Ministério Público Estadual: trata-se do *Curso de Processo Civil Coletivo*, da editora Foco.

No ano de 2018, durante a realização do XXXV Concurso para ingresso no MPRJ, todas as aulas de processo civil e de tutela coletiva foram com o Fabrício, o que me torna um pouco suspeito para falar da sua obra que, à época e infelizmente, ainda não havia sido publicada.

Hoje, contudo, vocês são agraciados com a possibilidade de estudar Processo Coletivo pela sua obra, o que garante a objetividade, a clareza e a verticalização necessárias para estar muito bem preparado para qualquer prova de Tutela Coletiva no País. Então, aproveitem!

Pois bem.

No que diz respeito à parcela de Direito Material, no entanto, as coisas não são tão simples. Isso porque não há no mercado (ainda) livros ou sinopses específicas sobre alguns dos temas que estão previstos na disciplina de Tutela Coletiva dos editais de concurso.

De fato, encontramos algumas sinopses e manuais de Direito Ambiental, algumas obras específicas de Direito Urbanístico e até mesmo de Direito Financeiro, matéria cujo conteúdo vem sendo cada vez mais cobrado nas provas de Tutela Coletiva de Ministérios Públicos Estaduais, considerando a sua importância para o dia a dia do Promotor de Justiça que trabalha com improbidade.

Conforme mencionado quando do tratamento de Direito Administrativo (até mesmo porque o tema é muito cobrado também naquela disciplina), sobre a *improbidade administrativa* sugiro a leitura do livro específico do professor Rafael Carvalho Rezende Oliveira.

A obra, não por acaso, é escrita em conjunto com o professor Daniel Assumpção Neves, de modo que é possível ter em mãos um livro completo sobre improbidade, tanto do ponto de vista material quanto do ponto de vista processual, razão pela qual recomenda-se fortemente a sua leitura.

No campo do Direito Financeiro, temos a obra da Procuradora do Estado do Rio de Janeiro e também professora de vários cursos e universidades cariocas, Vanessa Siqueira Huckberry, chamada "*Direito Financeiro para Concursos*", da Editora Impetus.

Tal qual suas aulas, a autora consegue explicar o difícil direito financeiro com uma simplicidade ímpar, dissecando a legislação correlata, e oferecendo ao leitor o conteúdo imprescindível ao sucesso nos certames na medida certa. Para o concurso de ingresso nos MPEs, a obra certamente é uma ótima pedida.

Para o Direito Ambiental, logo de cara temos o clássico livro do professor Frederico Amado, da Editora Juspodivm. A obra é bem extensa (cerca de mil páginas!), mas não há nada que caia em concurso público que não esteja lá escrito de forma clara e verticalizada.

Como *Direito Ambiental* é apenas um grão de areia no universo da Tutela Coletiva, talvez essa obra seja mais indicada para consulta; sendo melhor que o candidato opte pela versão de sinopse, do mesmo autor e da mesma editora. A versão "resumida" da matéria é mais do que o suficiente para os concursos de Ministério Público ao redor do País.

Ainda na coleção de sinopses da referida editora, encontramos obras que tratam sobre *Direitos da Pessoa com Deficiência* (Gonzalo Lopes), *Direito Financeiro* (Danilo Viera Vilela), *Direito Urbanístico* (Ronaldo Vieira Francisco e Fábio Goldfinger) e *Estatuto do Idoso* (Fábio Goldfinger).

Todas as obras trazem o básico de cada um dos ramos do direito previsto no edital dos concursos para ingresso nos Ministérios Públicos Estaduais. Todavia, em razão da imensidão de conteúdo, talvez seja interessante selecionar aqueles mais importantes para leitura da doutrina, e aqueles que se satisfazem com o mero conhecimento da lei seca.

Tal análise será exposta logo a seguir, com a indicação da origem das questões objetivas e de cada tema que é mais cobrado nas provas de concurso para Promotor de Justiça, o que facilitará o seu estudo.

De qualquer forma, alguns temas como direito à educação, direito à saúde e questões específicas afetas às Resoluções do CNMP (que muito são cobradas) não possuem uma obra específica no mercado.

Assim como em outras disciplinas, além da leitura dessas obras, por óbvio, o candidato deve estar atento e atualizado com a jurisprudência, sendo certo que a leitura dos informativos do STJ e do STF são mais do que suficientes para tal desiderato.

Lembre-se que, conquanto seja possível (e talvez até recomendável em razão da riqueza das explicações) acompanhar os informativos pelo famoso site Dizer o Direito, é imprescindível que, às vésperas da prova, o candidato leia os últimos informativos diretamente dos sites dos nossos Tribunais Superiores!

Isso porque é comum que bancas organizadoras como a CESPE, FGV, VUNESP, entre outras, cobrem informativos que saíram na semana da prova, de modo que estes não estarão disponíveis no site do professor Márcio Cavalcante. Então, estejam atentos!

Ademais, é importante o acompanhamento e a leitura da lei seca quando do estudo da doutrina tema a tema. É que, em provas objetivas, a cobrança se dá basicamente através da letra de lei e do conhecimento da jurisprudência; e, nas provas discursivas (como já é a 1ª fase do MPRJ, por exemplo), saber onde encontrar a resposta ao que se pergunta é essencial para o gerenciamento do tempo de prova.

Tal acompanhamento se torna ainda mais importante na seara da Tutela Coletiva, uma vez que não há no ordenamento um "Código de Processo Coletivo", mas sim uma imensidão de normas esparsas que, em conjunto, formam o que a doutrina chama de microssistema coletivo.

Com efeito, destaca-se a Lei 7.347/85 (Lei de Ação Civil Pública), a Lei 8.078/90 (Código de Defesa do Consumidor), a Lei 4.717/65 (Lei da Ação Popular), a Lei 8.429/92 (Improbidade Administrativa), dentre outras que preenchem somente o campo processual da disciplina!

Conforme já mencionado, a imensidão de temas esparsos na parte de direito material obriga o candidato, ainda, a estar familiarizado com diversas leis que podem não ser comuns à vida de concurseiro; entretanto, são imprescindíveis quando o assunto é Ministério Público Estadual.

São alguns exemplos: Lei 12.651/12 (Código Ambiental), Lei 9.985/00 (Lei do SNUC), Resolução nº 237 do CONAMA (Licenciamento Ambiental), Lei 9.433/97 (Lei dos Recursos Hídricos), Lei 12.305/10 (Lei de Resíduos Sólidos), Resolução nº 23 e 174 do CNMP (Notícia de Fato e Procedimento Administrativo e Inquérito Civil), Lei 10.741/03 (Estatuto do Idoso), Lei 13.089/15 (Estatuto da Metrópole), Lei 13.146/15 (Estatuto da Pessoa com Deficiência), Lei 9.394/96 (Lei das Diretrizes Básicas da Educação Nacional), Lei 11.494/07 (Lei do FUNDEB), Lei 8.080/90 (Lei do

SUS), Lei 4.320/64 (Normas Gerais de Direito Financeiro), LC 101/00 (Lei de Responsabilidade Fiscal), etc.

Isso tudo sem falar nas disposições constitucionais específicas sobre os temas!

Seguindo tais diretrizes, no entanto, tem-se a certeza de que o candidato estará bem preparado para as provas de ingresso nos Ministério Públicos Estaduais.

2 CONTEÚDO PROGRAMÁTICO DE TUTELA COLETIVA NAS PROVAS DE MINISTÉRIO PÚBLICOESTADUAL

Conforme mencionado na análise das provas de Direito Administrativo, o tamanho continental do Brasil somado à ausência de uma uniformidade nacionalmente regulamentada para as provas de cada um dos 26 Ministérios Públicos Estaduais (mais Distrito Federal), faz com que o conteúdo programático dos concursos para Promotor de Justiça seja deveras imprevisível.

Em outras palavras, a ausência de regulamentação e padronização nacional faz com que seja impossível prever exatamente os pontos que estarão elencados nos próximos editais, sobretudo quando o assunto é Tutela Coletiva, cujo conteúdo tende ao infinito.

Por outro lado, observando-se os últimos editais das provas para Promotor de Justiça ao redor do País, verifica-se que não há uma grande variação de temas também nesta disciplina; isto é, o conteúdo cobrado é basicamente o mesmo, seja em provas organizadas por banca própria, seja organizado por bancas conhecidas nacionalmente como a CESPE, FCC, CONSULPLAN, etc.

Daí para frente, assim como nas outras disciplinas, é uma questão de estratégia: se não é possível estudar tudo, o foco deve recair sobre aqueles temas que se tem certeza (ou quase isso) que serão cobrados. Lembre-se que você não precisa gabaritar a prova, mas só ir melhor do que os seus concorrentes.

Para tanto, logo a seguir destaca-se os pontos mais recorrentes nas provas de Tutela Coletiva para que você direcione o seu foco nesses temas que certamente farão parte da sua prova.

Nesse momento, contudo, transcreve-se apenas a título ilustrativo alguns pontos de cada um dos editais das últimas provas de 5 Ministérios

Públicos diferentes (um de cada região do País), a fim de demonstrar que há uma certa padronização inconsciente e informal entre os editais:

MPPR/2018

DIREITO AMBIENTAL. 1) Princípios. 2) Direito Ambiental Internacional. 3) Competências e bens ambientais na Constituição Federal. Artigo 225 da Constituição Federal. 4) Função Social da Propriedade. 5) Política Nacional de Meio Ambiente (Lei 6.938/81). 6) Sistema Nacional de Meio Ambiente. Licenciamento Ambiental. Estudo prévio de impacto ambiental e relatório de impacto ambiental. Participação popular. Audiência pública. Lei Complementar 140/2011. 7) Sistema Nacional de Unidades de Conservação (SNUC) (Lei 9.985/2000 e Decreto 4.340/2002). 8) Código Florestal (Lei 12.651/2012). Áreas de Preservação Permanente e Reserva Legal. Fauna. 9) Mata Atlântica (Lei 11.428/2006 e Decreto 6.660/2008). 10) Áreas úmidas – Convenção de Ramsar e Resolução Conjunta IBAMA/IAP/SEMA 05/08. 11) Engenharia genética e meio ambiente. Biodiversidade, patrimônio genético, biossegurança e biotecnologia. 12) Política Nacional de Resíduos Sólidos (Lei 12.305/2010). 13) Política Nacional de Saneamento Básico (Lei 11.445/2007). 14) Política Nacional de Recursos Hídricos (Lei 9.433/97). 15) Política Nacional de Educação Ambiental (Lei 9.795/99). 16) Agrotóxicos (Lei 7.802/89). 17) Política Nacional de Agroecologia e Produção Orgânica (Decreto 7.794/2012). 18) Tombamento. Patrimônio imaterial, histórico, paisagístico, artístico e cultural. Decreto-Lei nº 25/37. Artigos 215 e 216 da Constituição Federal. 19) Poluição. Conceito. Formas de Poluição. 20) Responsabilidade criminal e administrativa por infrações ambientais (Lei 9.605/98 e Decreto 6.514/2008). 21) Ação penal. Competência. Processo e procedimento. Penas. Composição do dano, transação penal e suspensão condicional do processo. 22) Responsabilidade civil e reparação do dano ecológico. Medidas judiciais. Ação Civil Pública Ambiental. Ação de improbidade administrativa ambiental. Cabimento, hipóteses, competência, distribuição dinâmica do ônus da prova. 23) Inquérito civil, recomendações do Ministério Público e Termos de Ajustamento de Conduta em matéria ambiental. 24) Legislação extravagante afeta ao Direito Ambiental.

MPSP/2019

2.1 Meio Ambiente e Urbanismo. Bem jurídico ambiental. Direito do Ambiente: conceito, princípios, objeto, instrumentos legais. Tutela constitucional do ambiente. Política Nacional do Meio Ambiente. Espaços ambientalmente protegidos. Sistema Nacional do Meio Ambiente. Tutela administrativa do ambiente: poder de polícia, competência, licenciamento, responsabilidade administrativa. Tutela e responsabilidade civil do ambiente. Participação popular na proteção do ambiente. Legislação ambiental, de parcelamento do solo e da cidade.

MPMT/2019

2. Direito Ambiental: 2.1. Conceitos: meio ambiente, degradação da qualidade ambiental, poluição, poluidor, recursos naturais e dano ambiental. 2.2. Princípios de Direito Ambiental: prevenção e precaução, poluidor e usuário. 2.3. Desenvolvimento sustentável. 2.4. Política Nacional do Meio Ambiente. 2.5. Sistema Nacional do Meio Ambiente. 2.6. Instrumentos da Política Nacional do Meio Ambiente: Licenciamento Ambiental e Zoneamento Ambiental. 2.7. Estudo e relatório de impacto ambiental. 2.8. Código Florestal (LF nº 4.771/65). 2.9. Da responsabilidade civil do poluidor degradador. Da responsabilidade civil do Estado e da responsabilidade civil do profissional contratado. 2.10. Responsabilidade por dano ao meio ambiente. 2.11. Sistema nacional de unidades de Conservação da natureza (LF nº 9.985/00). 2.12. Política nacional dos recursos hídricos (LF nº 9.433/97). 2.13. Biossegurança (LF nº 11.105/05). 2.14. Competência em matéria ambiental. 2.15. Política Nacional de Resíduos Sólidos (LF nº 12.305/10). 2.16. Diretrizes Nacionais para o Saneamento Básico (LF nº 11.445/07).

MPAC/2014-2015

DIREITO AMBIENTAL: 1 Direito ambiental constitucional: meio ambiente como direito fundamental; princípios estruturantes do estado de direito ambiental; competências ambientais legislativa e material; deveres ambientais; instrumentos jurisdicionais – ação civil pública, ação penal pública, mandado de segurança individual e coletivo, ação popular, mandado de injunção ambiental –; função ambiental pública e privada; função social da propriedade; Art. 225 da Constituição Federal de 1988. 2 Conceito de meio ambiente e seus aspectos: meio ambiente natural, artificial, cultural e do trabalho; conceito de recursos naturais e meio ambiente como bens ambientais; conceito de biodiversidade e desenvolvimento sustentável; significado de direitos culturais. 3 Princípios de direito ambiental: prevenção, precaução, poluidor-pagador e usuário-pagador, cooperação, informação, participação, equidade intergeracional; princípios da tutela do patrimônio cultural: cooperação, solidariedade, participação e informação, preservação do sítio e proteção do entorno, uso compatível com a natureza do bem, pró-monumento, valorização sustentável. 4 Política Nacional de Meio Ambiente: objetivos; instrumentos de proteção (técnicos e econômicos); SISNAMA: estrutura e funcionamento; Lei n.º 6.938/1981; Decreto n.º 99.274/1990; Resolução do CONAMA n.º 1 – Relatório de Impacto Ambiental (EIA-RIMA) –; Resolução do CONAMA n.º 237 – licenciamento ambiental –; Resolução do CONAMA n.º 378 – empreendimentos potencialmente causadores de impacto ambiental nacional ou regional. 5 Recursos hídricos: Lei nº 9.433/1997 – instrumentos de gestão –; Resolução do CNRH n.º 16/2001; Sistema Nacional de Gerenciamento de Recursos Hídricos (SINGREH). 6

Recursos florestais: Lei n.º 12.651/2012; Resoluções do CONAMA nos 302/2002 e 303/2002; gestão de florestas públicas (Lei nº 11.284/2006); significado de gestão e de concessão florestal. 7 Espaços territoriais especialmente protegidos: áreas de preservação permanente e reserva legal; SNUC (Lei nº 9.985/2000): tipos de unidades, objetivos e categorias. 8 Política urbana: diretrizes, instrumentos e competência; artigos 182 e 183 da Constituição Federal; Lei nº 10.257/2001. 9 Responsabilidade: efeito, impacto e dano ambiental; poluição; responsabilidade administrativa, civil e penal; tutela processual: STF, STJ e tribunais de justiça estaduais; papel do Ministério Público na defesa do meio ambiente; crimes ambientais: espécies e sanções penais previstas; Lei nº 9.605/1998; Decreto nº 3.179/1999.

MPBA/2018-2019

DIREITO AMBIENTAL 1. Conceitos de meio ambiente e de Direito Ambiental. 2. Princípios de Direito Ambiental. 3. Evolução histórico-legislativa do Direito Ambiental no Brasil. 4. Repartição constitucional das competências em matéria ambiental. Normas de proteção ao meio ambiente na Constituição Federal. 5. Lei nº 6.938/81. Política Nacional do Meio Ambiente. Sistema Nacional de Meio Ambiente (SISNAMA). Instrumentos da Política Nacional do Meio Ambiente. Licenciamento ambiental: competência (Resolução do Conselho Nacional do Meio Ambiente - CONAMA nº 237/97), EIA/RIMA (Estudo de Impacto Ambiental/Relatório de Impacto no Meio Ambiente) e avaliações de impacto ambiental. Zoneamento ambiental. 6. Dano Ambiental. Responsabilidade pelo dano ambiental. Responsabilidade: civil, administrativa e penal. 7. Novo Código Florestal (Lei 12.651/12). Área de Preservação Permanente. Reserva Legal. Servidão Florestal. 8. Proteção à fauna (Lei nº 5.197/67). Lei nº 11.284/06 e Decreto nº 6.063/07. 9. Lei nº 11.428/06. 10. Política Nacional de Resíduos Sólidos (Lei 12.305/2010. Decreto 7.404/2010). Política Estadual de Resíduos Sólidos (Lei estadual 12.932/2014). 11. Sistema Nacional de Unidades de Conservação (Lei nº 9.985/00). 12. Educação Ambiental (Lei nº 9.795/99). 13. Lei nº 6.766/79 e Lei nº 10.257/01. 14. Política de Meio Ambiente e de Proteção à Biodiversidade do Estado da Bahia (Lei estadual 10.431/2006). 15. Política Estadual de Recursos Hídricos (Lei estadual 11.612/2009). 16. Decreto estadual 14.024/2012 (Anexo Único do Decreto 17.921/2017. Anexo do Decreto 16.963/2016. Decreto 16.366/2015. Decreto 15.682/2014).

Extraiu-se como exemplo os temas de Direito Ambiental. Contudo, se analisarmos profundamente os editais dos MPEs ao redor do País, ainda que uns venham de forma mais específica e outros menos, a imensa maioria abrange, além da parte processual coletiva, o direito à educação, à saúde, direito urbanístico, direito financeiro, proteção as pessoas com deficiência e idosos, consumidor e, por vezes, temas relacionados a criança e adolescente (em uma vertente coletiva).

Por óbvio, ao se preparar para sua prova, é imprescindível que você leia o edital e observe os pontos programáticos a fim de identificar quais destes subtemas da parte material da Tutela Coletiva caem de forma específica no certame.

O MPRJ, por exemplo, tem diversas especificidades – desde a primeira fase discursiva até a própria elaboração e organização do edital e do conteúdo programático –, razão pela qual é essencial que você esteja familiarizado com o concurso que deseja prestar.

Abaixo, passamos a analisar os pontos mais recorrentes das provas objetivas, a origem das questões, dando algumas dicas de estudo para provas objetivas (primeiras fases), bem como para a primeira fase subjetiva, específica do MPRJ.

3 ANÁLISE GERAL DAS ÚLTIMAS PROVAS OBJETIVAS. IDENTIFICAÇÃO DOS TEMAS MAIS FREQUENTES, ORIGEM DAS QUESTÕES E MELHOR LINHA DE ESTUDO.

Assim como foi feito quando da análise dos temas de Direito Administrativo, para melhor tratarmos desse ponto, foi realizado um recorte temporal nos certames dos Ministérios Públicos Estaduais, abrangendo somente as provas dos *Parquets* a partir de 2015.

Isso porque analisar provas anteriores não é proveitoso por não retratar bem a realidade que, como se sabe, com o transcorrer de cinco anos, já mudou muito.

Com efeito, algumas provas para o Ministério Público de alguns estados da federação ficaram de fora da análise, são eles: MPES (última prova em 2013); MPTO (última prova CESPE em 2012); MPPE, MPPA (FCC) e MPMA (últimas provas em 2014); MPAL (última prova em 2012) e MPRN (última prova da FCC em 2009); MPSE (última prova CESPE em 2010); MPAP (última prova em 2012); e MPAC (última prova em 2014).

Como as provas são as mesmas, uma igual observação genérica quando da análise das questões de Direito Administrativo cabe neste capítulo: a grande maioria dos Ministérios Públicos Estaduais se utiliza de bancas próprias para realizar seus certames.

Conforme outrora observado, tal fato tem um lado positivo - de acordo com a composição da banca é mais fácil prever os temas prediletos - e um lado negativo - a realização de questões anteriores pode não ser muito proveitosa, já que não se utilizam de um banco de questões predefinidas sobre cada matéria.

Outrossim, ficou nítido que os estados do norte e nordeste se utilizam muito de bancas como a FCC, a CESPE e a FMP; ao passo que os estados do sul, sudeste e centro-oeste se utilizaram de bancas próprias nos últimos concursos (com exceção do Mato Grosso, que contratou a FCC, e de Minas Gerais, que optou pela FUNDEP).

Em relação aos pontos mais cobrados, conforme se observará das tabelas a seguir, é fácil notar a enorme prevalência dos seguintes temas:

- **a)** Direito Ambiental - As questões de Direito Ambiental são, sem dúvida, as mais presentes no âmbito da Tutela Coletiva. Em razão da sua larga presença nas provas, as questões abrangem tanto o conhecimento da legislação - destacando-se a Lei do SNUC, o Código Florestal, a Lei 11.428/06, a Lei de Resíduos Sólidos e a Lei de Recursos Hídricos, EIA/RIMA -, como da doutrina - com destaque para o tema de princípios ambientais e de responsabilidade civil, administrativa e penal -, bem como da jurisprudência atualizada sobre os temas. Dessa forma, entre as sinopses supramencionadas, recomenda-se que a de Direito Ambiental esteja entre as escolhidas para ser lida;

- **b)** Teoria Geral do Processo Coletivo - O segundo ponto de maior incidência é a parte geral do Processo Coletivo, ou seja, temas como legitimidade ativa e passiva, competência, coisa julgada, microssistema coletivo, classificação dos direitos difusos *lato sensu*, TAC, princípios e controle das políticas públicas são os que mais aparecem quando o assunto é Processo Coletivo. Em razão da grande abrangência, a cobrança também se dá através do conhecimento da doutrina, legislação e jurisprudência acerca desses temas, motivo pelo qual este é um ponto que merece ser estudado com carinho pelo candidato. Seguindo a mesma sorte do Direito Ambiental, recomenda-se fortemente que um manual ou ao menos uma sinopse de Processo Coletivo seja eleita como material indispensável ao candidato que pretende ingressar no Ministério Público Estadual;

- **c)** Estatuto do Idoso e Proteção da Pessoa com Deficiência -> Esses dois temas em conjunto também são responsáveis por grande parte das questões de Tutela Coletiva nas provas de Ministério Público, sobretudo se considerarmos que os temas podem ser cobrados tanto na parte coletiva quanto na parte de Direitos Humanos, Direito Civil ou até mesmo na proteção individual desses grupos vulneráveis. Contudo, diferente dos dois primeiros, o foco aqui é sem qualquer sombra de dúvida a legislação, seguida da jurisprudência (que não é muita) sobre o tema. A doutrina, por sua vez, raramente aparece nas questões, razão pela qual o foco deve ser, de fato, a leitura da lei seca;

- **d)** Direito à saúde – Outrossim, os temas relacionados à saúde são retirados na sua esmagadora maioria da legislação pura e simples, com grande destaque para as previsões constitucionais sobre o tema, assim como para a Lei 8.080/90. Também é possível encontrar algumas questões retiradas da jurisprudência dos nossos Tribunais Superiores, cujo tema preferido é medicamentos e políticas públicas. Por fim, a doutrina quase não aparece nas questões, de modo que não há relevância que atraia a necessidade de estudar algo que vá além da leitura da lei seca e da jurisprudência sobre o tema;

- **e)** Direito Urbanístico – Da análise das questões das provas examinadas, percebeu-se que, de longe, o forte do Direito Urbanístico é a legislação pura e simples, com grande destaque para o Estatuto da Metrópole (Lei 13.089/15), a Lei de Parcelamento do Solo Urbano (Lei 6.766/79) e o Estatuto da Cidade (Lei 10.257/01). Contudo, observou- se algumas questões que cobraram do candidato o conhecimento da jurisprudência dos nossos Tribunais Superiores, tais como as relacionadas à improbidade administrativa no âmbito do Direito Urbanístico.

Outros temas importantes cobrados com alguma frequência são os seguintes: literalidade das Recomendações nº 23, 118, 164 e 174 do Conselho Nacional do Ministério Público, Direito Financeiro, Direito à Educação e as normas da Lei 7.347/85.

Ainda nesse contexto, conclui-se pela análise dos dados coletados que a LC 141, sempre que apareceu nas questões, teve como foco o financiamento da saúde, notadamente os artigos 3º e 4º da referida norma. Assim, imprescindível a leitura de tais dispositivos.

Ademais, a LC 101, em que pese ser cobrada também em Direito Tributário, aparece diversas vezes no grupo da Tutela Coletiva. No mesmo sentido, nas provas em que há a cobrança de Direitos Humanos, as questões costumam girar em torno da Lei 10.216/01, o Estatuto da Igualdade Racial e Direito das Pessoas com Deficiência.

Como tais leis são pequenas, recomenda-se que o candidato tenha em mente a redação dos seus principais dispositivos. Dessa forma, é possível garantir preciosos pontos em questões que, apesar de não serem complexas, cobram a literalidade de dispositivos legais nem sempre familiares ao candidato.

Pois bem.

Nota-se que todos aqueles comentários gerais acerca do estilo de cada um dos certames estaduais que já foram realizados permanecem válidos também para a presente disciplina.

A particularidade da Tutela Coletiva em relação ao Direito Administrativo fica a cargo da maior aleatoriedade dos pontos que estarão previstos nos editais; a forma de agrupamento destes subtemas; e, principalmente, da previsão de matérias específicas em cada um dos certames (ex: um prevê Direito à Educação, mas não Direitos Humanos; no outro, temos a previsão de Direito Sanitário e Urbanístico).

Por essa razão, o importante é que o candidato esteja atento ao seu edital, visando estudar aquilo que realmente vai estar presente na sua prova.

A fim de permitir que o candidato extraia suas próprias conclusões dos dados colhidos, seguem as tabelas estatísticas sobre os temas mais cobrados nas provas dos Ministérios Públicos Estaduais.

Atente-se apenas para o fato de que se trata de uma análise histórica, de modo que nas próximas provas é totalmente possível que se cobre qualquer outro tema constante do edital, sendo o objetivo da presente análise tão somente dar um norte ao candidato.

BANCA	TEMA	Nº DE QUESTÕES	ORIGEM
MPRS (2017)	Ambiental	4	Legislação
Própria			

BANCA	TEMA	Nº DE QUES-TÕES	ORIGEM
MPPR (2019)	Lei 8080	2	Legislação
Própria	LC 141	1	Legislação
	Ambiental	4	Legislação
	Estatuto da Cidade	1	Legislação
	Resolução 174 do CNMP	2	Legislação
	Recomendação 23 do CNMP	1	Legislação
	Resolução 164 do CNMP	1	Legislação
	Ação Civil Pública	1	Legislação/Jurisprudência
	Estatuto da Pessoa com Deficiência	2	Legislação
	Estatuto do Idoso	2	Legislação
MPSC (2019)	Teoria Geral da Tutela Coletiva	8	Doutrina/legislação/Jurisprudência
Própria	Inquérito Civil	1	Doutrina/legislação
	Recomendação 23 do CNMP	2	Legislação
	Ação popular	1	Jurisprudência
	Ação Civil Pública	1	Jurisprudência
	Lei Estadual 15.694	1	Legislação
	Ambiental	24	Legislação/jurisprudência/doutrina
	Estatuto do Idoso	3	Legislação
	LOAS	2	Legislação
	Política Nacional para Pessoas em Situação de Rua	1	Legislação
	Lei OS e OSCIP	2	Legislação
	Lei 7.853	1	Legislação
	Lei 13.146	1	Legislação
	Lei 13.445	1	Legislação

BANCA	TEMA	Nº DE QUESTÕES	ORIGEM
	Lei 12.101	1	Legislação
	Lei 8080	1	Legislação
	Resolução 453/12 do Conselho Nacional de Saúde	1	Legislação
	Lei 8.142	1	Legislação
	Lei 9.434	1	Legislação
	Lei 9.263	1	Legislação
	Lei 10.216	1	Legislação
MPSP (2019)	Ambiental	2	Legislação
Própria	Lei 10257 (Estatuto da Cidade)	2	Legislação
	Estatuto do Idoso	2	Legislação
	Ação Civil Pública	1	Doutrina
	Direito à Saúde	1	Jurisprudência
	Lei 10.216	1	Legislação
MPRJ (2018)	Direito Financeiro	1	Legislação
Própria	Lei 13019, Lei 11445 e Noções gerais de Licitação	1	Legislação
MPMG (2019)	Lei 9394 (LDB)	1	Legislação
FUNDEP	Ambiental	3	Legislação/jurisprudência
	Estatuto da Cidade	1	Legislação
	Lei 13300 (Mandado de Injunção Coletivo)	1	Legislação
	Ação Popular	1	Legislação
	Lei 12.529	1	Legislação/jurisprudência
	Direito à Saúde	1	Jurisprudência
	Recomendação 23 do CNMP e IC	1	Legislação/doutrina/jurisprudência

	Teoria Geral da Tutela Coletiva	3	Jurisprudência/Legislação
MPMS (2018)	Estatuto da Cidade	2	Legislação/jurisprudência
Própria	Lei 6.766	1	Legislação
	Ação Civil Pública	1	Legislação/jurisprudência
	Recomendação 23 do CNMP e IC	1	Legislação
	Lei 9394 (LDB)	1	Legislação
	LC 101 (Financeiro)	1	Legislação
	Lei 10.216	1	Legislação/jurisprudência
	Estatuto do Idoso	1	Legislação
	LC 141	1	Legislação
	Ambiental	3	Doutrina/jurisprudência (menos)/legislação
MPMT (2019)	Ambiental	3	Doutrina/legislação
FCC	Estatuto da Cidade	2	Legislação
	Direito à Saúde	2	Doutrina/Legislação
	Estatuto do Idoso	2	Legislação
	Lei 13.146	1	Legislação

MPDFT (2015)	Teoria Geral da Tutela Coletiva	2	Doutrina/jurisprudência/legislação
Própria	Recomendação 23 do CNMP e IC	1	Legislação
	Ação Popular	1	Legislação/jurisprudência
	Ação Civil Pública	2	Legislação/jurisprudência
MPGO (2019)	Teoria Geral da Tutela Coletiva	3	Doutrina/Legislação/jurisprudência
Própria	Honorários e prescrição	1	Jurisprudência

	Recomendação 23 do CNMP e IC	1	Legislação
	FUNDEB (Lei 11.494)	1	Legislação
	Lei 9394 (LDB) e Lei 11.947 (PNAE)	1	Legislação
	Lei 8080	2	Legislação
	Lei 13.146	2	Legislação
	Estatuto do Idoso	1	Legislação/jurisprudência
	Ambiental	3	Legislação
	Estatuto da Cidade	1	Legislação
MPBA (2018)	Estatuto do Idoso	2	Legislação/Jurisprudência
	Lei 8080	2	Legislação/Jurisprudência
	Estatuto da Cidade	2	Legislação
	Lei 13.146	1	Legislação
	Teoria Geral da Tutela Coletiva	1	Doutrina/jurisprudência/ Legislação
	Estatuto da Igualdade Racial	1	Legislação
	Ambiental	4	Doutrina/Legislação/juris-prudência
	Lei 9394 (LDB)	1	Legislação
	Recomendação 23 do CNMP e IC	1	Legislação
	Lei 6.766	1	Legislação
	Resolução 164 do CNMP e Resolução 179 do CNMP (TAC)	1	Legislação
MPCE (2020)	Ambiental	4	Legislação/Doutrina/juris-prudência
CESPE	Lei 13089 (Estatuto da Metrópole)	1	Legislação
	Teoria Geral da Tutela Coletiva	3	Doutrina/jurisprudência
	Estatuto do Idoso	1	Legislação

	Lei 13.146	2	Legislação
MPPB (2018)	Teoria Geral da Tutela Coletiva	3	Doutrina
FCC	Estatuto do Idoso	2	Legislação/jurisprudência
	Recomendação 23 do CNMP e IC	1	Legislação
	Ação Civil Pública	1	Legislação
	Ambiental	1	Legislação
	Lei 7913	1	Legislação
MPPI (2019)	Teoria Geral da Tutela Coletiva	6	Jurisprudência/Legislação/Doutrina
CESPE	Ambiental	6	Doutrina/Legislação/jurisprudência
	LC 101 (Financeiro)	2	Legislação
	Ação Civil pública	2	Legislação
	Estatuto da Cidade	1	Legislação
	Lei 9394 (LDB)	1	Legislação
	Lei 13.146	1	Legislação
	Lei 8080	1	Legislação/Jurisprudência
	Inquérito Civil	1	Legislação
	Resolução 118 CNMP	2	Legislação
MPRR (2017)	Ambiental	6	Doutrina (só a de princípios)/Legislação
CESPE	Direito Agrário (!)	4	Legislação
	Ação Civil pública	1	Legislação
	Estatuto da Igualdade Racial	1	Legislação
MPAM (2015)	Estatuto da Cidade	3	Legislação
FMP	Lei 12.587	1	Legislação
	Lei 11.977	1	Legislação

	Lei 6.766	1	Legislação
	Estatuto do Idoso	1	Jurisprudência/Legislação
	Lei 13.146 e Política de Cotas	1	Jurisprudência
	DH: Direito das Pessoas com Deficiência	1	Doutrina/jurisprudência
	Teoria Geral da Tutela Coletiva	1	Doutrina/jurisprudência
MPRO (2017)	Teoria Geral da Tutela Coletiva	3	Doutrina/jurisprudência
FMP	Estatuto do Idoso	3	Legislação/Jurisprudência
	Lei 13.146	1	Legislação
	Direito à Saúde e à Educação	3	Jurisprudência
	Ambiental	7	Legislação/Jurisprudência
	DH: Direito das Pessoas com Deficiência	2	Jurisprudência

Da tabela acima extrai-se que, conquanto seja conhecida a predileção da CESPE por questões relacionadas à jurisprudência, quando o assunto é Tutela Coletiva, a maioria dos certames – seja elaborado por banca própria, seja por organizadora de concurso – segue o estilo de questões da FCC; isto é, com grande predominância da legislação em detrimento da doutrina e da jurisprudência.

Apenas para se ter uma ideia, observe o gráfico abaixo, onde questões exclusivamente originadas da legislação correspondem a quase metade (48%!) de todasas questões analisadas. E as questões que misturam a doutrina ou a jurisprudência com a legislação (ainda com predominância desta), correspondem a outros 45% das questões:

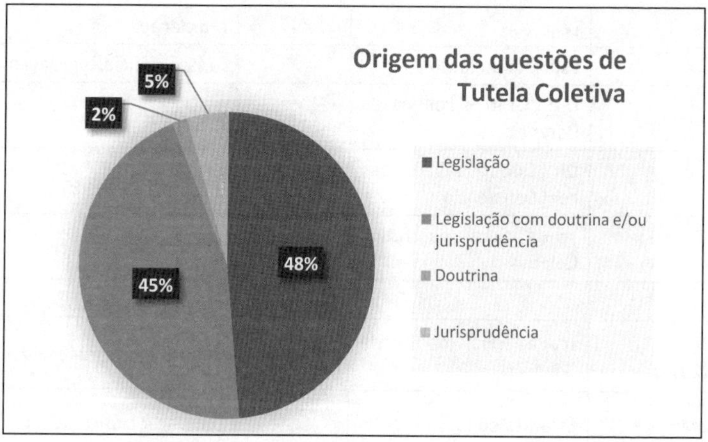

Fica claro, desta forma, que não há a menor possibilidade de o candidato ir para uma prova de Ministério Público Estadual sem ter lido as principais normas que regulam o microssistema coletivo e, ao menos, as principais normas de Direito Ambiental, Urbanístico, Direito à Saúde e à Educação, além, é claro, daquelas referentes aos Idosos e Pessoas com Deficiência, tal qual já mencionado.

De forma agrupada, podemos observar os seguintes pontos mais cobrados nas referidas provas:

AGRUPADO		
Tema	**Nº de questões**	**Origem**
Ambiental	74	Doutrina, jurisprudência e legislação
Teoria Geral de Tutela Coletiva	33	Abrange vários temas da legislação, jurisprudência e da doutrina
Estatuto da Pessoa com Deficiência e Assistência Social	20	Legislação e jurisprudência, doutrina raro
Estatuto do Idoso	20	Legislação e jurisprudência
Direito à Saúde	20	Legislação e jurisprudência dominantes (doutrina raro)
Urbanístico (Estatuto da Cidade e outros)	19	Legislação (forte) e jurisprudência (raro)
Recomendação 23 do CNMP e IC	11	Legislação (res. CNMP e IC) + doutrina e jurisprudência IC

Direito à Educação	9	Legislação e jurisprudência
Ação Civil Pública	8	Legislação e jurisprudência dominantes (doutrina raro)
Resoluções 174, 118 e 164 do CNMP	6	Legislação
Resoluções 174, 118 e 164 do CNMP	6	Legislação
Direito Agrário	4	Legislação
Direito Financeiro	4	Legislação
Ação Popular	3	Legislação e jurisprudência
Estatuto da Igualdade Racial	2	Legislação

Para as provas objetivas de primeira fase recomenda-se, ainda, a realização de questões de provas anteriores (com o foco no MP, mas sem perder de vista a possibilidade de exercitar o conhecimento com provas também da Defensoria e da Magistratura Estadual), separadas por tema, alguns dias após ter revisado a matéria.

Tal prática é importante não só para fixar a matéria, mas também para perceber que diversas questões se repetem com certa frequência, colocando luzes sobre as preferências do examinador em relação a um ou outro dispositivo legal e/ou julgado relevante do STJ ou do STF.

Especialmente quando estamos diante do tema da Tutela Coletiva, tal prática ganha ainda mais relevância, pois, com o tempo, você irá perceber que (sem exagero algum) são os mesmos dispositivos legais que caem certame após certame; de modo que não se precisa ler toda a legislação diversas vezes, mas é imprescindível ter tais dispositivos na ponta da língua.

Especificamente quanto à prova do MPRJ, subjetiva desde a primeira fase, o conhecimento de tais normativas se mostra um grande facilitador quando o tema for perguntado e o candidato precisar ir até a legislação para construir a sua resposta discursiva; razão pela qual a leitura prévia e remissões são de extrema relevância.

Dessa forma, essa combinação de estudo seguido da realização de exercícios sobre os temas relevantes será um diferencial para alcançar o seu lugar no setor público.

3 ANÁLISE DAS ÚLTIMAS PROVAS SUBJETIVAS

a) Previsão do edital

Assim como os temas de Direito Administrativo, os direitos transindividuais na vertente material e o processo coletivo têm grande incidência nas provas para Ministério Público, sobretudo em razão do controle externo realizado pelo *Parquet* sobre os atos praticados pelas prefeituras e pelos governos do Estado.

Analisando-se os editais ao redor do País, verifica-se que a cobrança varia de acordo com o Estado: alguns têm previsão como matéria específica, outros preveem os temas dentro de processo civil, e existem até mesmo aqueles que trazem os subtemas (Direito Sanitário, Urbanístico, Financeiro etc.) todos discriminados de maneira isolada.

Todavia, o mais comum é a previsão da matéria dentro de um grupo que geralmente engloba outras disciplinas correlatas como princípios institucionais, processo civil, direito da criança e do adolescente, dentre outras.

Veja que, no MPRS, por exemplo, não há previsão da disciplina "Tutela Coletiva" ou "Interesses Difusos e Coletivos". Ao revés, o certame deste estado prevê separadamente as matérias, as quais são divididas nos grupos temáticos: Direito Ambiental, Municipal e Financeiro (Grupo I, junto com constitucional, administrativo e tributário); Direito do Consumidor e Urbanístico (Grupo II, junto com Civil, Empresarial e Processual Civil); e Direito do Idoso e das Pessoas com Deficiência (Grupo IV, junto com Eleitoral, Princípios Institucionais e outros).

No MPRJ, por outro lado, há previsão expressa do tema "Tutela Coletiva" como matéria autônoma (peso 3), fazendo parte do Grupo IV, junto com Princípios Institucionais (peso 4) e Direito da Infância e da Juventude (peso 3). Os subtemas como Direito Ambiental, Consumidor, Urbanístico, Financeiro etc. podem ser cobrados do candidato dentro desta disciplina.

O MPBA, por sua vez, traz uma previsão entre o modelo do MPRS e o modelo do MPRJ: no referido certame, há a previsão de "Direitos Individuais: generalidades", onde basicamente se tem a parte processual da tutela coletiva; e, em outros pontos, observamos a previsão autônoma do Direito Ambiental, Consumidor, Direito à Saúde, Direito à Educação, dentre outras. Confira-se tal modelo híbrido:

> **DIREITOS TRANSINDIVIDUAIS: GENERALIDADES** 1. Lei nº 7.347/85. 2. Direitos

difusos, coletivos e individuais homogêneos. Normas relativas à tutela dos direitos transindividuais na Constituição Federal, na Lei Complementar Estadualnº 11/96, na Lei nº 8.625/93 e na Lei Complementar Federal nº 75/93. 3. Inquérito civil: instauração, instrução, arquivamento e homologação, controle de legalidade e nulidades, procedimentos análogos. Resoluções nº 23/07, 164/17, 174/17 e 179/17, do Conselho Nacional do Ministério Público. 4. Notificação, requisição, recomendação e audiência pública. 5. Termo de Ajustamento de Conduta: ajustamento de conduta, natureza jurídica, requisitos,legitimados, efeitos, vedações, execução. Ação Civil Pública.

DIREITO DO CONSUMIDOR 1. Lei nº 8.078/90 e Decreto nº 2.181/97. 2. Fontesconstitucionais do Direito do Consumidor. 3. Sujeitos e objetos da Relação Jurídica de Consumo. 4. Principiologia do Código de Defesa do Consumidor. 5. Política Nacional de relações de consumo. 6. Direitos básicos do consumidor. 7. Qualidade de produtos e serviços, prevenção e reparação dos danos aos consumidores. 8. Proteção à saúde e segurança do consumidor. 9. Responsabilidade civil nas relações de consumo: fato e vício do produto e do serviço. 10. Decadência e prescrição nas relações de consumo. 11. Desconsideração da personalidade jurídica. 12. Práticas comerciais. Oferta. Publicidade. Práticas abusivas. Cobrança de dívidas. Bancos de dados e cadastros de consumidores. 13. Proteção contratual do consumidor. Cláusulas abusivas. Contratos de adesão. 14. Evolução da teoria contratual. Teoria da imprevisão. Revisão de cláusulas contratuais. 15. Outorga de crédito e concessão de financiamento. 16. Defesa do consumidor em juízo. Defesa coletiva. Interesses difusos, coletivos e individuais homogêneos. Legitimação. Competência. Litispendência. Coisa julgada. Execução. Tutela individual do consumidor. 17. Funções do Ministério Público no Código de Defesa do Consumidor. Lei n° 9656/1998. Lei n° 9870/99. Lei n° 12.886/13.

DIREITO À SAÚDE 1. Normas relativas ao direito à saúde na Constituição Federal. 2. Princípios e Diretrizes do SUS. 3. Lei Complementar n. 141/2012. 4. Lei nº 8.080/90. 5. Lei nº 8.142/90.

PROTEÇÃO AO PATRIMÔNIO HISTÓRICO E CULTURAL 1. Normas de proteção ao patrimônio histórico e cultural na Constituição Federal e na Constituição do Estado da Bahia. 2. Decreto-Lei nº 25/37. 2. Decreto nº 3.551/00. 3. Lei Estadualnº 3.660/78. 4. Lei n° 11.645/08.

PROTEÇÃO ÀS PESSOAS COM DEFICIÊNCIA 1. Lei nº 7.853/89 - Política Nacionaldo Deficiente Físico. 2. Decreto nº 3.298/99 - regulamenta a Lei nº 7.853/89. 3.Lei nº 8.742/93 - Lei Orgânica de Assistência Social. 4. Convenção Interamericana para Eliminação de Discriminação contra as Pessoas Portadorasde Deficiências, promulgada pelo Decreto nº 3.956/01. 5. Lei nº 10.098/00. 6. Lei n° 10.216/2001 – Lei Antimanicomial. 7. Convenção Internacional sobre direitos das Pessoas com Deficiência, internalizada pelo Brasil por meio do Decreto nº 6.949/2009. 8. Lei 13.146/2015 (Estatuto da Pessoa com Deficiência)PROTEÇÃO AO IDOSO 1. Lei nº 8.842/94 - Política Nacional do Idoso. 2. Decretonº 1.948/96 - regulamenta a Lei nº 8.842/94. 3. Lei nº 10.741/03 - Estatuto do Idoso. Lei Estadual n° 12.925/13 – Política Estadual da Pessoa Idosa.

DIREITO À EDUCAÇÃO 1. Normas sobre o direito à educação na Constituição Federal. 2. Lei n. 9.3941996 (Lei de Diretrizes e Bases da Educação Nacional). 3.Lei n. 13.005/2014 (Plano Nacional de Educação). 4. Lei 13.146/2015 (Estatuto da Pessoa com Deficiência). 5. Lei n. 11.494/2007 (Regulamenta o FUNDEB). 6. Lei n. 5537/1968 (Cria o INEP). 6. Lei n. 10.436/2002 (Dispõe sobre a Língua Brasileira de Sinais - Libras). 7. Lei n. 11.947/2009 (Dispõe sobre o atendimentoda alimentação escolar e do Programa Dinheiro Direto na Escola).

DIREITOS HUMANOS E COMBATE AO RACISMO 1. Convenções internacionais e disposições constitucionais. 2. Lei n° 7.716/89. 3. Constituição do Estado da Bahia. 4. Lei n° 11.465/08. Ações Afirmativas. 5. Estatuto da Igualdade Racial (Lei n° 12.288/10) 6. Lei de Cotas (Lei n° 12.711/12) 7. Lei n° 10.639/03 – Obrigatoriedade do ensino sobre História e Cultura Afro-Brasileira. 8. Lei n° 11.645/2008 – Obrigatoriedade do estudo da história e cultura afro-brasileira eindígena.

MOBILIDADE URBANA 1. Estatuto da Cidade – Lei n° 10.257/01. 2. Lei de Mobilidade Urbana – Lei n° 12.587/2012.

Alguns Ministérios Públicos garantem, ainda, que efetivamente será cobrada um número certo de questões sobre os temas previsto no edital, tal qual ocorre no MPPR.

Com efeito, percebe-se que não há uma uniformidade nos editais e, consequentemente, na forma de cobrança, razão pela qual é importante que o candidato esteja atento às previsões do seu concurso, a fim de direcionar o seu estudo de Tutela Coletiva para uma prova que cobre a matéria de forma específica e concisa ou para uma interdisciplinaridade mais abrangente.

Outrossim, ainda em razão dessa falta de uniformização, os editais trazem as mais diversas previsões acerca de como as questões subjetivas serão elaboradas. No MPSP é comum o edital prever especificamente que a prova subjetiva "contará com uma dissertação, uma peça prática e 5 (cinco) questões sobre as matérias indicadas no artigo 7º deste Regulamento e respectivo programa constante do Edital" (93º Concurso de Ingresso na carreira – 2019).

É nesse mesmo sentido a previsão do último edital do MPBA, que previu a cobrança das questões na forma de uma dissertação e três questões subjetivas para cada um dos grupos de matérias.

O certo é que a verticalização nas provas específicas é muito mais acentuada do que aquela das provas preliminares, de modo que é imprescindível ao candidato a elaboração de uma estratégia de estudo baseado no histórico das provas anteriores.

Com efeito, conquanto não se garanta que haja cobrança específica de Tutela Coletiva (com algumas exceções como MPPR e MPRJ), a mera previsão dessa (alta!) possibilidade obriga o candidato a estar preparado para mostrar seus conhecimentos seja na forma de peça processual, de dissertação ou de resposta a uma questão.

Apenas a título exemplificativo, veja a questão cobrada no último concurso para o *Parquet* Baiano:

> Compareceu para atendimento ao gabinete de sua Promotoria de Justiça, a senhora Maria de Lourdes Silva, genitora da criança Ana Silva de Souza, com oito anos de idade, portadora de deficiência sensorial - surdo-mudez - e deficiência física, com comprometimento parcial da locomoção. Alegou que ao tentar realizar a matrícula de sua filha na escola particular "Primeiras Letras", foi informada pela Secretaria, que a escola não possuía estrutura adaptada e professores especializados para receber a criança, e que em vista do direito à Livre Iniciativa, assentado nos Princípios Constitucionais da Ordem Econômica (art. 170 da CF), a instituição teria o direito de oferecer ou não esse serviço especializado. No entanto, a escola informou que poderia viabilizar a matrícula, se que os genitores arcassem com valor diferenciado de mensalidades em relação aos demais alunos, como forma de custeio da contratação de profissionais especializados ou eventuais adaptações estruturais necessárias à mobilidade da criança.
>
> **Questão 01 (20 pontos)**
>
> Considerando o caso 1, apresente um posicionamento fundamentado, abordando em no máximo 40 linhas:
>
> a) se a postura da escola foi adequada ou não (até 1,0 ponto); b) os tratados internacionais aplicáveis (até 3,0 pontos); c) os princípios constitucionais/legais pátrios de regência (até 3,0 pontos); d) as normas do ordenamento jurídico aplicáveis (até 3,0 pontos); e) a jurisprudência vigente (até 4,0 pontos); f) se pertinente, as possíveis consequências jurídicas a que poderá incorrer a Escola, frente ao ordenamento jurídico pátrio (até 4,0 pontos).

Já no MPRJ, conforme mencionado quando dos comentários das provas de Direito Administrativo, embora haja previsão expressa no edital no sentido de que pode "ser exigida do candidato a elaboração de promoções, pareceres ou outras peças processuais" (XXXV Concurso de Ingresso na carreira – 2018), observa-se que, nos últimos anos, não houve a cobrança dos temas de Tutela Coletiva – nem de qualquer outra matéria – em forma de peças processuais ou pareceres.

A prova fluminense tem seguido um padrão de cobrança na forma de questões subjetivas, sem limites de linha, especificamente em relação à cada matéria elencada no edital e prevista no conteúdo programático. Em outras palavras, a cobrança específica de Tutela Coletiva é certa na segunda fase do concurso.

Perceba-se, ainda, que é comum os temas de Tutela Coletiva tocarem os de Direito Administrativo e vice-versa. Vejam uma das questões cobradas na prova específica do MPRJ no XXXV Concurso para Ingresso na Carreira (XXXV):

> No bojo de processo licitatório instaurado por determinado Município, os prepostos designados pelos dirigentes de duas empresas concorrentes ajustaram previamente as propostas formuladas e, por isso, uma delas teve adjudicado o objeto contratual, apesar da participação de outras licitantes. Posteriormente, verificou-se que tais prepostos agiram de forma independente em relação à direção das empresas, porém, em concurso com integrantes da comissão de licitação. Aborde os fundamentos jurídicos que podem ser articulados em face das pessoas físicas e jurídicas e as sanções correlatas que, como Promotor de Justiça, entenda pertinentes.

Outra característica que chamou a atenção quando da análise das provas subjetivas foi o (enorme) tamanho da questão elaborada pelo MPSC no 41º Concurso: a questão (única) ocupou nada mais nada menos do que 5 (cinco) páginas de texto corrido, sem parágrafos.

Tal forma de redigir uma questão certamente tem como objetivo fazer o candidato perder o foco e deixar de perceber detalhes importantes à correta resposta da questão. Nesses casos, sugere-se que você mesmo faça tal divisão e vá marcando a pergunta ao longo da sua extensa redação, fazendo os apontamentos que julgar importantes.

De qualquer forma, o único meio de saber o que esperar da sua prova subjetiva é consultar o edital previamente. Para nossa sorte, os concursos para os Ministérios Públicos Estaduais têm efetivamente respeitado às previsões do regulamento e têm elaborado questões nos exatos moldes do edital.

Por fim, a mesma observação genérica feita outrora aqui se aplica: as provas subjetivas costumam permitir, na imensa maioria das vezes, a consulta à legislação e a outros atos normativos. A diferenciação fica restrita à consulta de enunciados das Súmulas dos Tribunais Superiores.

Relevante se atentar, dessarte, para o edital, a fim de se preparar para uma prova com consulta ou não ao material que lhe é disponibilizado. A familiarização como seu próprio material pode ser um diferencial em termos de tempo de prova, auxiliando a encontrar as respostas de maneira célere.

A partir de tudo isso que foi dito, conclui-se que, para as fases discursivas, em termos de análise prévia do edital, o candidato deve se preocupar basicamente com a forma de cobrança (se peça processual, dissertação ou questão) e com o modo pelo qual a Tutela Coletiva está prevista no conteúdo programático (se contando com diversas matérias específicas, quais delas etc.).

O conhecimento do primeiro ponto permitirá ao candidato treinar, mediante a realização de exercícios, a elaboração de peças ou a responder questões, aprendendo a controlar o tempo de prova e o manuseio de todo o material que é permitido na segunda fase.

O conhecimento prévio acerca de quais subtemas são cobrados dentro de Tutela Coletiva (além, claro, da parte processual, sempre cobrada) vai permitir que o candidato se dedique exclusivamente àquelas matérias que irão cair, deixando de lado as demais (*v.g.* se não há previsão de Direito Urbanístico, se há a de Direito Sanitário, dentre outros detalhes importantes).

Atento a tais aspectos e tendo se programado adequadamente para essa fase do certame, não há dúvidas que o candidato realizará uma boa prova subjetiva.

Superada a análise do edital, passemos a tratar da origem das questões e dos temas mais cobrados nas provas específicas.

b) Estilo e origem das **questões.**

Por meio da análise das provas discursivas dos Ministérios Públicos Estaduais disponibilizadas na *internet*, verificou-se que as questões elaboradas têm como origem mais comum a legislação pátria seguida das decisões exaradas pelas nossas Cortes Superiores.

Contudo, diferente do que ocorre nas primeiras fases do certame, quando há a cobrança de julgados, o conhecimento puro e simples das conclusões destes julgados geralmente não é o suficiente.

Isso porque a cobrança verticalizada do conteúdo exige do candidato o conhecimento dos fundamentos, da *ratio*, da decisão do STJ ou do STF, seja para aplicá-la a caso análogo, seja para entregar ao examinador a resposta desejada.

O conhecimento da lei, outrossim, é imprescindível ao candidato que se encontra na prova subjetiva. Observou-se que, por vezes, o mero conhecimento da legislação era o suficiente para acertar a questão; mas, em outras oportunidades, a construção do raciocínio em cima de determinado dispositivo era essencial para a elaboração da resposta.

E, no caso da Tutela Coletiva, "o mero conhecimento da legislação" pode ser algo deveras complicado, considerando a imensidão de normas existentes sobre os mais diferentes temas que podem ser abordados nesta fase do concurso.

Por tal razão é imprescindível que o candidato vá para a prova subjetiva de Tutela Coletiva com todas as normas citadas no edital impressas, lidas e marcadas pelo menos uma vez. Atentem-se, não achem que basta levar o *vade mecum* para a prova, é necessário que se verifique se, de fato, você possui ali tudo que precisa.

Ademais, por vezes as leis podem ter muitos artigos inúteis, que não têm qualquer relevância para as questões que o candidato irá enfrentar; e, na hora da prova, não é o momento para você descobrir onde está aquele artigo que possui a resposta para a pergunta que lhe é formulada.

Então, a leitura prévia das leis citadas no edital é condição *sine qua non* para uma boa prova de Tutela Coletiva. O candidato precisa saber ao menos onde procurar as respostas, pois muitas delas, conforme mencionado, estarão lá, escancaradas naquela lei que ninguém nunca abriu para ler (embora devessem tê-lo feito).

Veja por exemplo uma das questões do XXXV Concurso para ingresso no MPRJ:

> Com o objetivo de viabilizar e otimizar o acesso de crianças e adolescentes a uma escola situada em zona rural, determinado município do interior realiza procedimento licitatório para a contratação de serviços de terraplenagem e pavimentação da precária via vicinal que atende ao local onde está situado o estabelecimento escolar. Adjudicado o objeto ao licitante vencedor,

> o município emite o cabível empenho e a execução do serviço é iniciada. Examinando o relatório de execução orçamentária do município, o Promotor de Justiça constata que o ente público, no último bimestre do exercício financeiro, computava o cumprimento da aplicação de 25% de sua receita em manutenção e desenvolvimento do ensino, lá estando contabilizado, para esse fim, dentre outras despesas, o empenho antes referido. Está correto o procedimento adotado pelo município? Analise os aspectos jurídicos relevantes para o deslinde da questão. **Resposta objetivamente fundamentada.**

Perceba que para o acerto da questão, basicamente, só era necessário o candidato conhecer o art. 212 da CRFB c/c os artigos 70 e 71 da Lei 9.394/96. A maior dificuldade da pergunta era saber sobre as etapas da despesa pública; isto é, que a mera reserva de recurso orçamentário visando ao futuro adimplemento de obrigação cujo cumprimento foi apenas iniciado (sem pagamento) não colmata o requisito legal de aplicação de 25% da receita em manutenção e desenvolvimento do ensino.

Pois bem.

O estilo das questões também vai variar muito de acordo com o certame que o candidato está prestando. Se no MPRJ, por exemplo, não vem sendo cobrada a elaboração de peças práticas, em outros Ministérios Públicos como o MPSP e o MPGO, a elaboração de peças práticas é algo bem comum.

No 60º Concurso para Ingresso na carreira do Ministério Público de Goiás, a peça prática cobrou do candidato conhecimentos sobre a parte processual da Tutela Coletiva, bem como o Direito Ambiental, cuja resposta tinha origem na jurisprudência dos nossos Tribunais Superiores, na legislação correlata e na própria doutrina acerca da responsabilidade civil ambiental.

No mesmo certame foi exigido, ainda, o conhecimento acerca do Direito à Saúde concomitantemente com uma parte principiológica de Direito Constitucional. Confira-se:

> Disserte sobre o princípio da subsidiariedade como delimitador da política pública de saúde no Brasil, abordando a Teoria da Reserva do Possível e os princípios constitucionais que regem a matéria.

Todavia, de uma maneira geral, há uma enorme prevalência de questões versando sobre improbidade administrativa, controle da Administração Pública, ambos envolvendo, quando possível, pontos específicos e simples de Direito Financeiro, além do já batido Direito Ambiental.

De toda a análise realizada, percebe-se que de uma forma ou de outra, as provas específicas têm cobrado de maneira bem verticalizada o conteúdo que, na primeira fase, é cobrado de forma mais rasa.

Se por um lado os temas são os mesmos, por outro, o candidato deve estar atento aos pontos de interesse dos examinadores, a fim de se aprofundar nos temas corretos, com foco na jurisprudência e no conhecimento da legislação, mas sem perder de vista a revisão doutrinária.

Por fim, alerta-se para o fato de que tais temas supramencionados estão baseados em uma análise histórica de questões anteriores, de modo que não é possível renunciar ao estudo dos demais temas de Tutela Coletiva para as provas específicas.

4 PROVAS ORAIS

Atenção! As mesmas observações genéricas que foram feitas para Direito Administrativo valem para o tema de Tutela Coletiva, de modo que repetir-se-á os comentários de outrora apenas com alguns apontamentos e detalhamentos sobre esta disciplina peculiar.

A fase das provas orais certamente é a mais peculiar de todo o concurso público. Isso porque a esmagadora maioria dos candidatos não está acostumada a fazer sustentações orais e/ou nunca passou por uma prova oral antes.

Soma-se a isso a ansiedade de estar tão próximo à aprovação e, ao mesmo tempo, o medo de ser reprovado e ter que começar tudo de novo, e teremos ingredientes suficientes para que a insegurança do candidato seja o seu maior inimigo nessa fase do concurso.

Para se preparar adequadamente para esse modelo de prova é fundamental que o candidato esteja psicologicamente preparado para tudo que pode acontecer no decorrer da sua avaliação. Mais do que conhecimento, a prova oral é o momento em que o *mindset* do candidato é um diferencial.

Particularmente, entendo não haver dúvidas sobre a capacidade intelectual e o conhecimento de literalmente todos aqueles que chegaram à essa fase do concurso público. Todos ali estão muito bem preparados.

O que a banca examinadora busca nesse momento é saber precipuamente se você é capaz de responder às questões formuladas de maneira tranquila, à altura do cargo que o candidato almeja. Em outras palavras, busca-se avaliar o seu comportamento diante de uma situação desconfortável de pressão.

Por óbvio, não se pode negligenciar a revisão de conceitos básicos, princípios, entendimentos doutrinários e jurisprudenciais mais relevantes do momento, bem como estudar os pontos prediletos do seu examinador; afinal, é comum que ele te pergunte sobre temas que se sinta confortável.

Na fase de preparação para a prova oral, portanto, temos dois pontos importantes para se atentar: o primeiro é a preparação psicológica e/ou da forma de responder, de se portar frente ao examinador; e a segunda é o que revisar em termos de conteúdo programático.

Em relação à parte formal da preparação, o candidato deve ter em mente que ele já está aprovado; isto é, ele já é Promotor de Justiça. A fase da prova oral, na verdade, é apenas uma avaliação do seu comportamento como profissional e não mais do seu conhecimento jurídico.

Tal *mindset* me ajudou muito nas provas orais do XXXV Concurso do MPRJ. Pensar e realmente interiorizar tal pensamento não só te deixa mais relaxado para fazer a prova oral, mas também faz com que você responda às questões de forma mais segura e convincente; afinal, adotando essa ideia, ninguém estaria ali para te avaliar, mas tão somente para escutar a sua opinião sobre determinado assunto.

Outro ponto dessa preparação é buscar cursos de oratória e/ou preparatórios para prova oral. Para aqueles que têm problemas de falar em público, será importante para perder o receio e se sentir mais confortável com a situação; para aqueles que não possuem esse medo, será relevante para aprender a se portar corretamente durante a prova mediante a aplicação de algumas técnicas.

Durantes esses cursos várias delas são ensinadas: como não demonstrar que você sabe ou não a resposta para aquela pergunta, como não deixar a voz trêmula e insegura, como controlar a respiração para não passar nervosismo, como gastar tempo de prova, como responder corretamente ao que se é perguntado etc.

Pode parecer besteira, mas esses "acessórios" são de extrema relevância para a realização das provas orais. Tudo isso somado faz você se sentir mais confortável com a situação, o que acaba por abrir a sua mente para acessar o conteúdo jurídico que você já possui.

Por outro lado, é evidente que o candidato não pode simplesmente deixar de revisar o conteúdo programático. Nessa preparação, a revisão dos conceitos e dos princípios é especialmente importante na medida em que você pode começar literalmente toda e qualquer resposta na prova oral conceituando o instituto ou falando sobre princípios correlatos à questão.

No caso específico da Tutela Coletiva, na qual o conteúdo tende ao infinito, é uma boa estratégia conhecer o seu examinador para saber quais são os seus temas prediletos, porque é na zona de conforto dele que ele vai querer explorar as questões.

Um bom exemplo foi o que aconteceu no XXXV Concurso para Ingresso no MPRJ: o examinador de tutela coletiva tinha acabado de redigir uma ACP sobre financiamento da educação no Estado, e de escrever nas revistas da instituição sobre ilegalidades afetas às despesas públicas.

O resultado não poderia ter sido outro. Na fase específica (subjetiva) uma das questões de Tutela Coletiva foi justamente sobre o que se considera ou não financiamento da educação para fins de percentual constitucional mínimo (art. 70 e 71 da LDB); e, na prova oral, foi perguntado as fases das despesas públicas, conceito de princípios de Direito Financeiro, dentre outros temas correlatos.

De qualquer forma, temas batidos como improbidade administrativa, processo coletivo, Lei Anticorrupção, Direito Ambiental etc. devem estar na ponta da língua do candidato, pois certamente serão perguntados se estiverem no ponto sorteado.

Nestes temas, é interessante também você fazer uma breve revisão da literalidade das principais normas, tal qual prazos prescricionais e outros, sujeitos ativos e passivos, competência, penalidades aplicáveis etc.

Ademais, o candidato deve estar atento à jurisprudência das nossas Cortes Superiores, porquanto lhe pode ser perguntado sobre decisões que ocorreram na semana ou até mesmo na véspera de sua prova oral.

Durante a realização da prova oral, o candidato deve se manter calmo e demonstrar o máximo de conhecimento que puder. O desenvolvimento de uma resposta articulada, com início, meio e fim, de maneira lógica e concatenada é fundamental para lhe garantir uma boa avaliação.

Lembre-se: estão ali para avaliar a sua capacidade argumentativa, logo, a sua função é literalmente convencer o examinador de que você possui conhecimento jurídico suficiente para assumir o cargo. E, para tanto, é importante que as suas conclusões decorram de maneira lógica dos fundamentos jurídicos utilizados.

Por óbvio, o uso correto do vernáculo deve ser uma preocupação. De nada adianta a elaboração de respostas complexas e fundamentadas se a língua portuguesa – instrumento de trabalho do Promotor de Justiça – passou ao largo na sustentação oral.

Outrossim, o candidato também deve estar familiarizado com o modo de realização da prova. A depender da banca examinadora e da organizadora do concurso, pode ser que as questões sejam entregues previamente (*v.g.* CESPE), o ponto seja sorteado no dia anterior à prova, haja sustentação oral em simulação ao plenário do Tribunal do Júri etc.

Relevante, portanto, que, mais uma vez, o candidato esteja atento às previsões do edital do Ministério Público para o qual está prestando o concurso. Uma vez conhecido o estilo de prova oral e os seus detalhes quanto à cobrança do conteúdo, é hora de simular o máximo que puder aquele formato.

Temos certeza de que, seguindo essas dicas e estudando estrategicamente, o candidato logrará obter a sua tão sonhada vaga na carreira de Promotor de Justiça. Boa sorte, e conte comigo para o que precisar!

DIREITO AMBIENTAL

André Freitas Luengo

1 BIBLIOGRAFIA INDICADA

A preparação para o concurso do Ministério Público, no tema Direito Ambiental, pode ser satisfatoriamente obtida a partir de uma leitura atenta do livro ***Leis Especiais para Concursos – Direito Ambiental***, da Editora Juspodivm, na medida em que tal obra já trata, com a profundidade necessária, dos principais pontos que são cobrados para as provas desta disciplina. O livro conta com os principais diplomas legislativos exigidos, trazendo comentários, artigo por artigo, contribuindo muito para o aprendizado.

É de se frisar, ainda, que, como as provas em Direito Ambiental dão enfoque especial para os detalhes da legislação, é fundamental que o futuro aprovado busque em doutrinas apenas conceitos básicos da disciplina, bem como os princípios aplicáveis ao Direito Ambiental, assunto que é bastante cobrado em provas.

Sem prejuízo, acaso o candidato tenha interesse em se aprofundar em temas específicos, indico o livro "Direito Ambiental", do autor Frederico Amado, também da mesma editora. A necessidade, ou não, de aprofundamento dependerá das características dos integrantes da banca examinadora, sobretudo quando estivermos diante de bancas próprias (provas realizadas pela própria instituição).

2 ANÁLISE DA BANCA EXAMINADORA

Com relação às bancas CEBRASPE e FCC, a cobrança na área do Direito Ambiental restringe-se, majoritariamente, ao conhecimento da legislação específica, havendo ainda uma pequena incidência de questões de base principiológica e de posicionamentos jurisprudenciais.

Por sua vez, a banca VUNESP, embora tenha prezado, a cada dia, pela elaboração de uma prova mais doutrinária, no tema Direito Ambiental, ainda prima muito pelo conhecimento da legislação, apenas tendendo à doutrina no que respeita aos princípios.

A partir de uma pesquisa das últimas provas para o cargo de Promotor de Justiça, é possível concluir que a cobrança, nas provas de Direito Ambiental, se assemelha muito em todas as bancas.

Aconselha-se aos candidatos que sempre verifiquem, no caso de banca própria, se algum dos integrantes possui especialização na área do Direito Ambiental e, neste caso, que aprofundem o estudo na doutrina, de preferência, sobre o tema afeto ao examinador.

Independentemente do estilo da banca examinadora, diante da decisão do Supremo Tribunal Federal acerca da constitucionalidade de alguns dispositivos do Código Florestal (ADI 4.903), convém a leitura do acórdão a fim de se tomar nota de quais dispositivos ainda estão em vigência, bem como sobre a correta interpretação (interpretação conforme) que deve ser feita destes.

3 ANÁLISE DAS QUESTÕES E TÓPICOS MAIS EXIGIDOS NAS ÚLTIMAS PROVAS OBJETIVAS, COM UM PANORAMA DOS TEMAS MAIS COBRADOS E ANÁLISE DOS TEMAS MAIS IMPORTANTES PARA FOCAR OS ESTUDOS

As Leis que são muito cobradas em Direito Ambiental e Urbanístico são, principalmente, as seguintes: **Lei 6.766/79, Lei 6.938/81, Lei 9.985/00, LC 140/11, Lei 12.651/12, 10.257/01, Lei 11.105/05** e **Lei 11.428/06** (maior incidência em concursos federais), dando grande destaque para as cinco primeiras.

Também vale o registro do artigo 225 da Constituição Federal, bem como dos artigos 5º, LXXIII; 20, inciso II; 23; 24; 30; 91, §1º, inciso III; 129, inciso III; 170, inciso VI; 173, §5º; 174, §3º; 186, inciso II; 216; todos da CF/88 e relacionados com disposições afetas ao meio ambiente.

Como já mencionado anteriormente, o domínio da legislação é fundamental para o bom desempenho nesta matéria, considerando que as perguntas, em sua maior parte, apenas demandam o conhecimento da lei.

Em análise das provas realizadas nos últimos dois anos (MPMS/2018, MPPR/2018, MPPB/2018, MPPI/2019, MPMT/2019, MPMG/2019, MPGO/2019, MPSC/2019, MPSP/2019 e MPCE/2020), podemos verificar que os temas mais abordados são (considerando um total de 45 questões envolvendo Direito Ambiental e Urbanístico):

Princípios ambientais – 7 questões (doutrina)

Área de preservação permanente - APP – 7 questões (Código Florestal)

Reserva legal – 1 questão (Código Florestal)

Art. 225 CF/88 – 4 questões (Constituição Federal)

Estatuto da cidade – 5 questões (Lei 10.257/01 – instrumentos da política urbana)

Unidades de conservação – 3 questões (Lei 9.985/00)

Parcelamento de solo urbano – 3 questões (Lei 6.766/79)

Jurisprudência dos Tribunais Superiores – 3 questões (STF e STJ)

Repartição de competência – 2 questões (arts. 22 a 24 da CF/88)

Estatuto da Metrópole – 2 questões (Lei 13.089/15)

Servidão ambiental – 2 questões (Lei 6.938/81)

LC 140/11 – 2 questões

Lei de Resíduos sólidos – 2 questões (Lei 12.305/10)

Lei do Bioma Mata Atlântica – 2 questões (Lei 11.428/06)

Vejamos alguns exemplos de questões objetivas:

(**MPPI – 2019 – CEBRASPE**) Várias pesquisas científicas apontam no sentido de que o uso de sacolas plásticas é um dos grandes vilões contra a preservação do meio ambiente. A justificativa consiste no fato de que o plástico leva vários anos para se decompor. Leis foram aprovadas para que os consumidores fossem obrigados a pagar por esse tipo de sacola. À luz do direito ambiental, a referida obrigatoriedade de compra de sacolas plásticas é um exemplo de aplicação do princípio

A) da participação.

B) da precaução.

C) da ubiquidade.

D) do poluidor pagador.

E) da prevenção.

(Gabarito: D)

(**MPPB – 2018 – FCC**) O prazo mínimo da servidão ambiental temporária é de:

Ⓐ 10 anos.

Ⓑ 15 anos.

Ⓒ 5 anos.

Ⓓ 2 anos.

Ⓔ 20 anos.

(Gabarito: B)

(**MPGO – 2019**) Segundo as disposições da Lei Federal n. 9.985/2000, que institui o Sistema Nacional de Unidades de Conservação da Natureza - SNUC, é incorreto afirmar:

Ⓐ A área de proteção ambiental é uma área em geral extensa, com um certo grau de ocupação humana, dotada de atributos abióticos, bióticos, estéticos ou culturais especialmente importantes para a qualidade de vida e o bem-estar das populações humanas.

Ⓑ As unidades de conservação podem ser geridas por organizações da sociedade civil de interesse público com objetivos afins aos da unidade, mediante instrumento a ser firmado com o órgão responsável por sua gestão.

Ⓒ Na Reserva Particular do Patrimônio Natural, conforme se dispuser em regulamento, somente serão permitidas a pesquisa científica e a visitação com objetivos turísticos, recreativos e educacionais.

Ⓓ As unidades de conservação da Reserva Biológica, da Floresta Nacional e do Parque Nacional integram as Unidades de Proteção Integral.

(Gabarito: D)

(**MPSP – 2019 – VUNESP**) A Floresta Ombrófila Densa, a Floresta Ombrófila Mista (também denominada Mata de Araucárias), a Floresta Ombrófila Aberta e a Floresta Estacional Semidecidual, dentre outras formações florestais nativas e ecossistemas associados, integram o bioma

Ⓐ Cerrado.

Ⓑ Mata Atlântica.

Ⓒ Pampa.

Ⓓ Caatinga.

Ⓔ Amazônia.

(Gabarito: B)

Das questões coligidas é possível confirmar que a cobrança da matéria se faz, majoritariamente, por conhecimento da legislação aplicável e de conceitos básicos de doutrina, sobretudo referente aos princípios ambientais. Assim sendo, um estudo racionalmente dirigido, levando em consideração a importância dos temas acima tratados, dada a frequente incidência nas provas, auxiliará em sua aprovação em primeiras fases.

4 ESTUDO DAS QUESTÕES EXIGIDAS NAS ÚLTIMAS PROVAS SUBJETIVAS E QUAIS TEMAS TÊM MAIOR INCIDÊNCIA NOS CONCURSOS

É sempre aconselhável o acompanhamento constante dos posicionamentos dos tribunais superiores, considerando que as bancas estão, a cada dia, cobrando o domínio da jurisprudência, mormente nas fases subjetivas, nas quais o candidato deve discorrer sobre o tema, trazendo os argumentos utilizados pelos tribunais em suas decisões.

A prova do 93º Concurso do MPSP, na temática interesses difusos, coletivos e individuais homogêneos, abordou a parte processual da defesa desses direitos, pelo que não será abordada neste tópico. Do mesmo modo, o MPPI, em sua prova discursiva, não trouxe qualquer questionamento referente ao Direito Ambiental.

A última prova subjetiva do MPGO abordou o tema Direito Ambiental na elaboração de uma peça prática, na qual o candidato deveria abordar, dentre outros temas, a imprescritibilidade do dano ambiental (AgInt no AREsp 928.184/SP, Rel. Min. Herman Benjamin, 2ª Turma, DJe 01/02/2017), e a responsabilidade objetiva e solidária dos poluidores (STJ, 2ª Turma, AgInt no AREsp 277.167/MG, Rel. Min. Og Fernandes, j. 14/03/2017, DJe 20/03/2017, bem como o art. 225, §3º, da CF/88; art. 14, §1º, da Lei 6.938/81; e art. 942 do CC).

Por sua vez, a prova subjetiva do MPMS tratou do Direito Ambiental na seguinte questão:

> No âmbito da tutela do meio ambiente ecologicamente equilibrado, responda fundamentadamente (Pontuação total: 3,0). a) Analisando os significados dos princípios da precaução e da prevenção, defina ambos os princípios, diferenciando-os um do outro, bem como transcreva, para cada um deles, um dispositivo constitucional em que a doutrina entende que se encontram previstos. (Pontuação: 0,50). Resposta em 25 linhas, no máximo. b) O que são as externalidades ambientais negativas, a qual princípio jurídico de defesa ambiental estão relacionadas

> pela doutrina, bem como qual a finalidade predominante desse princípio. (Pontuação: 0,50). Resposta em 25 linhas, no máximo. c) Qual o princípio específico é refletido no ordenamento jurídico brasileiro, segundo a doutrina e jurisprudência do Superior Tribunal de Justiça, que visa à extensão da reparação do dano ambiental? Defina-o e aponte os dispositivos constitucionais e legais em que se encontra. (Pontuação: 0,50). Resposta em 25 linhas, no máximo. d) Explique o regime de responsabilidade jurídica que, segundo a atual jurisprudência predominante do Superior Tribunal de Justiça, se aplica nos casos de multa administrativa simples em matéria ambiental, indicando os respectivos pressupostos constitutivos e os dispositivos legais específicos, bem como o princípio constitucional em que se arrima referida orientação jurisprudencial. (Pontuação: 0,50). Resposta em 25 linhas, no máximo. e) Considerando o meio ambiente como direito humano fundamental (STF, ADI 3540 MC), quais são os atributos dessa categoria de direitos que impõem ao Poder Público e à coletividade a obrigatoriedade de sua defesa? (Pontuação: 1,0). Resposta em 25 linhas, no máximo.

Esperava-se do candidato o conhecimento da distinção entre os princípios da precaução e prevenção, bem como seu fundamento legal - item "a"; o conceito de externalidades ambientais negativas e seu viés preventivo - item "b"; uma abordagem sobre o princípio da reparação integral e suas implicações no plano processual com eventual cumulação de obrigações de fazer, não fazer e pagar quantia (REsp 1516278/SC, Rel. Min. Herman Benjamin, Segunda Turma, julgado em 15/08/2017, DJe 12/09/2017) - item "c"; e, por fim, a diferenciação entre o regime de responsabilidade civil e administrativa ambiental, sendo que esta última é regida pela responsabilidade subjetiva e pela intranscendência da sanção (art. 5º, XLV, CF/88 aplicável ao caso - Resp 1251697/PR, Min. Mauro Campbell Marques, Segunda Turma, julgado em 12/04/2012, DJe 17/04/2012) - item "d".

Já o MPMT, na questão 1 de sua prova discursiva, trouxe o seguinte enunciado:

> Pedro, proprietário de uma gleba localizada em zona urbana, executou loteamento para fins urbanos sem aprovação do município local que, no exercício da fiscalização, durante e após sua implantação, emitiu multas e intimações. Parte do parcelamento foi executada em área de preservação permanente (APP), com a supressão da vegetação nativa existente. O Ministério Público, na defesa do meio ambiente e da ordem urbanística, deverá ajuizar ação civil pública para a tutela ambiental, da ordenação territorial e dos 150 adquirentes dos lotes que residem na área, tendo por objeto a recuperação da vegetação suprimida e

a regularização do parcelamento do solo (com a obtenção das aprovações, realização de obras de infraestrutura e do registro no cartório predial). Analisando as condutas de Pedro e do município, quem deverá compor o polo passivo da ação? Quais os fundamentos da(s) respectiva(s) responsabilidade(s), sob o enfoque da Lei 6.938/81 e da Lei 6.766/79?

Para atingir nota máxima o candidato deveria indicar a legitimidade passiva do loteador e do município para a ação intentada, considerando que aquele, sob o enfoque ambiental, foi o poluidor direto (responsabilidade objetiva), e, sob o enfoque urbanístico, o loteamento não atendeu as exigências legais - artigos 3º, 6º, 12, 18, 37 e 50 da Lei 6.766/79. Já quanto ao município, na seara ambiental, apresentou-se como poluidor indireto, considerando sua fiscalização deficiente, e, na seara urbanística, tem o dever de regularização dos loteamentos, segundo o disposto no artigo 40 da Lei 6.766/79.

A prova dissertativa do 41º Concurso do MPSC exigia a elaboração de uma dissertação sobre alguns princípios jurídicos, dentre os quais estava o da solidariedade interacional, matéria afeta ao Direito Ambiental.

A seu turno, a última discursiva do MPPR pedia que o candidato discorresse sobre a intersecção dos direitos constitucional, civil e ambiental no uso social da propriedade. Esperava-se que o candidato realizasse uma relação entre a previsão constitucional do direito de propriedade (art. 5º, XXII, da Constituição Federal), sua função social (art. 5º, XXIII, da Constituição Federal) e o direito de todos ao meio ambiente ecologicamente equilibrado (art. 225 da Constituição Federal).

O candidato ainda deveria observar que o Código Civil brasileiro possui previsão expressa de que *"o direito de propriedade deve ser exercido em consonância com as suas finalidades econômicas e sociais e de modo que sejam preservados, de conformidade com o estabelecido em lei especial, a flora, a fauna, as belezas naturais, o equilíbrio ecológico e o patrimônio histórico e artístico, bem como evitada a poluição do ar e das águas"* (art. 1.228, § 1º, do Código Civil) e que o adequado uso do solo tem como uma de suas finalidades a de preservar o equilíbrio ecológico e objetiva evitar, entre outras coisas, a poluição das águas.

Daí que a observância da função social da propriedade, prevista na Constituição Federal, foi reforçada pelo Código Civil quando preceitua que *"nenhuma convenção prevalecerá se contrariar preceitos de ordem pública, tais como os estabelecidos por este Código para assegurar a função social da propriedade e dos contratos"* (art. 2.035, parágrafo único, do Código Civil). Em reforço, a Lei 6.938/81 incluiu o solo entre os recursos ambientais (art. 3º, V), além de prever que a preservação e restauração dos recursos ambientais com vistas à sua utilização racional e disponibilidade permanente, concorre para a manutenção do equilíbrio ecológico propício à vida (art. 4º, VI). Receberia pontuação máxima, portanto, o candidato que identificasse a existência de efetiva ligação entre as normativas afetas aos direitos constitucional, civil e ambiental relacionadas ao uso social da propriedade.

Por fim, vejamos uma questão (não sorteada - prova 2[1]) do 92º Concurso do MPSP:

> Um empreendedor não solicita ao órgão ambiental, com a antecedência necessária, a renovação da licença ambiental, que resta vencida. Continua as suas atividades e vem a causar dano ambiental. O Promotor de Justiça ajuíza ação civil pública, visando a cessação das atividades danosas e a recomposição do bem jurídico lesado. Em contestação, o empreendedor afirma que a sua atividade foi licenciada por muitos anos, fez grande investimento financeiro e continua operando nos termos da licença anteriormente concedida, terminando por defender a existência de fato consumado, não sendo cabível, segundo ele, a cessação de suas atividades nem a recomposição do meio ambiente. É possível o acolhimento dessa defesa? Fundamente.

Consoante se observa, a questão demandava o conhecimento da LC 140/11, bem como, se resolvida nos dias de hoje, do teor da Súmula 613 do STJ, a qual afirma inexistir fato consumado no Direito Ambiental. Assim sendo, a despeito de ser possível a prorrogação da licença ambiental, inclusive de forma automática, em caso de pedido não apreciado pelo órgão ambiental (art. 14, §4º, da LC 140/11), não se pode afirmar a existência de um direito líquido e certo a essa renovação, dadas as peculiaridades da licença no Direito Ambiental, a qual se distancia da licença como ato vinculado do Direito Administrativo. Questão muito parecida constou da discursiva do MPRS de 2016.

Analisadas algumas questões referentes à matéria Direito Ambiental é possível perceber que as provas exigem um conhecimento muito mais da legislação e da jurisprudência, o que deve merecer maior atenção do candidato. Nunca é demais lembrar que, em provas dissertativas, a objetividade deve ser levada em conta, considerando o extenso número de provas que o examinador terá que avaliar. Portanto, preze sempre pela

1. Disponível em: http://www.mpsp.mp.br/portal/page/portal/concursos/membros/92_Concurso (Aviso 603/17).

objetividade e pela clareza de sua prova, facilitando ao examinador encontrar as informações necessárias.

5 INFORMAÇÕES PARA A PREPARAÇÃO DE PROVAS ORAIS

As provas orais exigem um misto de conhecimento adquirido para as fases anteriores, além de demandar uma preparação específica, sobretudo no que respeita ao seu comportamento e ao modo como se expressa.

É fundamental que você demonstre conhecimento sem ser prolixo, afinal a banca está arguindo outros tantos candidatos e o que eles querem é objetividade e firmeza nas respostas. Tente ir direto ao ponto, tendo assertividade no que fala, mas sem parecer arrogante.

Você poderá melhorar, consideravelmente, treinando com colegas em simulações de provas. Acaso sinta necessidade, procure também um cursinho especializado, pois eles lhe darão dicas valiosas de comportamento e de modos para se iniciar, desenvolver e concluir suas respostas.

De outro lado, é de grande importância a sua preparação psicológica, já que no dia da prova tendemos a ficar nervosos, o que pode atrapalhar o desempenho. Daí porque os treinos também são bem vindos, pois ao simular o ambiente de prova, você poderá ter maior controle sobre a adrenalina. Para tanto, procure sempre treinar com pessoas diferentes e que exijam qualidade de suas respostas, sempre procurando evoluir.

Lembre-se: é sempre melhor treinar pesado e ter um jogo fácil.

6 DICAS SOBRE PONTOS MAIS EXIGIDOS

Como a cobrança nas provas de Direito Ambiental se dá, em sua maioria, pela memorização da legislação, é recomendável que o candidato elabore quadros-resumo de institutos, diferenciando os requisitos e as características, bem como realize a leitura de determinados pontos alguns dias antes da prova.

Um tema sempre muito cobrado é a forma de distribuição das atribuições administrativas, trazidas pela LC 140/11. A lei traz um extenso rol, discriminando o que compete à União, Estados, Distrito Federal e Municípios. É sempre bom uma leitura atenta a este rol.

Outro tema sempre presente nas provas, é o artigo 225 CF/88 que disciplina a matéria ambiental de forma mais detalhada no texto constitucional.

O regime jurídico das áreas de preservação permanente, os limites de sua abrangência, bem como a diferenciação com as reservas legais, são de fundamental domínio para o futuro aprovado no Ministério Público. Neste ponto ainda é bom ressaltar que o posicionamento do STF acerca da constitucionalidade de alguns dispositivos do Código Florestal também deve ser dominado.

Outro ponto bastante explorado em provas de Direito Ambiental são as unidades de conservações e seus regimes jurídicos. Aqui seria interessante a elaboração de um quadro resumo, trazendo as principais características de cada uma delas.

Por fim, lembro da relevância dos princípios ambientais, presente em praticamente todas as provas de Direito Ambiental, o que também pode ser facilmente compilado pelo candidato para uma rápida revisão.

7 PECULIARIDADES DOS MAIS IMPORTANTES CONCURSOS DO MINISTÉRIO PÚBLICO ESTADUAL NO PAÍS

Iniciarei falando do Ministério Público do Estado de São. Quem se prepara para o *Parquet* bandeirante deve ter em conta que a matéria Direito Tributário não é cobrada e que, portanto, o tempo que seria despendido a ela deve ser deslocado para outra matéria, de preferência para Difusos e Coletivos, na qual o Direito Ambiental se insere.

Já há algum tempo os Direitos Difusos e Coletivos ganharam um peso maior na prova do MPSP, basta notar a quantidade de questões abarcadas por essas matérias, pois ela envolve, de uma certa forma, o estudo do ECA e CDC, sem contar uma infinidade de legislações especiais e da parte processual.

Outra característica das provas do MPSP é que envolvem, na maioria das vezes, questões mais tradicionais, pelo que o candidato deve estar a par dos conceitos e definições.

Outra particularidade do MPSP é que elaboradas três versões de provas, sendo uma delas sorteada e aplicada aos candidatos. Cada uma das versões é elaborada de forma distinta, seguindo o regulamento (Ato nº 1.031/2017 – CPJ, de 18/05/2017): a primeira versão conterá uma dissertação sobre temas de Direito Penal, uma peça prática com ênfase em temas de Direito Processual Penal e, pelo menos, uma questão sobre temas de Tutela de Interesses Difusos, Coletivos e Individuais Homogêneos. Já a segunda versão, conterá uma dissertação sobre temas de Direito Processual Penal, uma peça prática com ênfase em temas de Direito Penal e, pelo menos, uma questão sobre temas de Tutela de Interesses Difusos, Coletivos e Individuais Homogêneos. Por fim, a terceira versão conterá uma dissertação sobre temas de Tutela de Interesses Difusos, Coletivos e Individuais Homogêneos, uma peça prática com ênfase em temas de Direito Processual Penal e, obrigatoriamente, 2 (duas) questões sobre temas de Direito Penal.

É possível perceber que o tema Direito Ambiental pode ser cobrado amplamente na fase subjetiva do MPSP, pois afeto à tutela dos interesses difusos, coletivos e individuais homogêneos.

Uma dica que vale para qualquer estudo, principalmente a partir da segunda fase, é verificar sempre qual o perfil da banca examinadora, o que auxiliará você em seu direcionamento.

Os Ministérios Públicos mineiro e paranaense, no entanto, são conhecidos pela grande exigência doutrinária, de modo que o estudo para tais instituições deve levar isso em conta. Além disso, no edital do MPPR ainda há previsão de Direito Previdenciário, sendo sempre importante uma leitura do conteúdo programático das provas para não ser pego de surpresa.

Uma característica interessante é a das provas do MPSC, pois a fase objetiva já é composta de assertivas que devem ser julgadas como certas ou erradas, um estilo diferente de avaliação e que deve ser treinado, pois não viabiliza a eliminação de assertivas tal qual nas provas objetivas convencionais. Esse modelo ainda exige mais do candidato que, diante de uma afirmação, deve saber se é procedente ou não, demandando um grande conhecimento sobre os detalhes de cada assunto.

Outra peculiaridade das provas do MPSC, e aqui também se inclui o MPRS, é a cobrança da Língua Portuguesa desde a primeira fase, devendo o candidato se atentar para este fato, principalmente porque as provas costumam cobrar uma análise mais aprofundada da gramática, não se limitando à interpretação de texto.

Existem ainda editais que cobram as matérias Medicina Legal e Criminologia, sendo sempre importante a leitura do edital com antecedência.

DIREITO DA CRIANÇA E DO ADOLESCENTE

Carina Senna d'Avila

Criança e Adolescente

1 RELEVÂNCIA DA MATÉRIA

Ao se analisarem os concursos de Ministério Público estadual dos últimos anos em nosso país, tem-se percebido um crescimento da importância da matéria Direito da Infância e Juventude.

Embora, historicamente, fosse comum que toda esta disciplina fosse cobrada tão somente como um ponto dentro de outra matéria, como Direito Civil ou Direito Processual, Civil ou Penal, hoje são poucas as bancas de Ministério Público estadual que mantêm este padrão.

Assim, verificou-se um alargamento de disciplinas e temas cobrados, bem como um aprofundamento nos tópicos exigidos do candidato. Diferente não poderia ser, considerando que a Infância é uma área de atuação intensa e extensa dos Promotores de Justiça.

Por tal razão, a cobrança da disciplina em apreço tem se intensificado, exigindo do candidato o conhecimento da lei, da doutrina, da jurisprudência e, por vezes, da prática. Como veremos em nossa análise, alguns tópicos exigem mais conhecimento da lei, enquanto outros exigirão também um aprofundamento maior na jurisprudência e outros na doutrina.

Pensando de maneira estratégica, vale a pena dedicar boas horas de estudo ao Direito da Infância e Juventude – ao contrário do que acontecia no passado, quando se tratava apenas de um ponto inserido em alguma outra matéria – a fim de conseguir pontos preciosos na sua prova. Isso porque, regra geral, o edital não é demasiado longo e pode ser inteiramente coberto com tranquilidade.

Além disso, a doutrina sobre o tema não é tão vasta, ao contrário do que acontece com matérias "clássicas", como Direito Civil ou Direito Penal. Tampouco é a produção jurisprudencial tão abundante.

Os motivos acima expostos tornam a disciplina em tela um trunfo em concursos do Ministério Público, uma vez que pode ser a responsável por garantir pontos valiosos para a sua aprovação. O cenário jurídico mudou e não é mais prudente relegar esta matéria a segundo plano.

2 BIBLIOGRAFIA INDICADA E FONTES DE ESTUDO

Como sempre, a escolha da bibliografia deve estar atenta ao próprio conhecimento prévio do aluno e onde este se encontra no desenvolvimento da matéria. Além disso, é importante fazer uma triagem comparativa entre os temas e a forma de cobrança das provas (o que será detalhado nas próximas páginas) e o seu próprio conhecimento, para poder concluir pela leitura de uma doutrina mais completa ou uma um pouco menos intensa.

Além destas orientações gerais de bibliografia, é de suma importância notar que, em bancas personalizadas (com examinadores identificados, em sua maioria membros do *Parquet*), ao contrário de bancas sem rosto (como VUNESP, FCC e afins), é importante verificar se alguns dos seus integrantes possuem livros publicados ou se, naquele Estado, há a predileção institucional por alguma obra doutrinária.

Por exemplo, e também como primeira indicação bibliográfica, no âmbito do MPRJ há o livro "Curso de Direito da Criança e do Adolescente: Aspectos Teóricos e Práticos" (Editora Saraiva), de coordenação da Procuradora de Justiça fluminense Katia Maciel, escrito por diversos membros do Ministério Público do Rio de Janeiro. Trata-se de livro que é usado no dia a dia funcional pelos colegas que atuam na seara infanto-juvenil. Assim, como a banca do *Parquet* fluminense é personalizada, composta por membros da casa, desde a primeira fase, trata-se de instrumento valioso para a sua preparação nesta matéria, sendo seguro supor que o examinador não só conhece como utiliza a obra na sua atuação.

A obra em questão, apesar de excelente, tem viés mais prático (assim como a prova do Rio de Janeiro), de modo que uma obra mais didática pode ser necessária para provas em outros estados. Nesta linha, vale a pena destacar como recomendação bibliográfica a doutrina do professor Gustavo Cives Seabra, "Manual de Direito da Criança e do Adolescente" (Editora CEI). Embora trate-se de obra (brilhantemente) elaborada por membro da DPERJ, guardando o devido cuidado com posições que são institucionais (e, por isso, não devem ser reproduzidas em provas de Ministério Público), a obra traz uma boa base da matéria para aqueles que estão iniciando os estudos, mas também apresenta conteúdo sistematizado para aqueles que já estão há mais tempo nesta jornada.

Além disso, interessante a obra do professor Luciano Alves Rossato e outros, "Estatuto da Criança e do Adolescente" (editora Saraiva). Ao comentar artigo por artigo do Estatuto, a obra se torna valiosa fonte de consulta, didática e esquematizada, para o estudo da matéria. Pode ser uma ferramenta mais interessante para aqueles que já tem a base formada e precisam consultar temas pontuais.

Escolhendo qualquer das obras acima, ou outra de sua preferência, certamente você estará bem acompanhado. Isso porque a melhor escolha depende muito de sua identificação com a forma de transmissão do conteúdo em cada obra e de seu conhecimento prévio.

Em paralelo, **não deixe de consultar o site do Ministério Público para o qual você está prestando prova**. A maioria apresenta material institucional acessível ao público externo elaborados pelos respectivos Centros de Apoio Operacional da Infância e Juventude. Para um estudo geral, não direcionado a um Estado específico, recomendo a página do MPPR, com extenso material de acesso público sobre o tema.

Além da leitura dos livros doutrinários, por óbvio, como não poderia deixar de ser, faz-se necessária a leitura atenta da legislação pertinente a cada tópico do seu edital. Aproveite, como já dito, o fato de o Direito da Infância e do Adolescente apresentar, em regra, **um enxuto edital, com poucas e curtas leis**. Poucas matérias têm essa vantagem.

Por fim, mas não menos importante, reserve tempo para a leitura dos informativos de jurisprudência do Supremo Tribunal Federal e do Superior Tribunal de Justiça. Da mesma forma, não são tantas decisões relevantes, ao contrário das disciplinas tradicionais.

Também merece destaque a "jurisprudência em teses" do Superior Tribunal de Justiça. Na página eletrônica do Tribunal, é possível ter acesso ao mencionado documento. Atualmente, são 02 (duas) edições: umas para guarda e adoção, outra para medidas socioeducativas, ambos temas recorrentes em provas.

3 CONTEÚDO PROGRAMÁTICO DE DIREITO DA CRIANÇA E DO ADOLESCENTE NAS PROVAS DE MINISTÉRIO PÚBLICO ESTADUAL

Diferentemente de outros certames, não existe uma resolução ou alguma outra espécie normativa que determine a necessária observância de disciplinas, temas ou formatos de prova para os diversos Ministérios Públicos Estaduais.

Neste contexto, verifica-se uma significativa heterogeneidade nas modalidades de prova e no conteúdo cobrado. Entretanto, tais diferenças podem ser limitadas ao constatarmos algumas repetições nas bancas responsáveis pelos concursos de Ministério Público estadual.

Assim, segue tabela demonstrativa das bancas dos últimos concursos em todo o país:

MINISTÉRIO PÚBLICO ESTADUAL | BANCAS		
NORTE		
MP-AM	2015	FMP
MP-AP	2012	FCC
MP-AC	2014	CESPE
MP-PA	2014	FCC
MP-RR	2017	CESPE
MP-RO	2017	FMP
MP-TO	2012	CESPE
NORDESTE		
MP-MA	2014	MP-PR
MP-PI	2019	CESPE/CEBRASPE
MP-CE	2020	CESPE/CEBRASPE
MP-RN	2009	CESPE
MP-PE	2014	FCC
MP-PB	2018	FCC
MP-SE	2010	CESPE

MP-AL	2012	FCC
MP-BA	2018	CEFET-BAHIA
CENTRO-OESTE		
MP-MT	2019/2020	FCC
MP-MS	2018	MP-MS
MP-GO	2019	MP-GO
SUDESTE		
MP-SP	2019	MP-SP
MP-RJ	2018	MP-RJ
MP-ES	2013	VUNESP
MP-MG	2019	FUNDEP – UFMG
SUL		
MP-PR	2018/2019	MP-PR
MP-RS	2016/2017	MP-RS
MP-SC	2019	MP-SC

MINISTÉRIO PÚBLICO ESTADUAL | BANCAS		
BANCAS PRÓPRIAS	08	MP-MA, MP-MS, MP-GO, MP-SP, MP-RJ, MP--PR, MP-RS, MP-SC
FMP	02	MP-AM, MP-RO
FCC	06	MP-AP, MP-PA, MP-PE, MP-PB, MP-AL, MP-MT
CESPE/CEBRASPE	07	MP-AC, MP-RR, MP-TO, MP-PI, MP-CE, MP-RN, MP SE
CEFET-BAHIA	01	MP-BA
VUNESP	01	MP-ES
FUNDEP-UFMG	01	MP-MG

Pode-se perceber que o cenário dos concursos de Ministério Público é **dominado por bancas institucionais.** Dentre as bancas corporativas contratadas, há o **domínio da FCC e CESPE/CEBRASPE**. As exceções, assim, ficam no MP-MG (FUNDEP-UFMG), MP-ES (VUNESP), MP-BA (CEFET-BAHIA), MP-AM e MP-RO (ambos FMP), totalizando apenas 05 (cinco) estados. Desta forma, fica mais fácil traçar uma estratégia de estudo mais direcionado.

Além disso, é possível perceber tendências de bancas variando em razão da região geográfica.

	BANCAS DO MP	BANCAS CORPORATIVAS
NORTE	0 - 0%	7 - 100%
NORDESTE	1 - 11%	8 - 89%
CENTRO-OESTE	2 - 67%	1 - 33%
SUDESTE	2 - 50%	2 - 50%
SUL	3 - 100%	0 - 0%

Sabemos que fazer concurso para um estado distante pode, por vezes, ser uma decisão difícil. Por isso, interessante analisar o quadro acima, no qual podemos perceber um padrão geográfico. Nas regiões Norte e Nordeste, praticamente a totalidade das bancas é contratada dentre aquelas instituições que se dedicam a isso (FCC e CESPE/CEBRASPE, em sua maioria), cabendo observar que a única banca própria (MP-MA), apesar de ser do Ministério Público, é composta por membros de outro Estado (MP-PR). Já nas demais regiões, o quadro se inverte, chegando a ter 100% de bancas próprias no sul.

Com base no acima exposto, em razão da já mencionada ausência de uniformidade nacionalmente regulamentada de conteúdos e temas em provas de Ministério Público estadual, selecionou-se para comparação um exemplo de edital de cada uma das três hipóteses mais recorrentes: banca própria, FCC e CESPE/CEBRASPE.

BANCA PRÓPRIA (MP-SP)	BANCA FCC (MP-AL)	BANCA CESPE/CEBRASPE (MP-CE)
1. Criança e Adolescente. Princípios e direitos fundamentais do Estatuto da Criança e do Adolescente. 2. Entidades de atendimento. 3. Medidas de proteção. 4. Prática de ato infracional. 5. Medidas pertinentes aos pais ou responsável. 6. Conselho tutelar. Processo Eleitoral.	I - ESTATUTO DA CRIANÇA E DO ADOLESCENTE: 1. Disposições Preliminares, princípios e direitos fundamentais. Disposições Finais e Transitórias. 2. Prevenção. 3. Política de Atendimento. 4. Medidas de proteção e Medidas socioeducativas. 5. Prática de ato infracional. 6. Medidas pertinentes aos pais ou responsável.	ESTATUTO DA CRIANÇA E DO ADOLESCENTE: 1 A Constituição Federal de 1988 e a infância e juventude. A doutrina da proteção integral. A Convenção das Nações Unidas sobre os Direitos da Criança e demais normas internacionais afetas à infância e juventude. 2 Estatuto da Criança e do Adolescente. Os direitos fundamentais da infância e da juventude. O direito de liberdade, ao respeito e à dignidade. O direito à convivência familiar e comunitária. O direito à profissionalização e à proteção no

7. Acesso à Justiça. Princípios gerais. Competência. Representação processual. Serviços auxiliares. 8. Procedimentos e recursos. 9. Promotor de Justiça da Infância e da Juventude. 10. Crimes e infrações administrativas.	7. Conselho Tutelar. 8. Acesso à Justiça. Disposições Gerais. Justiça da Infância e Juventude. 9. Procedimentos e recursos. 10. Ministério Público da Infância e da Juventude. Advogado. 11. Proteção judicial dos interesses individuais, difusos e coletivos. 12. Crimes e infrações administrativas. II - LEI FEDERAL nº 12.594/12.	trabalho. 3 A política de atendimento. As diretrizes da política de atendimento. 4 Os conselhos municipais, estaduais e nacional dos Direitos da Criança e do Adolescente. 5 As entidades de atendimento. 6 As medidas de proteção. 7 Adoção. Adoção Internacional. Autoridade Central. 8 A prática do ato infracional. 9 As medidas pertinentes aos pais ou responsável. 10 O conselho tutelar. 11 O acesso à justiça. A justiça da Infância e da Juventude. O Juiz, o Ministério Público, o Advogado e os serviços Auxiliares. 12 A proteção judicial dos interesses individuais, difusos e coletivos. Os procedimentos. Os recursos. 13 Os crimes e as infrações administrativas. 14 Lei nº 12.594/2012 (Sistema Nacional de Atendimento Socioeducativo – SINASE). 15 Lei nº 13.257/2016 (Estatuto da Primeira Infância).

Reparem que são, em regra, editais enxutos e com diversos pontos em comum. Passamos a destacar, desde já, as exceções. O MP-SC apresenta o edital mais extenso, comparando todos os últimos editais de Ministério Público estadual. Contudo, ao analisar seu conteúdo, verifica-se que, em verdade, trata-se de um detalhamento dos macro temas já cobrados normalmente. É recomendável fazer disso uma ferramenta aliada: utilize o maior edital (MP-SC) para checar se você estudou todos os assuntos dentro de cada um dos pontos:

> **MP-SC.** 14.10 DIREITO DA CRIANÇA E DO ADOLESCENTE: 1. Constituição Federal de 1988 e a infância e juventude. A doutrina da proteção integral. A Convenção das Nações Unidas sobre os Direitos da Criança. Estatuto da Criança e do Adolescente (Lei n. 8.069/90). Marco Legal da Primeira Infância (Lei n. 13.257/16). 2. Noções gerais, evolução histórica, conceitos e princípios do Direito da Criança e do Adolescente. 3. Política e sistema de atendimento. Sistema de Garantia dos Direitos. Trabalho articulado em rede. 4. Conselho Tutelar e Conselho de Direitos. 5. Fundo

da Infância e Adolescência. 6. A Justiça da infância e juventude: juízes, promotores de justiça, defensores públicos, advogados e técnicos. 7. Medidas protetivas e socioeducativas. 8. Crimes e infrações administrativas contra a criança e o adolescente. 9. Família natural e extensa. 10. Poder familiar (Código Civil). 11. Guarda, tutela e adoção. 12. Ato infracional. 13. Sistema Nacional de Atendimento Socioeducativo (Lei n. 12.594/12). Plano Nacional de Atendimento Socioeducativo (Resolução n. 160/13, do Conselho Nacional dos Direitos da Criança e do Adolescente). 14. Resoluções CONANDA n. 105 (Conselho de Direitos da Criança e do Adolescente), n. 106 (Conselho de Direitos da Criança e do Adolescente), n. 113 (Sistema de Garantia dos Direitos da Criança e do Adolescente), n. 116 (Conselho de Direitos da Criança e do Adolescente), n. 137 (criação e funcionamento dos Fundos Nacional, Estaduais, Municipais dos Direitos da Criança e do Adolescente), n. 170 (altera a Resolução n 139, para dispor sobre o processo de escolha em data unificada em todo o território nacional dos membros do Conselho Tutelar), n. 177 (dispõe sobre o direito da criança e do adolescente a não serem submetidos à excessiva medicalização) e n. 180 (dispõe sobre a igualdade de direitos entre meninas e meninos nas políticas públicas de atenção, proteção e defesa de crianças e adolescentes). 15. Resoluções Conjuntas CNAS/CONANDA n. 01/2009 (orientações técnicas para os serviços de acolhimento para crianças e adolescentes) e n. 1/2017 (estabelece as diretrizes políticas e metodológicas para o atendimento de crianças e adolescentes em situação de rua no âmbito da política de assistência social). 16. Resolução Conjunta CONANDA/CONADE n. 01/2018 (dispõe sobre as diretrizes para o atendimento de crianças e adolescentes com deficiência no sistema de garantia dos direitos da criança e do adolescente). 17. Resoluções do CNMP n. 67 (fiscalização em unidades para cumprimento de medidas socioeducativas de internação e semiliberdade pelos membros do MP e a situação de adolescentes que se encontrem privados de liberdade em cadeias públicas), n. 71 (dispõe sobre a atuação dos membros do Ministério Público na defesa do direito fundamental à convivência familiar e comunitária de crianças e adolescentes em acolhimento institucional), n. 105 (dispõe sobre a atuação dos membros do Ministério Público como órgão interveniente nos processos judiciais em que se requer autorização para trabalho de crianças e adolescentes menores de 16 anos). 18. Recomendações do CNMP n. 26 (dispõe sobre a uniformização da atuação do Ministério Público no processo de elaboração e implementação dos Sistemas Estaduais e Municipais de Atendimento Socioeducativo), n. 33 (dispõe sobre diretrizes para a implantação e estruturação das Promotorias de Justiça da Infância e Juventude no âmbito do Ministério Público dos Estados e do Distrito Federal e Territórios) e n. 44 (dispõe sobre a atuação do Ministério Público no controle do dever de gasto mínimo em educação). 19. Provimentos do CNJ n. 13 (certidão de nascimento nos estabelecimentos de saúde que realizam parto), n. 32 (dispõe sobre as audiências concentradas nas Varas da Infância e Juventude) e n. 63 (dispõe sobre o reconhecimento voluntário e a averbação de paternidade e maternidade socioafetiva). 20. Resolução n. 165/2012 do CNJ (dispõe sobre normas gerais para o atendimento, pelo Poder Judiciário, ao adolescente em conflito com a lei no âmbito da internação provisória e do cumprimento das medidas socioeducativas). 21. Lei Estadual n. 11.697/2001 (Proíbe a venda de cigarros e produtos similares a menores de dezoito anos no Estado de Santa Catarina e adota outras providências). Lei Estadual n. 11.603/2000 (Dispõe sobre as sanções a serem aplicadas aos municípios que não mantiverem funcionando o Conselho Municipal dos Direitos da Criança e do Adolescente e o Conselho Tutelar). Lei Estadual n. 11.435/2000 (dispõe sobre a exposição e comercialização de revistas e publicações pornográficas em bancas de jornais e similares e estabelece outras providências). 22. Programa de Combate à Intimidação sistemática - Bullying (Lei n. 13.185/2015). Lei Estadual n. 14.651/2009 (Programa de Combate ao Bullying). 23. Lei 13.431/2017 (estabelece o sistema de garantia de direitos da criança e do adolescente vítima ou testemunha de violência). Decreto n. 9.603/2018 (regulamenta a Lei n. 13.431/2017). 24. Educação. O direito à educação na Constituição Federal. Lei de Diretrizes e Bases da Educação (Lei n. 9.394/96). Lei n. 13.005/2014 (Plano Nacional de Educação). Resolução n. 5/2009 do Conselho Nacional de Educação (fixa as diretrizes curriculares nacionais para a educação infantil). Resolução n. 4/2010 do Conselho Nacional de Educação (define as diretrizes curriculares nacionais para a educação básica). Lei Complementar Estadual n. 170/1998 (dispõe sobre o sistema estadual de educação). Resolução n. 100/2016 do Conselho Estadual de Educação (estabelece normas para a educação especial no sistema estadual de educação de Santa Catarina).

Cumpre frisar: não se deixe assustar por este edital longo. Em verdade, ele traz a grande vantagem de enumerar Resoluções importantes, o que pode servir como um índice para o seu estudo. Como já pincelado acima, em provas com o viés mais prático, como MP-SC e MP-RJ, estes atos normativos ganham especial relevo para um bom desempenho nas provas.

A par do MP-SC, os editais menos concisos são MP-MA e MP-PI. Do mesmo modo, todavia, não há diferença significativa no conteúdo comparado com os 03 (três) editais exemplo colacionados acima.

Além disso, importante pontuar que, como já explanado no início deste capítulo, o Direito da Criança e do Adolescente experimentou significativa expansão em provas de Ministério Público, deixando de ser um apêndice de outras matérias. Entretanto, alguns poucos estados mantêm o perfil anterior, cobrando esta disciplina no interior de outra: MP-RN, MP-PB, MP-SE, MP-MT, MP-MS, MP-GO, MP-MG. Atenção: isso não significa que não haja questões da matéria!

Veja o quadro abaixo:

BANCAS EM QUE DIREITO DA CRIANÇA E DO ADOLESCENTE NÃO É DISCIPLINA AUTÔNOMA	
MP-RN	01 questão
MP-PB	02 questões
MP-SE	03 questões
MP-MT	03 questões
MP-MS	02 questões
MP-GO	04 questões
MP-MG	01 questão

Feitas estas considerações, procurou-se comparar todos os últimos editais de cada um dos 26 estados da federação a fim de obter um conteúdo programático unificado, cujo estudo abrange todos os Ministérios Públicos Estaduais.

PROPOSTA DE CONTEÚDO PROGRAMÁTICO UNIFICADO			
	CONTEÚDO	**OBJETIVO**	**RECORRÊNCIA**
1. HISTÓRICO	Paradigmas legislativos em matéria de infância e juventude: a doutrina da situação irregular e a doutrina da proteção integral	O candidato deverá saber sobre a evolução do tratamento do Direito da Criança e do Adolescente ao longo da história brasileira	**Alguns poucos MPs** (AM, AC, RR, RO, TO, PI, RS, RJ)
2. CRFB/88	A CRFB/88 e a infância e juventude. A doutrina da proteção integral.	O candidato deverá saber o atual tratamento constitucional dispensado ao Direito da Criança e do Adolescente	**Todos MPs** (ainda que alguns editais não façam referência expressa à CRFB/88, há sempre itens que possibilitam a cobrança, como "princípios e direitos fundamentais da criança e do adolescente")
3. NORMAS INTERNACIONAIS	A Convenção das Nações Unidas sobre os Direitos da Criança e demais normas internacionais afetas à infância e juventude. A criança e o adolescente na normativa internacional.	O candidato deverá saber o tratamento internacional dispensado ao Direito da Criança e do Adolescente e como isto se verifica no ordenamento jurídico pátrio. Dentre os editais que cobram este ponto, a maioria aponta apenas genericamente normas/tratados internacionais e, quase sempre, a Convenção das Nações Unidas sobre os Direitos da Criança. Apenas o MP-MA aprofunda o ponto, trazendo diversas normas internacionais. De todo modo, pode servir como uma boa referência para esgotar o ponto.	**Alguns MPs** (GO, RJ, PR, MA, PI, CE, PE)

3. NORMAS INTERNACIONAIS	Normativa internacional. Convenção sobre os Direitos da Criança [DECRETO No 99.710, DE 21 DE NOVEMBRO DE 1990]. Protocolo Facultativo à Convenção sobre os Direitos da Criança referente à venda de crianças, à prostituição infantil e à pornografia infantil [DECRETO Nº 5.007, DE 8 DE MARÇO DE 2004]. Convenção 182 da Organização Internacional do Trabalho [DECRETO Nº 3.597, DE 12 DE SETEMBRO DE 2000]. Lista das Piores Formas de Trabalho Infantil – Lista TIP [DECRETO Nº 6.481, DE 12 DE JUNHO DE 2008]. Convenção de Haia de 1993 relativa à adoção internacional [DECRETO Nº 3.087, DE 21 DE JUNHO DE 1999]. Convenção de Haia de 1980 relativa ao sequestro internacional de crianças [DECRETO Nº 3.413, DE 14 DE ABRIL DE 2000]. 17.7 Convenção Interamericana sobre Tráfico Internacional de Menores [DECRETO Nº 2.740, DE 20 DE AGOSTO DE 1998]. 17.8 Convenção Interamericana sobre a Restituição Internacional de Menores [DECRETO Nº 1.212, DE 3 DE AGOSTO DE 1994]. 17.9 Estatuto de Roma do Tribunal Penal Internacional [DECRETO Nº 4.388, DE 25 DE SETEMBRO DE 2002].		MP-MA

<table>
<tr><td rowspan="10">4. ECA</td><td>1. Princípios e Direitos Fundamentais.</td><td rowspan="10">O candidato precisa saber todo o ECA. Sem exceções. Ao analisar os editais dos 26 estados, verifica-se que a aparente diferença entre eles é, na verdade, diferença na forma de descrever os capítulos do ECA, alguns subdividindo mais os temas, outros menos. Mas, a rigor, todos contemplam a integralidade do ECA. Pretendemos, aqui, apresentar os pontos divididos tão somente para auxiliar a organização do estudo. Mas, frise-se: é preciso estudar a integralidade do ECA.

Atenção: o fato de o ponto ser tratado no ECA não significa que seu estudo se esgota neste Diploma. Muitos temas são também tratados em outras leis (como o próprio Código Civil ou leis mais específicas) e outros atos normativos. Eles também precisam ser parte do seu estudo.</td><td rowspan="10">Todos MPs</td></tr>
<tr><td>2. Prevenção.</td></tr>
<tr><td>3. Família natural e família substituta. Guarda. Tutela. Adoção (inclusive internacional). Perda ou suspensão do poder familiar. Colocação em família substituta.</td></tr>
<tr><td>4. Política de Atendimento. Entidades de Atendimento</td></tr>
<tr><td>5. Medidas de proteção e Medidas socioeducativas.</td></tr>
<tr><td>5. Prática de ato infracional.</td></tr>
<tr><td>6. Medidas pertinentes aos pais ou responsável.</td></tr>
<tr><td>7. Conselho Tutelar.</td></tr>
<tr><td>8. Conselhos municipais, estaduais e nacional dos Direitos da Criança e do Adolescente. CONANDA: – LEI FEDERAL nº 8.242/91 e Decreto nº 5.089/04.</td></tr>
<tr><td>9. Fundos dos Direitos da Criança e do Adolescente (Nacional, Estaduais e Municipais)</td></tr>
</table>

	10. Acesso à Justiça. Justiça da Infância e Juventude. O Juiz, o Ministério Público, o Advogado e os serviços Auxiliares.		
	11. Alvará Judicial e Portaria. Autorização para viajar.		
	12. Procedimentos e recursos.		
	13. Ministério Público da Infância e da Juventude. Advogado.		
	14. Proteção judicial dos interesses individuais, difusos e coletivos.		
	15. Crimes e infrações administrativas.		
5. LEIS EXTRAVAGAN-TES	LEI FEDERAL nº 12.594/12 SINASE	O candidato deve conhecer integralmente esta lei.	Todos MPs (Embora alguns editais não a tenham trazido, deve-se reparar que a lei é de 2012, e alguns editais a precedem (RN e SE). Assim, em razão da importância do tema, seguro supor que os editais futuros passarão a contemplar o tema. Além disso, ainda que alguns editais não indiquem expressamente esta lei, ela pode ser cobrada com a referência a ato

5. LEIS EXTRAVAGAN--TES	LEI FEDERAL nº 13.257/16 Estatuto da Primeira Infância	O candidato deve conhecer integralmente esta lei.	Maioria dos MPs Expressamente: RJ, CE, GO, PR, RS, SC (Embora alguns editais não a tenham trazido, deve-se reparar que a lei é de 2016, e muitos editais a precedem. Assim, em razão da importância do tema, seguro supor que os editais futuros passarão a contemplar o tema.)
	LEI FEDERAL nº 13.431/17 Depoimento Especial	O candidato deve conhecer integralmente esta lei.	Maioria dos MPs Expressamente: GO, RJ, PR, SC (Embora alguns editais não a tenham trazido, deve-se reparar que a lei é de 2017, e muitos editais a precedem. Assim, em razão da importância do tema, seguro supor que os editais futuros passarão a contemplar o tema.)

	LEI FEDERAL nº 12.127/09 Crianças e Adolescentes Desaparecidos	Importante conhecer a lei.	**Alguns MPs** (AM, RO, RS)
	LEI FEDERAL nº 13.185/15 Bullying	Importante conhecer não só esta lei mas, também, verificar se há lei estadual sobre o tema (muitos editais a contemplam expressamente)	**Alguns MPs** (AM, RO, RS, SC)
	LEI FEDERAL n° 12.318/10 Alienação parental	O tema costuma ter mais relevo no Direito de Família.	**Poucos MPs** (PI, BA)
	LEI FEDERAL nº 12.852/13 Estatuto da Juventude	Conhecer e avaliar sua aplicação prática na atuação do Promotor da Infância e Juventude.	**MP-GO**
6. ATOS NORMATIVOS	CNMP	Resoluções nº 67, 71, 105, **174** Recomendações nº 26, 33, 44	174: **MP-RJ** Demais: **MP-SC**
	CNJ	Provimentos nº 13, **32**, 63 Resolução nº 165/12	32: **MP-PE** Todos: **MP-SC**
	CONANDA	105, 106, 113, 116, 137, **139**, **152**, 160, 170, 177, 180	139, 152: **MP-MA** Demais: **MP-SC**
	CNAS/CONANDA	Resoluções Conjuntas nº 01/2009 e 01/2017	**MP-RJ**
	CONANDA/CONADE	Resolução Conjunta nº 01/2018	**MP-SC**
	CNAS	Resolução nº 109/2009	**MP-RJ**

7. OUTROS TEMAS	EDUCAÇÃO	Embora seja um tema de tutela coletiva material, há edital que indica o ponto, na interseção existente entre infância e educação. O direito à educação na Constituição Federal. Lei de Diretrizes e Bases da Educação (Lei n. 9.394/96). Lei n. 13.005/2014 (Plano Nacional de Educação). Resolução n. 5/2009 do Conselho Nacional de Educação (fixa as diretrizes curriculares nacionais para a educação infantil). Resolução n. 4/2010 do Conselho Nacional de Educação (define as diretrizes curriculares nacionais para a educação básica). Além disso, é preciso verificar a existência de normativa específica do estado.	MP-SC
	RESPONSABILIDADE CIVIL	Embora o tema seja, normalmente, do Direito Civil, há edital que o coloca no bojo do Direito da Criança e do Adolescente. É preciso que o candidato saiba o tratamento dado a danos causados por crianças e adolescentes.	MP-PI
	SAÚDE	Embora seja um tema de tutela coletiva material, há edital que indica o ponto. O candidato precisa conhecê-lo na interseção existente entre infância e saúde. Lei nº 8.080/90 – SUS	MP-RJ

	ASSISTÊNCIA SOCIAL	O candidato precisa conhecer a fundo a rede de atendimento da seara infanto-juvenil. Política Nacional de Assistência Social. Lei nº 8.742/93 – LOAS. Níveis de proteção. Atribuições de CRAS e CREAS.	MP-RJ
	ORÇAMENTO	Embora seja um tema de Direito Financeiro, há edital que indica o ponto. O candidato precisa conhecê-lo a atuação do Promotor da Infância e Juventude no controle do orçamento bem como na fiscalização dos Fundos de Direitos da Criança e do Adolescente. Conselhos e Fundos de Direitos da Criança e do Adolescente. Orçamento. Lei nº 4.320/64. Lei de Responsabilidade Fiscal. Lei de Licitações e Lei nº 13.019/14.	MP-RJ

Com o mapa acima delineado, o candidato terá uma visão completa da disciplina Direito da Criança e do Adolescente. Bastará, após a publicação do edital e identificação da banca, adaptá-lo ao estado da federação para o qual a prova se destina (observando a legislação estadual, por exemplo) e à banca escolhida (verificando as questões comumente cobradas por ela e, no caso de banca institucional, buscando publicações do membro).

Para facilitar este trabalho, no item a seguir serão delineados os temas mais cobrados nas últimas provas de Ministério Público estadual.

4 ANÁLISE GERAL DAS ÚLTIMAS PROVAS OBJETIVAS.

No escopo de identificar os tópicos com maior incidências nas provas do Ministério Público estadual, foram analisados os últimos certames de cada um dos 26 estados da federação. Resultado disto é a tabela abaixo, que destaca os temas mais frequentemente cobrados por cada banca.

Observe que, para facilitação do estudo, indicamos todos os temas que foram tratados em cada questão. Deste modo, cumpre lembrar que uma só questão pode tratar de mais de um tema. Por isso, o número de questões, por vezes, não coincide com o número de tema tratados. Além disso, optou-se por classificar as questões cobradas nos últimos concursos em macrotemas, de modo a permitir mapear aqueles de maior incidência e, assim, direcionar o estudo do candidato.

Por fim, destacamos que a análise das questões foi feita da seguinte forma: foram analisadas apenas as questões dentro da matéria Direito da Criança e do Adolescente, quando a prova possuía esta separação por matéria; quando não, foram analisadas todas as questões da prova em busca de assuntos da disciplina.

Os temas foram classificados em ordem decrescente de recorrência nas provas analisadas.

	MP--AM 2015 FMP	MP--AP 2012 FCC	MP--AC 2014 CESPE	MP--PA 2014 FCC	MP--RR 2017 CESPE	MP--RO 2017 FMP	MP--TO 2012 CESPE	MP--MA 2014 MP--PR	MP--PI 2019 CESPE	MP--CE 2020 CESPE	MP-RN 2009 CESPE
QUESTÕES	7	8	4	6	6	7	4	4	6	4	1
Família Substituta	1	1	3	1	1	4		3	1		
Ato Infracional/MSE		1	1	3	1		1	1	2		1
Direitos Fundamentais	3		1		1	1	1		2		
Execução de MSE/ SINASE	1	3	1			1		1		1	
Procedimentos judiciais	2	2		2			2				
Acolhimento Institucional	1		1				1	2			
Conselho Tutelar	1	2			1		1	1	2		
Poder Familiar (perda/ suspensão)		1					1			1	
Educação	1		1			1					
Infrações Administrativas		1			1					1	
Princípios					1	1	1				
Entidades de atendimento		1		1		1					
Crimes		1								1	
Ministério Público					1		1				
Medidas de proteção				1							
Conselhos de Direitos e Fundos						1					
Normas Internacionais	1					1					
Medidas para pais/ responsáveis		1									
Primeira Infância											
Histórico						1					
Responsabilidade Civil									1		
Autorização de viagem											

MP--PB 2018 FCC	MP--SE 2010 CES-PE	MP--AL 2012 FCC	MP--BA 2018 CE-FET	MP--MT 2019 FCC	MP--MS 2018 MP--MS	MP--GO 2019 MP--GO	MP--SP 2019 MP--SP	MP--RJ 2018 MP--RJ	MP-ES 2013 VU-NESP	MP-MG 2019 FUNDEP	MP--PR 2018 MP--PR	MP--RS 2016 MP--RS	MP--SC 2019 MP--SC	TOTAL
2	2	6	1	3	2	4	6	1	6	3	6	2	24	-
			1				2		3	2	1		3	27
	2	2	1		2		2		2		1	1	1	27
	1	1		1		1			1				5	19
		2			1							1	5	19
1	2	1							1				2	16
					2	1	2	1	1				2	15
		1					1	1	1		1		1	14
		1			1	1	1		1			1	2	11
			1							1	1		3	9
	1	1				1			1					8
				1		1					1			7
	1					1	1							7
1						2	1						1	7
		1		1			1						1	7
			1		1								1	6
						1			1					3
														2
											1			2
						1							1	2
														1
														1
													1	1

Da análise dos dados coletados, podemos enumerar os seguintes assuntos como **os mais cobrados** – e, por consequência, aos quais seria interessante dar maior atenção nos estudos:

➔ **1.** Família substituta: guarda, tutela, adoção.

Este tema foi intensamente cobrado, devendo o candidato ter os conceitos bem claros sobre cada um destes institutos. Dos três, há um enfoque um pouco maior na adoção. Há muita cobrança de letra de lei, bem como em questões procedimentais. Quanto à adoção, verifica-se ainda alguma cobrança de jurisprudência e doutrina.

➔ **2.** Ato Infracional e Medidas Socioeducativas

É preciso que o candidato saiba quais são as medidas socioeducativas, suas características, quando são aplicáveis e, principalmente, todo o processo que as envolve. Obviamente, é preciso conhecer bem o papel do Ministério Público no tema - mas há também muita cobrança quanto às funções do juiz na seara da Infância e Juventude. Embora ainda haja muita letra de lei, aqui a cobrança de jurisprudência se intensifica.

➔ **3.** Direitos Fundamentais

A parte inicial do ECA, que por vezes é negligenciada no estudo, assume extrema relevância nas provas objetivas. Aqui, a banca se utiliza bastante do artifício de copiar a letra de lei nos trechos de direito à vida e à saúde, à convivência familiar e comunitária, à profissionalização, dentre outros, fazendo pequenas modificações do texto. É preciso dar especial atenção a estas normas. Em geral, não são perguntas difíceis. O erro fica por conta da pouca atenção normalmente dada a estes tópicos, normalmente introdutórios ao estudo.

➔ **4.** Execução de Medidas Socioeducativas e SINASE

Diante de sua importância, o tema tem forte cobrança. É preciso ter em mente que a Lei nº 12.594/12 não se limita a tratar da execução das medidas socioeducativas aplicadas ao adolescente, mas também traz diversas normas do Sistema Nacional de Atendimento Socioeducativo, por ela instituído, que não podem ser ignoradas. Quanto à execução, existe importante jurisprudência que precisa ser estudada, além posições institucionais.

5. Procedimentos Judiciais

Neste tópico estão as perguntas relacionadas a aspectos processuais (recursos, prazos), bem como aquelas sobre as competências e funções do Juizado da Infância e Juventude. Como é normal nas perguntas desta natureza, há predominância de letra de lei.

6. Acolhimento Institucional

Embora se trate de uma das medidas de proteção, necessário fazer um tópico separado só para esta modalidade. Isso porque a cobrança acerca do Acolhimento Institucional é incomparável com as demais medidas de proteção. É preciso conhecer como é o funcionamento desta medida, especialmente o papel do Conselho Tutelar e do Juízo na sua aplicação. Há mudanças legislativas importantes sobre o tema que são cobradas. É preciso atentar, ainda, a regulamentos infralegais, como o do CNJ sobre audiências concentradas.

7. Conselho Tutelar

Neste ponto, é preciso saber as características deste órgão, sua composição, o processo de escolha e, claro, suas funções. Sempre importante relacionar o Conselho Tutelar com o Conselho Municipal de Direitos da Criança e do Adolescente: suas funções não se confundem. É também importante saber como o Conselho Tutelar se relaciona com o Ministério Público e com o Juízo da Infância e Juventude.

8. Perda e suspensão do poder familiar

Tema de forte cobrança, com destaque às hipóteses que possibilitam tal medida, bem como o papel do Ministério Público. Atenção especial a alterações legislativas sobre o tema, bem como sua correlação com a adoção.

Diante disto, estes oito temas devem ter maior foco nos estudos da disciplina Direito da Criança e do Adolescente. Para um estudo mais completo, interessante completa-lo com os temas que, embora menos frequentes, já foram cobrados em provas:

1. Temas de **média recorrência**:

a. Educação: embora seja tema tipicamente afeto à Tutela Coletiva material, percebe-se que muitas provas o cobram no bojo do Direito da Criança e do Adolescente, enfocando, claro, na educação para este grupo. Aqui, não se engane, a cobrança não se limita à parte de direitos fundamentais do

ECA, exigindo o conhecimento da legislação específica do tema.

b. Infrações administrativas: em regra, cobrança das previsões e das sanções previstas no ECA, além de algum conhecimento sobre o procedimento. Importante conhecer o papel dos auxiliares do Juízo da Infância e Juventude.

c. Princípios: parte introdutória da matéria que aponta os princípios reitores do Direito da Criança e do Adolescente, como prioridade absoluta e proteção integral. Aqui, pode haver interseção com a previsão constitucional do tema e/ou com aspectos históricos, tal como a comparação da doutrina da situação irregular com a da proteção integral.

d. Entidades de atendimento: importante conhecer quais funções podem assumir, sua natureza (pública ou privada), sua constituição, o estabelecimento de programas e sua fiscalização – ponto em que o Ministério Público ganha relevância. Interessante relacionar o tema com o Conselho de Direitos.

e. Crimes: jamais confundir com atos infracionais praticados por adolescentes. Aqui, o que se busca avaliar é o conhecimento do candidato sobre os crimes praticados contra crianças e adolescentes e previstos no ECA.

f. Ministério Público: de fundamental importância saber as funções do *Parquet* na seara da infância e juventude. Talvez este conhecimento seja tão vital que, por isso, tem baixa cobrança isolada, partindo o examinador da premissa que todos os candidatos dominam o tema. É preciso atentar que não necessariamente as funções do Ministério Público se esgotam no capítulo a ele destinado no ECA, havendo previsões esparsas no diploma.

→ **2.** Temas de **baixa recorrência**:

a. Conselhos de Direitos e Fundos: é preciso conhecer as funções dos Conselhos de Direitos, em suas diferentes esferas (nacional, estadual e, principalmente, municipal) e o funcionamento dos Fundos dos Direitos da Criança e do Adolescente, e qual a relação entre eles.

Normas Internacionais: saber as principais e seus objetivos, bem como sua interface com o ordenamento jurídico pátrio.

b. Medidas para os pais e responsáveis: em regra, cobrança das modalidades e hipóteses previstas no ECA.

c. Primeira Infância: é preciso que o candidato conheça as inovações da Lei nº 13.257/16.

d. Histórico: conhecimento do tratamento jurídico dispensado às crianças e adolescentes antes do ECA e antes da CRFB/88.

e. Responsabilidade civil: embora, em regra, o tema seja cobrado no âmbito do Direito Civil, já houve questão pontual sobre o tratamento jurídico aos danos causados por crianças e adolescentes.

f. Autorização de viagem: domínio das hipóteses em que esta se faz necessária, segundo o ECA, e o procedimento para sua obtenção.

É importante que se tenha em mente que a lista não é exaustiva. O levantamento de dados não significa que os demais temas do edital não podem ser cobrados, por óbvio. Trata-se apenas de um mapeamento estatístico para aumentar as chances de êxito no estudo. Fique atento para alterações legislativas próximas à prova a ser prestada, bem como a jurisprudência recente. Casos de repercussão midiática também são capazes de destacar temas para a prova.

Quanto às fontes de estudo, tenha em mente que a banca CESPE/CEBRASPE, de maneira geral, é tradicionalmente mais afeta à cobrança jurisprudencial. Contudo, não se pode deixar de perceber que nem todos os temas possíveis de cobrança pelo edital apresentam jurisprudência significativa, uma vez que esta não é tão prolífera na seara da Infância e Juventude em comparação com matérias mais tradicionais. Assim, a cobrança de muitos temas tem origem na lei e na doutrina.

Interessante analisar ainda a variação na incidência dos temas conforme a banca de aplicação. Como já explicado acima, em razão da variedade de bancas e de a maioria das provas de Ministério Público ter banca própria institucional, separamos este levantamento estatístico em três grupos: FCC, CESPE/CEBRASPE, Bancas próprias institucionais.

Os temas estão arranjados em ordem decrescente de sua recorrência.

Bancas FCC:

	MP-AP 2012 FCC	MP-PA 2014 FCC	MP-PE 2014 FCC	MP-PB 2018 FCC	MP-AL 2012 FCC	MP-MT 2019 FCC	TOTAL
QUESTÕES	8	6	5	2	6	3	-
Ato Infracional/MSE	1	3	2		2		8
Execução de MSE/ SINASE	3		2		2		7
Procedimentos judiciais	2	2	1	1			6
Conselho Tutelar	2				1		3
Infrações Administrativas	1		1		1		3
Entidades de atendimento	1	1	1				3
Ministério Público			1		1	1	3
Família Substituta	1	1					2
Direitos Fundamentais					1	1	2
Poder Familiar (perda/suspensão)	1				1		2
Princípios			1			1	2
Crimes	1			1			2
Medidas de proteção		1	1				2
Acolhimento Institucional			1				1
Medidas para pais/ responsáveis	1						1
Educação							0
Conselhos de Direitos e Fundos							0
Normas Internacionais							0
Primeira Infância							0
Histórico							0
Responsabilidade Civil							0
Autorização de viagem							0

Bancas CESPE/CEBRASPE:

	MP-AC 2014 CESPE	MP-RR 2017 CESPE	MP-TO 2012 CESPE	MP-PI 2019 CESPE	MP-CE 2020 CESPE	MP-RN 2009 CESPE	MP-SE 2010 CESPE	TOTAL
QUESTÕES	4	6	4	6	4	1	2	-
Ato Infracional/MSE	1	1	1	2		1	2	8
Direitos Fundamentais	1	1	1	2			1	6
Família Substituta	3	1		1				5
Procedimentos judiciais			2				2	4
Conselho Tutelar		1	1	2				4
Infrações Administrativas		1			1		1	3
Execução de MSE/SINASE	1				1			2
Acolhimento Institucional	1		1					2
Poder Familiar (perda/suspensão)			1		1			2
Princípios		1	1					2
Ministério Público		1	1					2
Educação	1							1
Entidades de atendimento							1	1
Crimes					1			1
Responsabilidade Civil				1				1
Medidas de proteção								0
Conselhos de Direitos e Fundos								0
Normas Internacionais								0
Medidas para pais/ responsáveis								0
Primeira Infância								0
Histórico								0
Autorização de viagem								0

Bancas institucionais próprias:

	MP- -MA 2014 MP-PR	MP-MS 2018 MP-MS	MP- -GO 2019 MP- -GO	MP-SP 2019 MP-SP	MP- -RJ 2018 MP- -RJ	MP- -PR 2018 MP- -PR	MP-RS 2016 MP-RS	MP- -SC 2019 MP- -SC	TOTAL
QUESTÕES	4	2	4	6	1	6	2	24	-
Acolhimento Institucional	2	2	1	2	1			2	10
Família Substituta	3			2		1		3	9
Ato Infracional/ MSE	1	2		2		1	1	1	8
Execução de MSE/ SINASE	1	1					1	5	8
Direitos Fundamentais			1					5	6
Poder Familiar (perda/suspensão)		1	1	1			1	2	6
Conselho Tutelar	1			1	1	1		1	5
Educação						1		3	4
Crimes			2	1				1	4
Procedimentos judiciais								2	2
Princípios			1			1			2
Entidades de atendimento			1	1					2
Ministério Público				1				1	2
Medidas de proteção		1						1	2
Primeira Infância			1					1	2
Infrações Administrativas			1						1
Conselhos de Direitos e Fundos			1						1

Medidas para pais/ responsá-veis						1			1
Autori-zação de viagem								1	1
Normas Internacio-nais									0
Histórico									0
Respon-sabilidade Civil									0

Ao se preparar para um concurso específico, interessante direcionar ainda mais o estudo com base em um levantamento específico da banca. É possível observar a variação na cobrança de alguns temas, a depender da banca. Por exemplo, o ponto relacionado a Direitos Fundamentais, de extrema relevância na banca CESPE/CEBRASPE, decai significativamente na banca FCC. O mesmo acontece com a tema Família Substituta, em destaque nas bancas institucionais próprias, mas de pouca recorrência na banca FCC. Repare o tema Acolhimento Institucional: tema mais recorrente nas bancas institucionais próprias, que recebe pouca atenção nas bancas FCC e CESPE/CEBRASPE.

Para facilitar a comparação entre estes três grupos de bancas, segue tabela com os temas lado a lado, em ordem alfabética:

FCC	TOTAL
Acolhimento Institucional	1
Ato Infracional/ MSE	8
Autorização de viagem	0
Conselho Tutelar	3
Conselhos de Direitos e Fundos	0
Crimes	2
Direitos Fundamentais	2
Educação	0

CESPE/CEBRASPE	TOTAL
Acolhimento Institucional	2
Ato Infracional/ MSE	8
Autorização de viagem	0
Conselho Tutelar	4
Conselhos de Direitos e Fundos	0
Crimes	1
Direitos Fundamentais	6
Educação	1

BANCAS INSTITUCIONAIS PRÓPRIAS	TOTAL
Acolhimento Institucional	10
Ato Infracional/MSE	8
Autorização de viagem	1
Conselho Tutelar	5
Conselhos de Direitos e Fundos	1
Crimes	4
Direitos Fundamentais	6
Educação	4

Entidades de atendimento	3
Execução de MSE/ SINASE	7
Família Substituta	2
Histórico	0
Infrações Administrativas	3
Medidas de proteção	2
Medidas para pais/ responsáveis	1
Ministério Público	3
Normas Internacionais	0
Poder Familiar (perda/suspensão)	2
Primeira Infância	0
Princípios	2
Procedimentos judiciais	6
Responsabilidade Civil	0
	47

Entidades de atendimento	1
Execução de MSE/ SINASE	2
Família Substituta	5
Histórico	0
Infrações Administrativas	3
Medidas de proteção	0
Medidas para pais/ responsáveis	0
Ministério Público	2
Normas Internacionais	0
Poder Familiar (perda/suspensão)	2
Primeira Infância	0
Princípios	2
Procedimentos judiciais	4
Responsabilidade Civil	1
	44

Entidades de atendimento	2
Execução de MSE/ SINASE	8
Família Substituta	9
Histórico	0
Infrações Administrativas	1
Medidas de proteção	2
Medidas para pais/ responsáveis	1
Ministério Público	2
Normas Internacionais	0
Poder Familiar (perda/ suspensão)	6
Primeira Infância	2
Princípios	2
Procedimentos judiciais	2
Responsabilidade Civil	0
	76

Aos alunos com já alguma base sedimentada na disciplina, interessante realizar o "estudo inverso": faça questões para após, eventualmente, realizar a leitura de doutrina, legislação e jurisprudência. Contudo, se não houver qualquer base na disciplina, será necessário iniciar pelas leituras.

Com a realização do maior número de questões de provas de Ministério Público estadual, será possível identificar os pontos fracos da sua preparação para, então, corrigi-los.

É certo que o estudo dos informativos deve ser feito independentemente da realização de questões, pois é necessário se manter atualizado sempre a respeito dos últimos julgados de maior relevância, o que pode até mesmo ser importante para a melhor compreensão dos temas estudos eventualmente em lei e doutrina.

Quanto a eventual percepção de falha no estudo da jurisprudência em tema específico, é recomendável a aquisição de livros ou assinaturas eletrônicas que sistematizem a jurisprudência por temas, a fim de revisar os julgados mais importantes daquele assunto em específico.

5 ORIENTAÇÕES PARA PROVAS DISCURSIVAS

a) Previsão do edital

Como destacado já no início da análise da nossa disciplina e das formas de cobrança nas últimas provas de concurso de Ministério Público estadual, percebemos que o Direito da Criança e do Adolescente tem recebido crescente espaço nas provas.

Tal característica apenas é acentuada nas demais fases dos diversos concursos públicos.

Da mesma forma, como já pontuado, há ainda estados que não separam uma banca específica para a disciplina – o que pode ser um cenário a ser alterado em provas futuras diante deste movimento de destaque da seara da Infância e Juventude.

Analisando-se os editais ao redor do país, verifica-se que por vezes há a previsão da matéria dentro de um grupo, geralmente ligado à Tutela Coletiva e Direitos Individuais Indisponíveis. É o que ocorre, por exemplo, no MP-MG, MP-GO, MP-SE, MP-PB, MP-RN, MP-RS.

Em alguns editais há a garantia de que ao menos uma questão da matéria será cobrada, tal como ocorre no MPPR:

> "7. As provas escritas deverão conter os seguintes grupos de disciplinas e números mínimos de questões, assim definidos:
>
> [...]
>
> e. GRUPO 5 – 1 (uma) peça prática relativa à ação civil pública e/ou procedimentos extrajudiciais e seus instrumentos (portaria de instauração, termo de ajustamento de conduta, recomendação administrativa e promoção de arquivamento), **3 (três) questões discursivas para Infância e Juventude** e/ou Direito à Educação, 3 (três) questões discursivas para Proteção ao Patrimônio Público, Ação Civil Pública, Ações Coletivas e/ou procedimentos extrajudiciais de atribuição do Ministério Público (Inquérito Civil, Procedimento Preparatório, Procedimento Administrativo e Notícia de Fato), 1 (uma) questão discursiva para Direito Ambiental ou Habitação e Urbanismo, 1 (uma) questão discursiva para Direitos da Pessoa com Deficiência ou do Idoso e 2 (duas) questões discursivas para Direitos Humanos."

Em alguns casos, por outro lado, é possível observar uma previsão mais tímida, isto é, não tão explícita. É o caso, por exemplo, da previsão dos últimos dois editais do MPSC. Confira-se:

> "6.1 O processo seletivo preambular discursivo será constituído por 2 (dois) grupos de provas de respostas discursivas, compostas de questões teóricas e práticas, da seguinte forma: a) Grupo I: Direito Penal, Direito Processual Penal e Execução Penal; e b) Grupo II: Direito Civil, Direito Processual Civil, **Direito da Infância e Adolescência** e Direitos Difusos, Coletivos e Individuais Homogêneos. 6.2 Os dois grupos de provas do processo seletivo preambular discursivo serão realizados, em domingos sucessivos, em dois períodos por dia, o primeiro, com 4 (quatro) horas e, o segundo, com 3 (três) horas de duração. 6.3 As provas a que alude o item 6.1 poderão conter incursões incidentais sobre Direito Constitucional, Direito Administrativo, Direito Tributário, Direito Eleitoral, Direito Falimentar e Legislação Institucional."

Atente-se que o edital não indica quantas questões de Direito da Criança e do Adolescente serão cobradas.

Há, por fim, editais que nada indicam sobre Direito da Criança e do Adolescente na fase discursiva, como é o caso do MP-RR (embora, curiosamente, indiquem que a disciplina é cobrada na fase seguinte, da prova oral). Por essa razão, é importante que o candidato esteja atento às previsões constantes no edital do seu concurso, a fim de direcionar o seu estudo de Direito da Criança e do Adolescente, considerando se a prova cobrará a matéria de forma específica ou, talvez, apenas de maneira interdisciplinar.

Certo é que a verticalização nas provas específicas é muito mais acentuada do que aquela das provas preliminares, de modo que é imprescindível ao candidato a elaboração de uma estratégia de estudo baseado no histórico das provas anteriores.

Observou-se, ainda, que, em razão da já comentada ausência de normatização que uniformize os concursos para os Ministérios Públicos estaduais, os editais trazem as mais diversas previsões acerca da forma como as questões subjetivas serão elaboradas.

No MP-SP é comum o edital prever especificamente que a prova subjetiva "contará com uma dissertação, uma peça prática e 5 (cinco) questões sobre as matérias indicadas no artigo 7º deste Regulamento e respectivo programa constante do Edital" (2019). É nesse mesmo sentido a previsão do último edital do MPBA, que previu a cobrança das questões na forma de uma dissertação e três questões subjetivas para cada um dos grupos de matérias.

Com efeito, conquanto não se garanta que haja cobrança específica de Direito da Criança e do Adolescente (com algumas exceções como MPPR e MPRJ), a mera previsão dessa possibilidade obriga o candidato a estar preparado para mostrar seus conhecimentos seja na forma de peça processual, de dissertação ou de resposta a uma questão.

Apenas a título exemplificativo, veja a questão cobrada no último concurso para o MP-GO, que demandou do candidato a elaboração de uma peça processual:

> O Conselho Tutelar da Comarca de Iaciara, notificado por agentes de saúde, requisitou da rede de apoio um estudo social na residência localizada na Rua João Batista Pinto, Qd. 19, Lt. 10, Vila do Sol, e recolheu em Casa Transitória a criança MARIANA DA SILVA, nascida em 03 de setembro de 2004, em Anápolis/GO - Declaração de Nascido Vivo - DNV (Lei Nacional n. 12.662/2012), filha de MARIA JOÃO DA SILVA, brasileira, solteira, nascida em 08 de julho de 1987, natural de São Paulo/SP, residente e domiciliada no endereço acima e de JOÃO MARIA DA SILVA, brasileiro, solteiro, nascido em 10 de junho de 1977, CPF n. 471.439.801-06, natural de Recife/PE, atualmente em lugar incerto e não sabido.
>
> Posteriormente, foi remetido ao Ministério Público ofício do Conselho Tutelar, instruído com o relatório do Serviço Social – Rede de Apoio, para as providências processuais necessárias.
>
> Observações:
>
> a) a criança reside com a mãe no endereço informado, está fora da escola e sem documentos;
>
> b) a genitora não trabalha, é usuária de drogas e abandona a filha em casa para consumir entorpecentes e prostituir-se;
>
> c) a criança encontra-se desnutrida e doente;
>
> d) o pai da criança, embora conhecido, por informações, está desaparecido da cidade, restando infrutíferas as tentativas de localizá-lo;
>
> e) não há família extensiva apta e conhecida para acolher a criança visto que os pais são oriundos de outros Estados;
>
> f) no caso presente, a situação do grupo familiar depende da efetiva adesão dos requeridos às orientações promovidas pela rede de serviços, possibilitando, assim, o restabelecimento do convívio familiar;
>
> g) a manutenção do status quo resultará na permanência da criança em inaceitável situação de risco;

> h) deve ser observado, no caso, a mais absoluta prioridade, conforme estabelece o art. 227, caput, da Constituição Federal, arts. 4º e 102, §2º, in fine, do Estatuto da Criança e do Adolescente.
>
> Elabore, na condição de órgão do Ministério Público, peça processual necessária à regularização da situação da criança, considerando a urgência e a cautelaridade da providência.

Já no MP-RJ, por exemplo, embora haja previsão expressa no edital no sentido de que pode "ser exigida do candidato a elaboração de promoções, pareceres ou outras peças processuais" (2018), observa-se que, nos últimos anos, não houve a cobrança em forma de peças processuais ou pareceres dos temas de Direito da Criança e do Adolescente – nem de qualquer outra matéria.

A prova fluminense tem seguido um padrão de cobrança na forma de questões subjetivas, sem limites de linha, especificamente em relação a cada matéria elencada no edital e prevista no conteúdo programático. Em outras palavras, a cobrança específica de Direito da Criança e do Adolescente é certa na segunda fase do concurso.

Assim, a única forma de saber o estilo da sua prova subjetiva é consultar o edital previamente. Para nossa sorte, os concursos para os Ministérios Públicos Estaduais têm efetivamente respeitado às previsões do regulamento e têm elaborado questões nos exatos moldes do edital.

Por fim, é importante notar que as provas subjetivas costumam permitir, na imensa maioria das vezes, a consulta à legislação e a outros atos normativos. A diferenciação fica adstrita geralmente à consulta de enunciados das Súmulas dos Tribunais Superiores.

Relevante se atentar, portanto, para o edital, a fim de se preparar para uma prova com consulta (ou não) ao material, próprio ou que lhe é disponibilizado. A familiarização como seu próprio material pode ser um diferencial em termos de tempo de prova, auxiliando a encontrar as respostas de maneira célere.

A partir de tudo isso que foi dito, conclui-se que, para as fases discursivas, em termos de análise prévia do edital, o candidato deve se preocupar basicamente com a forma de cobrança (se peça processual, dissertação ou questão) e com a existência ou não de questões específicas do Direito da Criança e do Adolescente.

O conhecimento do primeiro ponto permitirá ao candidato treinar, mediante a realização de exercícios, a elaboração de peças ou a responder questões, aprendendo a controlar o tempo de prova e o manuseio de todo o material que é permitido na segunda fase.

O conhecimento prévio acerca da existência ou não de questões específicas de Direito da Criança e do Adolescente vai permitir que o candidato se dedique exclusivamente à matéria ou se programe para estudá-la em conjunto com outras que serão cobradas na mesma oportunidade.

Atento a tais detalhes e tendo se programado adequadamente para essa fase do certame, não há dúvidas que o candidato realizará uma boa prova subjetiva.

6 ORIENTAÇÕES PARA PROVAS ORAIS

A fase das provas orais certamente é a mais peculiar de todo o concurso público, uma vez que a esmagadora maioria dos candidatos não está acostumada a ser arguida desta forma.

Some-se a isso a ansiedade de estar tão próximo à aprovação e, ao mesmo tempo, ainda com medo de ser reprovado e ter que começar tudo de novo. O maior inimigo do candidato nesta fase do concurso é a insegurança.

A fim de se preparar adequadamente para esse modelo de prova é fundamental que o candidato esteja psicologicamente preparado para tudo que pode acontecer no decorrer da sua avaliação. Mais do que conhecimento, a prova oral é o momento em que o controle emocional e psicológico do candidato é um diferencial.

Em regra, na prova oral, o conhecimento cobrado do candidato é mais horizontalizado, ou seja, sem tanta profundidade. Isso porque o foco da avaliação é diverso. Isso não significa que a prova passe ao largo do conteúdo! Afinal, isso não seria possível, ou a prova se tornaria uma polêmica entrevista.

Tenha certeza que a banca examinadora busca saber, nesta fase avançada, como o candidato se comporta e se expressa em público e se consegue, assim, estabelecer um raciocínio jurídico. Posto de outro modo, busca-se avaliar o seu comportamento diante de uma situação desconfortável de pressão.

Por óbvio, não se pode negligenciar a revisão de conceitos básicos, princípios, entendimentos doutrinários e jurisprudenciais mais relevantes do momento, bem como estudar os pontos prediletos do seu examinador.

Na fase de preparação para a prova oral, portanto, temos dois pontos importantes para se atentar: o primeiro é a preparação psicológica e/

ou da forma de responder, de se portar frente ao examinador; e a segunda é o que revisar em termos de conteúdo programático.

Não há outro caminho para a preparação para uma prova oral de excelência que não seja atrelar o treinamento direcionado com uma efetiva revisão, nos termos dos direcionamentos traçados acima.

Nos treinamentos, o candidato deve simular a situação que viverá quando da realização da prova oral. Tal prática será crucial para que seja possível assimilar a sistemática do exame oral e se adaptar a ela, permitindo que a situação se mostre menos desconhecida a cada treinamento, trazendo, assim, mais segurança.

Os treinamentos podem ser feitos sozinho, gravando-se e assistindo posteriormente, com o auxílio de colegas ou com a instrução de cursos preparatórios especializados nessa etapa do certame. E quanto mais próximo do efetivo formato a ser adotado no dia da sua prova, melhor. Tudo isso somado faz você se sentir mais confortável com a situação, o que acaba por abrir a sua mente para acessar o conteúdo jurídico que você já possui.

Há diversas alternativas. **Só não se pode admitir que o candidato não realize simulações da prova que enfrentará.** A estratégia de estudar todo o conteúdo apenas e pensar que na hora tudo fluirá normalmente é fadada ao insucesso para aqueles que não estão habituados a exposições orais.

Por outro lado, é evidente que o candidato não pode simplesmente deixar de revisar o conteúdo programático. Nessa preparação, a revisão dos conceitos e dos princípios é especialmente importante na medida em que você pode começar literalmente toda e qualquer resposta na prova oral conceituando o instituto ou falando sobre princípios correlatos à questão.

Ademais, o candidato deve estar atento à jurisprudência das nossas Cortes Superiores, uma vez que lhe pode ser perguntado sobre decisões que ocorreram na semana ou até mesmo na véspera de sua prova oral.

Por fim, deve ser dado destaque às peças/pareceres mais relevantes ou teses do seu examinador. Ainda que não lhe seja perguntado especificamente sobre o tema ou sobre esta sua posição particular, citar algum entendimento particular do seu examinador ou falar sobre um tema que lhe é próximo pode aumentar sua pontuação. Não se esqueça que o seu examinador é um ser humano, com posições pessoais e preferências, como qualquer outra pessoa.

Já durante a realização da prova oral, o candidato deve se manter calmo e demonstrar o máximo de conhecimento que puder. O desenvolvimento de uma resposta articulada, com início, meio e fim, de maneira lógica e concatenada é fundamental para lhe garantir uma boa avaliação.

Afinal, estão ali para avaliar a sua capacidade argumentativa. Assim, a sua função é, literalmente, convencer o examinador de que você possui conhecimento jurídico suficiente para assumir o cargo. E, para tanto, é importante que as suas conclusões decorram de maneira lógica dos fundamentos jurídicos utilizados.

O uso correto do vernáculo deve ser uma preocupação do candidato. De nada adianta a elaboração de respostas complexas e fundamentadas se a língua portuguesa – instrumento de trabalho do Promotor de Justiça – apresentar falhas na sustentação oral.

Outrossim, o candidato também deve estar familiarizado com o modo de realização da prova. A depender da banca examinadora e da organizadora do concurso, pode ser que as questões sejam entregues previamente, o ponto seja sorteado no dia anterior à prova, haja sustentação oral em simulação ao plenário do Tribunal do Júri - só para citar algumas modalidades. Insiste-se: o candidato precisa estar atento às previsões do edital do Ministério Público para o qual está prestando o concurso.

Seguindo estas dicas e estudando estrategicamente, o candidato logrará a sua tão sonhada vaga na carreira de Promotor de Justiça.

7 DICAS FINAIS PARA OS CANDIDATOS

O concurso de Ministério Público, num primeiro momento, parece ser assustador, em razão da extensão do edital. Essa característica acaba desestimulando vários candidatos bem preparados. Para aqueles que realmente almejam ser Promotores de Justiça, é importante ter a consciência de que os desafios do edital poderão ser superados com um estudo bem direcionado e, sobretudo, pautado pela objetividade.

Não há fórmula secreta e milagrosa para a aprovação. Certo é que não se pode prescindir do combo "Lei Seca" + Jurisprudência + Doutrina + Resolução de Exercícios.

Na parte doutrinária, além do estudo de capítulos específicos na bibliografia escolhida, também é importante o acompanhamento dos julgados das Cortes Superiores.

Fica como sugestão ao candidato que procure equilibrar o estudo da doutrina com a leitura da legislação e, principalmente, da jurisprudência, o uso de alguns instrumentos, tal como o site "Dizer o Direito".

Estratégia é fundamental para superar este desafio. Não existe fórmula única: cada aprovado elaborou o método que melhor se adaptou à sua realidade. Ouça a experiência daqueles que já conquistaram o cargo público para o qual você se prepara – não para copiar, mas, sim, para, diante de tantos formatos possíveis, selecionar aquele que melhor se adeque a você.

DIREITO PENAL E LEGISLAÇÃO PENAL ESPECIAL

Matheus Kuhn Gonçalves

1 INTRODUÇÃO

Segundo o artigo 127 da Constituição Federal, o Ministério Público é instituição permanente, essencial à função jurisdicional do Estado, incumbindo-lhe a defesa da ordem jurídica, do regime democrático e dos interesses sociais e individuais indisponíveis.

Dentre as funções institucionais do Ministério Público, previstas no art. 129 da Carta Magna, destacam-se as descritas nos incisos I, VII e VIII, que indicam, respectivamente: 1º) a titularidade da ação penal pública; 2º) o controle externo da atividade policial, na forma da lei complementar; e 3º) o poder de requisitar diligências investigatórias e a instauração de inquérito policial, indicados os fundamentos jurídicos de suas manifestações processuais.

Como se percebe, o Promotor de Justiça está diretamente ligado à persecução penal, fato que exige do membro do Ministério Público o conhecimento sólido e aprofundado de Direito Penal, a fim de bem atender a sua vocação constitucional.

Por essa razão, os certames para ingresso na carreira do Ministério Público Estadual costumam cobrar de forma mais densa que outros concursos públicos o conteúdo de Direito Penal e Legislação Penal Especial.

Ciente desses mandamentos constitucionais, nos próximos tópicos, iremos apontar as melhores formas e estratégias de estudos para o êxito nos certames ministeriais, além de uma análise pormenorizada dos últimos editais.

2 BIBLIOGRAFIA INDICADA

2.1. DIREITO PENAL

Para fins de estudo para concurso público, é importante que a obra possua duas características:

- **a) profundidade:** o conteúdo deve ter a densidade necessária para alcançar bons resultados na prova; e
- **b) agilidade:** o livro precisa ser de fácil compreensão e com fluidez de leitura e entendimento, até porque, além de Direito Penal e Legislação Penal Especial, temos outras matérias para dar atenção.

Baseado nesses parâmetros, recomendam-se as seguintes obras de Direito Penal:

(1º) Manual de Direito Penal (parte geral e especial) do professor Rogério Sanches Cunha, pela Editora Juspodivm[1]. Trata-se de obra didática, de fácil compreensão, sem perder a profundidade que o conteúdo necessita. O autor coloca questões polêmicas em forma de perguntas e respostas, além de trazer quadros comparativos que potencializam a compreensão.

(2º) Manual de Direito Penal do professor Cléber Rogério Masson, pela Editora Método. O manual é divido em três livros (1 livro para parte geral e 2 livros para parte especial). Também é uma obra didática, de fácil compreensão e bastante aprofundada.[2]

1. Quando da minha preparação para concurso utilizei estes manuais.
2. Quanto à obra do Professor Cléber Masson, faço um alerta em relação ao tema concurso de pessoas. Para este autor, para configuração do concurso de agentes é necessário pluralidade de agentes culpáveis (MASSON, Cléber. Direito Penal - Parte Geral - Vol. 1 (Arts.1ª a 120). São Paulo: Editora Método, 2019. p. 415). Tal entendimento não é o prevalente na doutrina e jurisprudência, pois tem se entendido desnecessário que os concorrentes do crime sejam todos culpáveis.

O autor também trabalha com quadros comparativos e realiza destaques das partes mais importantes no decorrer do texto.

(3º) Curso de Direito Penal do professor Rogério Greco, pela Editora Impetus. É um clássico do Direito Penal brasileiro e, por isso, é uma obra um pouco mais extensa. Trata-se de obra bastante aprofundada e de fácil compreensão. Este manual é recomendado àqueles alunos que ainda não estão muito familiarizados com o Direito Penal. O manual é divido em três tomos (1 livro para parte geral e 2 livros para parte especial).

Ademais, não se pode deixar de mencionar a importância das sinopses na preparação para concurso público. Existem livros no mercado editorial que, apesar de serem tratados como sinopses, são excelentes e extremamente aprofundados, além de serem destinados à preparação em certames públicos. Nesse contexto, indicamos as Sinopses para Concursos - v.1 (Direito Penal - parte geral), v. 2 (Direito Penal - parte especial) e v. 3 (Direito Penal - parte especial), dos professores Marcelo André de Azevedo e Alexandre Salim, pela Editora Juspodivm.

A proposta dessas sinopses é trabalhar o conteúdo que é mais importante na preparação do candidato, focando nos temas que mais caem em prova. Além disso, esse material contém questões de concursos para que o aluno teste seu conhecimento.

Outro ponto importante na preparação para as provas de Ministério Público é a resolução de questões. Não basta saber a matéria, é necessário saber aplicá-la às questões propostas pela banca. Nesse ponto, recomendamos o "Revisaço - Ministério Público Estadual - Promotor de Justiça", pela Editora Juspodivm. Esse material compila em um único livro várias questões de provas de promotor de justiça.

2.2. LEGISLAÇÃO PENAL ESPECIAL

A legislação penal especial, nos últimos anos, ganhou extrema relevância no cenário dos concursos públicos, principalmente de Ministérios Públicos Estaduais.

Houve uma explosão legislativa de novas leis que tratam de matéria penal. Tanto é que os cursos preparatórios para concurso público, em suas ementas, aumentaram sobremaneira a carga-horária das leis extravagantes, chegando, por vezes, a exceder a própria disciplina de Direito Penal. Assim, deve o candidato ficar muito atento à legislação penal especial.

Baseado nos mesmos parâmetros do tópico anterior, recomendam-se as seguintes obras de Legislação Penal Especial:

(1°) Leis Penais Especiais, pela Editora Juspodivm. Trata-se de obra coletiva coordenada pelos professores Rogério Sanches Cunha, Renee do Ó Souza e Ronaldo Batista Pinto. O manual é denso, completo e de fácil compreensão, abarcando mais de 40 leis penais especiais. O diferencial deste livro para o candidato que realizará prova de Ministério Público Estadual é que todos os autores são Promotores de Justiça, cuidando-se de obra vocacionada à carreira ministerial.

(2°) Legislação Criminal Especial Comentada, do professor Renato Brasileiro de Lima. A obra é densa e de fácil compreensão, contando com as leis penais especiais mais importantes.

2.3. JURISPRUDÊNCIA

A jurisprudência também deve ser alvo de estudo para concurso. As bancas costumam copiar trechos dos julgados dos Tribunais Superiores (STF e STJ) e aplicar na prova.

O estudo da jurisprudência pode ocorrer de três maneiras distintas:

(1°) **busca no *site* dos Tribunais Superiores:** o aluno pode ingressar no *site* dos Tribunais Superiores e procurar a aba "Informativos". É possível, também, que o aluno realize o cadastro no sistema "*Push*" dos Tribunais Superiores, o qual encaminha para o *e-mail* cadastrado todas as decisões publicadas pelo respectivo Tribunal.

(2°) **busca em *sites* especializados na interpretação da Jurisprudência:** neste ponto, recomendamos o *site* "Dizer o Direito", do professor Márcio André Lopes Cavalcante. O acesso ao conteúdo produzido é gratuito, além de os informativos do STF e STJ encontrarem-se todos esquematizados. O professor Márcio explica de forma didática e com exemplos, para facilitar a compreensão. Além disso, ele divide os comentários por temas (Ex: Direito Penal, Direito Civil, Processo Penal etc.).

(3°) **livros que interpretam a jurisprudência:** neste ponto, recomendamos, também, o *Vade Mecum* de Jurisprudência do Dizer o Direito, pela Editora Juspodivm, de autoria do professor Márcio André Lopes Cavalcante. As publicações realizadas em seu *site* são compiladas e formatadas em um excelente e didático livro.

3 CONTEÚDO PROGRAMÁTICO

Analisando os editais dos últimos 5 (cinco) anos, verifica-se que os certames dos Ministérios Públicos Estaduais exigem, especialmente, o conhecimento dos seguintes itens:

- **Direito Penal: Fundamentos**

➔ **1.** Garantias penais fundamentais da Constituição. Escolas, história, evolução, teorias, funções, denominações, fontes e princípios.

- **Parte Geral:**

➔ **1.** Aplicação da lei penal (arts. 1º a 12 do Código Penal);

➔ **2.** Crime - teoria geral: fato típico, ilicitude e culpabilidade (arts. 13 a 28 do Código Penal);

➔ **3.** Concurso de pessoas (arts. 29 a 31 do Código Penal);

➔ **4.** Penas: espécies de pena. Cominação das penas. Aplicação da pena. Suspensão condicional da pena. Livramento condicional (arts. 32 a 90 do Código Penal);

➔ **5.** Efeitos da condenação (arts. 91 a 95 do Código Penal);

➔ **6.** Reabilitação (arts. 93 a 95 do Código Penal);

➔ **7.** Medidas de segurança (arts. 96 a 99 do Código Penal);

➔ **8.** Ação penal (arts. 100 a 106 do Código Penal);

➔ **9.** Extinção da punibilidade (arts. 107 a 120 do Código Penal).

- **Parte Especial:**

➔ **1.** Crimes contra a pessoa (arts. 121 a 154 do Código Penal);

➔ **2.** Crimes contra o patrimônio (arts. 155 a 183 do Código Penal);

➔ **3.** Crimes contra a dignidade sexual (arts. 213 a 234 do Código Penal);

- **4.** Crimes contra a família (arts. 235 a 249 do Código Penal);
- **5.** Crimes contra a incolumidade pública (arts. 250 a 285 do Código Penal);
- **6.** Crimes contra a paz pública (arts. 286 a 288-A do Código Penal);
- **7.** Crimes contra a fé pública (arts. 289 a 311 do Código Penal);
- **8.** Crimes contra a Administração Pública (art. 312 a 359 do Código Penal).

• **Leis Penais Especiais:**

- **1.** Crimes de abuso de autoridade (Antiga Lei nº 4.898/1965. Atual Lei 13.869/19);
- **2.** Crimes de drogas (Lei nº 11.343/2006);
- **3.** Crimes contra o consumidor (Lei nº 8.078/1990);
- **4.** Crimes Hediondos (Lei nº 8.072/1990);
- **5.** Crimes contra crianças e adolescentes (Lei nº 8.069/1990);
- **6.** Crimes eleitorais (Leis nº 4.737/1965, nº 6.091/1974 e nº 9.504/1997);
- **7.** Lei de Contravenções Penais (Decreto-Lei nº 3.688/1941);
- **8.** Crimes contra a ordem econômica, tributária e relações de consumo (Lei nº 8.137/1990 e suas alterações e Lei nº 8.176/1991);
- **9.** Lei de Improbidade Administrativa (disposições penais da Lei nº 8.429/1992);
- **10.** Lei de Licitações (crimes previstos na Lei nº 8.666/1993);
- **11.** Lei de Parcelamento do solo urbano (crimes previstos na Lei nº 6.766/1979);
- **12.** Lei da Ação Civil Pública (crimes previstos na Lei nº 7.347/1985);
- **13.** Crimes falimentares (Lei nº 11.101/2005);
- **14.** Lei de Execuções Penais (Lei nº 7.210/1984);

- **15.** Leis dos Juizados Especiais Cíveis e Criminais (Lei nº 9.099/1995 e Lei nº 10.259/2001);
- **16.** Código de Trânsito Brasileiro (crimes previstos na Lei nº 9.503/1997);
- **17.** Lei dos Crimes Ambientais (Lei nº 9.605/1998);
- **18.** Estatuto do Desarmamento (Lei nº 10.826/2003);
- **19.** Lavagem de Capitais (Lei nº 9.613/1998 e suas alterações);
- **20.** Lei de Proteção Intelectual ao Programa de Computação (Lei nº 9.609/1998);
- **21.** Lei de Tortura (Lei nº 9.455/1997);
- **22.** Lei de Proteção à vítima e à testemunha do crime (Lei nº 9.807/1999);
- **23.** Estatuto do Torcedor (Lei nº 10.671/2003);
- **24.** Estatuto do Idoso (Lei nº 10.741/2003);
- **25.** Lei Brasileira de Inclusão da Pessoa com Deficiência (Lei nº 13.146/2015);
- **26.** Lei de Organizações Criminosas (Lei nº 12.850/2013);
- **27.** Lei Maria da Penha (Lei nº 11.340/2006);
- **28.** Crimes de preconceito de raça ou cor (Lei nº 7.716/1989).

4 ESTUDO DAS ÚLTIMAS PROVAS

Após detida análise das últimas provas objetivas aplicadas (2016 a 2020), verifica-se que os certames foram executados por bancas profissionais ou pelo próprio Ministério Público, utilizando-se de banca própria.

Constatou-se, ainda, que os Ministérios Públicos de Goiás, São Paulo, Paraná, Santa Catarina e Rio Grande do Sul têm preferência por realizar suas provas por intermédio de banca própria, socorrendo-se do auxílio de membros da carreira ou de profissionais do Direito convidados pela instituição.

O Ministério Público de Minas Gerais executou suas provas por intermédio da FUNDEP, que é uma fundação vinculada à Universidade Federal de Minas Gerais.

Os demais Ministérios Públicos realizaram suas provas por intermédio de bancas profissionais, com destaque para Cespe/Cebraspe, Fundação Carlos Chagas (FCC), Fundação Escola Superior do Ministério Público (FMP) e CEFETBAHIA.

Dessa forma, analisando as provas objetivas dos últimos anos (2016 a 2020), extraímos as seguintes informações quantitativas sobre as questões de Direito Penal nas provas de Ministério Público Estadual:

	CONCURSO	ANO	BANCA	NÚMERO DE QUESTÕES
1.	MP/CE	2020	CESPE	9
2.	MP/SP	2019	Banca Própria	16
3.	MP/GO	2019	Banca Própria	13
4.	MP/MG	2019	FUNDEP[3]	8
5.	MP/MT	2019	FCC	9
6.	MP/SC	2019	Banca Própria	35[4]
7.	MP/PI	2019	CESPE	7
8.	MP/PR	2019	Banca Própria	16
9.	MP/PB	2018	FCC	10
10.	MP/BA	2018	CEFETBAHIA	10
11.	MP/MG	2018	FUNDEP	9
12.	MP/MS	2018	Banca Própria	13
13.	MP/RR	2017	CESPE	5
14.	MP/RS	2017	Banca Própria	11
15.	MP/SP	2017	Banca Própria	15
16.	MP/PR	2017	Banca Própria	17
17.	MP/MG	2017	FUNDEP	7
18.	MP/RO	2017	FMP	6
19.	MP/PR	2016	Banca Própria	15

3. Fundação vinculada à UFMG
4. Questões de verdadeiro e falso

	CONCURSO	ANO	BANCA	NÚMERO DE QUESTÕES
20.	MP/GO	2016	Banca Própria	14
21.	MP/SC	2016	Banca Própria	31[5]

Considerando todas as provas objetivas aplicadas, tem-se uma média de 13 questões na avaliação de Direito Penal.

De outro giro, fizemos, ainda, uma análise mais específica das avaliações objetivas de Direito Penal, a qual levou em conta o conteúdo exigido em cada questão, que será visualizado na tabela que seguirá adiante.

Contudo, quanto à análise abaixo colacionada, deve-se alertar que, costumeiramente, as questões apresentam conteúdo misto, exigindo do candidato o conhecimento de diversas matérias para sua resolução.

Por essa razão, o candidato deve conhecer o conteúdo de forma global, não se limitando, apenas, aos tópicos classificados como mais recorrentes, pois, como dito, há uma tendência de cobrança de várias áreas do saber penal de forma concomitante, sendo que poucas são as questões que demandam o conhecimento de um único item do conteúdo programático.

Para efeitos meramente didáticos, dividimos a análise das questões abaixo em tópicos, que demonstram os pontos preponderantes e de maior incidência nas provas.

(1º) Direito Penal (Parte Geral e Especial)

PROVAS REALIZADAS ENTRE 2016 E 2020		
Tópico do conteúdo programático	**Banca/Quantidade de questões**	
1. Garantias penais fundamentais da constituição.	Cespe	0
	FCC	0
	Banca Própria	1
	CEFETBAHIA	1
	FUNDEP	0
	Total	**2**

5. Questões de verdadeiro e falso.

2. Escolas, História, Evolução, Teorias, Funções, Denominações, Fontes e Princípios.	Cespe	2
	FCC	0
	Banca Própria	5
	CEFETBAHIA	1
	FUNDEP	1
	Total	**9**
3. Aplicação da lei penal (arts. 1º a 12);	Cespe	0
	FCC	0
	Banca Própria	2
	Total	**2**
4. Crime - teoria geral: fato típico, ilicitude e culpabilidade (arts. 13 a 28);	Cespe	2
	FCC	4
	Banca Própria	50
	CEFETBAHIA	3
	FUNDEP	9
	Total	**68**
5. Concurso de pessoas (arts. 29 a 31);	Cespe	0
	FCC	0
	Banca Própria	6
	CEFETBAHIA	1
	FMP	1
	FUNDEP	01
	Total	**9**
6. Penas: espécies de pena. Cominação das penas. Aplicação da pena. Suspensão condicional da pena. Livramento condicional (arts. 32 a 90);	Cespe	2
	FCC	1
	Banca Própria	20
	CEFETBAHIA	0
	FUNDEP	1
	Total	**24**
7. Efeitos da condenação (arts. 91 a 95);	Cespe	0
	FCC	0
	Banca Própria	3
	FUNDEP	1
	Total	**4**

8. Reabilitação (arts. 93 a 95);	Cespe	5
	FCC	5
	Banca Própria	1
	Total	**14**
9. Medidas de segurança (arts. 96 a 99);	Cespe	0
	FCC	0
	Banca Própria	1
	Total	**1**
10. Ação penal (arts. 100 a 106);	Cespe	1
	FCC	0
	Banca Própria	2
	Total	**03**
11. Extinção da punibilidade (arts. 107 a 120);	Cespe	2
	FCC	0
	Banca Própria	6
	FUNDEP	2
	Total	**10**
12. Crimes contra a pessoa (arts. 121 a 154);	Cespe	1
	FCC	1
	Banca Própria	13
	FUNDEP	1
	FMP	1
	Total	**17**
13. Crimes contra o patrimônio (arts. 155 a 183);	Cespe	0
	FCC	1
	Banca Própria	11
	FUNDEP	1
	Total	**12**
14. Crimes contra a dignidade sexual (arts. 213 a 234);	Cespe	1
	FCC	2
	Banca Própria	6
	Total	**12**

<table>
<tr><td rowspan="3">15. Crimes contra a família (arts. 235 a 249);</td><td>Banca Própria</td><td>1</td></tr>
<tr><td>FUNDEP</td><td>1</td></tr>
<tr><td>Total</td><td>2</td></tr>
<tr><td rowspan="3">16. Crimes contra a incolumidade pública (arts. 250 a 285);</td><td>CEFETBAHIA</td><td>1</td></tr>
<tr><td>Banca Própria</td><td>1</td></tr>
<tr><td>Total</td><td>2</td></tr>
<tr><td rowspan="2">17. Crimes contra a paz pública (arts. 286 a 288-A);</td><td>FMP</td><td>1</td></tr>
<tr><td>Total</td><td>1</td></tr>
<tr><td rowspan="3">18. Crimes contra a fé pública (arts. 289 a 311);</td><td>FCC</td><td>1</td></tr>
<tr><td>Banca Própria</td><td>2</td></tr>
<tr><td>Total</td><td>3</td></tr>
<tr><td rowspan="6">19. Crimes contra a administração pública (art. 312 a 359).</td><td>Cespe</td><td>1</td></tr>
<tr><td>FCC</td><td>1</td></tr>
<tr><td>Banca Própria</td><td>9</td></tr>
<tr><td>FUNDEP</td><td>1</td></tr>
<tr><td>FMP</td><td>1</td></tr>
<tr><td>Total</td><td>13</td></tr>
</table>

(2º) Legislação Penal Especial

<table>
<tr><th colspan="3">PROVAS REALIZADAS ENTRE 2016 E 2020</th></tr>
<tr><th>Tópico do conteúdo programático</th><th colspan="2">Quantidade de questões</th></tr>
<tr><td rowspan="4">1. Crimes de abuso de autoridade (antiga Lei nº 4.898/1965. Atual Lei nº 13.869/19);</td><td>Cespe</td><td>0</td></tr>
<tr><td>FCC</td><td>0</td></tr>
<tr><td>Banca Própria</td><td>0</td></tr>
<tr><td>Total</td><td>0</td></tr>
<tr><td rowspan="6">2. Crimes de drogas (Lei nº 11.343/2006);</td><td>Cespe</td><td>0</td></tr>
<tr><td>FCC</td><td>2</td></tr>
<tr><td>Banca Própria</td><td>9</td></tr>
<tr><td>FUNDEP</td><td>2</td></tr>
<tr><td>FMP</td><td>1</td></tr>
<tr><td>Total</td><td>13</td></tr>
</table>

Tema	Banca	Quantidade
3. Crimes contra o consumidor (Lei nº 8.078/1990);	Cespe	0
	FCC	0
	Banca Própria	0
	Total	**0**
4. Crimes hediondos (Lei nº 8.072/1990);	Cespe	1
	FCC	0
	Banca Própria	2
	Total	**3**
5. Crimes contra crianças e adolescentes (Lei nº 8.069/1990);	Cespe	0
	FCC	0
	Banca Própria	0
	Total	**0**
6. Crimes eleitorais (Lei nº 4.737/1965, nº 6.091/1974 e nº 9.504/1997);	Cespe	0
	FCC	0
	Banca Própria	1
	Total	**1**
7. Lei de contravenções penais (Decreto-Lei nº 3.688/1941);	Cespe	0
	FCC	0
	Banca Própria	0
	Total	**0**
8. Crimes contra a ordem econômica, tributária e relações de consumo (Lei nº 8.137/1990 e suas alterações e nº 8.176/1991);	Cespe	2
	FCC	2
	Banca Própria	4
	Total	**8**
9. Lei de improbidade administrativa (disposições penais da Lei nº 8.429/1992); Lei de licitações (crimes previstos na Lei nº 8.666/1993); Lei de parcelamento do solo urbano (crimes previstos na Lei nº 6.766/1979); Lei da ação civil pública (crimes previstos na Lei nº 7.347/1985); Crimes falimentares (Lei nº 11.101/2005);	Cespe	0
	FCC	0
	Banca Própria	0
	Total	**0**

10. Lei de execuções penais (Lei nº 7.210/1984);	Cespe	2
	FCC	2
	Banca Própria	26
	CEFETBAHIA	2
	Total	**32**
11. Leis dos juizados especiais cíveis e criminais (Lei nº 9.099/1995 e Lei nº 10.259/2001);	Cespe	0
	FCC	0
	Banca Própria	0
	Total	**0**
12. Código de Trânsito Brasileiro (crimes previsto na Lei nº 9.503/1997);	Cespe	0
	FCC	0
	Banca Própria	1
	Total	**1**
13. Lei dos crimes ambientais (Lei nº 9.605/1998);	Cespe	0
	FCC	0
	Banca Própria	0
	Total	**0**
14. Estatuto do desarmamento (Lei nº 10.826/2003);	Cespe	0
	FCC	1
	Banca Própria	6
	Total	**7**
15. Lavagem de capitais (Lei nº 9.613/1998 e suas alterações);	Cespe	0
	FCC	1
	Banca Própria	4
	CEFETBAHIA	1
	FMP	1
	Total	**7**
16. Lei de proteção intelectual ao programa de computação (Lei nº 9.609/1998);	Banca Própria	0
	FUNDEP	0
	Total	**0**
17. Lei de tortura (Lei nº 9.455/1997);	CEFETBAHIA	0
	Banca Própria	2
	Total	**2**

18. Lei de proteção à vítima e à testemunha do crime (Lei nº 9.807/1999); Estatuto do torcedor (Lei nº 10.671/2003); Estatuto do idoso (Lei nº 10.741/2003); Lei brasileira de inclusão da pessoa com deficiência (Lei nº 13.146/2015); Lei de organizações criminosas (Lei nº 12.850/2013);	Banca Própria	0
	Total	0
19. Lei Maria da Penha (Lei nº 11.340/2006);	Cespe	1
	FUNDEP	2
	Total	3
20. Crimes resultantes de preconceito de raça ou cor (Lei nº 7.716/1989).	Cespe	1
	Banca Própria	1
	Total	2

5 ALGUNS PONTOS MAIS RELEVANTES NAS PROVAS OBJETIVAS

Embora não se deva negligenciar nenhum tópico do edital, devendo-se ter um conhecimento mínimo de cada item, também é certo que determinados temas são mais cobrados em concurso público. Dessa forma, diante da análise das provas dos Ministérios Públicos Estaduais, podemos indicar alguns pontos que mais se sobressaem nesses certames.

5.1. TENDÊNCIAS

Inicialmente, verificamos que as provas objetivas, especialmente aquelas realizadas por "bancas profissionais", ou seja, aquelas que costumam ser contratadas para a realização de certames públicos, a exemplo da Cespe/Cebraspe e Fundação Carlos Chagas (FCC), têm maior predileção por entendimentos jurisprudenciais e pela "lei seca", afastando-se um pouco do debate exclusivamente doutrinário.

Por exemplo, na Prova Cespe/Cebraspe do MPE/PI, realizada no ano de 2019, de Promotor de Justiça Substituto, ao analisar 7 (sete) questões de Direito Penal e Legislação Penal Especial, averiguou-se que, em 6 (seis) delas, exigiu-se, predominantemente, entendimento jurisprudencial e texto de lei, ao passo que, em apenas 1 (uma), utilizou-se de métodos doutrinários.

No mesmo passo, por exemplo, temos o concurso do MPE/MT, realizado no ano de 2019 pela Fundação Carlos Chagas, em que, da análise de 9 (nove) questões, 8 (oito) exigiram o entendimento jurisprudencial e, em apenas 1 (uma), exigiu-se o conhecimento da "lei seca". Vejamos o enunciado das questões[6]:

> **Questão 01**
>
> **"(...) De acordo com o ordenamento jurídico e o posicionamento dos tribunais superiores acerca do crime de "lavagem" ou ocultação de bens, direitos e valores (Lei nº 9.613/1998), (...)"**
>
> **Questão 02**
>
> **"(...) De acordo com o ordenamento jurídico e o posicionamento dos tribunais superiores acerca das excludentes de antijuridicidade (...)"**
>
> **Questão 03**
>
> **"(...)Segundo o entendimento dos tribunais superiores acerca da cominação, aplicação e individualização das penas, (...)"**
>
> **Questão 04**
>
> **"(...) Segundo a jurisprudência do Superior Tribunal de Justiça (STJ) sobre os crimes contra o patrimônio, (...)"**
>
> **Questão 05**
>
> **"(...) De acordo com o ordenamento jurídico e o posicionamento dos tribunais superiores sobre os crimes contra a dignidade sexual, (...)"**
>
> **Questão 06**
>
> **"(...) De acordo com o ordenamento jurídico e o posicionamento dos tribunais superiores acerca dos crimes contra a fé pública, (...)"**
>
> **Questão 07**
>
> **"(...) De acordo com o ordenamento jurídico e o posicionamento dos tribunais superiores sobre as disposições previstas na Lei nº 11.343/2006, (...)"**
>
> **Questão 08**
>
> **"(...) De acordo com o ordenamento jurídico e o posicionamento dos tribunais superiores sobre as disposições previstas nas Leis nº 8.137/1990, nº 8.176/1991 e nº 9.080/1995, que tratam dos crimes contra a ordem tributária e as relações de consumo, (...)"**

6. A numeração das questões mencionadas nesta obra não corresponde àquela utilizada pela prova de Promotor Substituto de Mato Grosso. Foi organizado o item com Questões de 01 a 09 meramente para fins didáticos.

Questão 09 (cobrando exclusivamente texto de lei)

"(...) O juiz, na sentença, estabelecerá o regime no qual o condenado iniciará o cumprimento da pena privativa de liberdade. Para a concessão de regime aberto, o juiz poderá estabelecer condições especiais, sem prejuízo das seguintes condições gerais e obrigatórias: (...)"

Por ocasião da análise dos tópicos do estudo do edital propriamente dito, que será feita mais adiante, traremos exemplo de como questões doutrinárias são cobradas em prova. Registramos, ainda, que, embora as bancas tenham a tendência de realizar questionamentos jurisprudenciais e legais, é válido que o aluno tenha conhecimento doutrinário, uma vez que, embora com menos incidência, também é objeto de indagação.

De outra banda, percebe-se que, quando é o próprio Ministério Público que realiza a prova, preponderam os questionamentos de cunho doutrinário, perdendo um pouco de espaço perguntas com base em jurisprudência e lei seca.

Por exemplo, na prova do MP/GO do ano de 2019, organizada pelo próprio Ministério Público[7], das 12 (doze) questões de Direito Penal analisadas, 8 (oito) tinham cunho doutrinário, sendo que as outras 4 (quatro) se dividiam entre lei seca e entendimento jurisprudencial. Vejamos um exemplo de como foram cobradas as questões doutrinárias no MP/GO:

> A clássica frase a seguir inaugurou uma nova fase na dogmática jurídico-penal: *"O caminho correto só pode ser deixar as decisões valorativas político-criminais introduzirem-se no sistema de direito penal"*. Assinale a alternativa em que consta o autor da referida afirmação, bem como o sistema jurídico-penal a que se refere:
>
> Ⓐ Edmund Mezger - neokantismo penal
>
> Ⓑ **Claus Roxin - funcionalismo teleológico racional (alternativa correta)**
>
> Ⓒ Günther Jakobs - funcionalismo sistêmico radical
>
> Ⓓ Hans Welzel - finalismo penal

Penal e Legislação Penal Especial

7. Item 5.7 do Edital de Abertura do 60º CONCURSO DE INGRESSO NA CARREIRA DO MINISTÉRIO PÚBLICO DO ESTADO DE GOIÁS (ano de 2019): "Para a elaboração das questões das provas preambular e subjetivas e para a elaboração e aplicação das provas orais, a Comissão de Concurso designará uma Banca Examinadora para cada grupo de disciplinas, composta por 3 (três) profissionais do Direito, preferencialmente dos quadros do Ministério Público, observados os mesmos impedimentos dos integrantes da Comissão de Concurso, indicando 1 (um) deles para presidi-la."

Pois bem. As questões doutrinárias buscam saber se o candidato tem conhecimento do debate travado, bem como qual o entendimento do autor sobre determinado tema.

Analisadas as tendências gerais e costumeiras das bancas (profissionais e próprias), podemos seguir para o estudo pontual do edital.

5.2. ESTUDO DAS MATÉRIAS DE MAIOR INCIDÊNCIA DO EDITAL

⊝ A) Direito Penal: Fundamentos

1. **Garantias penais fundamentais da Constituição. Escolas, história, evolução, teorias, funções, denominações, fontes e princípios.**

Embora esses assuntos não sejam regularmente cobrados, eles trazem a base necessária para a compreensão de toda a disciplina.

Trata-se, em verdade, de um ponto bastante teórico do edital, motivo pelo qual se encontram os questionamentos que possuem um viés mais doutrinário, exigindo do candidato a adaptação do seu estudo.

Por exemplo, a prova do MPGO (2019) trouxe o seguinte questionamento:

> **Sobre o bem jurídico-penal, assinale a alternativa que não está de acordo com o magistério doutrinário de Eugenio Raúl Zaffaroni e José Henrique Pierangeli (*Manual de Direito Penal Brasileiro - parte geral, ed. RT*):**
>
> **A** Quando o legislador encontra-se diante de um ente e tem interesse em tutelá-lo, é porque o valora. Sua valoração do ente traduz-se em uma norma, que eleva o ente à categoria de bem jurídico. Quando quer dar uma tutela penal a esse bem jurídico, com base na norma elabora um tipo penal e o bem jurídico passa a ser penalmente tutelado.
>
> **B** Não se concebe a existência de uma conduta típica que não afete um bem jurídico, posto que os tipos não passam de particulares manifestações de tutela jurídica desses bens. Embora seja certo que o delito é algo mais - ou muito mais – que a lesão a um bem jurídico, esta lesão é indispensável para configurar a tipicidade.
>
> **C** **Bem jurídico penalmente tutelado é a relação de indisponibilidade de um indivíduo com um objeto, protegida pelo Estado, que revela seu interesse mediante a tipificação penal de condutas que o afetam. (alternativa correta)**

D O bem jurídico cumpre duas funções, que são duas razões fundamentais pelas quais não podemos dele prescindir: uma função garantidora e outra função teleológico-sistemática. Ambas funções são necessárias para que o direito penal se mantenha dentro dos limites da racionalidade dos atos de governo, impostos pelo princípio republicano.

B) Parte Geral:

1. Aplicação da lei penal (arts. 1º a 12)

Trata-se de tema relevante para o Direito Penal, motivo pelo qual possui razoável incidência em provas de Ministério Público, devendo o candidato ter especial atenção.

As bancas costumam mesclar esse tema com outros pontos do conteúdo programático.

2. Crime - teoria geral: fato típico, ilicitude e culpabilidade (arts. 13 a 28)

Trata-se do tema de maior relevância e incidência nas provas analisadas. A teoria geral do delito traz toda a estrutura do crime (fato típico, ilícito e culpável), devendo o concursando possuir amplo e aprofundado conhecimento sobre as questões. A maioria das provas de Ministério Público cobra questões com esse viés, seja de forma isolada ou em combinação com outras matérias penais, em verdadeiro diálogo interdisciplinar.

Portanto, a nosso sentir, é imprescindível o seu estudo, sugerindo que o concursando tenha total domínio da seguinte estrutura e de seus desdobramentos:

FATO TÍPICO	ILICITUDE	CULPABILIDADE
a) conduta; b) nexo de causalidade; c) resultado; e d) tipicidade.	- Causas Excludentes da Ilicitude Legais: a) Legítima Defesa; b) Estado de Necessidade; c) Estrito Cumprimento do dever legal; d) Exercício Regular de um Direito - Causas Excludentes da Ilicitude Supralegais.	Imputabilidade Exigibilidade de Conduta Diversa Potencial Consciência da Ilicitude

3. Concurso de pessoas (arts. 29 a 31)

O tema concurso de pessoas possui relevância nas provas de Ministério Público e, pela nossa análise, tem sido cobrado de duas maneiras: a) requer do concursando o conhecimento de conceitos, teorias e requisitos; e b) requer do concursando o conhecimento sobre a aplicação prática dos conceitos, das teorias e dos requisitos, sendo incluído o questionamento no âmbito de casos concretos ou relacionando a matéria com o conteúdo programático dos demais itens do edital (esta opção costuma ter maior incidência).

Vejamos como a primeira hipótese foi cobrada:

> MP/SP – 2019 (banca própria)
>
> **A respeito da disciplina do concurso de agentes no Código Penal, é correto afirmar:**
>
> **A** Em face da adoção da teoria unitária ou monista, segundo a qual todos aqueles que concorrem para o crime incidem nas penas a ele cominadas, a testemunha que faz afirmação falsa e o agente que dá, oferece ou promete dinheiro ou outra vantagem para que ela faça a falsa afirmação respondem pelo crime de falso testemunho.
>
> **B** Quanto à punição do partícipe, o Código Penal adotou a teoria da acessoriedade extrema, que exige, para a punição do partícipe, tenha o autor praticado um fato típico, antijurídico e culpável.
>
> **C** **No chamado concurso absolutamente negativo, o agente não tem o dever legal de evitar o resultado, tampouco adere à vontade criminosa do autor, motivo pelo qual não é punida a conivência. (alternativa correta).**
>
> **D** A autoria colateral ocorre quando dois agentes, conhecendo a conduta um do outro, agem convergindo para o mesmo resultado, que se realiza por conta de um só dos comportamentos ou em virtude dos dois comportamentos.

Vejamos a segunda hipótese, que combina concurso de agentes, concurso de crimes e o entendimento da Súmula 500 do STJ[8].

> MP/GO - 2019 (banca própria)
>
> **João, com 22 anos, praticou um crime de roubo na companhia de José. Este último possuía 17 anos ao tempo do crime. Apurou-se que João já havia praticado outros três crimes**

8. Súmula 500 do STJ: A configuração do crime do art. 244-B do ECA independe da prova da efetiva corrupção do menor, por se tratar de delito formal.

de roubo e um de tráfico de drogas. José também já havia praticado diversos roubos e um ato infracional análogo ao crime de homicídio (ficou internado anteriormente por seis meses). Provado o fato durante a instrução processual criminal quanto a João, deverá o magistrado:

A) Condenar o acusado por crime de roubo majorado pelo concurso de agentes e corrupção de menor, em concurso formal de infrações, considerando que, conforme entendimento sumulado, o crime do artigo 244-B do Estatuto da Criança e do Adolescente não depende de prova da efetiva corrupção do menor (crime formal). (alternativa correta)

B) Para evitar o *bis in idem*, condenar o acusado por crime de roubo simples e de corrupção de menor em concurso material de infrações, considerando que, conforme entendimento sumulado, o crime do artigo 244- B do Estatuto da Criança e do Adolescente não depende de prova da efetiva corrupção do menor (crime instantâneo de mera conduta).

C) Condenar o acusado por crime de roubo majorado pelo concurso de agentes, absolvendo-o da corrupção de menor já que, conforme entendimento majoritário nos tribunais superiores, o crime do artigo 244-B do Estatuto da Criança e do Adolescente depende de prova da efetiva corrupção do menor (crime material).

D) Condenar o acusado por crime de roubo majorado pelo concurso de agentes, absolvendo-o da corrupção de menor já que, conforme entendimento majoritário nos tribunais superiores, o crime do artigo 244-B do Estatuto da Criança e do Adolescente independe de prova da efetiva corrupção do menor (crime de mera conduta).

4. Penas: espécies de pena. Cominação das penas. Aplicação da pena. Suspensão condicional da pena. Livramento condicional. (arts. 32 a 90)

As provas de Promotor de Justiça têm especial predileção pelo tema "Das penas", ficando atrás somente da teoria geral do crime (fato típico, ilícito e culpável). Portanto, pela sua importância, deve o candidato se atentar ao seu estudo, aprofundando-se tanto na jurisprudência, quanto na doutrina.

5. Efeitos da condenação (arts. 91 a 95)

Item de pouca incidência em concurso e, quando cobrado, utiliza-se do texto expresso de lei. Vejamos:

MP/PR - 2019

Em relação aos efeitos da condenação dispostos no Código Penal, assinale a alternativa *incorreta*:

- **A** Um dos efeitos da condenação é tornar certa a obrigação de indenizar o dano causado pelo crime.
- **B** Um dos efeitos da condenação é a perda em favor da União, ressalvado o direito do lesado ou de terceiro de boa-fé, do produto do crime ou de qualquer bem ou valor que constitua proveito auferido pelo agente com a prática do fato criminoso.
- **C** **Um dos efeitos da condenação é a perda de cargo, função pública ou mandato eletivo quando aplicada pena privativa de liberdade por tempo igual ou superior a dois anos, nos crimes praticados com abuso de poder ou violação de dever para com a Administração Pública. (alternativa correta)**
- **D** Um dos efeitos da condenação é a incapacidade para o exercício do poder familiar, da tutela ou da curatela nos crimes dolosos sujeitos à pena de reclusão cometidos contra outrem igualmente titular do mesmo poder familiar, contra filho, filha ou outro descendente ou contra tutelado ou curatelado.
- **E** Um dos efeitos da condenação é a inabilitação para dirigir veículo, quando utilizado como meio para a prática de crime doloso.

Registre-se que, em relação aos "Efeitos da Condenação", a Lei nº 13.964/19 (pacote anticrime) incluiu o art. 91-A no Código Penal, tratando do confisco alargado. Cuida-se de tema caro ao Ministério Público, motivo pelo qual a tendência é que seja cobrado em provas. Ademais, as bancas de concurso gostam de cobrar as inovações legislativas para verificar se o candidato está sintonizado com as mudanças. Assim, cremos que este tema ganhe relevo nas provas de Ministério Público, seja por sua relevância institucional, seja pela inovação legislativa.

6. Reabilitação (arts. 93 a 95)

Item de baixo peso nas provas analisadas. O conhecimento do texto da lei costuma suprir a necessidade.

7. Medidas de segurança (arts. 96 a 99)

Trata-se de item que costuma ser cobrado em conjunto com o tema culpabilidade (no tópico imputabilidade) e execução penal (Lei nº 7.210/84).

8. Ação penal (arts. 100 a 106)

Trata-se de tema que, geralmente, é cobrado na prova de processo penal. Contudo, também possui incidência na parte penal da prova, notadamente no que diz respeito à natureza da ação penal (pública ou privada) de determinados crimes. Vejamos:

MP/CE - 2020

Paulo, descontente com o término do namoro com Maria, livre e conscientemente invadiu o dispositivo informático do aparelho celular dela e capturou fotos íntimas e conversas privadas dela com seu novo namorado, João. Posteriormente, também livre e conscientemente, com intuito de vingança, divulgou, em redes sociais na Internet, os vídeos e as fotos de Maria, com cunho sexual, difamando-a e injuriando João com a utilização de elementos referentes à sua raça, cor e etnia. Em razão dessa conduta, Paulo foi indiciado pelos delitos de violação de dispositivo informático, divulgação de cenas de sexo ou pornografia, majorada pelo intuito de vingança, difamação contra Maria e injúria racial contra João.

Com relação à persecução penal nessa situação hipotética, é correto afirmar que os crimes citados se submetem, respectivamente, a ação penal

Ⓐ pública condicionada a representação, pública condicionada a representação, privada, e pública incondicionada.

Ⓑ **pública condicionada a representação, pública incondicionada, privada, e pública condicionada a representação. (alternativa correta).**

Ⓒ pública condicionada a representação, pública condicionada a representação, privada, e pública condicionada a representação.

Ⓓ pública incondicionada, pública incondicionada, privada, e pública condicionada a representação.

Ⓔ pública incondicionada, pública incondicionada, pública condicionada a representação, e pública incondicionada.

9. Extinção da punibilidade (arts. 107 a 120)

Embora não se deva negligenciar nenhum ponto do item "Extinção da Punibilidade", a maior incidência das questões relacionadas a este tópico diz respeito à prescrição e suas regras.

C) Parte Especial

1. Crimes contra a pessoa (arts. 121 a 154)
2. Crimes contra o patrimônio (arts. 155 a 183)

3. Crimes contra a dignidade sexual (arts. 213 a 234)

Os crimes contra a pessoa, contra o patrimônio e contra a dignidade sexual são os que possuem maior incidência nas provas analisadas. Recomenda-se que o candidato os estude de forma aprofundada, a fim de se obter o domínio sobre aspectos legais, doutrinários e jurisprudenciais, suas qualificadoras e todas as circunstâncias que possam a eles se relacionar.

Nesses pontos, as bancas têm trabalhado de três formas: a) tratando tais delitos de forma conceitual (lei seca, doutrina e entendimento jurisprudencial); b) fornecendo casos práticos para que o candidato indique as qualificações jurídicas do delito e suas consequências; e c) mesclando-se os itens "a" e "b" na mesma questão, ou seja, trazendo conceitos em algumas assertivas e casos práticos em outras.

Vejamos alguns exemplos extraídos das provas:

➔ **a)** Crimes contra a dignidade sexual:

MP/PI - 2019 (Cespe)

A respeito de crimes contra a dignidade sexual, assinale a opção correta.

- **A** Para a configuração do crime de estupro de vulnerável, é relevante, na avaliação da atipicidade da conduta, averiguar a existência de relacionamento amoroso entre a vítima e o agente.
- **B** O STJ pacificou o entendimento de que, com o advento do Estatuto da Pessoa com Deficiência, eventual consentimento da vítima afasta a tipicidade do estupro de vulnerável.
- **C** Em regra, o crime de importunação sexual pode ter como agente passivo pessoa vulnerável, dados a especificidade da conduta e seu caráter de crime não subsidiário.
- **D** Caracteriza o crime de assédio sexual a conduta de médico ginecologista que, durante atendimento, pratica ato libidinoso contra paciente, aproveitando-se do consentimento dado por ela para a realização de exame ginecológico.
- **E** **Em se tratando de crime de estupro em que a vítima seja maior de dezoito anos de idade e plenamente capaz, a ação penal é pública incondicionada, ainda que não tenha ocorrido violência real na prática do crime. (alternativa correta)**

➔ **b)** Crimes contra o patrimônio:

MPE-SC – 2019 (banca própria)[9]

Conforme jurisprudência dominante no STJ, nos crimes de furto e roubo (arts. 155 e 157 do CP) a consumação do fato típico somente ocorre com a posse mansa e pacífica, o que não se verifica no caso de perseguição imediata do agente e recuperação da coisa subtraída. **(Errada)**

No crime contra o patrimônio em que a coisa é subtraída e a violência é praticada com a intenção de matar a vítima, sem que esta chegue a morrer, a conduta é tipificada como tentativa de latrocínio, e não como roubo consumado, nem como latrocínio consumado (art. 157 do CP), conforme definido pela jurisprudência dominante no STJ. **(Certa)**

c) Crimes contra a pessoa:

MP/MG - 2019 (Fundep)

Marque a alternativa incorreta:

A Em relação ao crime de infanticídio, a lei brasileira não adotou o critério psicológico, mas sim o critério fisiopsicológico, levando em conta o desequilíbrio oriundo do processo do parto.

B **A incidência da qualificadora do feminicídio, prevista no artigo 121, § 2°, VI, do Código Penal, reclama situação de violência praticada por homem ou por mulher contra a mulher em situação de vulnerabilidade, num contexto caracterizado por relação de poder e submissão. Pode-se ainda afirmar que, segundo entendimento do Superior Tribunal de Justiça, a qualificadora em análise é de natureza subjetiva. (alternativa correta)**

C O perdão judicial constitui causa extintiva de punibilidade que afasta os efeitos da sentença condenatória e, diferentemente do perdão do ofendido, não precisa ser aceito para gerar efeitos.

D No que concerne ao crime de homicídio, é possível a coexistência das circunstâncias privilegiadoras com as qualificadoras de natureza objetiva.

4. Crimes contra a família (arts. 235 a 249)

Costumeiramente, o conhecimento da lei e da doutrina mostra-se suficiente para a resolução das questões. Vejamos:

9. A prova do MP/SC 2019 seguiu o modelo de Verdadeiro e Falso.

MP/MG (2017) – FUNDEP

Sobre os crimes contra a família, é INCORRETO afirmar:

Ⓐ Que no crime de "registrar como seu filho de outrem", que a doutrina denomina "adoção à brasileira", admite-se, presente o motivo de reconhecida nobreza, privilégio e até mesmo perdão judicial.

Ⓑ **Que o crime de entrega de filho menor a pessoa inidônea admite formas dolosa e culposa. (alternativa correta)**

Ⓒ Que ao definir o crime de bigamia, houve por bem o direto brasileiro excepcionar a teoria monista, cominando ao concorrente para a sua prática pena mais branda que a atribuída ao autor.

Ⓓ Que o crime de induzimento a erro essencial e ocultação de impedimento ao matrimônio é caso de ação penal privada personalíssima.

5. Crimes contra a incolumidade pública (arts. 250 a 285)

Costumeiramente, o conhecimento da lei mostra-se suficiente para a resolução das questões.

6. Crimes contra a paz pública (arts. 286 a 288-A)

Costumeiramente, o conhecimento da lei mostra-se suficiente para a resolução das questões.

Contudo, sugere-se, neste ponto, que o candidato se aprofunde nos arts. 288 (associação criminosa) e 288-A (constituição de milícia privada), ambos do Código Penal. Isso porque são crimes que são utilizados como paradigma de comparação ou funcionam como consequência jurídica de outros institutos. Explico com alguns exemplos:

a) O regime disciplinar diferenciado será aplicado aos presos provisórios ou condenados, nacionais ou estrangeiros sob os quais recaiam fundadas suspeitas de envolvimento ou participação, a qualquer título, em organização criminosa, **associação criminosa ou milícia privada**, independentemente da prática de falta grave (art. 52, § 1º, II, da LEP, incluído pela Lei nº 13.964/19), dentre outras hipóteses.

b) As bancas de concurso gostam e procuram verificar se o candidato sabe a diferença entre associação criminosa (art. 288 do CP), constituição de milícia privada (art. 288-A do CP) e organização criminosa (art. 1º da Lei nº 12.850/13).

c) A progressão de regime para o condenado por constituição de milícia privada (art. 288-A do CP), após a Lei nº 13.964/19 (pacote anticrime), se dá com 50% (cinquenta por cento) do cumprimento da pena (art. 112, VI, "c", da LEP).

Assim, a tendência que esses crimes sejam solicitados em prova é intensa.

7. Crimes contra a fé pública (arts. 289 a 311)

Costumeiramente, o conhecimento da lei mostra-se suficiente para a resolução das questões.

Neste item, é importante que o candidato saiba diferenciar as espécies de falsidades existentes. Vejamos como foi cobrado em prova:

MP/MT - 2019 (FCC)

De acordo com o ordenamento jurídico e o posicionamento dos tribunais superiores acerca dos crimes contra a fé pública,

Ⓐ não comete o delito de falsa identidade (art. 307) do Código Penal aquele que, conduzido perante a autoridade policial, atribui a si falsa identidade com o intuito de ocultar seus antecedentes, tendo em vista o princípio da autodefesa.

Ⓑ **assim como nos demais crimes não patrimoniais em geral, os delitos contra a fé pública são incompatíveis com o instituto do arrependimento posterior, dada a impossibilidade material de haver reparação do dano causado ou a restituição da coisa subtraída. (alternativa correta)**

Ⓒ a conduta do agente que altera, em parte, testamento particular, é tipificada como falsificação de documento particular.

Ⓓ tanto o charlatanismo (art. 283), quanto o curandeirismo (art. 284), são classificados no Código Penal como crimes contra a fé pública.

Ⓔ fabricar, adquirir, fornecer, possuir ou guardar objeto especialmente destinado à falsificação de qualquer papel público constitui contravenção penal.

8. Crimes contra a Administração Pública (art. 312 a 359)

Costumeiramente, o conhecimento da lei mostra-se suficiente para a resolução das questões.

Contudo, neste item, deve o candidato conhecer os principais crimes contra a Administração Pública, em especial os de peculato, corrupção passiva, concussão e prevaricação.

No mesmo sentido, deve conhecer os crimes praticados por particular contra a Administração Pública, em especial a corrupção ativa, o tráfico de influência e a exploração de prestígio.

Vejamos como foi cobrado o conhecimento do tema:

> MP/PI - 2019 (Cespe)
>
> **Para influenciar promotor de justiça a não oferecer denúncia contra Lúcio, Mário, analista do Ministério Público, solicitou ao provável denunciado a quantia de R$ 5.000. Lúcio pagou o valor, mas Mário não comentou o assunto com o membro do Ministério Público, e a denúncia foi oferecida regularmente.**
>
> Nessa situação hipotética, Mário e Lúcio cometeram, respectivamente,
>
> **A** o crime de tráfico de influência e uma conduta atípica.
>
> **B** os crimes de tráfico de influência e de corrupção ativa.
>
> **C** **o crime de exploração de prestígio e uma conduta atípica. (alternativa correta)**
>
> **D** os crimes de exploração de prestígio e de corrupção ativa.
>
> **E** os crimes de corrupção passiva e de corrupção ativa.

Já nos crimes contra a Administração da Justiça, destaca-se o de falso testemunho.

D) Leis Penais Especiais

1. Crimes de abuso de autoridade (Antiga Lei nº 4.898/1965. Atual Lei nº 13.869/19)

Item de baixo peso nas provas analisadas.

No entanto, com a entrada em vigor da Lei nº 13.869/19 (nova Lei de Abuso de Autoridade), esse tema tende a ser cobrado em concurso, seja pela inovação legislativa, seja pelos diversos pontos controversos nela constantes.

2. Lei de drogas (Lei nº 11.343/2006)

Trata-se de um dos temas de maior relevância e incidência no ponto de Legislação Penal Especial, devendo ser dada especial atenção a esta lei, notadamente aos arts. 28 (porte de drogas para consumo pessoal) e 33 (tráfico de drogas), causas de aumento, entendimento jurisprudencial, bem como o tráfico privilegiado.

3. Crimes contra o consumidor (Lei nº 8.078/1990)

Item de baixo peso nas provas analisadas.

4. Crimes Hediondos (Lei nº 8.072/1990)

Trata-se de tema relevante, devendo o candidato ter conhecimento das consequências da prática de um crime hediondo ou equiparado a hediondo. Assim, as provas costumam cobrar esta lei em conjunto com outros itens do edital, a exemplo da Lei de Execuções Penais, a fim de verificar se o concursando conhece a sua aplicação e os seus reflexos. Vejamos:

> **MP/SC - 2019 (banca própria)**[10]
>
> De acordo com a Lei de Execução Penal, os condenados por crime praticado, dolosamente, com violência de natureza grave contra pessoa, ou por qualquer dos crimes previstos na Lei dos Crimes Hediondos, incluída a prática de tortura, o tráfico ilícito de entorpecentes e drogas afins e o terrorismo, serão submetidos, prioritariamente, à identificação do perfil genético, mediante extração de DNA – ácido desoxirribonucleico, por técnica adequada e indolor. **(errado)**

5. Crimes contra crianças e adolescentes (Lei nº 8.069/1990)

Costumeiramente, o conhecimento da lei mostra-se suficiente para a resolução das questões. Quando cobrado em concurso, geralmente é trabalhado no âmbito do princípio da especialidade, a fim de verificar se o candidato sabe diferenciá-lo de outros crimes, a exemplo dos crimes contra a dignidade sexual.

6. Crimes eleitorais (Leis nº 4.737/1965, nº 6.091/1974 e nº 9.504/1997)

Item de baixo peso nas provas analisadas. Costumeiramente, o conhecimento da lei mostra-se suficiente para a resolução das questões.

7. Lei de Contravenções Penais (Decreto-Lei nº 3.688/1941)

A lei de contravenção penal geralmente é cobrada no âmbito da Teoria Geral do Crime, a fim de verificar se o candidato sabe quais são as principais diferenças entre crime e contravenção.

8. Crimes contra a ordem econômica, tributária e relações de consumo (Lei nº 8.137/1990 e suas alterações e Lei nº 8.176/1991)

10. A prova do MP/SC 2019 seguiu o modelo de Verdadeiro e Falso.

Trata-se de tema de razoável incidência em concurso público de Ministério Público. Geralmente, busca-se do candidato o conhecimento da lei e da jurisprudência dos Tribunais Superiores, a exemplo da Súmula Vinculante 24 do STF. Vejamos:

MP/MT - 2019 (FCC)

De acordo com o ordenamento jurídico e o posicionamento dos tribunais superiores sobre as disposições previstas nas Leis nº 8.137/1990, nº 8.176/1991 e nº 9.080/1995, que tratam dos crimes contra a ordem tributária e as relações de consumo,

A) constitui crime contra a ordem tributária suprimir ou reduzir tributo ou contribuição social, não prevendo a Lei nº 8.137/1990, contudo, a tipificação das mesmas condutas quanto aos acessórios.

B) a Súmula Vinculante 24, do Supremo Tribunal Federal, que dispõe que "não se tipifica crime material contra a ordem tributária, previsto no art. 1°, incisos I a IV, da Lei nº 8.137/1990, antes do lançamento definitivo do tributo", não pode ser aplicada a fatos anteriores à sua edição.

C) **a constituição regular e definitiva do crédito tributário é suficiente para tipificar as condutas previstas no art. 1°, I a IV, da Lei nº 8.137/1990, não influenciando em nada, para fins penais, o fato de ter sido reconhecida a prescrição tributária. (alternativa correta)**

D) nos crimes previstos na Lei nº 8.137/1990, cometidos em quadrilha ou coautoria, o coautor ou partícipe que por meio de confissão espontânea revelar à autoridade policial ou judicial toda a trama delituosa terá extinta a sua punibilidade.

E) constitui crime contra a ordem econômica sonegar insumos ou bens, recusando-se a vendê-los a quem pretenda comprá-los nas condições publicamente ofertadas, ou retê-los para o fim de especulação.

9. Lei de Improbidade Administrativa (disposições penais da Lei nº 8.429/1992)

Item de baixo peso nas provas analisadas. Costumeiramente, o conhecimento da lei mostra-se suficiente para a resolução das questões.

10. Lei de Licitações (crimes previstos na Lei nº 8.666/1993)

Item de baixo peso nas provas analisadas. Costumeiramente, o conhecimento da lei mostra-se suficiente para a resolução das questões.

11. Lei de Parcelamento do solo urbano (crimes previstos na Lei nº 6.766/1979)

Item de baixo peso nas provas analisadas. Costumeiramente, o conhecimento da lei mostra-se suficiente para a resolução das questões.

12. Lei da Ação Civil Pública (crimes previstos na Lei nº 7.347/1985)

Item de baixo peso nas provas analisadas. Costumeiramente, o conhecimento da lei mostra-se suficiente para a resolução das questões.

13. Crimes falimentares (Lei nº 11.101/2005)

Item de baixo peso nas provas analisadas. Costumeiramente, o conhecimento da lei mostra-se suficiente para a resolução das questões.

14. Lei de Execuções Penais (Lei nº 7.210/1984)

Trata-se de um dos temas de maior relevância e incidência no ponto de Legislação Penal Especial, devendo ser dada especial atenção a esta lei, principalmente no que diz respeito à "lei seca" e aos entendimentos jurisprudenciais dos Tribunais Superiores (inclusive os sumulados).

Com a entrada em vigor da Lei nº 13.964/19 (pacote anticrime), trazendo profundas alterações no Regime Disciplinar Diferenciado e na Progressão de Regime, além de outras modificações pontuais (a exemplo da saída temporária e identificação do perfil genético), certamente, ganhará mais fôlego em provas de concurso, até mesmo para verificar se o candidato sabe aplicar as mudanças.

15. Leis dos Juizados Especiais Cíveis e Criminais (Lei nº 9.099/1995 e Lei nº 10.259/2001)

Este tema é relevante ao candidato, tendo em vista que a Lei dos Juizados Especiais Criminais traz importantes conceitos que são aplicáveis ao Direito Penal, a exemplo das infrações de menor potencial ofensivo, transação penal, suspensão condicional do processo e representação nos crimes de lesão leve e lesão culposa.

Portanto, embora não se trate de um tema que, costumeiramente, seja cobrado de forma específica, os conceitos extraídos da Lei nº 9.099/95 permitem a interpretação e a aplicação de outros institutos. Por isso, deve o concursando dominá-la.

16. Crimes do Código de Trânsito Brasileiro (Lei nº 9.503/1997)

Trata-se de tema de pouca incidência. Em regra, o conhecimento da "lei seca" e da jurisprudência mostra-se suficiente a resolução de questões. Vejamos como já foi cobrado:

MP/CE - 2020 (Cespe)

Cada um dos itens a seguir apresenta uma situação hipotética, seguida de uma assertiva a ser julgada, acerca da aplicação de pena e do livramento condicional, considerando-se o entendimento dos tribunais superiores.

I - Flávio, processado e condenado pela prática de delito de tráfico ilícito de entorpecentes, confessou, em interrogatório judicial, que possuía a droga para consumo próprio. Nesse caso, a confissão feita por Flávio em juízo, ainda que parcial, não deve servir como circunstância atenuante da confissão espontânea para fins de diminuição de pena.

II - Pela prática de delitos de vias de fato e ameaça em contexto de violência doméstica e familiar contra sua ex-esposa, Joana, José foi condenado às penas de vinte dias de prisão simples e um mês e cinco dias de detenção, ambas em regime aberto. Nesse caso, é cabível a substituição da pena restritiva de liberdade por restritiva de direitos apenas em relação à contravenção penal de vias de fato.

III - Pela prática de delito de homicídio culposo no trânsito, na forma qualificada, por conduzir veículo sob influência de bebida alcoólica, Marcos foi condenado à pena de cinco anos de reclusão, a ser cumprida inicialmente em regime semiaberto. Nesse caso, em que pese o quantum da pena, é cabível a substituição da pena privativa de liberdade por restritiva de direitos.

IV - Pela prática de delito de porte ilegal de arma de fogo de uso restrito, Pedro, reincidente por crime de roubo simples, foi condenado à pena privativa de liberdade de quatro anos de reclusão, em regime fechado. Nesse caso, ante a prática de crime hediondo e a reincidência, Pedro não fará jus ao livramento condicional.

Estão certos apenas os itens

Ⓐ **I e III. (alternativa correta)**

Ⓑ I e IV.

Ⓒ II e IV.

Ⓓ I, II e III.

Ⓔ II, III e IV.

17. Lei dos Crimes Ambientais (Lei nº 9.605/1998)

Trata-se de tema de pouca incidência que, geralmente, é combinado com o conhecimento de outros pontos do edital. Em regra, o conhecimento da "lei seca" e da jurisprudência mostra-se suficiente à resolução de questões. Vejamos como já foi cobrado:

MP/SP - 2019 (banca própria)

Assinale a alternativa INCORRETA.

- **A** O crime de vender mercadoria em condições impróprias ao consumo, previsto no artigo 7°, inciso IX, da Lei nº 8.137/90, é punido a título de dolo e de culpa.
- **B** Nos crimes contra a ordem econômica e as relações de consumo previstos na Lei nº 8.137/90, constitui causa de aumento de pena ser o crime praticado em relação à prestação de serviços ou ao comércio de bens essenciais à vida ou à saúde.
- **C** Nos crimes ambientais, previstos na Lei nº 9.605/98, o arrependimento do infrator, desde que manifestado pela espontânea reparação do dano, ou limitação significativa da degradação ambiental causada, constitui circunstância atenuante genérica.
- **D** **Nos crimes funcionais contra a ordem tributária previstos na Lei nº 8.137/90, constitui causa de aumento de pena ser o crime cometido por servidor público no exercício de suas funções. (alternativa correta)**
- **E** Somente há justa causa para a persecução penal pela prática de crime material previsto no artigo 1° da Lei nº 8.137/90 com o advento do lançamento definitivo do crédito tributário.

18. Estatuto do Desarmamento (Lei nº 10.826/2003)

Trata-se de tema de razoável incidência, o qual, geralmente, é combinado com o conhecimento de outros pontos do edital. Em regra, o conhecimento da "lei seca" e da jurisprudência mostra-se suficiente à resolução de questões. Vejamos como já foi cobrado:

MP/SC - 2019 (banca própria)

Questão 01

Se o objeto mediante o qual for praticado o crime de posse de arma de fogo for uma arma de fogo com numeração suprimida pelo sujeito, ocorrerá um concurso formal de delitos entre a posse e a supressão (Lei nº 10.826/2003). **(errada)**

Questões 02

O crime de disparo de arma de fogo (art. 15 da Lei nº 10.826/2003) se configura na modalidade preterdolosa se for praticado como meio para a execução de um homicídio (tipificado no art. 121, "caput", do CP). **(errada)**

19. Lavagem de Capitais (Lei nº 9.613/1998 e suas alterações)

Trata-se de tema de razoável incidência. As provas têm exigido o conhecimento da "lei seca", da doutrina e da jurisprudência para a resolução das questões. Vejamos como já foi cobrado:

MP/SP - 2019 (banca própria)

Assinale a alternativa INCORRETA.

A O crime de "lavagem" de capitais é punível ainda que desconhecido ou isento de pena o autor da infração penal antecedente.

B Com a condenação pela prática do crime de "lavagem" de capitais, ocorrerá a perda em favor da União, ressalvado o direito do lesado ou de terceiro de boa-fé, dos instrumentos do crime, desde que consistam em coisas cujo fabrico, alienação, uso, porte ou detenção constitua fato ilícito.

C A habitualidade não é elementar do crime de "lavagem" de capitais, mas, se praticada de forma reiterada, faz incidir causa de aumento de pena.

D **Dentre as principais alterações produzidas pela Lei nº 12.683/12 à Lei nº 9.613/98, que dispõe sobre os crimes de "lavagem" ou ocultação de bens, direitos e valores, temos a mudança da redação do caput do artigo 1°, a revogação do rol taxativo constante em seus incisos e a majoração da pena, que comportava, até então, a substituição por restritivas de direitos. (alternativa correta)**

E O crime de "lavagem" de capitais tem natureza acessória, derivada ou dependente de infração penal anteriormente cometida, típica e antijurídica, da qual decorreu a obtenção de vantagem financeira ilegal.

20. Lei de Proteção Intelectual ao Programa de Computação (Lei nº 9.609/1998).

Item de baixo peso nas provas analisadas.

21. Lei de Tortura (Lei nº 9.455/1997)

As provas não costumam realizar questionamentos específicos sobre a Lei de Tortura. Geralmente, é cobrada em conjunto com outros pontos do edital. Costumeiramente, o conhecimento da lei e da doutrina mostra-se suficiente para a resolução das questões.

22. Lei de Proteção à vítima e à testemunha do crime (Lei nº 9.807/1999)

Item de baixo peso nas provas analisadas.

23. Estatuto do Torcedor (Lei nº 10.671/2003)

Item de baixo peso nas provas analisadas.

24. Estatuto do Idoso (Lei nº 10.741/2003)

Item de baixo peso nas provas analisadas. Em regra, o conhecimento da "lei seca" e da jurisprudência mostra-se suficiente à resolução de questões.

25. Lei Brasileira de Inclusão da Pessoa com Deficiência (Lei nº 13.146/2015)

Item de baixo peso nas provas analisadas. Em regra, o conhecimento da "lei seca" e da jurisprudência mostra-se suficiente à resolução de questões.

26. Lei de Organizações Criminosas (Lei nº 12.850/2013)

Item que exige o conhecimento da legislação, bem como da jurisprudência pertinente. Possui razoável aplicação em certames, ressaltando-se, ainda, que recai também sobre a legislação processual.

27. Lei Maria da Penha (Lei nº 11.340/2006)

Trata-se de tema de razoável incidência no ponto de Legislação Penal Especial, devendo ser dada especial atenção a esta lei, principalmente no que diz respeito aos entendimentos jurisprudenciais dos Tribunais Superiores (inclusive os sumulados), ressaltando-se, ainda, que o tema também recai sobre a legislação processual.

28. Crimes de preconceito de raça ou cor (Lei nº 7.716/1989)

Não se trata de tema que costumeiramente é cobrado em prova. Contudo, em razão da Ação Direta de Inconstitucionalidade por Omissão (ADO) 26, de relatoria do ministro Celso de Mello, e do Mandado de Injunção (MI) 4733, relatado pelo ministro Edson Fachin, que trabalharam a questão do racismo social em decorrência de atos homofóbicos ou transfóbicos, verifica-se a probabilidade de incidência nos próximos concursos de Ministério Público. Portanto, deve o candidato estar atento a essa matéria.

6 PROVAS SUBJETIVAS

As provas subjetivas de Direito Penal do Ministério Público exigem do candidato aprofundado conhecimento doutrinário e jurisprudencial. Neste momento do certame, o concursando deve conhecer de forma aprofundada toda a teoria geral do crime e toda a teoria geral da pena e as principais leis penais especiais (apontadas no item 5.2). O que deve mudar é a forma de demonstrar o conhecimento adquirido.

Nesta fase, será levado em consideração não só o conhecimento jurídico do candidato, mas também a sua redação e o seu domínio da língua portuguesa.

Com efeito, nas provas subjetivas, o candidato deve responder às indagações propostas e contextualizar sua resposta, demonstrando conhecimento legal, jurisprudencial e doutrinário acerca do tema tratado, podendo, inclusive, se a questão comportar outras ilações, abordar temas relacionados ao núcleo da questão, sempre mantendo a objetividade e a pertinência.

6.1. PEÇAS PRÁTICAS

É necessário que o aspirante ao cargo de Promotor de Justiça conheça as principais peças de atuação do Promotor de Justiça no âmbito criminal:

➔ **(1º)** Denúncia

Os requisitos da denúncia encontram-se no art. 41 do Código de Processo Penal:

> Art. 41. A denúncia ou queixa conterá a exposição do fato criminoso, com todas as suas circunstâncias, a qualificação do acusado ou esclarecimentos pelos quais se possa identificá-lo, a classificação do crime e, quando necessário, o rol das testemunhas.

Trata-se de peça que possui intensa incidência na prova subjetiva, tendo em vista que se trata de peça exclusiva do Ministério Público. É a peça que habilita o início da Ação Penal Pública. Por isso, deve o candidato ter profundo conhecimento do tema.

➔ **(2º)** Alegações Finais ou Memoriais

As alegações finais ou memoriais é a peça processual em que o membro do Ministério Público traz suas conclusões sobre toda a Ação Penal que estava em trâmite. É o momento em que o órgão ministerial se posiciona juridicamente sobre todas as provas do processo, sobre a existência ou não de crimes, se há preliminares a serem afastadas ou reconhecidas pelo juiz, bem como ponderações sobre a correta aplicação da pena. Todas as questões fáticas e jurídicas são trabalhadas neste momento.

Trata-se de peça que possui intensa incidência na prova subjetiva, tendo em vista que se trata de peça que permite ao candidato demonstrar todo o seu conhecimento jurídico sobre a questão proposta.

(3º) Apelação e Contrarrazões de Apelação

A apelação e as contrarrazões de apelação também são bastante cobradas em prova subjetiva. Trata-se de recurso e contrarrazões ao recurso previsto no Código de Processo Penal, que devolve ao Tribunal todas as questões de fato e de direito. Assim, permite que o candidato demonstre todo o seu conhecimento jurídico sobre os temas propostas pelo problema. Vejamos como foi cobrado:

MP/SP - 2019[11] - PEÇA PRÁTICA

Fulano de tal foi denunciado por infração ao artigo 33, "caput", da Lei nº 11.343/06, porque segundo a denúncia, ele foi surpreendido mantendo, sob sua guarda, 30 (trinta) pinos plásticos com a substância entorpecente cocaína, 40 (quarenta) com "crack" e 20 (vinte) com maconha, acompanhados de dois sacos plásticos com dezenas de pinos vazios e uma balança de precisão. Segundo o apurado, policiais militares foram noticiados da prática da traficância no imóvel ocupado pelo indiciado e para lá rumaram, surpreendendo-o após tentativa de fuga. Mediante busca no interior da moradia, encontraram as drogas e os demais objetos acima referidos. Ainda com a autorização do denunciado, tiveram acesso às mensagens de textos do seu aparelho celular, que indicavam a comercialização de drogas com terceiros em datas variadas. Recebida a denúncia, na resposta à acusação, a Defensoria Pública alegou a inocência do acusado e arrolou testemunhas. Em juízo, as testemunhas policiais confirmaram a apreensão das drogas e dos demais objetos nas circunstâncias narradas na denúncia, e as testemunhas defensórias disseram que o acusado era usuário de droga. No interrogatório, o réu admitiu a posse das drogas, as quais, entretanto, alegou que eram destinadas para uso próprio. Encerrada a instrução e vencida a fase para pedido de diligências complementares, a defesa requereu a liberdade provisória do acusado, em razão do excesso de prazo procedimental para o qual não deu causa, o que foi deferido pelo juízo, apesar da manifestação desfavorável da acusação. Após, o representante do Ministério Público requereu a procedência da ação penal nos termos da acusação inicial, ao passo que a defesa buscou a desclassificação para o crime do art. 28 da Lei nº 11.343/06 e, alternativamente, a aplicação do redutor do § 4° do

11. 93º Concurso de ingresso na carreira do Ministério Público do Estado de São Paulo – 2019.

art. 33 da Lei nº 11.343/06 no máximo (2/3), eis que se tratava de acusado primário e não havia nos autos notícia do seu envolvimento anterior com a traficância, com consequente fixação do regime de pena aberto e substituição da pena privativa da liberdade. Na sentença, o acusado foi condenado, nos termos da imputação inicial, à pena de 6 (seis) anos de reclusão e ao pagamento de 600 (seiscentos) dias-multa, base mínima, sem pagamento das custas processuais. Para tanto, a pena-base foi majorada de 1/5 e afastou-se a aplicação do redutor pleiteado ante as circunstâncias do caso concreto, fixando-se, ainda, o regime de pena inicial fechado à vista de tais circunstâncias. Deferiu-se o apelo em liberdade. A defesa apelou tempestivamente da decisão, sustentando, em preliminar, o reconhecimento das seguintes causas de nulidade: ilicitude da prova, eis que houve violação do domicílio do acusado para a apreensão das drogas, sem prévia autorização judicial; ilicitude da prova em razão do acesso às mensagens de textos do aparelho celular do acusado, sem prévia autorização judicial; cerceamento de defesa ante a ausência de instauração de incidente de dependência toxicológica, pois se tratava de acusado usuário de droga. No mérito, sustentou a fixação da pena-base no piso, o reconhecimento da atenuante da confissão e renovou o pedido para a aplicação do redutor do § 4° do art. 33 da Lei nº 11.343/06 no máximo (2/3), com consequente fixação do regime de pena aberto e substituição da pena privativa da liberdade. Recebido o recurso e transitada em julgada a decisão para a acusação, os autos foram remetidos ao Ministério Público. COMO REPRESENTANTE DO MINISTÉRIO PÚBLICO, ELABORE AS CONTRARRAZÕES DE RECURSO, ANALISANDO DE FORMA FUNDAMENTADA AS TESES SUSTENTADAS PELA DEFESA, BEM COMO EVENTUAIS PEDIDOS RESULTANTES DAS CIRCUNSTÂNCIAS DO CASO. DISPENSA-SE A ELABORAÇÃO DO RELATÓRIO.

6.2. QUESTÕES DISCURSIVAS E DISSERTAÇÃO

As bancas também trazem questões discursivas e dissertação.

Nas dissertações, é importante que o candidato demonstre seu conhecimento jurídico sobre o tema em uma estrutura concatenada. Vale dizer, sua redação deve ter começo, meio e fim. Em outros termos, é necessário introduzir o conteúdo, dissertar sobre ele e informar quais as conclusões pertinentes.

Vejamos um exemplo de dissertação:

DIREITO PENAL – DISSERTAÇÃO - (máximo 70 linhas) – MP/PR 2018

> Disserte sobre os "Conceitos funcionalistas do delito", abordando as seguintes correntes:
>
> **A** o funcionalismo orientado aos fins da política criminal;
>
> **B** o funcionalismo sistêmico;
>
> **C** o funcionalismo do controle social;
>
> **D** funcionalismo reducionista ou contencionista.

Observe que algumas bancas, a exemplo da prova acima, indicam quais são os temas que o concursando necessariamente deve abordar. Nesses casos, não deixe de fazê-lo.

As questões discursivas, que não estão estruturadas na forma de dissertação, podem ser respondidas diretamente. Vejamos apenas um exemplo de como são cobradas as questões subjetivas:

> Questão 05 da Prova Subjetiva do MP/GO 2020[12]
>
> Discorra sobre o seguinte tema: "Cumplicidade através das ações neutras". Deve o candidato abordar, ao longo de sua resposta: a) a definição de ações neutras (pontuação: 0,5); b) a posição de Luís Greco e sua teoria para solucionar a questão (pontuação: 0,5); c) a solução ao "famoso caso do taxista" – que leva o passageiro a determinado local, mesmo tendo ciência de que ele, passageiro, irá matar alguém, como de fato mata – conforme a teoria proposta por Luís Greco, devendo fundamentar a resposta (pontuação: 0,5).

Nessa questão, a banca examinadora declarou como correta a seguinte resposta:

> **A** As ações neutras (ou cotidianas), segundo Luís Greco, são "aquelas contribuições a fato ilícito alheio que, à primeira vista, pareçam completamente normais", ou melhor, "ações neutras seriam todas as contribuições a fato ilícito alheio não manifestamente puníveis". Flávio Cardoso Pereira, um dos primeiros a abordar o tema em âmbito nacional, define os atos cotidianos ou neutros como "aqueles nos quais o agente agindo dentro de suas atividades comerciais ou habituais, não desaprovadas sob a ótica jurídica, objetiva com seus atos a atuação com fins próprios e independentes da vontade perseguida pelo autor do fato. Portanto, são ações socialmente úteis, cotidianas e em princípio inofensivas, em que pese o fato de que podem vir a ser incorporadas pelo autor em seu plano objetivo".

12. 60º CONCURSO PARA INGRESSO NA CARREIRA DO MINISTÉRIO PÚBLICO DE GOIÁS.

B Segundo lição doutrinária de Luís Greco, a questão das ações neutras deve ser solucionada no plano do tipo objetivo, mais propriamente no segundo componente da imputação objetiva, qual seja, no caráter juridicamente desaprovado do risco. Neste ponto é que entra o princípio da proporcionalidade, mas especificamente, o critério da idoneidade que Luís Greco propõe para solucionar o problema das ações cotidianas. Diz, em suma, que as ações neutras só podem ser puníveis se a proibição de sua realização se mostrar idônea para proteger o bem jurídico concreto, o que ocorrerá se a não-prática da ação proibida melhorar de forma relevante a situação desse bem jurídico. Assim, conforme Luís Greco, as contribuições que podem ser obtidas em qualquer outro lugar, de qualquer outra pessoa que age licitamente, sem maiores dificuldades para o autor principal, não podem considerar-se proibidas, porque tal proibição seria inidônea para proteger o bem jurídico concreto. Nesta hipótese, não seriam puníveis as ações neutras. Por outro lado, se a proibição melhorar de modo relevante a situação do bem jurídico, dificultando de alguma forma a sua lesão, já será ela legítima, e o risco criado juridicamente desaprovado. Neste caso, as ações neutras serão puníveis.

C Quanto à solução do "famoso caso do taxista", tem-se que para Luís Greco a conduta do taxista não é punível, afinal, o passageiro poderia perfeitamente e sem qualquer dificuldade de pegar outro táxi para levá-lo até o local onde praticou o homicídio. Sendo assim, a proibição da contribuição do taxista seria inidônea para proteger o bem jurídico concreto (a vida da vítima do homicídio), vale dizer, não melhoraria de modo relevante a proteção deste bem jurídico, inexistindo, assim, na conduta do taxista, risco juridicamente proibido (ou desaprovado).

Nesse contexto, repise-se, para realização de uma boa prova escrita, o candidato deve ter profundo conhecimento da doutrina e jurisprudência.

7 PROVAS ORAIS

As regras de experiências nos ensinam que a prova que causa mais receio (ou medo) ao candidato é a prova oral. Contudo, este tópico tem o objetivo de desmistificar esse "temor reverencial" que a prova oral costuma incutir no psicológico do concurseiro.

Obviamente há cobrança de conteúdo jurídico, pois se trata de uma conversa técnica entre candidato e examinador. Mas lembrem-se, quem chegou a uma prova oral tem conhecimento jurídico, caso contrário, não estaria ali.

A grande questão, neste momento do concurso, é controlar o emocional. As questões emocionais devem ser trabalhadas individualmente, tendo em vista que podem impedir o concursando de externar o conhecimento que possui.

O primeiro passo é acreditar em si mesmo. O candidato de prova oral é uma pessoa bem preparada juridicamente, portanto, basta manter o estudo que já vinha sendo realizado e treinar[13] para desenvolver uma boa fala perante os examinadores. O treinamento permite a rápida construção de conceitos e auxilia na pronta resposta ao questionamento.

Sugere-se que, no período anterior à prova oral, o estudo seja potencializado, pois quanto mais se estuda, maior é a sensação de segurança, o que permite um melhor controle emocional.

Assim, todas as forças e todo o tempo possíveis do candidato devem ser concentrados em suas leituras, simulações e revisões do maior número de assuntos possível. Estamos na última fase, a dedicação deve ser extrema!

A prova oral, na verdade, é destinada à verificação do perfil do candidato. Em outras palavras, o que a banca quer saber neste momento é se o aspirante ao cargo de Promotor de Justiça efetivamente é um Promotor de Justiça.

O que a banca examinadora busca é analisar se o candidato sabe se portar como um verdadeiro Membro do Ministério Público, com vocação e perfil institucional, e, se diante das adversidades que o cargo e a vida ministerial lhe imporão, ele terá presteza, conhecimento, sabedoria e serenidade para resolução dos conflitos.

Contarei uma história que aconteceu na minha prova oral de Promotor de Justiça do Ministério Público do Estado de Rondônia, inclusive no meu turno de prova.

Um dos candidatos que foi arguido no meu turno entendeu ser pertinente "bater boca" com o examinador, que lhe inquiria sobre uma determinada questão, perdendo completamente o respeito e o tom de uma boa

13. Os treinos podem ser realizados em cursos de oratória, simulados de prova oral com outros colegas etc.

argumentação jurídica. Resultado: o candidato reprovou. Isso aconteceu não porque ele não sabia as questões jurídicas propostas, mas porque não tinha o perfil que uma instituição da envergadura do Ministério Público exige. Lembre-se, ser firme em sua argumentação não se confunde com ser grosseiro e desrespeitoso.

A prova oral, obviamente, cobra conteúdo jurídico, mas, mais que isso, exige postura ministerial. O examinador precisa enxergar no candidato um verdadeiro Membro do Ministério Público, titular da ação penal, defensor da ordem jurídica e do regime democrático.

Portanto, a grande dica que podemos dar neste item é: tenha postura! Aja com a dignidade e a respeitabilidade que se exige de um Membro do Ministério Público. Afinal, concluído o certame, você será um!

Pois bem, feitas essas ponderações, vamos às provas orais de Direito Penal.

As provas orais de Direito Penal no âmbito do Ministério Público podem se dividir em duas situações: a) prova oral propriamente dita; e b) prova de tribuna.

7.1. PROVA ORAL PROPRIAMENTE DITA

A prova oral de Direito Penal costuma exigir todo o conteúdo jurídico do edital. No entanto, os questionamentos encontram-se direcionados, basicamente, para os temas já analisados no item 5.2 deste capítulo, para o qual remetemos o leitor.

O examinando precisa saber responder às questões com fluidez. Assim, formar conceitos e conseguir expressá-los de forma harmônica e concatenada auxilia em uma boa resposta.

Algumas instituições também buscam verificar se o candidato tem capacidade resolutiva[14]. Vale dizer, é fornecido um problema prático, devendo o candidato explicar como solucionaria tal situação.

---

14. Grande parte dos Ministérios Públicos Estaduais buscam candidatos com perfil resolutivo, ou seja, aquele que tem capacidade de resolver os problemas que lhe são trazidos, gerando pacificação social. Citamos trabalho desenvolvido pelo Ministério Público do Estado de Goiás sobre Ministério Público resolutivo: "O Ministério Público resolutivo é aquele que atua na solução de conflitos sociais, no âmbito da própria Instituição e em parceria com a sociedade, sem a necessidade de recorrer ao Poder Judiciário, já tão assoberbado. Passados vintes anos da chamada Constituição Cidadã, que inaugurou os

Por exemplo, em uma das minhas provas orais de Direito Penal de Promotor de Justiça, o examinador questionou o seguinte: "Imagine que você esteja em uma comarca do interior. O senhor requisita uma diligência à autoridade policial e esta nega o seu pedido. Qual a sua postura diante dessa situação? Qual crime ela praticou? Você pode realizar, por si só, as diligências faltantes?".

Ainda na mesma prova: "Candidato, imagine que o senhor conseguiu solucionar um problema na sua comarca. Agradecida por essa situação, uma senhora comparece na Promotoria e quer lhe entregar um 'porquinho' como agradecimento à sua atuação, para que o senhor faça um assado. O senhor aceitaria esse agrado? Caso o senhor aceite, há conduta criminal de sua parte? O senhor acha adequado aceitar esses agrados?".

Na prova oral, além do conhecimento jurídico, sugerimos postura de Membro, tranquilidade, serenidade e bom senso para responder cada questionamento.

A título de exemplo, vejamos algumas questões realizadas na prova oral do MP/MG 2020, pela Dra. Maria Araújo Pereira Fonseca, na banca de Direito Penal:

> 1 - Quais as espécies de concausas?
>
> 2 - O artigo 13 do CP adota uma teoria da causalidade. Qual seria?
>
> 3 - O erro médico exclui a imputação ou não?
>
> 4 - Explique a teoria da causalidade na teoria da imputação objetiva.
>
> 5 - Como o nexo de causalidade ocorre na teoria finalista?
>
> 6 - A Lei nº 13.964/19 alterou o rol dos crimes hediondos. O Sr. sabe citar pelo menos 5 inovações?
>
> 7 - Quais crimes definidos na Lei Antiterrorismo (Lei nº 13.260) podem ser qualificados como hediondos?

direitos sociais no Brasil e conferiu ao Ministério Público um importante papel na defesa da ordem jurídica, do regime democrático e dos interesses sociais e individuais indisponíveis, atribuições previstas em seu artigo 127, a Instituição encontra-se em uma terceira fase de evolução que direciona a sua atuação para o plano extrajudicial, superando-se o perfil demandista. Nessa fase evolutiva, o Ministério Público busca formas alternativas de resolução de conflitos, bem como a racionalização de suas atribuições, visando conferir maior impacto social e efetividade nas suas ações. (...)". http://www.mpgo.mp.br/portal/system/resources/W1siZiIsIjIwMTMvMDQvMTkvMTRfMzhfNTJfODg1X01pbmlzdFx1MDBlOXJpb19QXHUwMGZhYmxpY29fcmVzb2x1dGl2by5wZGYiXV0/Minist%C3%A9rio%20P%C3%BAblico%20resolutivo.pdf. Acesso em 06/09/2020, às 16:54 horas.

8 - O rompimento da tornozeleira eletrônica configura falta disciplinar de natureza grave? A Sra. saberia dizer qual dispositivo da LEP fundamenta a questão?

9 - É legal a suspensão do trabalho externo do preso em razão da pandemia? Há entendimento divergente do STJ sobre essa matéria?

10 - Qual a distinção entre cassação e a revogação da suspensão condicional da pena?

7.2. PROVA DE TRIBUNA

A prova de tribuna costuma ser a realização de um júri.

A banca examinadora costuma entregar a questão-problema com um dia de antecedência ao candidato, para que este monte sua apresentação. No dia da prova, deve o candidato efetivamente realizar a tribuna, como se estivesse no tribunal do júri, falando aos examinadores como se estivesse falando para os Senhores Jurados.

Durante a prova de tribuna, o candidato deve abordar todos os pontos que podem ser questionados aos Senhores Jurados. Segundo o artigo 483 do Código de Processo Penal, os jurados analisam os seguintes quesitos, os quais funcionam como roteiro para formatação da apresentação:

(a) a materialidade delitiva;

(b) a autoria;

(c) quesito obrigatório (o jurado absolve o acusado?);

(d) causas de diminuição de pena;

(e) qualificadoras ou causas de aumento.

Se o edital não dispensar, faça os costumeiros cumprimentos inicias. Após, trabalhe os pontos do roteiro acima (de acordo com o caso proposto) e finalize fazendo pedido de condenação ou absolvição (se for o caso).

8 DICAS FINAIS

As provas de Direito Penal exigem um intenso conhecimento da lei, doutrina e jurisprudência, tendo em vista que é cobrado em todas as fases do concurso de Promotor de Justiça.

É necessário que o candidato leia atentamente o edital do concurso, uma vez que algumas bancas trazem a bibliografia indicada para a realização da prova. Assim, deve o concursando observar a indicação feita pela banca organizadora. Por exemplo, no MP/PB 2018, realizada pela FCC, houve indicação da bibliografia:

Bibliografia adotada:

BITTENCOURT, Cezar Robert, Tratado de Direito Penal, parte geral, Vol. 1, 24ª. Ed., São Paulo: Saraiva, 2018.

BRASILEIRO, Renato, Legislação Criminal Especial Comentada - Volume Único, 6ª edição – revista, ampliada e atualizada, Salvador: JusPODIVM, 2018.

GRECO, Rogério. Curso de Direito Penal. Editora Impetus. Vol. I, 20ª edição, 2018; Vol. II, 15ª edição, 2018; Vol. III, 15ª edição, 2018; Vol. IV, 11ª edição, 2015.

NEVES, Cícero Robson Coimbra et STREINFINGER. Manual de Direito Penal Militar, 4ª. Ed., S. Paulo: Saraiva, 2014.

PRADO, Luiz Régis. Curso de Direito Penal Brasileiro. Vol. I, 15ª edição, 2017. Vol. II, 15ª edição, 2017; Vol. III, 9ª edição, 2013. São Paulo: editora RT.

QUEIROZ, Paulo. Curso de Direito Penal – Parte geral, 12ª. Edição, Salvador: JusPODIVM ed., 2016.

SCHECAIRA, Sérgio Salomão. Criminologia. 6ª. Ed. revista e atualizada, São Paulo: Revista dos Tribunais, 2014.

DIREITO PROCESSUAL PENAL E LEIS PROCESSUAIS ESPECIAIS

Bruno Rinaldin

1 BIBLIOGRAFIA INDICADA E MÉTODO

O conteúdo programático exigido em qualquer concurso para Promotor de Justiça é bastante vasto, apresentando as mais diversas matérias e ramos do conhecimento. Por ser assim, mostra-se indispensável um prévio planejamento de estudos, direcionando atenção adequada para cada matéria, otimizando o tempo e qualidade de aprendizado do candidato. Em outras palavras, existem conteúdos que precisam ser estudados com mais profundidade e outros de modo mais superficial, isto faz parte de uma estratégia eficaz para a aprovação.

Nesta esteira, o Processo Penal, sem dúvida, é umas das matérias mais essenciais para a aprovação no concurso de Promotor de Justiça. Pode-se dizer, então, que, sem um bom conhecimento da matéria, o candidato não alcançará o sucesso que se espera. Isto porque a matéria não é bastante exigida apenas na primeira fase, mas em todas, seja na elaboração de peças e questões práticas na segunda fase seja em questionamentos na fase oral.

Deve-se então, por óbvio, dedicar boa parte do estudo ao Direito Processual Penal. De todo modo, vale dizer que nenhuma matéria dever ser "esquecida" ou abandonada, mas apenas estudada de modo mais objetivo, conforme o quantitativo exigido em certames pregressos. No mundo competitivo dos concursos, cada ponto pode ser a linha divisória entre a aprovação ou não.

Em relação à preparação para a primeira fase do concurso de Promotor de Justiça, é desnecessário o estudo de doutrinas densas, estrangeiras ou monografias específicas (com exceção do MPRJ, que será analisado abaixo). Muito ao contrário, o que se exige, em regra geral, são os seguintes pressupostos, por ordem crescente de cobrança:

> 1- O conhecimento da letra da lei ("lei seca").
>
> 2 - Jurisprudência dos Tribunais Superiores e respectivas súmulas (STJ/STF), bem como entendimentos em temas com Repercussão Geral e ainda as súmulas vinculantes do STF.
>
> 3 - Doutrina "básica". Aqui, quando se diz básica se quer referir a uma doutrina mais aceita ou reconhecida nos meios jurídicos como um todo. Estes, sem dúvidas, são os **"3 pilares"** para o sucesso no direito processual penal.

Pois bem, para a primeira fase recomenda-se fortemente o estudo aprofundado da letra da lei, seja ela a Constituição da República, o Código de Processo Penal e as leis esparsas, em seus aspectos processuais. Todas estas são, sem exceção, essenciais.

Como já dito, o estudo da jurisprudência também vem se mostrando relevante, inclusive já para a primeira fase dos concursos de Promotor de Justiça. Assim, é sugerido que o candidato acesse constantemente aos sítios do STJ e do STF, para esteja atualizado com os "informativos de jurisprudência". Ainda mais, é indicado o site "Dizer o Direito", de autoria de Márcio André Lopes de Cavalcante e, não obstante, o autor tem, pela editora Juspodium, obra conhecida como "Vade mecum de Jurisprudência Dizer o Direito", que compila as jurisprudências mais relevantes dos Tribunais Superiores.

Partindo para a bibliografia em si, mostra-se relevante a obra do Professor Renato Brasileiro de Lima, "Manual de Processo Penal", publicado pela editora Juspodium, a qual é bastante completa e suficiente para a matéria. Outra sugestão de obras é o livro "Sinopses para Concursos", nos seus volumes 7 e 8, do autor Leonardo Barreto Moreira Alves, editora Juspodivm.

Em relação às leis processuais penais cobradas nos concursos, a obra "Legislação Criminal Especial Comentada - volume único" do autor Renato Brasileiro de Lima também se mostra importante. Ainda, se tem a indicação do livro "Leis Penais Especiais Comentadas", Editora Juspodium, autores: Rogério Sanches Cunha, Ronaldo Batista Pinto e Renee de Ó Souza. Prosseguindo, bem como a obra "Legislação Criminal para Concursos" (LECRIM), dos autores Fábio Roque Araújo, Nestor Távora e Rosman Rodrigues Alencar. Como complemento, em relação aos aspectos processuais da lei 9099/95, é importante destacar o livro "Sinopse para Concursos", em seu volume 34, de autoria de Maurício Ferreira Cunha e Renato Pessoa Manucci.

Para a segunda fase, em relação à bibliografia, para melhor conhecimento das peças práticas e suas estruturas é relevante o livro "Carreiras em Ação - Ministério Público – Atuação Prática Jurisdicional e Extrajurisdicional", editora Juspodium, dos autores Leonardo Barreto Moreira Alves e Márcio Soares Berclaz.

Por fim, é aconselhado que o candidato escolha um livro como norte, evitando a mudança de autor durante a preparação para o concurso.

Seguindo, é de se mencionar que a resolução de questões deve fazer parte da rotina do "concurseiro". É através desta prática que podem ser diagnosticados os pontos fortes e fracos de cada candidato, propiciando uma correção de rumos, para que o conhecimento se mostre homogêneo. Até porque o concurso demanda muito mais um conhecimento "horizontal" do que "vertical", ou seja, é preciso apreender a maior quantidade de informações e conhecimentos sobre cada tema e não um saber aprofundado sobre apenas um assunto. Assim, adicione à sua jornada de estudos algumas horas semanais para a resolução de questões, sendo indicada, para tanto, a obra "Revisaço", editora Juspodium seja ela direcionada para o Ministério Público Estadual, de autoria de Rogério Sanches Cunha, seja ela direcionada tão somente para a matéria Processo Penal, de autoria de Ricardo Silvares. A grande vantagem de tais obras é que as questões já vêm comentadas, o que poupa tempo do candidato no estudo e facilita a compreensão.

Mas sempre tenha em mente: o momento do concurso não é para aprofundamento em um certo assunto, seja por preferência ou por qualquer outra razão. Portanto, aproveite seu tempo, faça uma divisão dele e dê atenção para todos os itens do edital.

Uma possibilidade bastante interessante é a divisão de matérias por dia. Elabore uma tabela com divisão diária de matéria (com uma ou duas por dia, por exemplo) e siga ela à risca, semanalmente, isso tende a padronizar o estudo.

A questão, como se vê, passa pela estratégia de estudo, com foco e carga voltada por mais tempo aos temas mais cobrados, mas sempre lendo todo o conteúdo do edital, para ter uma noção ao menos básica de cada tema.

2 CONTEÚDO PROGRAMÁTICO NOS EDITAIS DOS CONCURSOS PARA O MINISTÉRIO PÚBLICO ESTADUAL

Inicialmente, cumpre destacar que cada Ministério Público tem publicado seu edital e respectivo conteúdo programático, mas a matéria cobrada acaba sendo a mesma, apenas disposta de modo diverso em cada Estado.

Para a presente obra, foram analisadas todas as provas aplicadas para o cargo de Promotor de Justiça nos últimos cinco anos, ou seja, de 2016 até 2020. Quanto a isto, mencione-se que não houve concurso em tal período nos seguintes Estados: Amazonas, Tocantins, Espirito Santo, Acre, Maranhão, Pernambuco, Sergipe, Amapá, Alagoas, Distrito Federal e Territórios e Pará.

Dos 21 editais analisados, 2 foram de certames realizados pela FCC, 03 pela CESPE/CEBRASPE, 01 pela Fundação CEFETBAHIA e os demais, ou seja, 17 editais foram realizados pelo respectivo Ministério Público, por meio da constituição de banca própria.

Após a devida análise, pode-se inferir que os editais CESPE/CEBRASPE, FCC e das bancas próprias, seguem padrões objetivos, o que torna possível uma análise objetiva de como cada matéria é exigida. Veja-se, a título de exemplo, edital da FCC, do concurso de Promotor de Justiça de Mato Grosso, de 2019:

EDITAL PARA O CARGO DE PROMOTOR DE JUSTIÇA, BANCA FCC , ESTADO DE MATO GROSSO – 2019.
1. Princípios aplicáveis ao direito processual penal; Interpretação, aplicação e eficácia da lei processual penal. Persecução criminal extrajudicial: o inquérito policial, o Ministério Público e a polícia judiciária. Acordo de não persecução penal. Entendimento dos tribunais superiores acerca dos institutos de Direito Processual Penal.

2. Ação penal: conceito, condições, pressupostos processuais. Ação penal de iniciativa pública. Titularidade, condições de procedibilidade. Denúncia: forma e conteúdo; recebimento e rejeição. Ação penal de iniciativa privada: Titularidade. Queixa. Renúncia. Perdão. Decadência. Perempção. Extinção da punibilidade.
3. Ação civil ex delicto. Jurisdição e competência. Critérios de determinação e modificação de competência. Incompetência. Conexão e continência. Das questões e processos incidentes. Das incompatibilidades e impedimentos. Da restituição das coisas apreendidas. Das medidas assecuratórias.
4. Da prova: conceito, princípios básicos, objeto, meios, espécies, ônus, procedimento probatório, limitações constitucionais das provas, sistemas de apreciação. Sujeitos processuais: do juiz, do Ministério Público, do acusado e defensor, dos assistentes e auxiliares da Justiça. Vítima no processo penal.
5. Da prisão, das medidas cautelares e da liberdade provisória. Da prisão em flagrante. Da prisão preventiva. Da prisão domiciliar. Das outras medidas cautelares. Da liberdade provisória, com ou sem fiança. Da prisão temporária.
6. Das citações e intimações. Forma, lugar e tempo dos atos processuais. Atos das partes, dos juízes, dos auxiliares da Justiça e de terceiros. Dos prazos: características, princípios e contagem.
7. Processo e procedimento. Pressupostos processuais. Formas procedimentais. Procedimento comum. Instrução criminal. Procedimento ordinário. Procedimento sumário. Procedimento sumaríssimo. Juizados Especiais Criminais. Procedimento relativo ao Tribunal do Júri. Procedimentos especiais, inclusive de leis especiais.
8. Da sentença. Conceito, requisitos, classificação, publicação e intimação. Sentença absolutória: providências e efeitos. Sentença condenatória: fundamentação da pena e efeitos. Efeitos civis da sentença penal. Da coisa julgada penal. Inimputabilidade e processo penal. Das nulidades. Correição parcial. Revisão Criminal.
9. Dos recursos em geral: princípios, modalidades, recursos em espécie e fungibilidade. Recursos especial e extraordinário. Das ações de impugnação. Do habeas corpus. Do mandado de segurança. Das exceções. Do desaforamento.
10. Aspectos processuais das seguintes leis especiais: Lei nº 8.069/1990; Lei nº 9.099/1995; Lei nº 11.340/2006; Lei nº 11.343/2006; Lei nº 4.898/1965; Lei nº 9.503/1997; Lei nº 8.072/1990; Lei nº 9.455/1997; Lei nº 7.960/1989; Lei nº 9.807/1999; Lei nº 9.613/1998; Lei nº 9.605/1998; Lei nº 9.296/1996; Lei nº 10.741/2003; Lei nº 12.850/2013; Lei nº 8.038/1990; Lei nº 12.037/2009; Lei de Execução Penal nº 7.210/1984 e alterações posteriores.
11. Estatuto da OAB, Lei Federal nº 8.906/1994.

Agora observe o edital para o cargo de Promotor de Justiça, do Estado do Piauí, do ano de 2018, banca CEBRASPE:

EDITAL PARA O CARGO DE PROMOTOR DE JUSTIÇA, BANCA CEBRASPE, ESTADO DO PIAUÍ – 2018.
1 Processo penal brasileiro; processo penal constitucional.

2 Sistemas e princípios fundamentais.
3 Aplicação da lei processual no tempo, no espaço e em relação às pessoas: disposições preliminares do Código de Processo Penal.
4 Fase pré-processual: inquérito policial.
5 Processo, procedimento e relação jurídica processual: elementos identificadores da relação processual; formas do procedimento; princípios gerais e informadores do processo; pretensão punitiva; tipos de processo penal.
6 Ação penal.
7 Ação civil *Ex Delicto*.
8 Jurisdição e competência.
9 Questões e processos incidentes.
10 Prova.
11 Sujeitos do Processo.
12 Prisão, medidas cautelares, e liberdade provisória e prisão temporária (Lei nº 7.960/1989).
13 Citações e intimações.
14 Atos processuais e atos judiciais.
15 Procedimentos: processo comum; processos especiais; Lei nº 8.038/1990 – normas procedimentais para os processos perante o Superior Tribunal de Justiça (STJ) e o Supremo Tribunal Federal (STF).
16 Lei nº 9.099/1995 e suas alterações e Lei nº 10.259/2001 e suas alterações (juizados especiais cíveis e criminais).
17 Prazos: características, princípios e contagem.
18 Nulidades.
19 Recursos em geral.
20 Habeas corpus e seu processo.
21 Normas processuais da Lei nº 7.210/1984 e suas alterações (execução penal).
22 Relações jurisdicionais com autoridade estrangeira.
23 Disposições gerais do Código de Processo Penal.
24 Entendimento dos tribunais superiores acerca dos institutos de direito processual penal.

Por fim, analise-se edital feito por banca própria, do concurso para Promotor de Justiça do Estado de São Paulo, no ano de 2019:

EDITAL PARA O CARGO DE PROMOTOR DE JUSTIÇA, BANCA PRÓPRIA, ESTADO DE SÃO PAULO – 2019.
1. Princípios que regem o processo penal.
2. Aplicação e interpretação da lei processual.

3. Inquérito policial, Investigação Criminal e Ação Penal.
4. Jurisdição e Competência.
5. Reparação do dano ex delicto. Ação civil e execução civil da sentença penal.
6. Questões e processos incidentes.
7. Prova.
8. Sujeitos do processo.
9. Prisão e medidas cautelares pessoais alternativas à prisão.
10. Fatos e atos processuais. Citação, notificação e intimação.
11. Sentença. Coisa Julgada.
12. Interdição de direitos.
13. Medida de segurança.
14. Procedimento comum.
15. Procedimento nos processos de competência do Tribunal do Júri.
16. Procedimentos especiais.
16.1. Procedimento nos crimes falimentares.
16.2. Procedimento nos crimes de responsabilidade de funcionários públicos.
16.3. Procedimento nos crimes contra a honra.
16.4. Procedimento nos crimes contra a propriedade imaterial.
17. Lei dos Juizados especiais criminais.
18. Nulidades.
19. Recursos e outros meios de impugnação.
19.1 Teoria Geral dos Recursos.
19.2 Apelação. Recurso em sentido estrito. Embargos. Carta testemunhável. Correição parcial.
20. Habeas corpus. Mandado de segurança em matéria criminal.
21. Execução Penal.
21.1. Objeto e aplicação da Lei de Execução Penal.
21.2. O condenado e o internado. Classificação. Assistência. Trabalho.
21.3. Direitos e deveres do preso.
21.4. Disciplina. Faltas e sanções disciplinares. Regime disciplinar diferenciado. Procedimento disciplinar.
21.5. Órgãos da execução penal.
21.6. Estabelecimentos penais.
21.7. Execução das penas privativas de liberdade. Regimes. Autorizações de saída. Remição. Livramento condicional. Sursis.
21.8. Execução das penas restritivas de direitos.
21.9. Suspensão condicional da pena.

21.10. Execução das penas de multa.
21.11. Execução das medidas de segurança.
21.12. Incidentes de execução. Conversões. Excesso ou desvio de execução. Anistia. Indulto.
21.13. Procedimentos judiciais. Recursos.
22. Disposições processuais penais em leis especiais.
22.1. Prisão temporária.
22.2. Crimes hediondos.
22.3. Repressão aos crimes praticados por organizações criminosas.
22.4. Crimes de trânsito.
22.5. Crimes contra o meio ambiente.
22.6. Crimes de lavagem de capitais.
22.7. Proteção a vítimas e testemunhas ameaçadas e a réus colaboradores.
22.8. Identificação criminal.
22.9. Crimes referentes à falência e a recuperação judicial ou extrajudicial.
22.10. Violência doméstica e familiar contra a mulher.
22.11. Crimes de drogas.
22.12. Interceptação (ou escuta) telefônica.
22.13. Abuso de Autoridade.
23. Procedimento investigatório criminal e acordo de não persecução penal (Resolução nº 181/17, CNMP).

Note que existe um padrão para cobrança do Direito Processual Penal, o que torna possível um estudo útil da matéria para a realização do concurso em qualquer estado, necessitando apenas de um ajuste fino ao final, para atender peculiaridades locais do Estado da Federação de predileção do candidato.

Perceba que, por vezes, a parte de Execução Penal é colocada dentro da matéria de Processo Penal, todavia, para os fins desta obra, essa temática será analisada em separado.

3. ANÁLISE DAS ÚLTIMAS PROVAS OBJETIVAS

Pois bem, para que o candidato alcance êxito na primeira etapa do certame, como já dito acima, é indispensável um bom conhecimento dos 3 pilares: a) da lei seca, b) da jurisprudência dos Tribunais Superiores, aqui inclusos: teses fixadas em Repercussão Geral no STJ e STF, as Súmulas do STJ e STF, bem como das Súmulas Vinculantes do STF e c) doutrina básica.

Evidente que, de acordo com a banca, a tendência será de se cobrar o assunto de uma forma diferente. Veja-se que a **CESPE/CEBRASPE** tem por padrão exigir o conhecimento atualizado dos entendimentos dos Tribunais Superiores e suas súmulas, em especial do STJ. Já a **FCC** tende a cobrar mais o conteúdo baseado na lei seca, seguido de entendimentos jurisprudenciais. Já as bancas próprias tendem a variar, mas podemos fazer a presente esquematização quanto a alguns dos estados estudados:

MPSP: Ênfase para a cobrança de lei seca, complementada pela jurisprudência e, em menor quantitativo, doutrina básica.
MPMG: a cobrança se dá de modo bastante variado, devendo haver equilíbrio entre os três pilares.
MPSC: Ênfase da cobrança de lei seca, complementada pela jurisprudência e, em menor quantitativo, doutrina básica.
MPPR: também tem variado a forma de cobrança, devendo ser dada atenção aos três pilares de forma equânime.
MPRS: tendo como parâmetro apenas o último concurso, tendência para cobrança de lei seca, complementada por jurisprudência e em menor força, doutrina básica.
MPGO: houve cobrança de lei seca, jurisprudência e depois, de doutrina básica.
MPBA: a cobrança se dá de modo bastante variado, devendo haver equilíbrio entre os três pilares.
MPDFT: no espaço de tempo analisado, não houve concurso no Distrito Federal e Territórios. De todo modo, pode-se apontar que a cobrança se dá pela cobrança da lei seca, suplementada pela jurisprudência e doutrina.

Perceba que a forma de exigência varia de estado para estado, mas se forem seguidos os três pilares, a chance de êxito é alta para a aprovação do candidato.

Caro leitor, é necessário ser feito um destaque especial para a sistemática dos concursos do MPRJ. Nos dois concursos realizados dentro do espaço de dois anos, ambos tiveram o mesmo aspecto formal de cobrança.

Em tal certame, já na primeira fase, a cobrança é feita por meio de questões dissertativas, semelhante à segunda fase dos demais concursos. Pois bem, nos anos de 2016 e 2018, a matéria de Processo Penal na primeira fase exigiu questões em que eram necessários o conhecimento da doutrina e jurisprudência. Assim, para este concurso, é bastante interessante o foco desde o início da preparação de forma específica e aprofundada, bem como a divisão entre doutrina (aqui englobada a análise da banca examinadora) e jurisprudência. Aliás, este parece ser um dos concursos que mais há cobrança de doutrina e, quem resta aprovado nesta primeira etapa, enfrentará a segunda, que passa a ter um formato similar aos demais concursos.

Prosseguindo, vamos analisar os pontos mais cobrados na fase objetiva dos concursos analisados, vendo sob um aspecto global (somatória de todas as primeiras questões objetivas, de todos os concursos, exceto MPRJ), em ordem crescente, não individualizando por banca (para fins de modelo de edital/divisão da matéria, nesta etapa, adotou-se o do concurso do Estado do Ceará, banca CEBRASPE, ano 2019):

TEMÁTICAS MAIS COBRADAS NOS CONCURSOS – ASPECTO GERAL
1. Legislação esparsa, ou seja, aspectos processuais das leis, especialmente da lei de Interceptação Telefônica (lei 9296/96), lei Maria da Penha (lei 11340/06), lei de Organizações Criminosas (notadamente a questão da colaboração premiada, lei 12850/13).
2. Procedimentos da ação penal condenatória: comuns e especiais. Procedimento do júri. Classificação. Ritos. Prazos e peculiaridades. (Aqui deve ser dada atenção especial ao rito do Júri).
3. Jurisdição e competência.
4. Da prova em geral e em espécie.
5. Recursos em geral. Pressupostos recursais. Recursos em espécie.
6. Nulidades processuais.
7. Prisão e liberdade provisória.
8. Questões e processos incidentes. Exceções.
9. Ação penal. Classificação. Princípios. Condições. A justa causa. Denúncia. Queixa. Aditamento.
10. Juizados Especiais Criminais. Lei 9099/95.
11. Persecução criminal extrajudicial: o inquérito policial, o Ministério Público e a polícia judiciária.
12. Sentença.
13. Citações e intimações.
14. Habeas Corpus. Revisão Criminal. Mandado de Segurança. Correição parcial.
15. Princípios do Processo Penal.
16. Sujeitos do processo.
17. Habeas Corpus. Revisão Criminal. Mandado de Segurança. Correição parcial.

Em sequência se passa a expor os temas exigidos, por cada banca e em tabelas comparativas (com exceção do Estado do Rio de Janeiro), com a devida proporção apresentada. Importante dizer que os números foram obtidos por aproximação, até porque uma questão, comumente, envolve mais de um objeto da matéria. Ressalta-se que, no concurso de

Santa Catarina, moldado sob a forma de verdadeiro ou falso, considerou-se cada alternativa uma questão.

TEMÁTICAS DE DIREITO PROCESSUAL PENAL	CESPE CEBRASPE	FCC	BANCAS PRÓPRIAS E OUTRAS
1 Princípios do processo penal.	1 (3.7%)	-	1 (0,5%)
2 A lei processual no tempo e no espaço.	-	-	-
3 Persecução criminal extrajudicial.	-	-	-
3.1 O inquérito policial, o ministério público e a polícia judiciária.	1 (3.7%)	1 (4,5%)	6 (3,1%)
4 Prisão e liberdade provisória.	3 (11,1%)	2 (9%)	13 (6,7%)
5 Ação penal. Classificação. Princípios. Condições. A justa causa. Denúncia. Queixa. Aditamento.	2 (7,4%)	4 (18,1%)	9 (4,6%)
6 Justiça Penal Negociada.	-	-	-
7 Jurisdição e competência.	2 (7,4%)	2 (9%)	21 (10,8%)
8 Sujeitos processuais.	-	-	1 (0,5%)
9 Citações e intimações.	1 (3.7%)	-	4 (2%)
10 Procedimentos da ação penal condenatória.	-	-	-
10.1 Comuns e especiais. Procedimento do júri. Classificação. Ritos. Prazos e peculiaridades.	2 (7,4%)	5 (22,7%)	24 (12,4%)
11 Questões e processos incidentes. Exceções.	-	3 (13,6%)	13 (6,7%)
12 Da prova em geral e em espécie.	3 (11,1%)	1 (4,5%)	21 (10,8%)
13 Sentença.	-	2 (9%)	5 (2,5%)
14 Nulidades.	4 (14,8%)	1 (4,5%)	14 (7,25%)
15 Recursos em geral. Pressupostos recursais. Recursos em espécie.	3 (11,1%)	-	17 (8,8%)
16 Recursos extraordinário e especial.	-	-	-
17 Habeas corpus. Revisão criminal. Mandado de segurança. Correição parcial.	-	1 (4,5%)	3 (1,5%)
18 Lei nº 9.099/1995 e suas alterações (Juizados especiais criminais).	1 (3.7%)	-	9 (4,6%)
19 Processo penal falimentar.	-	-	-

20 Aspectos processuais das seguintes leis especiais: Lei nº 7.210/1984 e suas alterações (Lei de execução penal); nº 8.069/1990 e suas alterações (Estatuto da Criança e do Adolescente); nº 9.099/1995 e suas alterações (Juizados Especiais Cíveis e Criminais); nº 10.259/2001 e suas alterações; Lei nº 11.343/2006 e suas alterações (Sistema Nacional de Políticas Públicas sobre Drogas); Lei nº 4.898/1965 e suas alterações; Lei nº 9.503/1997 e suas alterações (Código de Trânsito Brasileiro); Lei nº 8.072/1990 e suas alterações (Crimes hediondos) e nº 8.930/1994; Lei nº 9.455/1997 e suas alterações (Crimes de tortura); Lei nº 7.960/1989 e suas alterações (Prisão temporária); Lei nº 9.807/1999 (Proteção à vítima e a testemunha do crime); Lei nº 9.613/1998 e suas alterações (Lavagem de valores); Lei nº 9.605/1998 e suas alterações; Lei nº 9.296/1996; Lei nº 8.038/1990; Decreto-Lei nº 1.002/1964. Lei nº 12.037/2009; Lei nº 12.850/2013 e suas alterações. Mandado de segurança em matéria penal.	4 (14,8%)	-	32 (16,5%)
21 Cooperação Jurídica Internacional no Processo Penal.	-	-	-
TOTAL	27 (100%)	22 (100%)	193 (100%)

Ressalte-se ainda que, na análise das questões, aquelas que exigiram conhecimento de mais de um ponto, foram incluídas em todas temáticas relacionadas. Se por um lado esta técnica produz um número de análises maior do que o número real de questões, por outro, resulta em uma pesquisa de incidências de pontos mais autêntica possível, demonstrando as matérias que efetivamente devem ser mais estudadas pelo candidato.

4 PONTOS ESPECÍFICOS MAIS RELEVANTES DAS PROVAS OBJETIVAS, POR BANCA ORGANIZADORA, COM A RESPECTIVA ORIGEM DA RESPOSTA

A partir dos dados acima colacionados, pode-se fazer uma análise dos temas mais cobrados por cada organizadora e a sua respectiva abordagem, ou seja, a sua fonte de resolução (seja por lei seca, jurisprudência ou doutrina básica), com exceção do Estado do Rio de Janeiro.

a) CESPE:

TEMA	ABORDAGEM
1. Legislação esparsa em seus aspectos processuais	Lei seca
2. Nulidades processuais.	Jurisprudência
3. Recursos em geral. Pressupostos recursais. Recursos em espécie.	Jurisprudência
4. Prisão e liberdade provisória.	Lei seca e jurisprudência.
5. Da prova geral e em espécie.	Jurisprudência.
6. Procedimentos da ação penal condenatória: comuns e especiais. Procedimento do júri. Classificação. Ritos. Prazos e peculiaridades.	Jurisprudência.

b) Fundação Carlos Chagas – FCC:

TEMA	ABORDAGEM
1. Ação penal. Classificação. Princípios. Condições. A justa causa. Denúncia. Queixa. Aditamento.	Lei seca.
2. Procedimentos da ação penal condenatória: comuns e especiais. Procedimento do júri. Classificação. Ritos. Prazos e peculiaridades.	Lei seca.
3. Questões e processos incidentes. Exceções	Lei seca.
4. Prisão e liberdade provisória.	Lei seca.
5. Jurisdição e competência.	Lei seca.
6. Prisão e liberdade provisória.	Lei seca.

c) Bancas próprias e outras:

TEMA	ABORDAGEM
1. Legislação esparsa em seus aspectos processuais.	Lei seca.
2. Procedimentos da ação penal condenatória: comuns e especiais. Procedimento do júri. Classificação. Ritos. Prazos e peculiaridades. (Aqui deve ser dada atenção especial ao rito do Júri).	Lei seca e jurisprudência.

3. Da prova geral e em espécie.	Lei seca, jurisprudência e doutrina básica.
4. Jurisdição e competência.	Lei seca, jurisprudência e doutrina básica.
5. Recursos em geral. Pressupostos recursais. Recursos em espécie.	Lei seca, jurisprudência e doutrina básica.
6. Nulidades processuais.	Lei seca, jurisprudência e doutrina básica.

Evidente que os quadros não exaurem as matérias cobradas, mas, a partir dele, pode-se perceber quais as matérias que são cobradas de modo recorrente nos concursos. Note que, de certo modo, mesmo em bancas organizadoras diversas, os temas comumente são os mesmos.

Aliás, vale dizer que a cobrança das matérias, já na primeira etapa do certame, tem dado destaque para a atuação cotidiana de um Promotor de Justiça, sendo raras as questões que exigem doutrina aprofundada ou itens muito específicos.

5 ANÁLISE, DICAS E QUESTÕES DOS 7 PONTOS ESPECÍFICOS MAIS RELEVANTES DAS PROVAS OBJETIVAS

Aqui se fará uma análise ampla, englobando todas as bancas somadas (exceto MPRJ), sendo elencados os sete pontos mais cobrados na primeira fase, com dicas rápidas e, após, haverá a exemplificação de questões cobradas sobre os temas com as suas respectivas respostas.

→ **1) Aspectos processuais das seguintes leis especiais:** Lei nº 7.210/84; nº 8.069/90; nº 9.099/95 e nº 10.259/01; Lei nº 11.343/06; Lei nº 4.898/65; Lei nº 5.250/67; Lei nº 9.503/97; Lei nº 8.072/90 e nº 8.930/94; Lei nº 9.455/97; Lei nº 7.960/89; Lei nº 9.807/99; Lei nº 9.613/98; Lei nº 9.605/98; Lei nº 9.296/96; Lei nº 9.034/95; Lei nº 8.038/90; Decreto-Lei nº 1.002/64. Lei nº 10.054/00; Lei nº 9.034/95; Lei nº 9.303/96. Aspectos processuais das seguintes leis especiais: Lei nº 7.210/84; nº 8.069/90; nº 9.099/95 e nº 10.259/01; Lei nº 11.343/06; Lei nº 4.898/65; Lei nº 5.250/67; Lei nº 9.503/97; Lei nº 8.072/90 e nº 8.930/94; Lei nº 9.455/97; Lei nº 7.960/89; Lei nº 9.807/99; Lei nº 9.613/98; Lei nº 9.605/98; Lei nº 9.296/96; Lei nº 9.034/95; Lei nº 8.038/90; Decreto-Lei nº 1.002/64. Lei nº 10.054/00; Lei nº 9.034/95; Lei nº 9.303/96.

Dica: dentro deste tema, cobra-se muito o conhecimento da lei seca, mas também se percebe o aumento gradativo da cobrança de entendimentos dos Tribunais Superiores. Outro ponto relevante é analisar os temas por ordem de cobrança:

- **Lei dos Juizados Especiais Criminais – Lei nº 9099/95**: atenção especial às questões afetas aos institutos despenalizadores, tal como transação penal e suspensão condicional do processo.
- **Lei das Organizações Criminosas – Lei nº 12850/13:** atenção especial para a temática da delação premiada.
- **Lei Maria da Penha – Lei nº 11340/06.**
- **Lei nº 9296/96:** interceptação telefônica.

Primeiramente, evidencia-se como exemplo a questão realizada para o ingresso no cargo de Promotor de Justiça no Estado do Ceará, banca CESPE, ano 2019:

> **QUESTÃO 22. Com base nas disposições da Lei Maria da Penha, é correto afirmar que:**
>
> **A** os juizados de violência doméstica e familiar não têm competência para julgar ação de dissolução de união estável.
>
> **B** os juizados de violência doméstica e familiar não têm competência para processar pretensão relacionada à partilha de bens.
>
> **C** o juizado do domicílio ou da residência da ofendida tem competência absoluta para os processos cíveis regidos pela lei em questão.
>
> **D** a ofendida, havendo concordância, poderá entregar intimação ao agressor, no intuito de promover maior celeridade ao ato.
>
> **E** a competência da ação de divórcio deve ser declinada para o juízo competente em caso de violência doméstica e familiar ocorrida após o ajuizamento dessa ação.

A resposta para a solução da referida questão se encontra na literalidade da Lei nº 11340/06:

> Art. 14-A. A ofendida tem a opção de propor ação de divórcio ou de dissolução de união estável no Juizado de Violência Doméstica e Familiar contra a Mulher.
>
> § 1º Exclui-se da competência dos Juizados de Violência Doméstica e Familiar contra a Mulher a pretensão relacionada à partilha de bens.

Agora vejamos uma questão de banca própria, do concurso para Promotor de Justiça do Estado de Rondônia, ano de 2017:

Questão 14 – No que diz respeito à Lei nº 12.850/2013, é CORRETO afirmar:

A Considerando a relevância da colaboração prestada, o Ministério Público, até o ajuizamento da respectiva ação penal, e o delegado de polícia, nos autos do inquérito policial, com a manifestação do Ministério Público, poderão requerer ou representar ao juiz pela concessão de perdão judicial ao colaborador, ainda que esse benefício não tenha sido previsto na proposta inicial, aplicando-se, no que couber, o art. 28 do Decreto-Lei nº 3.689, de 3 de outubro de 1941 (Código de Processo Penal).

B O prazo para oferecimento de denúncia ou o processo, relativos ao colaborador, poderá ser suspenso por até 6 (seis) meses, prorrogáveis por igual período, até que sejam cumpridas as medidas de colaboração, suspendendo-se o respectivo prazo decadencial, nos casos em que a ação se procede mediante representação do ofendido.

C É facultado às partes retratar-se da proposta de colaboração premiada, podendo as provas autoincriminatórias produzidas pelo colaborador ser utilizadas em seu desfavor, desde que acompanhadas de outras existentes nos autos.

D Em consonância com o regramento já presente no Código de Processo Penal, o sigilo da investigação que envolva organização criminosa será sempre decretado pela autoridade policial que preside o inquérito policial, sob o fundamento da garantia da celeridade e da eficácia das diligências investigatórias, assegurando-se ao defensor, no interesse do representado, amplo acesso aos elementos de prova que digam respeito ao exercício do direito de defesa, devidamente precedido de autorização judicial, ressalvados os referentes às diligências em andamento.

E Ainda que beneficiado por perdão judicial ou não denunciado, o colaborador poderá ser ouvido em juízo, desde que haja prévio requerimento das partes

Uma vez mais a resposta está na própria lei seca, conforme se observa na redação do Artigo 4º da Lei das Organizações Criminosas:

> Art. 4º O juiz poderá, a requerimento das partes, conceder o perdão judicial, reduzir em até 2/3 (dois terços) a pena privativa de liberdade ou substituí-la por restritiva de direitos daquele que tenha colaborado efetiva e voluntariamente com a investigação e com o processo criminal, desde que dessa colaboração advenha um ou mais dos seguintes resultados:

(...)

§ 10. As partes podem retratar-se da proposta, caso em que as provas autoincriminatórias produzidas pelo colaborador não poderão ser utilizadas exclusivamente em seu desfavor.

Vejamos, por fim, uma questão formulada pelo MPRJ no ano de 2016, nos moldes cobrados já na primeira fase do concurso:

5ª Questão – Direito Processual Penal (Valor: 4 pontos):

O instituto da delação premiada é compatível com os princípios reitores da ação penal de iniciativa pública? Resposta objetivamente fundamentada.

Para a resolução da questão se demandava o conhecimento essencialmente da doutrina, sendo que o conhecimento da mera letra da lei não seria o bastante para o candidato lograr êxito na resposta.

2) Procedimentos da ação penal condenatória: comuns e especiais. Procedimento do júri. Classificação. Ritos. Prazos e peculiaridades.

Dica: Aqui, quando se fala em procedimentos, é de se ter em mente que envolvem todos aqueles trazidos pelo Código de Processo Penal – CPP, mas, sem dúvida, o procedimento comum ordinário e o procedimento do Júri são os que mais têm sido cobrados nos concursos.

Nesta parte da matéria, o estudo deve ser focado na letra da lei e, como suplemento aos estudos, a análise da jurisprudência e doutrina básica. Destaco uma vez mais que a temática do Júri tem sido bastante exigida, desde a primeira fase nos concursos.

Vestibularmente, como questão puramente de procedimento, consulte-se a prova para Promotor de Justiça do Estado do Paraná:

78. Sobre absolvição sumária no procedimento comum, segundo o Código de Processo Penal, esta é possível:

(A) Se a denúncia for inepta ou houver existência manifesta de causa excludente da ilicitude do fato.

(B) Se o fato narrado evidentemente não constitui crime ou estiver extinta a punibilidade do agente.

(C) Se existir manifesta causa excludente de ilicitude ou de culpabilidade do agente, salvo inimputabilidade penal decorrente de ser o agente menor de dezoito anos, quando deverá o feito ser remetido ao juizado competente.

(D) Se faltar pressuposto processual ou condição para o exercício da ação penal.

E Se existir dúvida sobre a materialidade do fato ou autoria do réu ("in dubio pro reo").

A resposta da questão encontra-se na alternativa "b", podendo ser resolvida pela dicção do artigo 397 do CPP:

> Art. 397. Após o cumprimento do disposto no art. 396-A, e parágrafos, deste Código, o juiz deverá absolver sumariamente o acusado quando verificar:
>
> (...)
>
> III - que o fato narrado evidentemente não constitui crime; ou
>
> IV - extinta a punibilidade do agente.

Vejamos agora algumas questões do concurso para Promotor de Justiça de Santa Catarina, banca própria, ano 2016, trazidas na forma de verdadeiro ou falso:

> **97ª QUESTÃO:** A Constituição Federal reconhece a instituição do júri, com a organização que lhe der a lei. Todos os princípios que são assegurados à instituição do júri nas alíneas do inciso XXXVIII do art. 5º da Constituição Federal são: a plenitude de defesa, o sigilo das votações e a competência para o julgamento dos crimes dolosos contra a vida.

A questão acima é "falsa", em razão da soberania dos veredictos. Neste caso, a resposta pode ser extraída da própria Constituição da República, por meio da leitura do Artigo 5º:

> Art. 5º, XXXVIII - é reconhecida a instituição do júri, com a organização que lhe der a lei, assegurados:
>
> a) a plenitude de defesa;
>
> b) o sigilo das votações;
>
> c) a soberania dos veredictos;
>
> d) a competência para o julgamento dos crimes dolosos contra a vida;

No mesmo concurso para o ingresso no MPSC no ano de 2016, outra questão merece destaque:

> **121ª QUESTÃO:** Nos processos de competência do Tribunal do Júri, de acordo com o art. 411, do Código de Processo Penal: encerrada a instrução probatória, observar-se-á, se for o caso, o disposto no art. 384 deste Código; as alegações serão orais, concedendo-se a palavra, respectivamente, à acusação e à defesa, pelo prazo de vinte minutos, prorrogáveis por mais dez; havendo mais de um acusado, o tempo previsto para a acusação e a defesa de cada um deles será individual; ao assistente do Ministério Público, após a manifestação deste, serão concedidos dez minutos, prorrogando-se por igual período o tempo de manifestação da defesa.

A assertiva acima está "correta", como pode se inferir das disposições contidas no artigo 411 do CPP:

> Art. 411. Na audiência de instrução, proceder-se-á à tomada de declarações do ofendido, se possível, à inquirição das testemunhas arroladas pela acusação e pela defesa, nesta ordem, bem como aos esclarecimentos dos peritos, às acareações e ao reconhecimento de pessoas e coisas, interrogando-se, em seguida, o acusado e procedendo-se o debate.
>
> (...)
>
> § 3º Encerrada a instrução probatória, observar-se-á, se for o caso, o disposto no art. 384 deste Código.
>
> § 4º As alegações serão orais, concedendo-se a palavra, respectivamente, à acusação e à defesa, pelo prazo de 20 (vinte) minutos, prorrogáveis por mais 10 (dez).
>
> § 5º Havendo mais de 1 (um) acusado, o tempo previsto para a acusação e a defesa de cada um deles será individual.
>
> § 6º Ao assistente do Ministério Público, após a manifestação deste, serão concedidos 10 (dez) minutos, prorrogando-se por igual período o tempo de manifestação da defesa.

Agora se consulte questão da CESPE, ano 2017, para Promotor de Justiça do Estado de Roraima:

Questão 47. Considerando o entendimento dos tribunais superiores, assinale a opção correta a respeito do MP como parte atuante e fundamental no tribunal do júri.

- **A** Tem-se nulidade no caso de o oficial de justiça não entregar ao acusado o termo de recurso no momento da intimação da decisão de pronúncia.
- **B** Em razão do princípio da soberania dos veredictos, previsto na CF, revisão criminal de decisão proferida por tribunal do júri poderá apenas anular a sentença atacada, devendo um novo júri decidir a questão.
- **C** O direito às recusas imotivadas de jurados é garantido em relação a cada um dos réus, mesmo no caso de os vários réus terem um mesmo defensor.
- **D** A simples leitura da pronúncia conduz, por si só, à nulidade do julgamento.

A resposta correta encontra-se na alternativa "C". Aqui, a resposta demanda o conhecimento da jurisprudência do STJ, especialmente do RESP 1540151 MT, assim ementado:

> PENAL. AGRAVO CONVERTIDO EM RECURSO ESPECIAL. TRIBUNAL DO JÚRI. RECUSA DE TRÊS JURADOS FEITA PELO DEFENSOR PARA A DEFESA COMO UM TODO. ALEGAÇÃO DE VIOLAÇÃO

DA PLENITUDE DE DEFESA. DIREITO DE RECUSA INDIVIDUAL DE CADA UM DOS RÉUS. JULGAMENTO DO TRIBUNAL DO JÚRI ANULADO.

1. O direito às três recusas imotivadas é garantido ao acusado, e não à defesa, ou seja, cada um dos réus terá direito às suas três recusas imotivadas, sob pena de violação da plenitude de defesa.
2. Recurso especial provido.

➔ **3)** Jurisdição e competência.

Dica: Nesta parte da matéria, o assunto mais exigido é a competência criminal. A tendência é pela cobrança de lei seca cumulada com jurisprudência. Rememore que diversas decisões relevantes têm sido tomadas pelos Tribunais Superiores no que toca a esta temática, exigindo então a constante atualização pelos candidatos.

Vejamos uma questão do concurso de Promotor de Justiça do Piauí, ano 2018, banca CESPE:

Compete à justiça comum processar e julgar

A crimes de violação de direito autoral e contra a lei de software decorrentes do compartilhamento ilícito de sinal de TV por assinatura, via satélite ou cabo.

B crime ambiental decorrente da construção de moradias de programa habitacional popular, nos casos em que a Caixa Econômica Federal tiver atuado somente como agente financiador da obra.

C crime praticado no exterior e que tenha sido transferido para a jurisdição brasileira por negativa de extradição.

D crime de furto de patrimônio da administração militar federal que se encontre nas dependências desta, quando praticado por civil.

E crime de contrabando, quando não houver indício de transnacionalidade na conduta delitiva.

Esta questão exigia conhecimento da jurisprudência do STJ, veiculada no Informativo nº 615, oriundo do Conflito de Competência 139197/RS, assim divulgado no Informativo:

> "Compete à Justiça estadual o julgamento de crime ambiental decorrente de construção de moradias de programa habitacional popular, nas hipóteses em que a Caixa Econômica Federal atue, tão somente, na qualidade de agente financiador da obra".

Repisa-se porquanto a necessidade do estudo constante de tais informativos para a resolução exitosa das questões na matéria processual penal.

Agora se apresenta uma questão do concurso do MPSP, ano 2017, realizado por meio de banca própria:

19. Assinale a alternativa correta.

A) A competência jurisdicional só será determinada pelo domicílio do réu quando desconhecido o lugar da infração.

B) Em homicídio praticado em coautoria, por pessoa com prerrogativa de função estabelecida pela Constituição Federal e outra sem foro privilegiado, a continência importa em unidade do processo e prorrogação da competência do Tribunal do Júri.

C) A Justiça Federal é competente para o processo e julgamento unificado dos crimes conexos de competência federal e estadual, ainda que a pena aplicada ao crime de competência estadual seja mais grave.

D) Na hipótese de crimes conexos, o juiz que decretar a prisão preventiva de um dos acusados fica, em face da prevenção, competente para a apreciação de todos os crimes, independentemente do número de infrações cometidas.

E) No caso de crime continuado, com diversos processos em andamento, o juiz prevento deverá avocar os demais, sendo nula qualquer sentença proferida por outro juízo, ainda que definitiva.

A letra "C" é resposta acertada para resolução da questão e, para resolvê-la, era necessário o conhecimento da Súmula nº 122 do STJ:

> "Compete à Justiça Federal o processo e julgamento unificado dos crimes conexos de competência federal e estadual, não se aplicando a regra do art. 78, II, a, do Código de Processo Penal".

→ **4)** Da prova em geral e em espécie.

Dica: A questão das provas tem demandado a atenção dos examinadores, com destaque para os temas de interrogatório e das testemunhas. Nesta parte da matéria tem sido feita cobrança pela seguinte ordem: lei seca, jurisprudência e doutrina básica.

Vejamos algumas questões sobre essa temática, iniciando pelo concurso de Promotor de Justiça de São Paulo, banca própria, ano 2019:

18. Com base na orientação jurisprudencial assentada no STJ, em relação à prova, é correto afirmar que, no crime de

A) receptação, uma vez apreendida a res furtiva em poder do réu, cabe à defesa apresentar prova acerca da origem lícita do bem.

B embriaguez na condução de veículo automotor, a prova sobre a alteração da capacidade psicomotora do condutor não admite prova testemunhal.

C tráfico de drogas, é necessário prova de que a venda vise aos frequentadores do estabelecimento de ensino, para o reconhecimento da respectiva majorante.

D roubo, é imprescindível a apreensão e perícia da arma de fogo, para a comprovação da respectiva causa de aumento.

E furto, a comprovação da causa de aumento do rompimento de obstáculo, quando desaparecerem os vestígios, não admite prova testemunhal.

A resposta correta que deveria ser assinalada encontra-se na letra "a", cuja resolução passa pelo conhecimento do entendimento jurisprudencial do STJ:

> HABEAS CORPUS SUBSTITUTO DE RECURSO PRÓPRIO. INADEQUAÇÃO DA VIA ELEITA. RECEPTAÇÃO (ART. 180, CAPUT, DO CP). DIREÇÃO DE VEÍCULO AUTOMOTOR SEM A DEVIDA PERMISSÃO GERANDO PERIGO DE DANO (ART. 309 DO CTB). INVERSÃO DO ÔNUS DA PROVA. POSSIBILIDADE. AGENTE SURPREENDIDO NA POSSE DE AUTOMÓVEL ORIUNDO DE FURTO. ART. 156 DO CPP. CONJUNTO PROBATÓRIO FIRME A INDICAR O CONHECIMENTO DA ORIGEM ESPÚRIA DO BEM. PLEITO DE ANULAÇÃO COM VISTAS À DESCLASSIFICAÇÃO PARA A MODALIDADE CULPOSA. IMPOSSIBILIDADE. NECESSIDADE DE REEXAME DE MATÉRIA FÁTICO-PROBATÓRIA. AUSÊNCIA DE CONSTRANGIMENTO ILEGAL. HABEAS CORPUS NÃO CONHECIDO. [...] 2. A conclusão das instâncias ordinárias está em sintonia com a jurisprudência consolidada desta Corte, segundo a qual, no crime de receptação, se o bem houver sido apreendido em poder do paciente, caberia à defesa apresentar prova acerca da origem lícita do bem ou de sua conduta culposa, nos termos do disposto no art. 156 do Código de Processo Penal, sem que se possa falar em inversão do ônus da prova. Precedentes. 3. O pleito defensivo concernente à absolvição do crime de receptação, previsto no art. 180, caput, do CP, bem como sua desclassificação para a modalidade culposa, não comporta análise na presente via, de cognição sumária, na qual não se permite dilação fático-probatória. 4. Habeas corpus não conhecido. (HC 483.023/SC, Rel. Ministro REYNALDO SOARES DA FONSECA, QUINTA TURMA, julgado em 07/02/2019, DJe 15/02/2019)

Não obstante, outra pergunta trazida pelo concurso de Promotor de Justiça do Estado do Mato Grosso do Sul, do ano de 2017, banca própria sobre o tema se faz relevante:

37 - É correto afirmar que:

A Indício, no Código de Processo Penal, possui, exclusivamente, o significado de prova indireta, como elemento de prova.

B O Supremo Tribunal Federal já reconheceu a necessidade de maior elasticidade na admissão da prova da acusação, nos delitos de poder, o que em absoluto se confunde com a flexibilização das garantias legais.

C Segundo o Supremo Tribunal Federal, para o oferecimento da denúncia por crime de lavagem de dinheiro ou ocultação de bens, direitos e valores (Lei n. 9.613/1998), não é necessário que o crime antecedente esteja tipificado ao tempo da ação, uma vez que independe do julgamento do crime antecedente, exigindo-se apenas que este tenha previsão normativa ao tempo do oferecimento da denúncia.

D A indicação de direito municipal, segundo o Código de Processo Penal, obriga a parte que o invocou a fazer prova do teor e da vigência dessa categoria de legislação, independentemente de determinação judicial.

E Segundo a doutrina, o fenômeno da limitação da conexão atenuada não possui o condão de afastar a ilegalidade da situação que deu origem a determinado meio de prova, não se permitindo o aproveitamento da prova.

A resposta encontra-se na alternativa "b". Nota-se que esta questão é bastante ampla, exigindo conhecimentos de lei seca, jurisprudência e doutrina básica. A resposta, contudo, advém do conhecimento de jurisprudência do STF, dentro do julgamento da AP 470, passagem de voto da Excelentíssima Ministra Rosa Weber:

> "Também aqui a clareza que inspira o senso comum autoriza a conclusão (presunções, indícios e lógica na interpretação dos fatos). Daí a maior elasticidade na admissão da prova de acusação, o que em absoluto se confunde com flexibilização das garantias legais (...) A potencialidade do acusado de crime para falsear a verdade implica o maior valor das presunções contra ele erigidas. Delitos no âmbito reduzido do poder são, por sua natureza, em vista da posição dos autores, de difícil comprovação pelas chamadas provas diretas. (...) A essa consideração, agrego que, em determinadas circunstâncias, pela própria natureza do crime, a prova indireta é a única disponível e a sua desconsideração, prima facie, além de contrária ao Direito positivo e à prática moderna, implicaria deixar sem resposta graves atentados criminais a ordem jurídica e a sociedade."

Agora uma questão da banca FCC, concurso de Promotor de Justiça do Estado do Mato Grosso, ano 2019:

37. Ao tratar da prova, o Código de Processo Penal estabelece que serão considerados documentos quaisquer escritos, instrumentos ou papéis, públicos ou particulares. Em relação aos documentos em língua estrangeira, eles

- **A** só poderão ser juntados aos autos, traduzidos ou não, mediante requerimento das partes.
- **B** sendo originários de órgãos públicos não necessitam de tradução, enquanto que os particulares deverão sempre ser traduzidos.
- **C** só poderão ser juntados aos autos após necessariamente traduzidos por tradutor público ou pessoa idônea nomeada pela autoridade.
- **D** poderão ser juntados aos autos, mas deverão ser posteriormente traduzidos por tradutor público ou pessoa idônea nomeada pela autoridade.
- **E** poderão ser juntados aos autos, mesmo sem tradução, se a crivo do julgador esta se revele desnecessária e não cause prejuízo às partes.

A letra "e" é a alternativa correta nessa questão, em razão do disposto pela própria letra do CPP, que preceitua que a tradução não é obrigatória.

> Art. 236. Os documentos em língua estrangeira, sem prejuízo de sua juntada imediata, serão, se necessário, traduzidos por tradutor público, ou, na falta, por pessoa idônea nomeada pela autoridade.

Seguindo, uma questão do concurso de Promotor de Justiça, estado de Minas Gerais, ano de 2017:

QUESTÃO 31 - Em uma operação, a polícia encontra um aparelho smartphone debaixo do banco do motorista de um automóvel. Assinale a alternativa CORRETA:

- **A** A operação policial foi de rotina e os agentes da autoridade consultaram os diálogos travados através de aplicativos de internet, descobrindo a prática de crimes. Trata-se de prova lícita.
- **B** Após a formal apreensão do smartphone, a autoridade policial determina a elaboração de perícia para confirmar a integridade dos dados e a transcrição dos diálogos. Trata-se de prova lícita.
- **C** A operação policial foi decorrente de ordem judicial de busca e apreensão para arrecadar "qualquer elemento de convicção", encontrando-se fotos do crime no smartphone. Trata-se de prova lícita.

Ⓓ Depois de apreensão do smartphone decorrente de prisão em flagrante, por ordem judicial convertida em prisão preventiva, verificou-se existirem no aparelho fotos de terceiros no crime. Trata-se de prova lícita.

Neste caso, a alternativa correta se encontra na letra "c". Aqui, a resposta passa pelo conhecimento da jurisprudência. Na verdade, se deve fazer uma leitura ao avesso do decidido pelo STJ no REsp 1243516 / SP, veiculado no Informativo nº 590 do seguinte modo:

> "Determinada judicialmente a busca e apreensão de telefone celular ou smartphone, é lícito o acesso aos dados armazenados no aparelho apreendido, notadamente quando a referida decisão o tenha expressamente autorizado".

5) Dos recursos em geral e em espécie.

Dica: Neste tema é relevante o estudo acerca das hipóteses de cabimento, legitimidade e prazos, que são os assuntos mais recorrentes nos concursos. Nesses casos, o estudo da lei seca, jurisprudência e doutrina se mostram importantes. Aliás, talvez seja um dos assuntos que mais demandam o estudo doutrinário, básico, sem aprofundamentos.

Comecemos por uma questão do concurso de Promotor de Justiça do Paraná, ano 2019, banca própria:

82. Sobre o recurso de apelação, nos termos da Legislação Processual Penal e Súmulas dos Supremo Tribunal Federal e Superior Tribunal de Justiça, analise as assertivas abaixo e assinale a alternativa incorreta:

Ⓐ É cabível contra a sentença de impronúncia e absolvição sumária no procedimento nos processos de competência do Tribunal do Júri.

Ⓑ É cabível da decisão de rejeição de denúncia no procedimento sumaríssimo.

Ⓒ É cabível ao ofendido, não estando habilitado como assistente, interpô-la contra a decisão do tribunal do júri, após o transcurso do prazo recursal para o Ministério Público.

Ⓓ É cabível contra decisão do Tribunal do Júri em hipóteses restritas legalmente previstas e o efeito devolutivo é adstrito aos fundamentos da sua interposição.

Ⓔ É cabível se de parte da sentença definitiva ou com força de definitiva proferida pelo juiz singular não for previsto recurso em sentido estrito.

Note que a questão exige conhecimentos da lei seca e de doutrina básica. Nesta questão, a letra "e" está equivocada, uma vez que é cabível o recurso em sentido estrito quando não for hábil o manejo de apelação, até mesmo pela natureza residual daquele. Vejamos:

> "O recurso em sentido estrito deve ser utilizado de maneira residual. Em síntese, por mais que a hipótese de cabimento esteja listada no art. 581 do CPP, deve se ter em mente que sua interposição somente será possível se tal decisão não tiver sido proferida no bojo de uma sentença condenatória ou absolutória. Isso porque, segundo o art. 593, § 4º, quando cabível a apelação, não poderá ser usado o recurso em sentido estrito, ainda que somente de parte da decisão se recorra."[1]

Agora se analisa questão da prova de Promotor de Justiça do Piauí, banca CEBRASPE, ano 2018:

> **Em processo de natureza incidental, foi formulado contra Luiz, investigado por corrupção e lavagem de dinheiro, pedido de sequestro dos seus bens, nos moldes do previsto no Código de Processo Penal. O pedido foi deferido. Para impugnar a referida decisão, a medida processual a ser adotada por Luiz junto ao tribunal de justiça é:**
>
> Ⓐ o recurso em sentido estrito.
>
> Ⓑ o mandado de segurança.
>
> Ⓒ o habeas corpus.
>
> Ⓓ a apelação.
>
> Ⓔ o embargo.

Se o candidato consultar estritamente o artigo 581 do CPP, não encontrará a resposta, pois a resolução advém da jurisprudência, especialmente veiculada no Informativo de Jurisprudência nº 587, do STJ, observe:

> DIREITO PROCESSUAL PENAL. MODO DE IMPUGNAÇÃO DE MEDIDA ASSECURATÓRIA PREVISTA NA LEI DE LAVAGEM DE DINHEIRO.
>
> É possível a interposição de apelação, com fundamento no art. 593, II, do CPP, contra decisão que tenha determinado medida assecuratória prevista no art. 4º, *caput*, da Lei n. 9.613/1998 (Lei de lavagem de Dinheiro), a despeito da possibilidade de postulação direta ao juiz constritor objetivando a liberação total ou

1. LIMA, Renato Brasileiro. Manual de Processo Penal. 2. ed. rev., ampl. e atual. Editora Juspodium: Salvador, 2014. p. 1614.

parcial dos bens, direitos ou valores constritos (art. 4º, §§ 2º e 3º, da mesma Lei).

Esta decisão foi proferida no RESP 1.585.781 e, portanto, a letra "d" é a alternativa correta.

Vamos além, com a análise de questão do concurso de Promotor de Justiça do Estado de São Paulo, ano 2017, banca própria:

5. Assinale a alternativa correta.

Ⓐ A revisão criminal só será conhecida após o trânsito em julgado da decisão condenatória, o esgotamento das vias recursais e o recolhimento do réu à prisão caso tenha sido determinada na decisão que se pretende desconstituir.

Ⓑ A Superior Instância conhecerá de recurso interposto no prazo legal, sendo irrelevante a renúncia ao direito de recorrer manifestado pelo acusado.

Ⓒ Tratando-se de nulidade, em recurso exclusivo da acusação, a Superior Instância deve reconhece-la, ainda que não tenha sido alegada pelo Ministério Público nas razões de recurso.

Ⓓ O provimento ao recurso interposto por um dos réus beneficia aos demais, com exceção daquele que houver expressamente renunciado ao direito de recurso.

Ⓔ O Ministério Público tem legitimidade para recorrer de sentença absolutória nos casos de ação privada em que atuou como custos legis.

Note que a questão é interdisciplinar, mas a resposta está na seara dos recursos no Processo Penal. Aqui, exige-se o conhecimento de verbete sumular nº 705, do STF:

> "A renúncia do réu ao direito de apelação, manifestado sem a assistência do defensor, não impede o conhecimento da apelação por este interposta"

Mas se pode ir além e consultar jurisprudência do STJ sobre o assunto, veiculada no RHC 50.739/SC:

> "Revela-se manifesto prejuízo acarretado ao recorrente, uma vez que sua condenação não foi analisada por profissional da área jurídica, não sendo possível concluir que o recurso de apelação deixou de ser interposto voluntariamente pela defesa técnica. Com efeito, não tendo a defesa dativa sido intimada pessoalmente da condenação, não houve juízo acerca do cabimento de recurso, o qual, acaso fosse positivo, prevaleceria sobre a manifestação do recorrente. Conforme dispõe o verbete n 705/STF, 'a renúncia do réu ao direito de apelação, manifestada sem a assistência do

defensor, não impede o conhecimento da apelação por este interposta".

Em razão do disposto, a letra "b" é a alternativa correta para a resolução da questão acima.

⊖ **6)** Nulidades processuais.

Dica: O assunto nulidades processuais têm recebido atenção dos examinadores, envolvendo questões de cunho prático, em especial das nulidades decorrentes de eventuais provas ilícitas. Assim, é essencial ler a lei seca e saber o entendimento atualizados dos Tribunais Superiores, sendo estes suplementados pela doutrina básica.

Veja questão do concurso do Ministério Público de Paraná, ano de 2017, realizado por banca própria para elucidar o tema:

67. Sobre nulidade, é incorreto afirmar:

A No processo penal a ausência de intimação do acusado e do seu defensor acerca da data da audiência realizada no juízo deprecado gera nulidade, sendo insuficiente que tenham sido intimados da expedição da carta precatória, consoante orientação do Superior Tribunal de Justiça.

B A homologação da prisão em flagrante e sua conversão em preventiva torna superada a alegação de nulidade por vício do auto flagrancial, pois há novo título a justificar a segregação cautelar.

C O julgador pode, ao exarar sentença condenatória, reconhecer a agravante da reincidência, ainda que ela não tenha sido descrita na denúncia, não configurando ofensa ao princípio da correlação.

D Nenhuma das partes poderá arguir nulidade a que haja dado causa, ou para que tenha concorrido.

E As regras contidas na lei processual penal, relacionadas às providências para realização do reconhecimento pessoal do acusado, configuram recomendação legal, e não uma exigência absoluta, razão pela qual sua inobservância não gera nulidade, conforme jurisprudência dominante do Superior Tribunal de Justiça.

A alternativa que deveria ser assinalada encontra-se na letra "a". Veja que a resposta passa pelo conhecimento da jurisprudência, mais especificamente da Súmula nº 273:

> Intimada a defesa da expedição da carta precatória, torna-se desnecessária intimação da data da audiência no juízo deprecado.

Agora vejamos questão do concurso do Estado do Mato Grosso do Sul realizado no ano de 2017:

34 - Assinale a alternativa correta:

A) Prescinde de mandado judicial a busca por objetos em interior de veículo de propriedade do investigado fundada no receio de que a pessoa esteja na posse de material que possa constituir corpo de delito, mesmo nos casos em que o veículo é utilizado como moradia, isso porque, nos termos do Código de Processo Penal, a busca nessa situação equipara-se à busca pessoal.

B) Na audiência de instrução e julgamento, porque iniciada a inquirição pelo próprio magistrado, em desobediência a ordem disposta no Código de Processo Penal, há nulidade relativa, devendo a parte interessada arguir a nulidade no próprio ato, sob pena de preclusão.

C) Segundo o Superior Tribunal de Justiça, há nulidade na interceptação telefônica deferida pela autoridade judicial quando atende a requerimento formulado pela Polícia Militar, atuando em cooperação em investigação realizada pelo Ministério Público, uma vez que não possui essa atribuição.

D) É lícita a produção da prova oral mediante a leitura pelo magistrado das declarações prestadas na inquisitória, para que a testemunha, em seguida, ratifique-as, uma vez que o magistrado realizará o filtro de credibilidade das informações apresentadas, não devendo o ato ser anulado, a fim de que seja refeita a colheita da prova testemunhal.

E) A gravação de conversa informal entre os policiais e o conduzido ocorrida quando da lavratura do auto de prisão em flagrante é admissível como elemento de prova, ainda que realizada sem o conhecimento prévio do conduzido.

Aqui, uma vez mais, exige-se a junção do conhecimento da letra da lei com a jurisprudência. Mas a resposta, em si, passa pelo fato de se ter nulidade relativa no caso concreto. O STJ assim já decidiu no HABEAS CORPUS nº 195.983 de relatoria Ministro Jorge Mussi:

> "1. A nova redação dada ao art. 212 do CPP, em vigor a partir de agosto de 2008, determina que as vítimas, testemunhas e o interrogado sejam perquiridos direta e primeiramente pela acusação e na sequência pela defesa, possibilitando ao magistrado complementar a inquirição quando entender necessário quaisquer esclarecimentos.
>
> 2. É cediço que no terreno das nulidades no âmbito no processo penal vige o sistema da instrumentalidade das formas, no qual se protege o ato praticado em desacordo com o modelo legal caso

> tenha atingido a sua finalidade, cuja invalidação é condicionada à demonstração do prejuízo causado à parte, ficando a cargo do magistrado o exercício do juízo de conveniência acerca da retirada da sua eficácia, de acordo com as peculiaridades verificadas no caso concreto.
>
> 3. Na hipótese em apreço, o ato impugnado atingiu a sua finalidade, ou seja, houve a produção das provas requeridas, sendo oportunizada às partes, ainda que em momento posterior, a formulação de questões às testemunhas ouvidas, respeitando-se o contraditório e a ampla defesa constitucionalmente garantidos, motivo pelo qual não houve qualquer prejuízo efetivo ao paciente.
>
> 4. Eventual inobservância à ordem estabelecida no artigo 212 do Código de Processo Penal cuida-se de vício relativo, devendo ser arguido no momento processual oportuno juntamente da demonstração da ocorrência do prejuízo sofrido pela parte, sob pena de preclusão, porquanto vige no cenário das nulidades o brocado pas de nullité sans grief positivado na letra do art. 563 do Código de Processo Penal, ou seja, em matéria penal, nenhuma nulidade será declarada se não demonstrado prejuízo (Precedentes STJ e STF)."

Veja ainda parte da decisão no HABEAS CORPUS nº 260.379, também do STJ, do relator Nefi Cordeiro:

> "(...) A jurisprudência desta Corte posiciona-se no sentido de que eventual inobservância ao disposto no art. 212 do CPP, gera nulidade meramente relativa, sendo necessário, para seu reconhecimento, a comprovação do efetivo prejuízo, o que inocorreu na espécie (...)"

Em razão dos entendimentos contidos na jurisprudência, a letra "b" era a alternativa que deveria ser assinalada.

Prosseguindo, vejamos questões do concurso do Estado do Ceará, ano 2019, banca CEBRASPE:

Questão 16. A ausência da assinatura das testemunhas em relatório circunstanciado de busca e apreensão legalmente realizada pela polícia consiste em

- **A** causa de nulidade absoluta da diligência realizada em qualquer tipo de procedimento penal.
- **B** causa de nulidade relativa da diligência realizada, que será validada somente se as testemunhas forem ouvidas em juízo posteriormente.
- **C** mera irregularidade formal na diligência realizada, não sendo causa de nulidade.

D causa de nulidade relativa da diligência realizada, que será validada somente se o advogado de defesa tiver comparecido na delegacia após a realização do ato.

E nulidade absoluta, desde que a diligência tenha sido realizada para atender procedimento da Lei de Combate às Organizações Criminosas.

A resposta para essa questão encontra-se na letra A. Para tal conclusão, por primeiro, consulte-se a seguinte decisão do STJ, no HC 65.215/MG, 5ª Turma, Rel. Min. LAURITA VAZ, DJ de 23/04/2007:

> "HABEAS CORPUS. PROCESSUAL PENAL. TRÁFICO ILÍCITO DE ENTORPECENTES. ALEGAÇÃO DE ILICITUDE DA PROVA, AUSÊNCIA DE MATERIALIDADE DO DELITO E NULIDADE DO LAUDO DEFINITIVO DE CONSTATAÇÃO DA SUBSTÂNCIA ENTORPECENTE. ILEGALIDADES NÃO EVIDENCIADAS.
>
> 1. Em casos de crimes permanentes, não se faz necessário a expedição de mandado de busca e apreensão, podendo, pois, a autoridade policial ingressar no interior do domicílio, a qualquer hora do dia ou da noite, para fazer cessar a prática criminosa e, como no caso em questão, apreender a substância entorpecente que nele for encontrada.
>
> 2. Por ser dispensada a expedição do mandado de busca e apreensão, também não há de se falar em sua nulidade, por descumprimento do disposto no art. 245, § 7º, do Código de Processo Penal. Ressalte-se, ademais, que a descrição da diligência e a assinatura das testemunhas constam do auto de prisão em flagrante.
>
> 3. Não se vislumbra a nulidade do laudo definitivo de constatação da substância entorpecente. Pelo que se extrai de seu próprio teor, bem como do consignado no acórdão ora hostilizado, não há qualquer divergência na data de sua realização.
>
> 4. Ordem denegada."

A isto se soma o disposto no artigo 245, parágrafo sétimo, do Código de Processo Penal – CPP:

> Art. 245. As buscas domiciliares serão executadas de dia, salvo se o morador consentir que se realizem à noite, e, antes de penetrarem na casa, os executores mostrarão e lerão o mandado ao morador, ou a quem o represente, intimando-o, em seguida, a abrir a porta.
>
> (...)
>
> § 7º Finda a diligência, os executores lavrarão auto circunstanciado, assinando-o com duas testemunhas presenciais, sem prejuízo do disposto no § 4º.

Pelo que se percebe nas questões, é essencial o domínio da literalidade legal. Mas, pela relevância da matéria, não se pode negligenciar o estudo jurisprudencial e da doutrina básica (em especial, de conceitos chaves de cada instituto), para que a primeira fase possa ser enfrentada a contento.

➔ **7)** Prisão e liberdade provisória.

Dica: Neste tópico, o foco das questões passa pela prisão preventiva (especialmente em suas hipóteses e pressupostos), seguido do tema liberdade provisória. Uma vez mais a cobrança se dá com mais ênfase para a letra da lei, seguida do entendimento jurisprudencial. Quanto ao aspecto doutrinário, este é mais exigido para questões de classificação das prisões, especialmente para a prisão preventiva.

A primeira questão analisada será do concurso de Promotor de Justiça de Goiás, ano 2019, banca própria:

> **44. Sobre a prisão cautelar, outras medidas cautelares e a liberdade provisória previstas no Código de Processo Penal, analise as afirmativas abaixo:**
>
> I - A prisão preventiva imposta à mulher gestante ou que for mãe ou responsável por crianças ou pessoas com deficiência será substituída por prisão domiciliar, desde que não tenha cometido crime com violência ou grave ameaça a pessoa e não tenha cometido o crime contra seu filho ou dependente.
>
> II - Dentre outas situações previstas em lei, poderá o juiz substituir a prisão preventiva pela domiciliar quando o agente for maior de 70 (setenta) anos; extremamente debilitado por motivo de doença grave; ou quando o acusado for imprescindível aos cuidados especiais de pessoa menor de 6 (seis) anos de idade ou com deficiência.
>
> III - Embora o Código de Processo Penal seja silente sobre o assunto, a jurisprudência do Supremo Tribunal Federal firmou que o homem, caso seja o único responsável pelos cuidados do filho de até 12 (doze) anos de idade incompletos, poderá ser beneficiado com a prisão domiciliar, por questões humanitárias e em analogia à situação da mulher.
>
> IV - Julgar-se-á quebrada a fiança quando o acusado regularmente intimado para ato do processo, deixar de comparecer, sem motivo justo; deliberadamente praticar ato de obstrução ao andamento do processo; descumprir medida cautelar imposta cumulativamente com a fiança; resistir injustificadamente a ordem judicial; praticar nova infração penal dolosa ou culposa.
>
> **Pode-se afirmar que:**
>
> **A** Apenas I e II estão corretas.
>
> **B** Apenas I está correta.

Ⓒ Apenas II e III estão corretas.

Ⓓ Apenas III e IV estão corretas.

Esta questão mescla conhecimento de lei seca e jurisprudência do STF. A resposta, no caso, é a letra "a". Veja-se a literalidade do disposto no artigo 318 do CPP:

> Art. 318-A. A prisão preventiva imposta à mulher gestante ou que for mãe ou responsável por crianças ou pessoas com deficiência será substituída por prisão domiciliar, desde que:
>
> I - não tenha cometido crime com violência ou grave ameaça a pessoa;
>
> II - não tenha cometido o crime contra seu filho ou dependente.

O item II está equivocado, em razão da redação do artigo 318, I, do CPP, o qual exige idade superior a 80 anos. O item III não é correto, pois o próprio CPP trata da possibilidade, em seu artigo 318, IV. Já o item IV é infirmado pelo artigo 341, IV, eis que não há previsão de quebramento em caso de prática de crime culposo.

Outra questão relevante para análise foi realizada por banca própria no concurso de Promotor de Justiça do Estado de São Paulo, ano 2017:

21. Assinale a alternativa correta.

Ⓐ Nas infrações penais de menor potencial lesivo, presente qualquer hipótese de flagrante delito, a autoridade policial deve lavrar o auto de prisão em flagrante delito, não podendo substitui-lo por termo circunstanciado.

Ⓑ Nas hipóteses de flagrante impróprio ou quase flagrante, é possível a prisão em flagrante delito dias depois da consumação do delito quando houver perseguição imediata e contínua.

Ⓒ Para a elaboração do auto de prisão em flagrante delito, indispensável a presença de, ao menos, duas testemunhas, não se incluindo nesse número a pessoa do condutor.

Ⓓ A conduta de policial que adquire droga, simulando ser usuário, invalida o auto de prisão em flagrante delito por se tratar de hipótese de flagrante preparado e constituir prova ilícita.

Ⓔ A não observância das formalidades legais na elaboração do auto de prisão em flagrante delito constitui nulidade absoluta, importando no relaxamento da prisão e na invalidação do auto de prisão em flagrante delito como peça informativa.

Para a resolução da questão, é necessário observar a lei seca, especialmente a literalidade do artigo 302 do CPP:

> Art. 302. Considera-se em flagrante delito quem:
>
> I- está cometendo a infração penal;
>
> II- acaba de cometê-la;
>
> III- é perseguido, logo após, pela autoridade, pelo ofendido ou por qualquer pessoa, em situação que faça presumir ser autor da infração;
>
> IV- é encontrado, logo depois, com instrumentos, armas, objetos ou papéis que façam presumir ser ele autor da infração.

A resposta correta está na letra "b". Perceba que esta questão exige o conhecimento da classificação doutrinária, que pode ser encontrada na obra de Renato Brasileiro de Lima:

> "O flagrante impróprio, também chamado de imperfeito, irreal ou quase-flagrante, ocorre quando o agente é perseguido logo após cometer a infração penal, em situação que faça presumir ser ele o autor do ilícito (CPP, art. 302, inciso III). Exige o flagrante impróprio a conjugação de 3 (três) fatores: **a)** perseguição (requisito de atividade); **b)** logo após o cometimento da infração penal (requisito temporal); **c)** situação que faça presumir a autoria (requisito circunstancial).
>
> O importante, no quase-flagrante, é que a perseguição tenha início logo após o cometimento do fato delituoso, podendo perdurar por várias horas, desde que seja ininterrupta e contínua, sem qualquer solução de continuidade. Carece de fundamento legal, portanto, a regra popular segundo a qual a prisão em flagrante só pode ser levada a efeito em até 24 (vinte e quatro) horas após o cometimento do crime.

Isso porque, nos casos de flagrante impróprio, desde que a perseguição seja ininterrupta e tenha tido início logo após a prática do delito, é

cabível a prisão em flagrante mesmo após o decurso desse lapso temporal."[2]

Por fim, questão do concurso de Promotor de Justiça do Ceará, ano 2019, banca CEBRASPE:

> **Questão 12: De acordo com o Código de Processo Penal, é cabível ao juiz substituir a prisão preventiva pela domiciliar a:**

2. LIMA, Renato Brasileiro. Manual de Processo Penal. 2. ed. rev., ampl. e atual. Editora Juspodium: Salvador, 2014. p. 865-866.

- **A** pessoa de setenta e cinco anos de idade condenada pela prática do crime de estelionato.
- **B** gestante condenada pelo crime de furto qualificado, desde que já tenha ultrapassado o sétimo mês de gravidez.
- **C** mulher que, condenada pelo crime de roubo, tenha filho de um ano de idade.
- **D** homem que, condenado pelo crime de corrupção passiva, seja o único responsável pelos cuidados do seu filho de dez anos de idade.
- **E** mulher que tenha praticado o crime de abandono de incapaz contra seu filho de cinco anos de idade.

A letra "d" aparece como alternativa correta e, mais uma vez, a questão passa pelo conhecimento da letra do CPP:

> Art. 318. Poderá o juiz substituir a prisão preventiva pela domiciliar quando o agente for:
>
> (...)
>
> VI - homem, caso seja o único responsável pelos cuidados do filho de até 12 (doze) anos de idade incompletos.

6 ANÁLISE DE QUESTÕES DISSERTATIVAS

A cobrança do Processo Penal na segunda fase do concurso de Promotor de Justiça é uma constante, seja em questões, seja em peças práticas, até mesmo pelo próprio cotidiano do agente ministerial.

O candidato que logrou êxito em vencer a primeira etapa deve passar a ter uma nova visão do concurso, isto porque deverá analisar o perfil da banca examinadora, suas predileções e assuntos mais estudados pelos membros, bem assim obras publicadas.

Não obstante, deve-se ir além do estudo da lei seca, até porque a consulta se mostra permitida. Por decorrência, o estudo deverá ser focado em doutrina e jurisprudência, fatores que farão a diferença nesta etapa.

Aqui, para fins de registro e orientação de estudos o concurso do MPRJ se equivale aos demais, na forma de cobrança.

A) Análise de questões discursivas:

Nessa etapa, os aspectos doutrinários e jurisprudenciais poderão fazer toda a diferença, mostrando a profundidade de conhecimento do candidato. Pontuo ainda a possibilidade de citação de eventuais normativas internacionais sobre a temática exigida, o que enriquecerá sua resposta. Também empreenda pesquisa sobre eventuais obras dos examinadores, o que poderá apontar para a área de interesse principal deles.

Primeiramente, vamos analisar uma parte de questão da banca CESPE, concurso de Promotor de Justiça do Estado de Roraima, ano 2017:

> **QUESTÃO 3**: Entre 2011 e 2014, José, proprietário de um laticínio, alterou o leite vendido por dois mercados e um supermercado que são os seus distribuidores em determinado município. A alteração consistiu na troca do leite de vaca puro por leite de vaca com a adição de formol em quantidade excessiva para aumentar-lhe o prazo de validade, atitude altamente nociva à saúde do consumidor. Para tanto, José contou com a ciência e o apoio de Bonifácio e Fausto — donos dos dois mercados — e de Adalberto — proprietário do supermercado. Ao tomar conhecimento dessa situação, Caio, servidor público do órgão de fiscalização local, procurou José e passou a exigir para si vantagem para liberar o leite alterado para entrega aos mercados e ao supermercado e, com isso, permitir a revenda ao consumidor final. A exigência foi aceita por José, e o valor variava conforme a quantidade de leite adulterado a ser liberado. Tendo em vista a ausência de registro de entrada e saída desses produtos nas empresas (laticínio, mercados e supermercado), seus proprietários disfarçavam o recebimento da renda obtida com as suas vendas. O mesmo ocorria com Caio em relação aos valores que recebia de José, uma vez que o exercício de seu cargo público era incompatível com a percepção de remunerações advindas de outras atividades.
>
> (...)
>
> Caso fosse feita proposta de acordo de colaboração espontânea ou de delação premiada, aceita por quaisquer dos envolvidos e homologada pelo juízo que processa o feito, desde que cumpridos os requisitos legais, qual(is) poderia(m) ser a(s) consequência(s) para o direito estatal de punir? [valor: 1,00 ponto]"

Aqui, a cobrança se deu pautada em legislação esparsa, especificamente na Lei nº 12850/13. Perceba que a questão é ampla, propiciando ao candidato o desenvolvimento do conhecimento.

O espelho publicado pela banca assim definiu os pontos que eram esperados para a resolução da resposta:

> "(...) para a proposta de acordo de colaboração espontânea ou delação premiada, aceita por quaisquer dos envolvidos e homologada pelo juízo que processa o feito, desde que cumpridos os requisitos legais, as consequências para o direito estatal de punir são:
>
> a) na lavagem de dinheiro, conforme art. 1.º, § 5.º, da Lei n.º 9.613/2009, com alterações da Lei n.º 12.683/2012: redução da

pena, cumprimento da pena em regime aberto ou semiaberto, aplicação ou substituição da pena privativa de liberdade por pena restritiva de direitos ou, também, aquelas previstas na Lei n.º 12.850/13, quais sejam: concessão de perdão judicial, redução ou substituição da pena privativa de liberdade por restritiva de direitos, conforme art. 3.º, inciso I, c/c art. 4.º e seguintes, da Lei n.º 12.850/2013;

b) na organização criminosa, conforme art. 3.º, inciso I, c/c art. 4.º e seguintes, da Lei n.º 12.850/2013: concessão de perdão judicial, redução ou substituição da pena privativa de liberdade por restritiva de direitos."

Evidente que o espelho de prova trata-se do mínimo exigido para a resolução satisfatória da questão, mas nada impediria o candidato de aprofundar a resposta.

Agora vejamos questão da segunda fase do concurso de Minas Gerais, ano 2017, banca própria, Grupo II:

QUESTÃO 1 –Valor: 4 (quatro) pontos: Para mais profunda sujeição do processo penal brasileiro ao princípio da correlação, as regras que o disciplinam, durante décadas mantidas inalteradas, foram objeto de modificações. Aborde, consoante as lições da doutrina e jurisprudência, as alterações da nova disciplina, destacando, entre outros aspectos: os princípios que de modo mais direto se vinculam ao da correlação, o respeito ao sistema processual brasileiro, as mudanças procedimentais introduzidas, seu fundamento, e os limites de seu cabimento e necessidade.

Observe o limite máximo de 60 (sessenta) linhas, nele já compreendida norma legal eventualmente transcrita.

Uma vez mais, note que a questão veio bastante "aberta", propiciando ao candidato explorar a temática de modo amplo. Atente também que a própria questão exige conhecimento da doutrina e jurisprudência, reforçando o dito acima, de que a letra da lei é insuficiente para esta fase do concurso.

Ora examinemos a questão realizada para o ingresso do MPRJ, da segunda fase, ano 2016:

4ª Questão – Direito Processual Penal (Valor: 50 pontos). À luz dos princípios constitucionais e supralegais do processo, é admissível a instituição das audiências de custódia por intermédio de ato normativo da presidência do Tribunal, nela oficiando juízes e promotores designados pelas respectivas Instituições? Ainda de acordo com tais princípios, são válidas as decisões e manifestações oriundas desses agentes políticos designados? Resposta objetivamente fundamentada.

Perceba que a questão exigia conhecimento específico, inclusive do STF, na ADI 5240/SP (ocasião que se debateu o provimento conjunto 3/2015 do TJSP), em que se chancelou a legalidade do ato trazido pela questão.

⊖ b) Análise das peças práticas:

Também será exigida, muito provavelmente, peça prática relacionada ao processo penal, sendo, por isso, imprescindível que o candidato tenho o modelo (aspecto formal) de cada peça memorizada.

O treino prático é essencial, sendo que o candidato deverá repetir diversas vezes cada peça, de modo a montar um "esqueleto" mental dela. Assim, por exemplo, para a confecção de uma denúncia é importante saber exatamente como endereçar a peça, forma de organização dos assuntos e crimes, ter conhecimento de como denunciar eventual concurso de pessoas ou crime tentado, bem como a forma de montagem dos pedidos finais e as diligências da cota.

Já para alegações finais é necessário saber com clareza como e onde enfrentar, por exemplo, preliminares, nulidades, bem como uma abordar uma prova debatida, assim como o pleito final.

Já para a questão de recursos é fundamental que o candidato saiba o endereçamento, necessidade da peça de interposição, onde enfrentar cada pleito defensivo e pedidos finais, dentre outros.

Fato é que todas as peças têm um padrão formal similar. De todo modo, inegável que cada Ministério Público pode ter uma predileção por aspecto de apresentação de denúncia criminal (por exemplo, mais enxuta ou mais detalhada). Por isso, sugiro ao candidato que consulte a forma que os membros da Instituição a qual pretende ingressar elaboram suas peças práticas, o que pode ser feito, facilmente, por pesquisa na internet.

A partir de agora, vamos analisar algumas peças práticas exigidas nos certames, cabendo destacar, desde logo, que as peças mais exigidas nos concursos avaliados foram: denúncia criminal, recursos (apelação/ recurso sentido estrito) e respectivas contrarrazões.

Frise-se que nos concursos realizados para o ingresso no cargo de Promotor de Justiça no MPRJ anos 2016 e 2019 não foram exigidas peças práticas.

Assim, primeiramente, será analisada a peça prática vamos ao concurso do MPSP, ano 2019:

PEÇA PRÁTICA - Fulano de tal foi denunciado por infração ao artigo 33, "caput", da Lei no 11.343/06, porque segundo a denúncia, ele foi surpreendido mantendo, sob sua guarda, 30 (trinta) pinos plásticos com a substância entorpecente cocaína, 40 (quarenta) com "crack" e 20 (vinte) com maconha, acompanhados de dois sacos plásticos com dezenas de pinos vazios e uma balança de precisão. Segundo o apurado, policiais militares foram noticiados da prática da traficância no imóvel ocupado pelo indiciado e para lá rumaram, surpreendendo-o após tentativa de fuga. Mediante busca no interior da moradia, encontraram as drogas e os demais objetos acima referidos. Ainda com a autorização do denunciado, tiveram acesso às mensagens de textos do seu aparelho celular, que indicavam a comercialização de drogas com terceiros em datas variadas. Recebida a denúncia, na resposta à acusação, a Defensoria Pública alegou a inocência do acusado e arrolou testemunhas. Em juízo, as testemunhas policiais confirmaram a apreensão das drogas e dos demais objetos nas circunstâncias narradas na denúncia, e as testemunhas defensórias disseram que o acusado era usuário de droga. No interrogatório, o réu admitiu a posse das drogas, as quais, entretanto, alegou que eram destinadas para uso próprio. Encerrada a instrução e vencida a fase para pedido de diligências complementares, a defesa requereu a liberdade provisória do acusado, em razão do excesso de prazo procedimental para o qual não deu causa, o que foi deferido pelo juízo, apesar da manifestação desfavorável da acusação. Após, o representante do Ministério Público requereu a procedência da ação penal nos termos da acusação inicial, ao passo que a defesa buscou a desclassificação para o crime do art. 28 da Lei no 11.343/06 e, alternativamente, a aplicação do redutor do § 4o do art. 33 da Lei no 11.343/06 no máximo (2/3), eis que se tratava de acusado primário e não havia nos autos notícia do seu envolvimento anterior com a traficância, com consequente fixação do regime de pena aberto e substituição da pena privativa da liberdade. Na sentença, o acusado foi condenado, nos termos da imputação inicial, à pena de 6 (seis) anos de reclusão e ao pagamento de 600 (seiscentos) dias-multa, base mínima, sem pagamento das custas processuais. Para tanto, a pena-base foi majorada de 1/5 e afastou-se a aplicação do redutor pleiteado ante as circunstâncias do caso concreto, fixando-se, ainda, o regime de pena inicial fechado à vista de tais circunstâncias. Deferiu-se o apelo em liberdade. A defesa apelou tempestivamente da decisão, sustentando, em preliminar, o reconhecimento das seguintes causas de nulidade: ilicitude da prova, eis que houve violação do domicílio do acusado para a apreensão das drogas, sem prévia autorização judicial; ilicitude da prova em razão do acesso às mensagens de textos do aparelho celular do acusado, sem prévia autorização judicial; cerceamento de defesa ante a ausência de instauração de incidente de dependência toxicológica, pois se tratava de acusado usuário de droga. No mérito, sustentou a fixação da pena-base no piso, o reconhecimento da atenuante da confissão e renovou o pedido para a aplicação do redutor do § 4o do art. 33 da Lei no 11.343/06 no máximo (2/3), com consequente fixação do regime de pena aberto e substituição da pena privativa da liberdade. Recebido o recurso e transitada em julgada a decisão para a acusação, os autos foram remetidos ao Ministério Público.

COMO REPRESENTANTE DO MINISTÉRIO PÚBLICO, ELABORE AS CONTRARRAZÕES DE RECURSO, ANALISANDO DE FORMA FUNDAMENTADA AS TESES SUSTENTADAS PELA DEFESA, BEM COMO EVENTUAIS PEDIDOS RESULTANTES DAS CIRCUNSTÂNCIAS DO CASO. DISPENSA-SE A ELABORAÇÃO DO RELATÓRIO."

Desde logo, a própria banca indicou qual a peça (contrarrazões ao recurso) a ser confeccionada. A partir disto, o candidato já deve estar familiarizado com a estrutura básica da peça, ou seja, o "esqueleto" da peça.

No caso sob comento, por exemplo, deverá haver a peça de interposição recursal, questão formal, mas essencial. Prosseguindo, perceba que, na questão, o candidato deveria enfrentar, de modo fundamentado as preliminares (nulidades) e o mérito (dosimetria e regime de cumprimento de pena).

Algumas dicas relevantes para facilitar a confecção da peça:

a) Faça a divisão da peça em tópicos, para uma abordagem mais didática. Por exemplo: 1. Das preliminares; 1.1 Da ilicitude das provas; 1.2 Do cerceamento de defesa (...). 2. Do mérito; 2.1 Da dosimetria da pena (...).

b) Dentro de cada tópico, demonstre todo o conhecimento da lei, doutrina e jurisprudência, sempre que possível, pois isto atestará um maior domínio de cada tema.

c) O uso da correta linguagem jurídica é essencial nesta etapa. Assim, lembre-se, por exemplo, que se trata de recurso, então use os termos recorrente (apelante) e recorrido (apelado) e não mais réu. No mesmo sentido, não se pode descuidar da parte dos pedidos finais, utilizando-se sempre os termos jurídicos apropriados, tal como: "pelo conhecimento e não provimento do recurso".

Apenas a título de informação, a mesma peça, Contrarrazões ao Recurso, foi exigida nos concursos do MPMG, realizados nos anos de 2017 e 2019.

Agora passemos a analisar questão prática, banca CEBRASPE, concurso de Roraima, ano 2017:

PEÇA I – PEÇA PROCESSUAL PENAL

"No dia 6/5/2017, Fernando Sousa relatou a agentes da 2.ª Delegacia de Polícia de Boa Vista (2.ª DP) que ele, seu irmão Leonardo Sousa e o amigo Bernardo Silva estavam no bar de sua propriedade e de seu irmão — situado em Boa Vista, na rua A, lote 1 —, no dia 5/5/2017, por volta das dezessete horas, quando dois indivíduos — um deles portando arma de fogo — anunciaram assalto, exigindo que fossem entregues celulares e dinheiro. Bernardo Silva identificou o assaltante que portava a arma e disse: "Tonho, é você?" Após a pergunta, os assaltantes ficaram mais nervosos e Tonho, que estava de posse da arma de fogo, começou a efetuar disparos com ela. Leonardo estava na frente de Bernardo e acabou levando três tiros: um em um dos ombros, um no tórax e um de raspão em um dos braços. Com os disparos, as vítimas saíram correndo e não atentaram para o destino dos assaltantes. O irmão da vítima informou que estava com muito dinheiro em espécie porque era dia de pagamento dos seus empregados, o que seria feito ao final do expediente. Fernando afirmou, ainda, que não conhecia Tonho, visto que era Leonardo quem lidava com o comércio, e forneceu a relação com os dados de todos os ex-empregados, na qual constava o nome de Antônio Mourão, que passou a ser o principal suspeito. Por fim, informou que os assaltantes não levaram dinheiro algum que estava em sua posse, tampouco os celulares. Leonardo está internado e não corre risco de morte; segundo boletim médico, ele beneficiou-se do pronto atendimento que lhe foi prestado e do fato de a bala que atingiu seu peito ter passado no meio de duas artérias vitais, sem atingi-las. Tendo coletado tais dados, os agentes Carlos Batista e Felipe Gonçalves se deslocaram à residência de Bernardo e encontraram sua esposa, Patrícia Silva, muito preocupada, pois havia recebido uma ligação do marido e ele lhe havia dito que tinha sofrido um assalto e que Antônio Mourão, vulgo Tonho, seu amigo pessoal e ex-empregado do comércio dos irmãos Sousa, teria efetuado vários disparos contra Leonardo. Bernardo disse também que estava receoso por ter reconhecido o assaltante, e avisou que iria para Mucajaí, local onde moravam seus pais, a fim de ali permanecer por algum tempo e sair de cena, para não sofrer qualquer vingança por parte dos assaltantes. Diante desses fatos, o delegado da 2.ª DP entrou em contato com o delegado de Mucajaí, com vistas a encontrar e interrogar Bernardo, para confirmar a participação de Tonho e obter informações a respeito do outro indivíduo, que ainda não havia sido identificado. Agentes de Mucajaí foram à residência dos pais de Bernardo, os quais negaram que o filho estivesse lá. Na manhã do dia 7/5/2017, a delegacia de Mucajaí recebeu a informação de que tinham sido ouvidos tiros e gritos em área rural próxima

> à entrada da cidade, na BR-174. Os tiros teriam sido efetuados por volta das quatro horas da manhã daquele mesmo dia. Os policiais dirigiram-se então para a entrada da cidade e, na Fazenda Luz, encontraram o corpo de Bernardo com dois tiros, um na nuca e outro em uma das pernas. Em diligências na avenida principal, os agentes conseguiram uma gravação de um estabelecimento local, na qual aparecia uma pessoa sendo abordada no posto de gasolina e sendo levada para uma motocicleta por duas outras pessoas. As imagens foram encaminhadas à 2.ª DP, que as tendo analisado, identificou, de forma clara, Claudenilson Pereira, vulgo Manezinho, infrator conhecido pela frieza de seus atos. Os agentes da 2.ª DP, Carlos e Felipe, foram, então, entrevistar Manezinho, que friamente confessou sua participação nos dois atos e confirmou que seu amigo, Tonho, o havia convidado para a prática delituosa. Manezinho explicou que Tonho, tendo ficado desesperado por ter sido reconhecido, perseguiu Bernardo até Mucajaí e o arrastou para o matagal da fazenda, onde efetuou os dois tiros. O primeiro tiro atingiu uma das pernas de Bernardo, que, ao cair no chão, foi atingido pelo outro tiro, na nuca. Manezinho negou ter efetuado qualquer disparo, mas informou que a arma era sua. Manezinho desapareceu após o depoimento e foi encontrado morto em 11/5/2017. Em seu corpo, havia diversas perfurações. Não se sabe quem o matou. Com as informações colhidas no depoimento de Manezinho, em 14/5/2017 o delegado da 2.ª DP localizou Antônio Mourão, qualificou-o (fls. 231 do inquérito policial) e procedeu ao seu interrogatório. O indiciado utilizou seu direito de ficar calado. Relatado, o inquérito policial foi encaminhado para a central de denúncias, que centraliza todos os inquéritos policiais do estado.
>
> Partindo da premissa de que tanto a comarca de Mucajaí quanto a de Boa Vista possuam uma vara específica criminal e uma vara específica do tribunal do júri, redija, na condição de promotor de justiça, a peça adequada à situação hipotética em questão. Não crie fatos novos nem qualifique o acusado."

A peça exigida, como se vê, é a denúncia criminal. Vejamos o espelho trazido pela banca:

> **"Espera-se que, em linhas gerais, o candidato apresente resposta semelhante à que se segue.**
>
> Excelentíssimo Senhor Juiz de Direito do Tribunal do Júri de Mucajaí
>
> O Ministério Público de Roraima vem por meio do Promotor de Justiça signatário oferecer Denúncia contra Antônio Mourão, vulgo Tonho, pelos seguintes fatos narrados abaixo:
>
> **1.ª SÉRIE DE FATOS**
>
> No dia 5 de maio de 2017, por volta das dezessete horas, na rua A, Lote 1, Boa Vista, o denunciado, de forma livre e consciente

e com unidade de desígnios com o Claudenilson Pereira, vulgo Manezinho, já falecido, tentou subtrair, mediante grave ameaça e violência exercida com emprego de arma de fogo, celulares e dinheiro em espécie das vítimas Fernando Sousa, Leonardo Sousa e Bernardo Silva, efetuando três disparos de arma de fogo na vítima Leonardo, não consumando o resultado morte por circunstâncias alheias à sua vontade, pelo fato de nenhum dos tiros ter atingido região vital e pelo pronto atendimento médico prestado. Segundo consta dos autos, Antônio Mourão e Claudenilson Pereira abordaram as vítimas anunciando o assalto. Ao perceber que conhecia um dos autores, a vítima Bernardo Silva disse: "Tonho, é você?", fazendo que Antônio Mourão, que portava a arma de fogo, efetuasse três disparos, que atingiram Leonardo em um dos ombros, no peito e de raspão em um dos braços. Ato contínuo, as vítimas fugiram do local, sem que o denunciado e seu parceiro levassem qualquer objeto.

2.ª SÉRIE DE FATOS

No dia 7 de maio de 2017, por volta das quatro horas da manhã, na Fazenda Luz, em Mucajaí, o denunciado Antônio Mourão, livre e conscientemente, e em comunhão de esforços com Claudenilson Pereira, matou Bernardo Silva, mediante disparos de arma de fogo. O delito ocorreu mediante recurso que dificultou a defesa da vítima, já que ela foi morta com um tiro na nuca, não tendo qualquer possibilidade de se defender. O crime ocorreu para assegurar a impunidade de outro crime, no caso, a tentativa de latrocínio narrada na primeira série delitiva. Consta dos autos que após a prática do primeiro delito, o denunciado Antônio Mourão e Claudenilson Pereira começaram a perseguição à vítima, vindo a encontrá-la no município de Mucajaí, em frente à avenida principal. Ao alcançarem a vítima, levaram-na à Fazenda Luz e lá Antônio Mourão efetuou dois disparos, um em uma das pernas e um último na nuca de Bernardo Silva.

DO PEDIDO

Desse modo, o denunciado Antônio Mourão está incurso na prática dos crimes previstos no artigo 157, § 3.º, in fine, c/c art. 14, II, ambos do Código Penal; 121, § 2.º, IV e V, do mesmo diploma legal, a saber, tentativa de latrocínio, homicídio qualificado por recurso que dificultou a defesa da vítima e para assegurar a impunidade de outro crime. Ante o exposto, requer o Ministério Público seja recebida a presente denúncia, citando-se o denunciado para responder a todos os atos processuais subsequentes, sob pena de revelia e intimando-se as pessoas abaixo arroladas, a fim de que esclareçam sobre os fatos narrados acima, até a pronúncia do acusado e a posterior condenação no Tribunal do Júri.

DATA ASSINATURA

Rol de testemunhas

1 – FERNANDO SOUSA – vítima

2 – LEONARDO SOUSA – vítima

3 – PATRÍCIA SILVA – testemunha

4 – CARLOS BATISTA – Agente de polícia

5 – FELIPE GONÇALVES – Agente de polícia"

Atente que a própria banca ofereceu espelho divido em tópicos, como acima recomendado. Por relevante, na questão que o candidato se atente aos seguintes aspectos:

- O endereçamento, à Vara do Tribunal do Júri, que atrai os crimes conexos.
- Também interessante ver o método de escrita do crime tentado (1 série de fatos), sendo que, em casos como estes, deve haver a explicação de porque o crime não se consumou.
- Destaque-se ainda a necessidade de trazer todos os detalhes dos crimes envolvidos no caso, tal como o parágrafo terceiro do artigo 157 do Código Penal na primeira série de fatos, bem assim as qualificadoras do delito de homicídio.
- Também não se pode descuidar da parte dos pedidos e do rol testemunhal, como ainda da cota ministerial.

Para fins estatísticos, esta mesma peça, por exemplo, foi exigida no concurso de Goiás (2016), São Paulo (2017), Paraná (2016, 2017 e 2018), pelo que, facilmente se percebe a relevância do domínio dela. Perceba que, mesmo com a variação de bancas, a matéria exigida não se altera.

7 DICAS FINAIS PARA OS CANDIDATOS

Como já dito e comprovado pela análise acima empreendida, é necessário, para que se alcance o sucesso na matéria processual penal, a junção dos três pilares: letra da lei, jurisprudência e doutrina básica. Sem tal arcabouço será bastante difícil a aprovação do candidato.

Repiso que o Processo Penal é matéria central do concurso para Promotor de Justiça, devendo ser dedicado a ele um razoável tempo durante a preparação. De todo modo, guarde para si que o êxito do concurso não passa pelo sofrimento, não é preciso sofrer para ser aprovado. O que se exige é muito mais dedicação aos estudos, tornando isso uma rotina diária.

A dedicação deve incluir estudo aos finais de semana, o que encurtará, por certo, o tempo de sua aprovação. Para isto e para otimizar seu tempo, reitero, monte tabelas, faça um estudo organizado por dia e por matéria, resolva questões para ter a percepção de quais são seus pontos mais fracos, que necessitam de reforço.

Ressalta-se que não existe fórmula mágica para aprovação, sendo certo que a dedicação, em conjunto com o direcionamento correto de como e o que estudar, são diferenciais da preparação de cada candidato.

Pense que cada dia estudado será um dia a menos para a sua posse no cargo. Tenha a certeza que cada dia de estudo valerá a pena, não deixe de estudar, seja qual for a razão, até porque a matéria estudada neste dia poderá ser o fator que levará ao sucesso.

Por fim, é essencial ao candidato conhecer a instituição que almeja fazer parte, na condição de membro. Assim, entre no site e redes sociais do respectivo Ministério Público para ir se familiarizando, para perceber a linha de atuação e os pontos mais relevantes.

REFERÊNCIAS BIBLIOGRÁFICAS

BRASIL. **Código de Processo Penal**. Decreto-lei nº 3.689, de 3 de Outubro de 1941. Brasília: DF.

BRASIL. **Código Penal**. Decreto-Lei nº 2.848, de 7 de Dezembro de 1940. Brasília: DF.

BRASIL. **Constituição da República Federativa do Brasil**, 1988. Brasília: DF.

BRASIL. **Lei das Organizações Criminosas**. Lei nº 12.850, de 02 de Agosto de 2013. Brasília: DF.

BRASIL. **Lei dos Juizados Especiais**. Lei nº 9099, de 26 de Setembro de 1995. Brasília: DF.

BRASIL. **Lei Maria da Penha.** Lei nº 11.340, de Agosto de 2006. Brasília: DF.

BRASIL. **Lei nº 9.296,** de 24 de Julho de 1996. Brasília: DF.

CEBRASPE. **Edital Promotor de Justiça Substituto, Ministério Público do Estado do Ceará, 2019.** Disponível em: <https://www.cebraspe.org.br/concursos/mp_ce_19_promotor> Acesso em: 07 set. 2020.

CESPE. **Edital Promotor de Justiça Substituto, Ministério Público do Estado de Roraima, 2017.** Disponível em: <http://www.cespe.unb.br/concursos/mp_rr_17_promotor/> Acesso em: 08 out. 2020.

CESPE, Centro de Seleção e de Promoção de Eventos Universidade de Brasília. **Edital Promotor de Justiça Substituto, Ministério Público do Estado do Piauí, 2018.** Disponível em: <http://www.cespe.unb.br/concursos/mp_pi_18_promotor/> Acesso em: 03 set. 2020.

FCC, Fundação Carlos Chagas. **Edital Promotor de Justiça Substituto, Ministério Público do Estado de Mato Grosso, 2019**. Disponível em: <https://www.concursos-fcc.com.br/concursos/mpemt119/index.html> Acesso em: 08 out. 2020.

LIMA, Renato Brasileiro. **Manual de Processo Penal**. 2. ed. rev., ampl. e atual. Editora Juspodium: Salvador, 2014.

MPMG, Ministério Público do Estado de Minas Gerais. **Edital Promotor de Justiça Substituto, 2017.** Disponível em: <https://www.mpmg.mp.br/acesso-a-informacao/concursos/membros/lv-concurso-de-promotor-de-justica-substituto/> Acesso em: 14 set. 2020.

MPMS, Ministério Público do Mato Grosso do Sul. **Edital para Promotor de Justiça Substituto, 2017.** Disponível em: <https://www.mpms.mp.br/concursos/38> Acesso em: 28 ago. 2020.

MPPR, Ministério Público do Estado do Paraná. **Edital Promotor de Justiça Substituto, 2018.** Disponível em: <http://concursos.mppr.mp.br/concursos/detalhes_concurso/95> Acesso em: 08 out. 2020.

MPPR, Ministério Público do Estado do Paraná. **Edital Promotor de Justiça Substituto, 2017.** Disponível em: <http://concursos.mppr.mp.br/concursos/detalhes_concurso/94> Acesso em: 08 out. 2020.

MPPR, Ministério Público do Estado do Paraná. **Edital Promotor de Justiça Substituto, 2016.** Disponível em: <http://concursos.mppr.mp.br/concursos/detalhes_concurso/93> Acesso em: 08 out. 2020.

MPRJ, Ministério Público do Estado do Rio de Janeiro. **Edital Promotor Substituto, 2016.** Disponível em: <http://www.mprj.mp.br/transparencia/concursos/promotor-de-justica/xxxiv> Acesso em: 10 out. 2020.

MPRJ, Ministério Público do Estado do Rio de Janeiro. **Edital Promotor Substituto, 2018.** Disponível em: <http://www.mprj.mp.br/transparencia/concursos/promotor-de-justica/xxxv> Acesso em: 10 out. 2020.

MPRO, Ministério Público do Estado de Rondônia. **Edital Promotor de Justiça Substituto, 2017.** Disponível em: <https://www.mpro.mp.br/web/concursos/promotores-de-justica> Acesso em: 18 set. 2020.

MPSC, Ministério Público do Estado de Santa Catarina. **Edital Promotor de Justiça, 2019.** Disponível em: <https://mpsc.mp.br/concurso-promotor-de-justica/41-concurso> Acesso em: 08 out. 2020.

MPSC, Ministério Público do Estado de Santa Catarina. **Edital Promotor de Justiça, 2016.** Disponível em: <https://mpsc.mp.br/40-concurso/comunicados> Acesso em: 08 out. 2020.

MPSP, Ministério Público do Estado de São Paulo. **Edital Promotor de Justiça Substituto, 2019.** Disponível em: <http://www.mpsp.mp.br/portal/page/portal/concursos/membros/93_concurso> Acesso em: 10 set. 2020.

MPSP, Ministério Público do Estado de São Paulo. **Edital Promotor de Justiça Substituto, 2017.** Disponível em: <http://www.mpsp.mp.br/portal/page/portal/concursos/membros/92_Concurso> Acesso em: 02 set. 2020.

STJ, Superior Tribunal de Justiça. **Informativo da Jurisprudência nº 587, 2016.** Disponível em: <https://scon.stj.jus.br/SCON/SearchBRS?b=INFJ&tipo=informativo&livre=@COD=%270587%27> Acesso em: 03 ago. 2020.

STJ, Superior Tribunal de Justiça. **RESP 1540151 MT 2015/0067745-2.** Disponível em: <https://stj.jusbrasil.com.br/jurisprudencia/864105626/recurso-especial-resp-1540151-mt-2015-0067745-2/inteiro-teor-864105633?ref=juris-tabs> Acesso em: 20 set. 2020.

STJ, Superior Tribunal de Justiça. **Súmula nº 122.** Disponível em: <https://ww2.stj.jus.br/docs_internet/revista/eletronica/stj-revista-sumulas-2010_8_capSumula122.pdf> Acesso em: 01 out. 2020.

STJ, Superior Tribunal de Justiça. **Informativo nº 615, 2017.** Disponível em: <http://www.stj.jus.br/docs_internet/informativos/PDF/Inf0615.pdf> Acesso em: 25 set. 2020.

DIREITO ELEITORAL

Bruno Rinaldin

1 BIBLIOGRAFIA INDICADA E MÉTODO

A matéria de direito eleitoral tem sido cobrada de maneira bastante variada nos concursos públicos para o ingresso na carreira de Promotor de Justiça no Ministério Público Estadual, existindo concursos que abordam tal assunto com várias questões já na primeira fase e outros que não trazem questão alguma durante todo o certame.

De todo modo, ante o elevado nível de exigência nos concursos, não se pode "deixar de lado" qualquer matéria, todavia, é essencial que se desenvolva um pensamento estratégico para que o sucesso seja obtido nas provas. Assim, apesar da relevância do direito eleitoral, essa temática não deve receber o mesmo tempo de dedicação voltado às matérias de Processo Penal, Constitucional, entre outras.

Para o êxito nas questões de direito eleitoral, se sugere que o estudo da matéria em si ocorra essencialmente pela análise da lei seca, visto que o conhecimento acerca do arcabouço jurídico do direito eleitoral é o aspecto mais importante para todas as fases do concurso.

Posteriormente, em razão da ordem de importância, recomenda-se o estudo da jurisprudência, seja do Supremo Tribunal Federal – STF seja do Tribunal Superior Eleitoral – TSE, especialmente sob o foco dos informativos e das respectivas súmulas de cada tribunal.

Por derradeiro ressalta-se a importância da parte bibliografia. Quanto a este viés, o livro "Sinopses para concurso – volume 40 – Direito

Eleitoral", da editora Juspodium, de autoria de Jaime Barreiros Neto, se mostra suficiente para os estudos dessa temática. De modo complementar, indica-se a obra "Curso de Direito Eleitoral", da editora Juspodium, de autoria de Roberto Moreira de Almeida, caso seja necessário o aprofundamento sobre o tema.

No âmbito do direito eleitoral, a resolução de questões também é ferramenta essencial a ser adotada, devendo fazer parte da rotina de estudos do candidato. Aqui indica-se a obra "Revisaço", da editora Juspodium, seja ela focada para o Ministério Público Estadual como um todo, de autoria de Rogério Sanches Cunha, seja ela focada tão somente para a matéria Direito Eleitoral, de autoria de Jaime Barreiras Neto.

2 CONTEÚDO PROGRAMÁTICO NOS EDITAIS DOS CONCURSOS PARA O MINISTÉRIO PÚBLICO ESTADUAL

A forma dos conteúdos publicados nos editais varia, mas o conteúdo exigido, ao fim, é o mesmo. Assim, no intuito de aprofundar as matérias mais exigidas nos certames, empreendeu-se análise das provas aplicadas para o cargo de Promotor de Justiça, no universo dos últimos cinco anos, de 2016 até 2020.

Neste intervalo temporal, não houve concurso nos Estados do Amazonas, Tocantins, Espirito Santo, Acre, Maranhão, Pernambuco, Sergipe, Amapá, Alagoas, Distrito Federal e Territórios e Pará.

Das provas consultadas, três foram elaboradas pela CESPE/CEBRASPE, duas pela Fundação Carlos Chagas – FCC, uma pela Fundação CEFETBAHIA e 17 pelos próprios Ministérios Públicos, por meio da constituição de banca própria.

Peguemos, apenas como exemplo, o edital para o cargo de Promotor de Justiça no Estado do Paraná, no ano 2018, realizado por meio de banca própria:

EDITAL PARA O CARGO DE PROMOTOR DE JUSTIÇA, BANCA PRÓPRIA , ESTADO DO PARANÁ – 2018.
1) Direito Eleitoral. Fontes e Conceitos. Princípios Constitucionais. Formas e Sistema de Governo. Regime Político. Regime Democrático. Princípios e Valores Democráticos. Mandato Político Representativo. O sufrágio.

2) Organização Territorial do Eleitorado. Organização Judiciária Eleitoral. Tipos de Divisão Territorial do Eleitorado. Circunscrições, Zonas e Seções Eleitorais. Alistabilidade. Elegibilidade. Votos Válidos, Quociente Eleitoral e Quociente Partidário. Percentual de Votação Mínima. Distribuição dos Restos. Órgãos e Composição da Justiça Eleitoral. Tribunal Superior Eleitoral. Tribunal Regional Eleitoral. Juízes Eleitorais. Juntas Eleitorais. Juízes Auxiliares. Competência.
3) Ministério Público Eleitoral. Conformação Constitucional. Função Eleitoral, Ministério Público Federal e Ministério Público Estadual. Legitimidade. Funções. Preferências. Impedimentos. Promotor(a) Eleitoral.
4) Alistamento Eleitoral. Garantias Eleitorais. Alistáveis e Inalistáveis. Alistamento Obrigatório e Facultativo. Garantias Eleitorais - Espécies. A Liberdade do Voto.
5) Partidos Políticos na Constituição Federal. Lei dos Partidos Políticos. Filiação Partidária. Arrecadação e Prestação de Contas. Fidelidade Partidária.
6) Eleições. Eleições Majoritárias, Proporcionais e Processo Eleitoral. Convenções Partidárias. Registro de Candidatos e Impugnações. Atos Preparatórios. Apuração. Diplomação. Plebiscito e Referendo.
7) Propaganda Política. Propaganda Partidária e Propaganda Eleitoral. Espécies e Vedações Legais. Direito de Resposta. Princípios. Transporte e Alimentação de Eleitores. Boca de Urna. Pesquisas Eleitorais.
8) Inelegibilidades. Condições de Elegibilidade. Inelegibilidades Supervenientes. Uso Indevido, Desvio ou Abuso do Poder Econômico ou do Poder de Autoridade, ou Utilização Indevida de Veículos ou Meios de Comunicação Social. Ação de Impugnação de Mandato Eletivo. Recurso Contra a Expedição do Diploma. Condutas Vedadas aos Agentes Públicos. Captação Ilícita de Sufrágio. Arrecadação e Gastos de Recursos (Art. 30-A, da Lei nº 9.504/97).
9) Crimes Eleitorais. Processo Penal Eleitoral. Disposições Gerais sobre as Penas. Tipos Penais. Classificação dos Crimes. Ação Penal Eleitoral. Competência. Rito Processual e Prazos. Recursos Criminais.
10) Recursos Eleitorais. Recursos e Normatização Constitucional. Recursos Previstos no Código Eleitoral e Leis Esparsas. Regras Gerais. Prazos. Preclusão. Espécies e Procedimentos.

Não obstante, também se faz relevante a análise do edital para o cargo de Promotor de Justiça, realizado pela banca CESPE, Estado de Roraima, no ano 2017:

EDITAL PARA O CARGO DE PROMOTOR DE JUSTIÇA, BANCA CESPE, ESTADO DE RORAIMA – 2017.
1 Conceito e fontes.

2 Princípios constitucionais relativos aos direitos políticos (nacionalidade, elegibilidade e partidos políticos) de que trata o Capítulo IV do Título I da Constituição Federal em seus arts. 14 a 17.
3 Lei nº 4.737/1965 e suas alterações (Código Eleitoral).
4 Organização da Justiça Eleitoral: composição e competências.
5 Ministério Público Eleitoral: atribuições.
6 Alistamento eleitoral.
6.1 Lei nº 4.737/1965 e suas alterações.
6.2 Lei nº 6.996/1982 e suas alterações.
6.3 Lei nº 7.444/1985.
6.4 Resolução do Tribunal Superior Eleitoral (TSE) nº 21.538/2003.
6.5 Ato e efeitos da inscrição.
6.6 Segunda via.
6.7 Transferência e encerramento.
6.8 Delegados partidários perante o alistamento.
6.9 Cancelamento e exclusão de eleitor.
6.10 Revisão e correição eleitorais.
7 Domicílio eleitoral.
8 Elegibilidade.
8.1 Conceito e condições.
8.2 Lei Complementar nº 64/1990 e suas alterações (Inelegibilidade).
8.3 Fatos geradores de inelegibilidade.
8.4 Incompatibilidades, prazos e suspensão por decisão judicial dos efeitos da inelegibilidade.
9 Impugnação de registro de candidatura.
9.1 Competência para julgamento, procedimentos, prazos e efeitos recursais no âmbito da Lei Complementar nº 64/1990 e suas alterações.
10 Partidos políticos (conforme a Constituição Federal, Código Eleitoral, Lei nº 9.096/1995 e suas alterações): conceituação, destinação, liberdade e autonomia partidárias, natureza jurídica, criação e registro, caráter nacional, funcionamento parlamentar, programa, estatuto, filiação, fidelidade e disciplina partidárias, fusão, incorporação e extinção, finanças e contabilidade, prestação de contas e sanções dela decorrentes, fundo partidário, acesso gratuito ao rádio e à televisão, propaganda partidária.
11 Eleições - Lei nº 9.504/1997 e suas alterações (Código Eleitoral),
11.1 Sistema eleitoral: princípio majoritário e proporcional, representação proporcional, disposições gerais. 11.2 Coligações.

11.2 Coligações
11.3 Convenções para escolha de candidatos.
11.4 Registro de candidatura: pedido, substituição, cancelamento, impugnação no âmbito da Lei nº 9.504/1997 e suas alterações.
11.5 Arrecadação e aplicação de recursos nas campanhas eleitorais: vedações inerentes e sanções.
11.6 Prestação de contas de campanha.
11.7 Pesquisas e testes pré eleitorais.
11.8 Propaganda eleitoral (conforme o Código Eleitoral e a Lei nº 9.504/1997 e suas alterações).
11.8.1 Propaganda na imprensa escrita, no rádio, na televisão, na Internet e por outros meios.
11.8.2 Direito de resposta.
11.8.3 Condutas vedadas em campanhas eleitorais.
11.8.4 Propaganda eleitoral extemporânea e propaganda irregular (multa).
11.8.5 Representação por conduta vedada.
11.9 Eleições.
11.9.1 Atos preparatórios da votação.
11.9.2 Seções eleitorais.
11.9.3 Mesas receptoras.
11.9.4 Fiscalização das eleições.
11.9.5 Polícia dos trabalhos eleitorais.
11.9.6 Início da votação.
11.9.7 O ato de votar.
11.9.8 Voto no exterior.
11.9.9 Encerramento da votação.
11.9.10 Órgãos apuradores.
11.9.11 Apuração nas juntas eleitorais, nos tribunais regionais e no Tribunal Superior Eleitoral.
11.9.12 Sistema eletrônico de votação e totalização dos votos.
11.9.13 Privilégios e garantias eleitorais: aspectos gerais, liberdade no exercício do sufrágio, fornecimento gratuito de transporte, em dias de eleição, a eleitores residentes nas zonas rurais – Lei nº 6.091/1974 e suas alterações.
11.9.14 Impugnações e recursos.
11.9.15 Nulidades da votação.

11.10 Diplomação dos eleitos: natureza jurídica, competência para diplomar e fiscalização.
11.11 Recursos eleitorais.
11.11.1 Cabimento, pressupostos de admissibilidade, processamento, efeitos e prazos.
11.11.2 Recursos perante juntas e juízos eleitorais, tribunais regionais e Tribunal Superior.
11.12 Disposições finais da Lei nº 9.504/1997 e suas alterações.
11.13 Dever eleitoral: sanções ao inadimplemento, isenção, justificação pelo não comparecimento à eleição.
11.14 Abuso de poder e corrupção no processo eleitoral.
11.14.1 Lei Complementar nº 64/1990 e suas alterações (investigação judicial eleitoral).
11.14.2 Representação por captação ilícita de sufrágio (art. 41 A da Lei nº 9.504/1997).
11.14.3 Recurso contra a expedição de diploma. 11.14.4 Ação de impugnação de mandato eletivo.
12 Crimes eleitorais.
12.1 Crimes eleitorais previstos no Código Eleitoral, na Lei Complementar nº 64/1990 e na Lei nº 9.504/1997 e suas alterações.
12.2 Processo penal eleitoral: ação penal, competência em matéria criminal eleitoral, rito processual penal eleitoral com aplicação subsidiária do Código de Processo Penal.
12.3 Lei nº 11.300/2006 e suas alterações (Lei da Minirreforma Eleitoral).
13 Lei nº 12.034/2009. 14 Lei nº 13.165/2015.

Por derradeiro, veja o conteúdo do Direito Eleitoral para o concurso de Promotor de Justiça do Estado da Paraíba, elaborada pela banca FCC, no ano 2018:

EDITAL PARA O CARGO DE PROMOTOR DE JUSTIÇA, BANCA FCC, ESTADO DA PARAÍBA - 2018.
Ponto 01: O Ministério Público no Direito Eleitoral: princípios institucionais, prerrogativas, designação dos Promotores Eleitorais. Organização e atribuições. Ministério Público Federal e Ministério Público Estadual. Legitimidade. Funções. Conflito de atribuições. Impedimentos do Promotor Eleitoral. Regime disciplinar dos Promotores Eleitorais. Polícia Judiciária Eleitoral. Crimes eleitorais. Classificação dos crimes. Processo Penal Eleitoral. Ação Penal Eleitoral: Competência, Rito processual e prazos. Recursos criminais. Multas eleitorais: cominação, aplicação e execução. Medidas administrativas e judiciais.

Ponto 02: Direitos políticos: aquisição, perda e suspensão. Sufrágio. A liberdade do voto. Eleição, plebiscito e referendo: características essenciais e fiscalização. Sistema majoritário e proporcional. Quociente eleitoral e partidário. Votos válidos. Justiça Eleitoral: órgãos, competência, composição e hierarquia. Tribunal Superior Eleitoral. Consulta e poder normativo. Tribunais Regionais Eleitorais. Juízes Eleitorais. Juntas eleitorais. Servidores da Justiça Eleitoral. Circunscrições, Zonas e Seções eleitorais. Fiscalização perante as mesas receptoras e as juntas eleitorais. Legislação Eleitoral: princípios, forma e competência legislativa. Código Eleitoral, Lei Complementar n°. 64/1990, Lei n°. 9.504/1997, Lei Complementar nº 135/2010 e Resoluções do Tribunal Superior Eleitoral. Disposições gerais e transitórias do Código Eleitoral. Jurisprudência dominante do Tribunal Superior Eleitoral e do Supremo Tribunal Federal.
Ponto 03: O procedimento eletivo e suas diferentes fases. Normas de regência: constitucionais, legais e regulamentares. Alistamento Eleitoral e seu processamento: atos e efeitos da inscrição; segunda via; transferência. Alistamento obrigatório e facultativo. Alistáveis e inalistáveis. Fiscalização e encerramento do processo de alistamento. Cancelamento e exclusão do eleitor. Domicílio Eleitoral. Registro de candidatos: convenção partidária, processo, ação de impugnação, cancelamento e substituição de candidato. Elegibilidade, inelegibilidades e incompatibilidades. Organização do eleitorado. Votação. Poder de Polícia durante os trabalhos eleitorais. Atuação da Força Pública. Incidentes, impugnações e recursos relativos ao voto. Apuração. Urnas eletrônicas. Sistema informatizado de votação eletrônica. Sistema tradicional: votação manual e apuração de votos. Transporte de eleitores. Nulidades no procedimento eletivo. Nulidades da votação. Apuração nos Tribunais Regionais e no Tribunal Superior Eleitoral. Voto no Exterior. Proclamação dos resultados e diplomação dos eleitos.
Ponto 04: Garantias Eleitorais: definição e espécies. Partidos políticos: normas de regência, organização, funcionamento, direitos e deveres. Lei dos Partidos Políticos. Propaganda eleitoral, política e partidária. Direito de resposta. Pesquisas Eleitorais. Utilização indevida de veículos ou meios de comunicação social. Filiação partidária. Fidelidade partidária. Aplicação de recursos nas campanhas eleitorais e prestação de contas.
Ponto 05: Recursos eleitorais. Normatização constitucional, espécies, prazos, competência, legitimidade, processamento e preclusão. Recurso contra a diplomação. Recursos no Tribunal Superior. Recursos previstos no Código Eleitoral. Investigação Judicial Eleitoral. Representação eleitoral (art. 96, da Lei n°. 9.504/1997). Abuso do poder nas eleições, corrupção e fraude. Caracterização e meios de coibição do abuso de poder nas eleições. Uso indevido, desvio ou abuso do poder econômico ou do poder de autoridade. Condutas vedadas aos agentes públicos em campanhas eleitorais. Captação ilícita de votos. Atos de improbidade administrativa. Ação de impugnação de mandato eletivo. Perda do mandato eletivo.

É notório que o universo de assuntos é bastante variado, mas, após análise minuciosa, pode-se destacar quais assuntos demandam maior atenção do candidato, facilitando e direcionando o estudo.

3 ANÁLISE DAS ÚLTIMAS PROVAS OBJETIVAS

Na primeira etapa dos certames, para fins de direito eleitoral, repise-se a necessidade do conhecimento da lei seca acima de tudo, isto porque a grande maioria das perguntas encontra sua resposta na própria legislação.

Além disso, até mesmo para aprimorar conhecimento, a necessidade da resolução de questões com frequência é essencial. Isto vale para praticamente qualquer banca, com exceção do Ministério Público do Estado do Rio de Janeiro - MPRJ.

A banca CESPE/CESBRASPE tende a cobrar ainda entendimentos jurisprudenciais, sendo que, na matéria eleitoral, deve-se dar atenção aos entendimentos do STF e TSE, conforme já mencionado. A banca FCC, no entanto, é focada essencialmente em lei seca, sendo essencial o pleno domínio da legislação. As bancas próprias, por sua vez, são diversificadas, mas a fórmula acaba por ser a mesma: letra da lei, suplementada por jurisprudência.

O concurso do MPRJ (com banca própria) tem uma metodologia de cobrança diversa, já na primeira fase. Aqui, já na primeira etapa são formuladas questões dissertativas, sendo que, nos concursos de 2016 e 2018, a matéria eleitoral foi exigida já nestas provas. Para este concurso, indica-se o estudo de doutrina e jurisprudência desde o início da preparação porque, por certo, o simples conhecimento da lei não será suficiente, desde a primeira fase. Também merece destaque que a pontuação dada para a questão eleitoral tem o mesmo peso que uma questão de processo penal, restando claro que deve se dar dada considerável atenção para o direito eleitoral.

Na sequência, são elencados os pontos mais exigidos nas provas objetivas, de modo global, ainda não seccionado por banca (como base de formato de edital, foi adotado o do concurso do estado do Ceará, ano 2019, banca CEBRASPE).

Vejamos, então, por ordem crescente, as temáticas mais cobradas no aspecto geral, ou seja, foram somadas todas as questões de todas as primeiras fases dos concursos (exceto MPRJ) e após se identificaram as matérias mais exigidas:

TEMÁTICAS MAIS COBRADAS NOS CONCURSOS – ASPECTO GERAL
1- Garantias eleitorais. Definição e espécies. Partidos políticos: normas de regência, organização, funcionamento, direitos e deveres. Lei dos Partidos Políticos. Propaganda eleitoral, política e partidária. Direito de resposta. Pesquisas Eleitorais. Utilização indevida de veículos ou meios de comunicação social. Filiação partidária. Fidelidade partidária. Aplicação de recursos nas campanhas eleitorais e prestação de contas.

2- Registro de candidaturas. Convenção partidária, processo, ação de impugnação, cancelamento e substituição de candidato. Elegibilidade, inelegibilidades e incompatibilidades.
3- Recursos eleitorais. Normatização constitucional, espécies, prazos, competência, legitimidade, processamento e preclusão. Recurso contra a diplomação. Recursos no tribunal superior. Recursos previstos no Código Eleitoral. Investigação Judicial Eleitoral. Representação eleitoral (art. 96, da Lei nº 9.504/1997). Abuso do poder nas eleições, corrupção e fraude. Caracterização e meios de coibição do abuso de poder nas eleições. Uso indevido. Desvio ou abuso do poder econômico ou do poder de autoridade. Condutas vedadas aos agentes públicos em campanhas eleitorais. Captação ilícita de votos. Atos de improbidade administrativa. Ação de impugnação de mandato eletivo. Perda do mandato eletivo.
4- Normas de regência. Constitucionais, legais e regulamentares. Alistamento Eleitoral e seu processamento: atos efeitos da inscrição; segunda via; transferência. Alistamento obrigatório e facultativo. Alistáveis e inalistáveis. Fiscalização e encerramento do processo de alistamento. Cancelamento e exclusão do eleitor. Domicílio Eleitoral.
5- Ação Penal Eleitoral. Competência, rito processual e prazos. Recursos criminais.
6- Ministério Público no direito Eleitoral. Princípios institucionais, prerrogativas, designação dos Promotores Eleitorais. Organização e atribuições. Ministério Público Federal e Ministério Público Estadual. Legitimidade. Funções. Conflito de Atribuições. Impedimentos do Promotor Eleitoral. Regime disciplinar dos Promotores Eleitorais. Polícia Judiciária Eleitoral. Crimes eleitorais. Classificação dos crimes. Processo Penal Eleitoral.
7- Direitos Políticos. Aquisição, perda e suspensão. Sufrágio. A liberdade do voto.
8- Competência, rito processual e prazos. Recursos criminais.

Depois de pontuados os aspectos gerais sobre os temas de direito eleitoral mais recorrentes nos concursos, agora se passa a expor os temas mais exigidos, por cada banca.

Ressalta-se desde logo, que os números foram obtidos por aproximação, até porque uma questão, não raro, envolve mais de um objeto da matéria. Por fim, no concurso de Santa Catarina, moldado sob a forma de verdadeiro ou falso, considerou-se cada alternativa como uma questão.

TEMÁTICAS DE DIREITO ELEITORAL		CESPE CEBRASPE	FCC	BANCAS PRÓPRIAS E OUTRAS
1 O Ministério Público no Direito Eleitoral	1.1 Princípios institucionais, prerrogativas, designação dos Promotores Eleitorais. Organização e atribuições. Ministério Público Federal e Ministério Público Estadual. Legitimidade. Funções. Conflito de Atribuições. Impedimentos do Promotor Eleitoral. Regime disciplinar dos Promotores Eleitorais. Polícia Judiciária Eleitoral. Crimes eleitorais. Classificação dos crimes. Processo Penal Eleitoral.	3 (20%)	-	1 (1,61%)
2 Ação Penal Eleitoral	2.1 Competência, rito processual e prazos. Recursos criminais.	1 (7,1%)	1 (16%, 6%)	3 (4,8%)
3 Multas eleitorais	3.1 Cominação, aplicação e execução. Medidas administrativas e judiciais.	1 (7,1%)	-	2 (3,2%)
4 Direitos Políticos	4.1 Aquisição, perda e suspensão. Sufrágio. A liberdade do voto.	1 (7,1%)	-	2 (3,2%)
5 Eleição, plebiscito e referendo	5.1 Características essenciais e fiscalização. Sistema majoritário e proporcional. Quociente eleitoral e partidário. Votos válidos.	1 (7,1%)	1 (16%, 6%)	4 (6,45%)

6 Justiça Eleitoral	6.1 Órgãos, competência, composição e hierarquia. Tribunal Superior Eleitoral. Consulta e poder normativo. Tribunais Regionais Eleitorais. Juízes Eleitorais. Juntas eleitorais. Servidores da Justiça Eleitoral: princípios, forma e competência legislativa. Código Eleitoral, Lei Complementar nº 64/1990, Lei nº 9.504/1997, Lei Complementar nº 135/2010 e Resoluções do Tribunal Superior Eleitoral. Disposições gerais e transitórias do Código Eleitoral. Jurisprudência dominante do Tribunal Superior Eleitoral e do Supremo Tribunal Federal.	-	-	-
7 O procedimento eletivo e suas diferentes fases.	7.1 Normas de regência.	-	-	-
	7.2 Constitucionais, legais e regulamentares. Alistamento Eleitoral e seu processamento: atos efeitos da inscrição; segunda via; transferência. Alistamento obrigatório e facultativo. Alistáveis e inalistáveis. Fiscalização e encerramento do processo de alistamento. Cancelamento e exclusão do eleitor. Domicílio Eleitoral.	1 (7,1%)	1 (16%, 6%)	4 (6,45%)
8 Registro de candidatos	8.1 Convenção partidária, processo, ação de impugnação, cancelamento e substituição de candidato. Elegibilidade, inelegibilidades e incompatibilidades.	1 (7,1%)	1 (16%, 6%)	15 (24,1%)

9 Garantias Eleitorais	9.1 Definição e espécies. Partidos políticos: normas de regência, organização, funcionamento, direitos e deveres. Lei dos Partidos Políticos. Propaganda eleitoral, política e partidária. Direito de resposta. Pesquisas Eleitorais. Utilização indevida de veículos ou meios de comunicação social. Filiação partidária. Fidelidade partidária. Aplicação de recursos nas campanhas eleitorais e prestação de contas.	2 (13,3%)	1 (16%, 6%)	15 (24,1%)
10. Parte Final	10.1 Recursos eleitorais. Normatização constitucional, espécies, prazos, competência, legitimidade, processamento e preclusão. Recurso contra a diplomação. Recursos no tribunal superior. Recursos previstos no Código Eleitoral. Investigação Judicial Eleitoral. Representação eleitoral (art. 96, da Lei nº 9.504/1997). Abuso do poder nas eleições, corrupção e fraude. Caracterização e meios de coibição do abuso de poder nas eleições. Uso indevido. Desvio ou abuso do poder econômico ou do poder de autoridade. Condutas vedadas aos agentes públicos em campanhas eleitorais. Captação ilícita de votos. Atos de improbidade administrativa. Ação de impugnação de mandato eletivo. Perda do mandato eletivo.	4 (26,66%)	1 (16%, 6%)	16(25,8%)
TOTAL		15 (100%)	6 (100%)	62 (100%)

Ressalte-se, ainda, que, na análise das questões, aquelas que exigiram conhecimento de mais de um ponto, foram incluídas em todas temáticas relacionadas. Se, por um lado esta técnica produz um número de análises maior do que o número real de questões, por outro, resulta em uma pesquisa de incidências de pontos mais autêntica possível, demonstrando as matérias que efetivamente devem ser mais estudadas pelo candidato.

4 PONTOS ESPECÍFICOS MAIS RELEVANTES DAS PROVAS OBJETIVAS, POR BANCA ORGANIZADORA, COM A RESPECTIVA ORIGEM DA RESPOSTA

Neste tópico são apresentados, em ordem crescente e em tabelas, os assuntos mais exigidos por cada banca. Serão analisados os assuntos mais recorrentes nas bancas da CESPE/CEBRASPE, FCC, bancas próprias e outras, com exceção do MPRJ, bem como de onde advém a resposta para as referidas questões, seja por lei seca, jurisprudência ou doutrina básica

a) CESPE/CEBRASPE:

TEMA	ABORDAGEM
1. Recursos eleitorais. Normatização constitucional, espécies, prazos, competência, legitimidade, processamento e preclusão. Recurso contra a diplomação. Recursos no tribunal superior. Recursos previstos no Código Eleitoral. Investigação Judicial Eleitoral. Representação eleitoral (art. 96, da Lei nº 9.504/1997). Abuso do poder nas eleições, corrupção e fraude. Caracterização e meios de coibição do abuso de poder nas eleições. Uso indevido. Desvio ou abuso do poder econômico ou do poder de autoridade. Condutas vedadas aos agentes públicos em campanhas eleitorais. Captação ilícita de votos. Atos de improbidade administrativa. Ação de impugnação de mandato eletivo. Perda do mandato eletivo.	Lei seca e jurisprudência.
2. Princípios institucionais, prerrogativas, designação dos Promotores Eleitorais. Organização e atribuições. Ministério Público Federal e Ministério Público Estadual. Legitimidade. Funções. Conflito de Atribuições. Impedimentos do Promotor Eleitoral. Regime disciplinar dos Promotores Eleitorais. Polícia Judiciária Eleitoral. Crimes eleitorais. Classificação dos crimes. Processo Penal Eleitoral.	Lei seca e jurisprudência.

3. Definição e espécies. Partidos políticos: normas de regência, organização, funcionamento, direitos e deveres. Lei dos Partidos Políticos. Propaganda eleitoral, política e partidária. Direito de resposta. Pesquisas Eleitorais. Utilização indevida de veículos ou meios de comunicação social. Filiação partidária. Fidelidade partidária. Aplicação de recursos nas campanhas eleitorais e prestação de contas.	Lei seca e Jurisprudência.

b) Fundação Carlos Chagas – FCC:

TEMA	ABORDAGEM
1. Normas de regência Constitucionais, legais e regulamentares. Alistamento Eleitoral e seu processamento: atos efeitos da inscrição; segunda via; transferência. Alistamento obrigatório e facultativo. Alistáveis e inalistáveis. Fiscalização e encerramento do processo de alistamento. Cancelamento e exclusão do eleitor. Domicílio Eleitoral.	Lei seca.
2. Recursos eleitorais. Normatização constitucional, espécies, prazos, competência, legitimidade, processamento e preclusão. Recurso contra a diplomação. Recursos no tribunal superior. Recursos previstos no Código Eleitoral. Investigação Judicial Eleitoral. Representação eleitoral (art. 96, da Lei nº 9.504/1997). Abuso do poder nas eleições, corrupção e fraude. Caracterização e meios de coibição do abuso de poder nas eleições. Uso indevido. Desvio ou abuso do poder econômico ou do poder de autoridade. Condutas vedadas aos agentes públicos em campanhas eleitorais. Captação ilícita de votos. Atos de improbidade administrativa. Ação de impugnação de mandato eletivo. Perda do mandato eletivo.	Lei seca.
3. Garantias Eleitorais. Definição e espécies. Partidos políticos: normas de regência, organização, funcionamento, direitos e deveres. Lei dos Partidos Políticos. Propaganda eleitoral, política e partidária. Direito de resposta. Pesquisas Eleitorais. Utilização indevida de veículos ou meios de comunicação social. Filiação partidária. Fidelidade partidária. Aplicação de recursos nas campanhas eleitorais e prestação de contas.	Lei seca.

➔ **c)** Bancas próprias e outras:

TEMA	ABORDAGEM
1. Garantias Eleitorais. Definição e espécies. Partidos políticos: normas de regência, organização, funcionamento, direitos e deveres. Lei dos Partidos Políticos. Propaganda eleitoral, política e partidária. Direito de resposta. Pesquisas Eleitorais. Utilização indevida de veículos ou meios de comunicação social. Filiação partidária. Fidelidade partidária. Aplicação de recursos nas campanhas eleitorais e prestação de contas.	Lei seca.
2. Convenção partidária, processo, ação de impugnação, cancelamento e substituição de candidato. Elegibilidade, inelegibilidades e incompatibilidades.	Lei seca.
3.Recursos eleitorais. Normatização constitucional, espécies, prazos, competência, legitimidade, processamento e preclusão. Recurso contra a diplomação. Recursos no tribunal superior. Recursos previstos no Código Eleitoral. Investigação Judicial Eleitoral. Representação eleitoral (art. 96, da Lei nº 9.504/1997). Abuso do poder nas eleições, corrupção e fraude. Caracterização e meios de coibição do abuso de poder nas eleições. Uso indevido. Desvio ou abuso do poder econômico ou do poder de autoridade. Condutas vedadas aos agentes públicos em campanhas eleitorais. Captação ilícita de votos. Atos de improbidade administrativa. Ação de impugnação de mandato eletivo. Perda do mandato eletivo.	Lei seca.

Apesar de as bancas trazerem abordagens distintas para a resolução das questões de direito eleitoral, o grande foco, como pode se perceber, é a lei seca.

5 ANÁLISE, DICAS E QUESTÕES DOS TRÊS PONTOS ESPECÍFICOS MAIS RELEVANTES DAS PROVAS OBJETIVAS

Neste tópico, serão trazidos os três pontos mais relevantes das provas objetivas, por meio de dicas rápidas para a resolução das questões. Em seguida, serão apresentadas questões referentes aos temas mais cobrados nas provas objetivas, assim, o candidato poderá ter uma melhor noção da forma e grau de cobrança.

➔ **1) Garantias eleitorais.** Definição e espécies. Partidos políticos: normas de regência, organização, funcionamento, direitos e deveres. Lei dos Partidos Políticos. Propaganda eleitoral, política e partidária. Direito de resposta. Pesquisas Eleitorais. Utilização indevida de veículos ou meios de comunicação social. Filiação partidária. Fidelidade partidária. Aplicação de recursos nas campanhas eleitorais e prestação de contas.

Dica: Nesta parte da matéria, é necessário que o candidato tenha atenção especial para a Lei dos Partidos Políticos (Lei nº 9096/95), Lei da Propaganda Eleitoral (Lei 9504/97) e prestação de contas eleitorais.

Para elucidar a forma e grau da cobrança sobre esses temas, vejamos uma questão do concurso do Rio Grande do Sul, ano 2017, banca própria:

> **99. Considerando a Lei n. 9.096/95, que dispõe sobre partidos políticos, assinale a alternativa correta.**
>
> Ⓐ Após registrar seu estatuto no Cartório competente do Registro Civil das Pessoas Jurídicas, na Capital Federal, o partido político está apto a participar do processo eleitoral, receber recursos do Fundo Partidário e ter acesso gratuito ao rádio e à televisão.
>
> Ⓑ É vedado ao partido político estabelecer, em seu estatuto, prazos de filiação partidária superiores aos previstos na Lei n. 9.096/95, com vistas à candidatura a cargos eletivos.
>
> Ⓒ Quem se filia a outro partido deve fazer comunicação ao partido ao qual era originalmente filiado e ao juiz de sua respectiva Zona Eleitoral, para cancelar sua filiação anterior; se não o fizer no dia imediato ao da nova filiação, fica configurada dupla filiação, sendo ambas consideradas nulas para todos os efeitos.
>
> Ⓓ A perda dos direitos políticos não implica o cancelamento imediato da filiação partidária.
>
> Ⓔ A desaprovação da prestação anual de contas do partido não enseja sanção alguma que o impeça de participar do processo eleitoral.

A resposta para a resolução da referida questão está na letra da lei, especificamente no artigo 32 da Lei nº 9096/95. Assim, a alternativa correta da questão é a letra "e".

> Art. 32. O partido está obrigado a enviar, anualmente, à Justiça Eleitoral, o balanço contábil do exercício findo, até o dia 30 de junho do ano seguinte.
>
> (...)
>
> § 5º A desaprovação da prestação de contas do partido não ensejará sanção alguma que o impeça de participar do pleito eleitoral.

Em sequência, veja-se questão elaborada pela banca FCC no concurso de Promotor de Justiça do Ministério Público da Paraíba, realizado no ano 2017:

90. O direito de resposta por afirmação difamatória na propaganda eleitoral veiculada:

A) pela internet será apreciada pelo Juiz Eleitoral em decisão irrecorrível.

B) por qualquer meio de comunicação é assegurado aos candidatos, mas vedado aos partidos políticos e coligações.

C) pela imprensa escrita deve ser pleiteada na Justiça Comum e não na Justiça Eleitoral.

D) na programação normal das emissoras de rádio e televisão, quando deferido, será exercido em tempo igual ao da ofensa, porém nunca inferior a um minuto.

E) no horário eleitoral gratuito deverá ser pedido no prazo de 72 horas contado da divulgação da ofensa.

A resposta para a resolução da questão, uma vez mais, passa pela lei seca, especificamente pela Lei nº 9504/97:

> Art. 58. A partir da escolha de candidatos em convenção, é assegurado o direito de resposta a candidato, partido ou coligação atingidos, ainda que de forma indireta, por conceito, imagem ou afirmação caluniosa, difamatória, injuriosa ou sabidamente inverídica, difundidos por qualquer veículo de comunicação social.
>
> (...)
>
> § 3º Observar-se-ão, ainda, as seguintes regras no caso de pedido de resposta relativo à ofensa veiculada:
>
> (...)
>
> c) deferido o pedido, a resposta será dada em até quarenta e oito horas após a decisão, em tempo igual ao da ofensa, porém nunca inferior a um minuto;

Em razão do disposto no Artigo 58 da referida lei, a resposta correta estava na alternativa "d" da questão.

Por fim, será abordada mais uma questão sobre a temática oriunda do concurso do Estado do Paraná, banca própria, realizado no ano de 2019:

20. Nos termos da Lei n. 9.504/97, assinale a alternativa incorreta:

A) A partir da escolha de candidatos em convenção, é assegurado o direito de resposta a candidato, partido ou coligação atingidos, ainda que de forma indireta, por conceito, imagem ou afirmação caluniosa, difamatória, injuriosa ou sabidamente inverídica, difundidos por qualquer veículo de comunicação social.

B O ressarcimento das despesas com o uso de transporte oficial pelo Presidente da República e sua comitiva em campanha eleitoral será de responsabilidade do partido político ou coligação a que esteja vinculado.

C É proibido a qualquer candidato comparecer, nos 3 (três) meses que precedem o pleito, a inaugurações de obras públicas, sujeitando ao infrator à cassação do registro ou do diploma.

D As entidades e empresas que realizarem pesquisas de opinião pública relativas às eleições ou aos candidatos, para conhecimento público, são obrigadas, para cada pesquisa, a registrar, junto à Justiça Eleitoral, até dois dias antes da divulgação, informações tais como quem contratou a pesquisa e sobre o valor e origem dos recursos despendidos no trabalho.

E Qualquer partido político ou coligação poderá representar à Justiça Eleitoral, no prazo de 15 (quinze) dias da diplomação, relatando fatos e indicando provas, e pedir a abertura de investigação judicial para apurar condutas em desacordo com as normas desta Lei, relativas à arrecadação e gastos de recursos.

Neste caso, a alternativa errada é a letra "d", conforme se afere das disposições contidas na Lei nº 9504/97, tendo em vista que o prazo é de 5 dias e não de 2, como trazido na questão, o que a torna incorreta.

> Art. 33. As entidades e empresas que realizarem pesquisas de opinião pública relativas às eleições ou aos candidatos, para conhecimento público, são obrigadas, para cada pesquisa, a registrar, junto à Justiça Eleitoral, até cinco dias antes da divulgação, as seguintes informações:
>
> I - quem contratou a pesquisa;
>
> II - valor e origem dos recursos despendidos no trabalho;

2) Registro de candidaturas. Convenção partidária, processo, ação de impugnação, cancelamento e substituição de candidato. Elegibilidade, inelegibilidades e incompatibilidades

Dica: A atenção aqui deve se dar, notadamente, para o registro de candidaturas, ação de impugnação e especialmente aos casos de inelegibilidades (LC 64/90), na qual a abordagem preferencial dá se pela cobrança da letra da lei, conforme exemplificado abaixo.

Primeiramente, evidencia-se a questão realizada para o ingresso no cargo de Promotor de Justiça no Estado do Paraná, ano 2017, banca própria:

> **16. Assinale a única assertiva incorreta sobre os casos de inelegibilidade, previstos no artigo 14 da Constituição Federal, regulamentados pelo artigo 1º da Lei nº Complementar 64, de 18 de maio de 1990: São inelegíveis para qualquer cargo os que forem condenados, em decisão transitada em julgado ou proferida por órgão judicial colegiado, desde a condenação, até o transcurso do prazo de 8 (oito) anos após o cumprimento da pena, pelos crimes de:**
>
> Ⓐ Furto simples (art. 155, caput, Código Penal).
>
> Ⓑ Aborto provocado pela gestante (art. 124, Código Penal).
>
> Ⓒ Infração de medida sanitária preventiva (art. 268, caput, Código Penal).
>
> Ⓓ Estupro (art. 213, caput, Código Penal).
>
> Ⓔ Emprego de processo proibido ou de substância não permitida (art. 274, Código Penal).

A alternativa correta é a letra "c", em razão da redação do artigo 1, I, "e", 1 a 10 da Lei Complementar 64/90. Ora, em tal elenco legal não há enquadramento do crime do artigo 268 do CP.

Outra questão relevante é a do Ministério Público de São Paulo, realizada por banca própria no ano de 2017:

> **99. O reconhecimento da prescrição da pretensão executória, pela Justiça Comum, do réu condenado definitivamente por tráfico de entorpecentes, implica, em relação a sua elegibilidade:**
>
> Ⓐ A cessação da inelegibilidade após o trânsito em julgado da decisão que reconheceu a extinção da pretensão executória estatal.
>
> Ⓑ A imediata cessação da causa de inelegibilidade.
>
> Ⓒ O fim da sua inelegibilidade após o decurso de oito anos contados da data em que ocorreu a extinção da pretensão executória estatal.
>
> Ⓓ O fim da sua inelegibilidade oito anos após a data da decisão da Justiça Comum que extinguiu a pretensão executória estatal.
>
> Ⓔ A cessação da inelegibilidade assim que a Justiça Eleitoral receber a comunicação da decisão proferida pela Justiça Comum.

Para a resolução dessa questão, a resposta passa pelo conhecimento de Súmula nº 59 do TSE:

> O reconhecimento da prescrição da pretensão executória pela Justiça Comum não afasta a inelegibilidade prevista no art. 1º, I,*e*, da LC nº 64/1990, porquanto não extingue os efeitos secundários da condenação.

Assim, não se afasta a causa de inelegibilidade. Por decorrência, ante o artigo 1, I, "e", 7, da LC 64/90, o condenado ficará inelegível por 8 anos, a contar da data da extinção da punibilidade. Apenas para reforço do conhecimento, repise-se que a contagem, em casos como o da questão, inicia-se após a declaração de extinção da punibilidade:

> "[...] Registro de candidatura. Inelegibilidade. Art. 1º, I,*e*, da LC 64/90. Condenação criminal transitada em julgado. Não exaurimento do prazo de oito anos após extinção da punibilidade [...] 2. É inelegível, por oito anos, quem tiver contra si condenação penal transitada em julgado por prática de crime contra a administração pública, a teor do art. 1º, I, e, 1, da LC 64/90. 3. No caso, o candidato foi condenado pelo delito de descaminho - art. 334 do Código Penal - e sua punibilidade foi extinta em 17.12.2010 [...]"
>
> (Ac de 3.11.2016 no AgR-REspe n 18840, rel. Min. Herman Benjamin.)

Diante do exposto, a letra "c" deveria ser assinalada para a resolução correta da questão acima.

A questão do concurso do Estado de Santa Catarina, banca própria, ano 2019, por sua vez, traz a metodologia de verdadeira/falsa para a resolução da questão:

> **61ª QUESTÃO:** (...) Nos termos da Lei Complementar n. 64/1990, caberá a qualquer eleitor, candidato, partido político, coligação ou Ministério Público, no prazo de 5 (cinco) dias, contados da publicação do pedido de registro do candidato, impugná-lo em petição fundamentada.

A afirmativa é falsa, pois o eleitor não possui legitimidade para impugnar tal registro em razão da redação da LC nº 64/90,

> Art. 3° Caberá a qualquer candidato, a partido político, coligação ou ao Ministério Público, no prazo de 5 (cinco) dias, contados da publicação do pedido de registro do candidato, impugná-lo em petição fundamentada.

Agora vejamos a forma de cobrança da primeira fase do certame do Rio de Janeiro, banca própria, ano 2018:

> **5ª Questão – Direito Eleitoral (Valor: 5 pontos)** José Francisco, médico concursado que trabalha no hospital municipal da

> cidade de Morro Alto, no Estado do Rio de Janeiro, candidato ao cargo de vereador nas eleições de 2016, teve seu pedido de registro de candidatura deferido pela Justiça Eleitoral, ocasião em que comprovou regularmente a sua desincompatibilização. Duas semanas antes do pleito, em razão do surto de febre amarela que afetou a região abrangida pelo mencionado município, o diretor do hospital solicitou auxílio a José Francisco, que decidiu retornar às suas atividades profissionais para ajudar a equipe médica nas diversas ações junto à comunidade. Na qualidade de promotor eleitoral da comarca, analise, fundamentadamente, à luz da legislação eleitoral vigente, a candidatura de José Francisco, que foi eleito vereador com maior número de votos válidos. Resposta objetivamente fundamentada.

O espelho esperado para a resolução da questão foi o seguinte:

> "Resposta: A desincompatibilização do candidato visa a afastar o impedimento decorrente do exercício de cargo ou função pública, capaz de influenciar o eleitorado e beneficiar o concorrente, em razão de sua proximidade com a população para a qual presta serviços públicos. Assim, necessário que o afastamento das funções seja de fato, não sendo suficiente a mera desincompatibilização formal. A conduta de José, ao retornar voluntariamente às suas atividades profissionais após o deferimento do registro e antes das eleições, configura uma causa de inelegibilidade superveniente ao registro de candidatura. Nesse sentido, deve o promotor eleitoral ajuizar a ação denominada Recurso Contra a Expedição de Diploma (RCED), no prazo de três dias a contar da data da diplomação, nos termos dos artigos 258 c/c 262, do Código Eleitoral."

➔ **3) Recursos eleitorais.** Normatização constitucional, espécies, prazos, competência, legitimidade, processamento e preclusão. Recurso contra a diplomação. Recursos no tribunal superior. Recursos previstos no Código Eleitoral. Investigação Judicial Eleitoral. Representação eleitoral (art. 96, da Lei nº 9.504/1997). Abuso do poder nas eleições, corrupção e fraude. Caracterização e meios de coibição do abuso de poder nas eleições. Uso indevido. Desvio ou abuso do poder econômico ou do poder de autoridade. Condutas vedadas aos agentes públicos em campanhas eleitorais. Captação ilícita de votos. Atos de improbidade administrativa. Ação de impugnação de mandato eletivo. Perda do mandato eletivo.

Dica: Aqui, a atenção do candidato deve se dar para recursos eleitorais, representação, condutas vedadas aos agentes públicos e impugnação ao mandato eletivo, sendo que, uma vez mais, a cobrança tem se pautado, substancialmente, em cobrança de lei seca, suplementada por entendimentos jurisprudenciais.

Para a exemplificação das questões sobre essa temática, observe a questão do Ministério Público de São Paulo, ano 2017, banca própria:

100.O mandato eletivo pode ser impugnado perante a Justiça Eleitoral:

A) No prazo de trinta dias da eleição, verificada a ocorrência de abuso político ou econômico.

B) A qualquer tempo, em razão da condenação transitada em julgado por crime hediondo ou equiparado.

C) Até a data da diplomação, sempre que ocorrer crime, abuso do poder econômico ou fraude.

D) No prazo de quinze dias da diplomação, por abuso do poder econômico, corrupção ou fraude.

E) No prazo de quinze dias da eleição, quando da ocorrência de fraude ou violação de urna.

A alternativa correta é a letra "d", cuja resposta pode ser obtida da letra da Constituição da República:

> Art. 14. A soberania popular será exercida pelo sufrágio universal e pelo voto direto e secreto, com valor igual para todos, e, nos termos da lei, mediante:
>
> (...)
>
> § 10 - O mandato eletivo poderá ser impugnado ante a Justiça Eleitoral no prazo de quinze dias contados da diplomação, instruída a ação com provas de abuso do poder econômico, corrupção ou fraude.

Em sequência, vamos à questão do concurso do Estado de Roraima, banca CESPE, do ano de 2017:

Questão 73 - O MP eleitoral (...)

A) Atua em todas as fases do processo eleitoral com observância dos princípios da federalização, da delegação e da excepcionalidade.

B) Tem atribuição de oficiar à justiça eleitoral – juízes e juntas eleitorais – por intermédio de membros do MPF.

C) Tem legitimidade para recorrer de decisão que julgue o pedido de registro de candidatura, mesmo que não tenha apresentado impugnação anterior.

D) Não tem legitimidade para prosseguir com a ação de impugnação de mandato eleitoral quando a parte autora apresenta pedido de desistência da ação.

Aqui a questão aborda variados temas, mas a resposta está na letra "c", que versa sobre legitimidade recursal. A resposta passa pelo conhecimento de jurisprudência do STF, no Recurso Extraordinário com Agravo (ARE) nº 728188, o qual, em resumo, concluiu que o Ministério Público pode, sim, recorrer do registro de candidatura, mesmo que não tenha se insurgido em momento anterior. Para complemento, vale dizer que a discussão debateu a aplicação da Súmula nº 11 do TSE.

Por fim, consulte-se questão do concurso da Paraíba, ano 2018, banca FCC:

> **92. A respeito da representação eleitoral prevista no art. 96 da Lei das Eleições (Lei no 9.504/1997), considere:**
>
> I. O Ministério Público não tem legitimidade para propor representação por excesso de doação.
>
> II. As representações por propaganda eleitoral irregular de candidato a Deputado Federal devem ser dirigidas ao Superior Tribunal Eleitoral.
>
> III. As decisões proferidas pelos juízes auxiliares podem ser atacadas pelo recurso inominado, no prazo de 24 horas.
>
> **Está correto o que se afirma APENAS em:**
>
> A) I e II.
>
> B) III.
>
> C) I e III.
>
> D) II e III.
>
> E) I.

A alternativa "a" está equivocada, uma vez que o Ministério Público pode propor tal representação, entendimento este do TSE, como por exemplo:

> "[...] Doação acima do limite legal. (...) 4. O Ministério Público Eleitoral possui legitimidade para o ajuizamento da representação eleitoral com fundamento no art. 81 da Lei nº 9.504/97.(...)"
>
> (Ac de 13.10.2015 no AgR-REspe n 51093, rel. Min. Maria Thereza se Assis Moura)

A alternativa "b" está errada, pela letra da lei 9504/96:

> Art. 96. Salvo disposições específicas em contrário desta Lei, as reclamações ou representações relativas ao seu descumprimento podem ser feitas por qualquer partido político, coligação ou candidato, e devem dirigir-se:
>
> (...)

> II - aos Tribunais Regionais Eleitorais, nas eleições federais, estaduais e distritais;

A alternativa "c" está correta, vejamos a letra da lei 9504/96:

> Art. 96...
>
> § 8º Quando cabível recurso contra a decisão, este deverá ser apresentado no prazo de vinte e quatro horas da publicação da decisão em cartório ou sessão, assegurado ao recorrido o oferecimento de contra-razões, em igual prazo, a contar da sua notificação.

Perceba então que a parte interessada tem o prazo de 24 horas para interpor o competente recurso.

Por tudo, letra "c" deveria ser assinalada.

6 ANÁLISE DE QUESTÕES DISSERTATIVAS

Prezado leitor, a primeira providência a ser adotada por quem chega a uma segunda etapa do concurso é examinar com atenção a banca examinadora e seus assuntos preferidos. Além disso, também é necessário intensificar o estudo de jurisprudência e doutrina básica.

De todo modo, o Direito Eleitoral não tem sido cobrado com ênfase na segunda etapa dos concursos, seja em questões dissertativas, seja em peças práticas. Contudo, passa-se à análise de algumas questões eleitorais de segunda fase.

Principiando pelo concurso do Estado do Paraná (que aliás tem cobrado Direito Eleitoral em todas as segundas fases), ano 2018:

> **Grupo I - 10 questão**
>
> Discorra sobre a figura do "Prefeito Itinerante" ou "Prefeito Profissional" segundo a orientação mais moderna da jurisprudência.
>
> Perceba que o próprio enunciado exige a abordagem jurisprudencial. O assunto fora debatido pelo Supremo Tribunal Federal, por exemplo, no RE 637485, que redundou em tema de Repercussão Geral, em especial para se evitar a soma de diversos mandatos em locais diversos.

Ora se veja questão, uma vez mais, do MPPR, banca própria, ano 2017:

> **Grupo I - 9ª QUESTÃO**
>
> Claudiomiro Magro foi eleito Prefeito do Município de Barra do Jacaré – PR. Contudo, à época da eleição majoritária, Claudiomiro Magro ocupava o cargo comissionado de assessor parlamentar,

junto à Assembleia Legislativa do Estado do Paraná, lotado no Gabinete do Deputado Estadual Leocárdio Gordo, situado na Capital do Estado.

Considerando a hipótese acima, responda, apontando os respectivos fundamentos jurídicos: Conforme o entendimento consolidado no Tribunal Superior Eleitoral, a candidatura e a eleição de Claudiomiro Magro foi regular?

A questão pretendia averiguar o conhecimento do candidato quanto ao entendimento do TSE. Veja-se passagem do espelho publicado pela banca examinadora:

> "Considerando os estritos termos da legislação eleitoral, especialmente o artigo 1º, inciso II, alínea L c/c inciso IV, alínea A, da Lei Complementar nº64/90, poder-se-ia concluir que a candidatura e a eleição de Claudiomiro Magro foram irregulares, por não ter se desincompatibilizado (exonerado) do cargo público comissionado que exercia, tempestivamente. Porém, conforme o entendimento consolidado no TSE, tanto a candidatura como a eleição de Claudiomiro Magro foi regular. Pois, na medida em que exercia suas funções em município distinto daquele pelo qual se candidatou e foi eleito, não teria incidência a causa de inelegibilidade prevista no artigo 1º, inciso II, alínea L c/c inciso IV, alínea A, da Lei Complementar nº64/90. Entende o TSE pela desnecessidade de desincompatibilização quando o exercício de cargo público se dá em município diverso do qual se pretende a candidatura, por presumir que a atividade pública desenvolvida pelo candidato não teria o condão de interferir no equilíbrio de oportunidades entre os candidato. O entendimento consolidado no TSE é de que as regras de desincompatibilização objetivam evitar a reprovável utilização ou influência do cargo ou função pública no âmbito da circunscrição eleitoral em detrimento do equilíbrio do pleito, o que não se verifica nas hipóteses em que o candidato exerce a atividade pública em *localidade diversa à da disputa.*"

Veja-se ainda questão de segunda fase do concurso do Rio de Janeiro, ano 2018, banca própria:

5ª Questão – Direito Eleitoral (Valor: 50 pontos)

Determinado pré-candidato ao cargo de Deputado Estadual ao pleito de 2018, valendo-se da nova modalidade de financiamento coletivo de campanha (crowdfunding), em 28/06/2018, divulgou nas redes sociais a seguinte mensagem "Sou pré-candidato a deputado estadual para 2018. Para a minha campanha eleitoral alavancar, preciso da sua colaboração financeira. Peço ainda o seu apoio na hora do voto. Difunda essa ideia e vamos juntos tornar o Brasil um país mais justo. Para contribuir, entre no site www.PPX.com.br e faça sua doação". A referida situação chegou ao conhecimento do Promotor Eleitoral com atribuição para atuar na fiscalização da propaganda eleitoral, por meio de requerimento formulado por um adversário político, que anexou cópia da mídia e pediu a retirada imediata da mensagem acima descrita das redes sociais, sob o argumento de que o chamado crowdfunding, previsto no art. 22 A, § 3º da Lei 9.504/97, não pode se sobrepor ao princípio da isonomia entre os candidatos, plenamente consagrado pela Justiça Eleitoral.

- **A** na qualidade de promotor eleitoral, analise o requerimento apresentado e indique, de forma fundamentada, a manifestação pertinente;
- **B** discorra sobre a importância do poder de polícia no processo eleitoral;
- **C** aborde a atuação do Ministério Público Eleitoral nas eleições gerais, especialmente o tocante à atribuição do membro responsável pela fiscalização da propaganda e pelo ajuizamento da ação eleitoral cabível, indicando os dispositivos legais aplicáveis. Resposta objetivamente fundamentada.

Neste caso, houve gabarito específico, divulgado pela banca:

- **A** O candidato deve definir o que constitui crowdfunding e o período em que é permitido, nos termos do art. 22-A, parágrafo 3º da Lei nº 9.504/97. Deve, ainda, identificar e justificar que não há violação ao princípio da igualdade entre os concorrentes. Entretanto, deve concluir e fundamentar que, no caso concreto, restou caracterizada a propaganda eleitoral antecipada, abordando a ocorrência do pedido explícito de voto, ainda que não literal, de acordo com o entendimento do TSE e do art. 36-A, inciso VII, da Lei nº 9.504/97. Por fim, o candidato, na qualidade de custos legis, deve opinar pela imediata retirada da mensagem das redes sociais, fazendo cessar a propaganda irregular veiculada, explicando a desnecessidade de notificação prévia, já que a autoria é inconteste, nos termos do art. 40-B e parágrafo único, 2ª parte, da Lei nº 9.504/97.
- **B** O candidato deve discorrer acerca do poder de polícia abordando a sua natureza administrativa e judicial, a imprescindibilidade à fiscalização do processo eleitoral, além da relevância na busca do princípio da isonomia entre os concorrentes ao pleito. Deve, também, esclarecer como e por quem é exercido o poder de polícia, nos termos do artigo 41 e seus parágrafos da Lei nº 9.504/97, indicando seus limites. Por fim, deve descrever a atuação do Ministério Público Eleitoral em relação ao poder de polícia.
- **C** O candidato deve abordar a estrutura do Ministério Público Eleitoral, explicando como ocorre o exercício da função

eleitoral nas diversas esferas de atuação, a depender da natureza da eleição (municipal, estadual, federal e presidencial), indicando os dispositivos legais pertinentes (arts. 77 a 79 da LC nº 75/93 e art. 32, III, da Lei nº 8.625/93). Deve, ainda, abordar a atuação do Promotor Eleitoral nas eleições gerais, junto ao juízo da fiscalização da propaganda, informando as medidas, tanto preventivas como repressivas, que poderão ser adotadas nos limites da sua atribuição, com a finalidade de fazer cessar a irregularidade. Por fim, deve esclarecer o membro do Ministério Público Eleitoral com atribuição para propositura da representação eleitoral cabível, nos termos do art. 96 da Lei nº 9.504/97, especificando que nas eleições estaduais e federais a atribuição é do Procurador Regional Eleitoral e nas presidências, do Procurador-Geral Eleitoral.

Note que houve uma cobrança de tema de modo aprofundado, sendo necessário o conhecimento doutrinário e jurisprudencial para a resolução exitosa da questão.

7 DICAS FINAIS PARA OS CANDIDATOS

Como já dito, para a maior parte dos concursos, para fins de direito eleitoral, a letra da lei é o enfoque mais relevante devendo a ele ser dedicado mais tempo. Evidente que isso não exclui estudo de entendimentos jurisprudenciais e doutrina básica, de modo suplementar.

Reitero que, no direito eleitoral, não se tem exigido peças práticas em segundas fases, sendo que a cobrança, a depender da banca (como por exemplo Paraná e Rio de Janeiro) se dará essencialmente por meio de questões discursivas.

REFERÊNCIAS BIBLIOGRÁFICAS

BRASIL. **Código Penal**. Decreto-Lei nº 2.848, de 7 de Dezembro de 1940. Brasília: DF.

BRASIL. **Constituição da República Federativa do Brasil**, 1988. Brasília: DF.

BRASIL. **Lei Complementar nº 64**, de 18 de maio de 1990. Brasília: DF.

BRASIL. **Lei dos Partidos Políticos**. Lei nº 9.096, de 19 de Setembro de 1995. Brasília: DF.

BRASIL. **Lei Eleitoral**. Lei nº 9.504, de 30 de Setembro de 1997. Brasília: DF.

CEBRASPE. **Edital Promotor de Justiça Substituto, Ministério Público do Estado do Ceará**, 2019. Disponível em: <https://www.cebraspe.org.br/concursos/mp_ce_19_promotor> Acesso em: 07 set. 2020.

CESPE. **Edital Promotor de Justiça Substituto, Ministério Público do Estado de Roraima, 2017.** Disponível em: <http://www.cespe.unb.br/concursos/mp_rr_17_promotor/> Acesso em: 08 out. 2020.

FCC, Fundação Carlos Chagas. **Edital Promotor de Justiça Substituto, Ministério Público do Estado da Paraíba, 2018.** Disponível em: <https://www.concursosfcc.com.br/concursos/mppbp215/index.html> Acesso em: 08 out. 2020.

MPPR, Ministério Público do Estado do Paraná. **Edital Promotor de Justiça Substituto, 2018.** Disponível em: <http://concursos.mppr.mp.br/concursos/detalhes_concurso/95> Acesso em: 08 out. 2020.

MPPR, Ministério Público do Estado do Paraná. **Edital Promotor de Justiça Substituto, 2017.** Disponível em: <http://concursos.mppr.mp.br/concursos/detalhes_concurso/94> Acesso em: 08 out. 2020.

MPPR, Ministério Público do Estado do Paraná. **Edital Promotor de Justiça Substituto, 2016.** Disponível em: <http://concursos.mppr.mp.br/concursos/detalhes_concurso/93> Acesso em: 08 out. 2020.

MPRJ, Ministério Público do Estado do Rio de Janeiro. **Edital Promotor Substituto, 2018.** Disponível em: <http://www.mprj.mp.br/transparencia/concursos/promotor-de-justica/xxxv> Acesso em: 10 out. 2020.

MPRJ, Ministério Público do Estado do Rio de Janeiro. **Edital Promotor Substituto, 2016.** Disponível em: <http://www.mprj.mp.br/transparencia/concursos/promotor-de-justica/xxxiv> Acesso em: 10 out. 2020.

MPRS, Ministério Público do Estado do Rio Grande do Sul. **Edital de Promotor de Justiça Substituto, 2016.** Disponível em: <https://www.mprs.mp.br/concursos/membro/1845/> Acesso em: 10 de out. 2020.

MPSC, Ministério Público do Estado de Santa Catarina. **Edital Promotor de Justiça, 2019.** Disponível em: <https://mpsc.mp.br/concurso-promotor-de-justica/41-concurso> Acesso em: 08 out. 2020.

MPSP, Ministério Público do Estado de São Paulo. **Edital Promotor de Justiça Substituto, 2017.** Disponível em: <http://www.mpsp.mp.br/portal/page/portal/concursos/membros/92_Concurso> Acesso em: 02 set. 2020.

STF, Supremo Tribunal Federal. **Recurso Extraordinário com Agravo (ARE) nº 728188.** Disponível em: <https://stf.jusbrasil.com.br/jurisprudencia/25342614/recurso-extraordinario-com-agravo-are-728188-rj-stf/inteiro-teor-159438212?ref=juris-tabs> Acesso em: 08 set. 2020.

TSE, Tribunal Superior Eleitoral. **Súmula nº 11.** Disponível em: <https://www.tse.jus.br/legislacao/codigo-eleitoral/sumulas/sumulas-do-tse/sumula-nb0-11> Acesso em: 08 set. 2020.

TSE, Tribunal Superior Eleitoral. **Súmula nº 59**. Disponível em: <https://www.tse.jus.br/legislacao/codigo-eleitoral/sumulas/sumulas-do-tse/sumula-tse-no-59> Acesso em: 08 set. 2020.

DIREITOS HUMANOS

Matheus Kuhn Gonçalves

1 INTRODUÇÃO

Os Direitos Humanos podem ser definidos como um conjunto de direitos que se destinam a materializar a dignidade da pessoa humana.

Direitos Humanos, na verdade, são os direitos fundamentais, sendo que a principal diferença entre estes reside no plano da positivação. Em outras palavras, Direitos Humanos são os "direitos fundamentais" positivados no plano internacional, ao passo que direitos fundamentais são aqueles positivados na ordem jurídica interna do Estado. Portanto, tratam-se dos mesmos direitos, em esferas distintas.

A disciplina de Direitos Humanos, embora relevante do ponto de vista jurídico, ainda não é muito cobrada nas provas de concurso público. Algumas, inclusive, mesmo constando o tópico no edital, não realizam nenhum questionamento sobre o tema. Outras se dispõem a questionar, contudo, com pouquíssimos itens.

No mesmo norte, em algumas provas consta tal tema dentro do conteúdo de Direito Constitucional (a exemplo do MPGO 2019) ou até mesmo de Direito Penal (como no caso do MP/PB 2018).

2 BIBLIOGRAFIA INDICADA

Como esclarecido na análise de Direito Penal, para fins de estudo para concurso público, é importante que a obra possua duas características:

- **a) profundidade:** o conteúdo deve ter a densidade necessária para alcançar bons resultados na prova; e

- **b) agilidade:** o livro precisa ser de fácil compreensão e com fluidez de leitura e entendimento.

Baseado nesses parâmetros, bem como considerando a quantidade de questões propostas pelas provas de Direitos Humanos, recomendam-se as seguintes obras:

(1ª) Sinopse de Direitos Humanos 39 do professor Rafael Barretto, pela Editora Juspodivm. A obra expõe os temas de maneira objetiva e didática, além de conter questões de concurso público.

(2ª) Leis especiais para concursos - v.41 - Direitos Humanos do professor Rafael Soares Leite, pela Editora Juspodivm. A obra também expõe os temas de maneira objetiva e didática, bem como contém dicas para realização de provas de concurso público.

3 CONTEÚDO PROGRAMÁTICO

Analisando os editais dos últimos 5 (cinco) anos, verifica-se que os certames dos Ministérios Públicos Estaduais exigem, especialmente, o conhecimento dos seguintes itens:

- **1.** Constituição e Direitos Humanos. Direitos Fundamentais e Direitos Humanos. Status dos Direitos Humanos.

- **2.** Direitos Humanos e direitos fundamentais. 2.1 Conceito, estrutura e história.

- **3.** Direitos Humanos. 3.1 Terminologia, fundamento e classificação (quanto à finalidade; adotada pela Constituição de 1988). Dimensões dos Direitos Humanos.

- **4.** Tratados internacionais de Direitos Humanos. Pacto Internacional dos Direitos Civis e Políticos. Pacto dos Direitos Sociais. Outros Tratados internacionais.

- **5.** Mecanismos Internacionais de proteção e monitoramento dos Direitos Humanos.

➔ **6.** Sistema Regional de Direitos Humanos. Convenção Americana de Direitos Humanos e Protocolos adicionais. Corte Interamericana de Direitos Humanos. Comissão Interamericana de Direitos Humanos.

➔ **7.** Direito Penal Internacional. Tribunal Penal Internacional. Dos crimes internacionais. Tratados internacionais e Direito Penal.

➔ **8.** Direitos humanos no Brasil.

➔ **9.** Direitos Humanos em espécie. Direito à vida. Dignidade da pessoa humana. Direito à liberdade. Direitos políticos. Direitos sociais. Direito de minorias. Discriminação racial e Estatuto da Igualdade Racial.

➔ **10.** Direitos humanos e o Ministério Público.

➔ **11.** A Declaração Universal dos Direitos Humanos. Contexto histórico. Importância e função nos dias atuais.

4 ESTUDO DAS ÚLTIMAS PROVAS

Analisando as provas objetivas dos últimos anos (2016 a 2020), extraímos as seguintes informações quantitativas, sobre as questões de Direitos Humanos, nas provas de Ministério Público Estadual:

	CONCURSO	ANO	BANCA	NÚMERO DE QUESTÕES
1.	MP/CE	2020	CESPE	3
2.	MP/SP	2019	Banca Própria	4
3.	MP/GO	2019	Banca Própria	1
4.	MP/MG	2019	FUNDEP[1]	0
5.	MP/MT	2019	FCC	4
6.	MP/SC	2019	Banca Própria	23[2]
7.	MP/PI	2019	CESPE	0
8.	MP/PR	2019	Banca Própria	4
9.	MP/PB	2018	FCC	0

1. Fundação vinculada à UFMG.
2. Questões de verdadeiro ou falso.

10.	MP/BA	2018	CEFET BAHIA	0
11.	MP/MG	2018	FUNDEP	0
12.	MP/MS	2018	Banca Própria	3
13.	MP/RR	2017	CESPE	0
14.	MP/RS	2017	Banca Própria	0
15.	MP/SP	2017	Banca Própria	4
16.	MP/PR	2017	Banca Própria	2
17.	MP/MG	2017	FUNDEP	0
18.	MP/RO	2017	FMP	4
19.	MP/PR	2016	Banca Própria	3
20.	MP/GO	2016	Banca Própria	0
21.	MP/SC	2016	Banca Própria	23

Considerando todas as provas objetivas aplicadas, exceto a do Ministério Público de Santa Catarina, que estudaremos à parte, tem-se uma média de aproximadamente 3 (três) questões na avaliação de Direitos Humanos.

De outro giro, fizemos, ainda, uma análise mais específica das avaliações objetivas de Direito Penal, a qual levou em conta o conteúdo exigido em cada questão, que será visualizado na tabela a seguir.

Contudo, quanto à análise abaixo colacionada, deve-se alertar que, costumeiramente, as questões apresentam conteúdo misto, exigindo do candidato o conhecimento de diversas matérias para sua resolução.

Por essa razão, o candidato deve conhecer o conteúdo de forma global, não se limitando, apenas, aos tópicos classificados como mais recorrentes, pois, como dito, há uma tendência de cobrança de várias áreas do saber de forma concomitante, sendo que poucas são as questões que demandam o conhecimento de um único item do conteúdo programático.

Para efeitos meramente didáticos, dividimos a análise das questões abaixo em tópicos, que demonstram os pontos preponderantes e de maior incidência nas provas:

PROVAS REALIZADAS ENTRE 2016 E 2020		
Tópico do conteúdo programático	**Quantidade de questões**	
1. Constituição e Direitos Humanos. Direitos Fundamentais e Direitos Humanos. Status dos Direitos Humanos.	Cespe	2
	FCC	0
	Banca Própria	4
	FMP	2
	Total	**8**
2. Direitos Humanos e direitos fundamentais. 2.1 Conceito, estrutura e história.	Cespe	1
	FCC	0
	Banca Própria	0
	FMP	1
	Total	**2**
3. Direitos Humanos. 3.1 Terminologia, fundamento e classificação (quanto à finalidade; adotada pela Constituição de 1988). Dimensões dos Direitos Humanos.	Cespe	0
	FCC	0
	Banca Própria	1
	FMP	1
	Total	**2**
4. Tratados internacionais de Direitos Humanos. Pacto Internacional dos Direitos Civis e Políticos. Pacto dos Direitos Sociais. Outros Tratados internacionais.	Cespe	0
	FCC	3
	Banca Própria	6
	Total	**9**
5. Mecanismos Internacionais de proteção e monitoramento dos Direitos Humanos.	Cespe	0
	FCC	0
	Banca Própria	0
	Total	**0**
6. Sistema Regional de Direitos Humanos. Convenção Americana de Direitos Humanos e Protocolos adicionais. Corte Interamericana de Direitos Humanos. Comissão Interamericana de Direitos Humanos.	Cespe	0
	FCC	1
	Banca Própria	1
	Total	**2**
7. Direito Penal Internacional. Tribunal Penal Internacional. Dos crimes internacionais. Tratados internacionais e Direito Penal.	Cespe	0
	FCC	0
	Banca Própria	0
	Total	**0**

8. Direitos humanos no Brasil.	Cespe	0
	FCC	0
	Banca Própria	9
	Total	9
9. Direitos Humanos em espécie. Direito à vida. Dignidade da pessoa humana. Direito à liberdade. Direitos políticos. Direitos sociais. Direito de minorias. Discriminação racial e Estatuto da Igualdade Racial.	Cespe	0
	FCC	0
	Banca Própria	0
	Total	0
10. Direitos humanos e o Ministério Público.	Cespe	0
	FCC	0
	Banca Própria	0
	Total	0
11. A Declaração Universal dos Direitos Humanos. Contexto histórico. Importância e função nos dias atuais.	Cespe	0
	FCC	0
	Banca Própria	0
	Total	0

5 ALGUNS PONTOS MAIS RELEVANTES NAS PROVAS OBJETIVAS

O estudo de Direitos Humanos para as provas de Ministérios Públicos Estaduais exige do candidato um conhecimento geral sobre os itens do edital. As bancas costumam cobrar generalidades e conceitos afetos ao estudo dos direitos humanos, até porque a prova destina poucos questionamentos para esse tema, motivo pelo qual, geralmente, se limita aos itens mais relevantes.

Assim, embora não se deva negligenciar nenhum tópico do edital, devendo-se ter um conhecimento mínimo de cada item, também é certo que determinados temas são mais cobrados em concurso público. Dessa forma, diante da análise das provas dos Ministérios Públicos Estaduais, podemos indicar alguns pontos que mais se sobressaem nesses certames.

5.1. TENDÊNCIAS

Inicialmente, verificamos que as provas objetivas que não possuem um tópico específico para Direitos Humanos costumam cobrar no âmbito de Direito Constitucional, especialmente no campo da Teoria Geral dos Direitos Fundamentais, bem como de controle de convencionalidade. Nesse sentido, tem-se uma questão do MP/GO 2019, na prova de Direito Constitucional:

> "Todo tratado em vigor obriga as partes e deve ser cumprido por elas de boa-fé" (art. 26 da Convenção de Viena sobre o Direito dos Tratados). Essa norma estampa um importante princípio do direito internacional público atual, que é a obrigação de respeitar os tratados, além de constituir um dos fundamentos do chamado controle de convencionalidade. Informar a alternativa incorreta:
>
> **A) É possível afirmar que a Corte Interamericana de Direitos Humanos, em razão dos valores fundamentais e existenciais desses mesmos direitos, atribui a si a obrigação primária, inicial ou imediata de compatibilização das normas internas com os instrumentos internacionais de direitos humanos dos quais o Estado é parte. (alternativa correta)**
>
> B) A Corte Interamericana de Direitos Humanos não toma apenas os tratados de direitos humanos como paradigmas do controle de convencionalidade, mas também a sua própria jurisprudência.
>
> C) Para além do controle jurisdicional de convencionalidade, são possíveis, no atual modelo brasileiro, os controles legislativo e executivo dessa mesma convencionalidade.
>
> D) A Corte Interamericana de Direitos Humanos entende que é paradigma de controle de convencionalidade das normas domésticas, no sistema interamericano de proteção dos direitos humanos, todo o corpo jurídico internacional de proteção, o que inclui o sistema global de direitos humanos.

O MP/SC, em 2016 e 2019, cobrou 23 questões no tópico Direitos Humanos e Cidadania. No entanto, ao se analisar as questões propostas pela referida banca, verifica-se que não se tratam propriamente de temas voltados aos Direitos Humanos em uma perspectiva clássica, ou seja, no âmbito da Teoria Geral dos Direitos Humanos, Direito Internacional dos Direitos Humanos, Sistema Global de Direitos Humanos, Sistema Interamericano de Direitos Humanos, Outros Sistemas Internacionais de Direitos Humanos etc.

Nessas provas, houve maior preponderância de questões afetas à cidadania, a exemplo dos Direitos Coletivos, SUS (Lei nº 8.080/1990), Assistência Social, Transtornos Mentais, Estatuto do Idoso, Estatuto da Pessoa com Deficiência, Lei de Diretrizes e Bases da Educação. Obviamente que também são questões voltadas aos Direitos Humanos, contudo, em uma perspectiva de aplicação prática no âmbito do direito interno.[3] Vejamos alguns exemplos:

MP/SC - 2016

O Estatuto da Pessoa com Deficiência estabelece que as instituições privadas, de qualquer nível e modalidade de ensino, devem obrigatoriamente ofertar educação bilíngue, em Libras como primeira língua e na modalidade escrita da língua portuguesa como segunda língua, em escolas e classes bilíngues e em escolas inclusivas, sendo vedada a cobrança de valores adicionais de qualquer natureza em suas mensalidades, anuidades e matrículas no cumprimento dessa determinação. **(Falsa)**

De acordo com o Estatuto do Idoso, as transações relativas a alimentos poderão ser celebradas perante o Promotor de Justiça ou Defensor Público, que as submeterá à homologação judicial. E nos casos em que o idoso ou seus familiares não possuírem condições econômicas de prover o seu sustento, impõe-se ao Poder Público esse provimento, no âmbito da assistência social. **(Verdadeira)**

De acordo com a Lei nº 8.742/93 (Lei Orgânica da Assistência Social), a organização da assistência social tem como base as seguintes diretrizes: a descentralização político administrativa para os Estados, o Distrito Federal e os Municípios, e comando único das ações em cada esfera de governo; a participação da população, por meio de organizações representativas, na formulação das políticas e no controle das ações em todos os níveis; e a supremacia do atendimento às necessidades sociais sobre as exigências de rentabilidade econômica. **(Falsa)**

De acordo com a Lei nº 9.394/96 (Diretrizes e Bases da Educação Nacional), a União, os Estados, o Distrito Federal e os Municípios organizarão, em regime de colaboração, os respectivos sistemas de ensino. A referida legislação também faculta aos Municípios optarem por se integrar ao sistema estadual de ensino ou compor com ele um sistema único de educação básica. **(Falsa)**

5.2. ESTUDO DAS MATÉRIAS DE MAIOR INCIDÊNCIA DO EDITAL

1. Constituição e Direitos Humanos. Direitos Fundamentais e Direitos Humanos. Status dos Direitos Humanos.
2. Direitos Humanos e direitos fundamentais (Conceito, estrutura e história).

3. Basicamente o conteúdo do item 8. Direitos Humanos no Brasil.

3. Direitos Humanos. Terminologia, fundamento e classificação (quanto à finalidade; adotada pela Constituição de 1988). Dimensões dos Direitos Humanos.

Trata-se de ponto intensamente interligado ao Direito Constitucional, ensejando discussões a respeito do *status* das normas jurídicas, controle de convencionalidade, entendimentos dos Tribunais Superiores sobre a aplicação dos direitos humanos, extensão de princípios constitucionais e teoria geral dos direitos humanos.

As bancas examinadoras têm preferência por questões relacionadas a esses pontos.

Vejamos como já foi cobrado em prova:

Questão 01 – CESPE MPCE 2020

No Brasil, após a promulgação da Emenda Constitucional n.º 45/2004, os tratados relativos aos direitos humanos aprovados na forma prevista são equivalentes às

Ⓐ leis complementares.

Ⓑ emendas constitucionais. (alternativa correta)

Ⓒ leis ordinárias.

Ⓓ garantias individuais e coletivas.

Ⓔ normas de direito fundamental.

Questão 02 – MPMS – 2018

2 - Acerca do controle de convencionalidade dos Tratados Internacionais de Direitos Humanos e do ordenamento jurídico nacional, assinale a alternativa correta:

Ⓐ Para que a validade de uma lei seja garantida, deve ser ela materialmente compatível unicamente com a Constituição Federal.

Ⓑ No Sistema Interamericano de Direitos Humanos, a teoria do Controle de Convencionalidade apareceu, pela primeira vez, formalmente, no Caso Cabrera García e Montiel Flores vs. México, julgado em 2010 pela Corte Interamericana de Direitos Humanos.

Ⓒ Não é admissível o controle de convencionalidade de Tratados de Direitos Humanos mediante a propositura de Arguição de Descumprimento de Preceito Constitucional (ADPF).

Ⓓ O controle de convencionalidade concentrado adveio com a Emenda Constitucional n. 45, de 8 de dezembro de 2004. (alternativa correta)

E O Controle de Convencionalidade das normas internas dos Estados-Partes é exercida concorrentemente pelos Tribunais Internacionais e domésticos.

Questão 03 – MPRO 2017

Em relação ao controle de convencionalidade e à Corte Interamericana de Direitos Humanos, assinale a alternativa CORRETA.

A O controle jurisdicional de convencionalidade decorre do exame da legislação de regência à luz da Convenção Americana de Direitos Humanos, à exceção do corpus juris vinculante para o Estado Parte.

B Juízes e Promotores de Justiça podem exercer o controle de convencionalidade concentrado das normas previstas no ordenamento jurídico.

C O Pacto de San José da Costa Rica, segundo a jurisprudência do Supremo Tribunal Federal, é uma norma materialmente constitucional.

D A Corte Interamericana de Direitos Humanos condenou o Brasil no caso conhecido como Gomes Lund, assentando a incompatibilidade das anistias relativas a graves violações de direitos humanos com o Direito Internacional, ressaltando que o Supremo Tribunal Federal deveria ter realizado o controle de convencionalidade da Lei da Anistia. Em razão disso, caberá ao Supremo Tribunal Federal rever o seu entendimento, diante da vinculatividade das decisões da Corte Interamericana de Direitos Humanos.

E **No caso Ximenes Lopes vs. Brasil, a Corte Interamericana de Direitos Humanos afirmou que a falta do dever de regular e fiscalizar gera responsabilidade internacional em razão de serem os Estados responsáveis pelos atos das entidades tanto públicas quanto privadas que prestam atendimento de saúde. (alternativa correta)**

Questão 04 – MPRO 2017

No que se refere ao tema dos direitos humanos na jurisprudência do Supremo Tribunal Federal, é CORRETO afirmar:

A De acordo com a jurisprudência do Supremo Tribunal Federal, caso a prestação de saúde pleiteada não esteja entre as políticas do SUS, o medicamento novo não poderá ser concedido pelo Poder Judiciário.

B A reserva do possível não pode ser invocada para o descumprimento de obrigações constitucionais pelo Estado, sem qualquer exceção.

C O Supremo Tribunal Federal entendeu que a execução de adaptações em escola pública visando à acessibilidade das pessoas com deficiência física viola o princípio da Separação de Poderes.

D **É possível a intervenção judicial para determinar a Município que disponibilize vagas a crianças de 0 a 5 anos em escola de educação infantil pública ou privada próxima à residência ou ao local de trabalho dos responsáveis legais. (alternativa correta)**

E Não é lícito ao Poder Judiciário impor à Administração Pública obrigação de fazer, consistente na promoção de medidas ou na execução de obras emergenciais em estabelecimentos prisionais.

4. **Tratados internacionais de Direitos Humanos. Pacto Internacional dos Direitos Civis e Políticos. Pacto dos Direitos Sociais. Outros Tratados internacionais.**
5. **Mecanismos Internacionais de proteção e monitoramento dos Direitos Humanos.**
6. **Sistema Regional de Direitos Humanos. Convenção Americana de Direitos Humanos e Protocolos adicionais. Corte Interamericana de Direitos Humanos. Comissão Interamericana de Direitos Humanos.**

Esses itens também são relevantes para a preparação do candidato, pois possuem razoável incidência nas provas de Direitos Humanos, devendo o concurseiro conhecer os Sistema Global e o Interamericano de Direitos Humanos, que envolvem os tratados e as convenções mais importantes, em especial, o Pacto Internacional dos Direitos Civis e Políticos (sistema global), Pacto dos Direitos Sociais (sistema global), a Convenção Americana de Direitos Humanos (sistema interamericano), bem como o Protocolo de San Salvador (sistema interamericano), notadamente, quanto aos direitos que tais documentos protegem. Vejamos como já foi cobrado em prova:

MPSP - 2017

A Declaração Universal dos Direitos Humanos foi a responsável por definir direitos e liberdades fundamentais que deveriam ser garantidos por todos os Estados. Sem embargo, enquanto Carta de Declaração de Direitos, o texto não apresentava, por si próprio, força jurídica obrigatória e vinculante, donde indispensável o estudo de mecanismos capazes de assegurar o reconhecimento e a efetiva observância, pelos Estados, dos princípios por ela consagrados. Tais estudos resultaram na formação da denominada Carta Internacional dos Direitos Humanos (International Bill of Rights), que decorre

A) da conjugação do Pacto Internacional de Direitos Civis e Políticos, do Pacto Internacional dos Direitos Econômicos, Sociais e Culturais e da Declaração Universal. (alternativa correta)

B) da alteração do status conferido à Declaração Universal pela Comissão dos Direitos Humanos da Organização das Nações Unidas.

C) do Pacto Internacional dos Direitos Econômicos, Sociais e Culturais.

D) da alteração do status conferido à Declaração Universal pela Assembléia Geral da Organização das Nações Unidas.

E) do Pacto Internacional de Direitos Civis e Políticos.

Nesse prisma, deve o candidato conhecer os outros tratados e convenções internacionais mais importantes, a exemplo da Convenção sobre os Direitos das Pessoas com Deficiência e de seu Protocolo Facultativo (Decreto nº 6.949/2009), Convenção Internacional sobre a Eliminação de Todas as Formas de Discriminação Racial, Convenção Contra a Tortura e Outros Tratamentos ou Penas Cruéis, Desumanos ou Degradantes, Convenção Interamericana para Prevenir, Punir e Erradicar a Violência contra a Mulher, Convenção Internacional sobre os Direitos da Criança etc. Vejamos como já foi cobrado em prova:

Questão 01 - FCC/MPMT 2019

Segundo o disposto no Protocolo Facultativo à Convenção sobre os Direitos das Pessoas com Deficiência (Decreto nº 6.949/2009) acerca das comunicações submetidas ao Comitê sobre os Direitos das Pessoas com Deficiência, por pessoas ou grupo de pessoas que aleguem serem vítimas de violação das disposições da Convenção por Estados-Partes,

A) devem ter sido esgotados todos os recursos internos disponíveis, ainda que a tramitação desses recursos se prolongue injustificadamente.

B) é admissível a comunicação anônima.

C) os fatos que motivaram a comunicação podem ter ocorrido antes da entrada em vigor do Protocolo para o Estado-Parte em apreço, ainda que não mais continuem ocorrendo.

D) o fato de a comunicação estar precariamente fundamentada ou não suficientemente substanciada não impede a sua admissibilidade.

E) a comunicação será inadmissível quando a mesma matéria já tenha sido ou esteja sendo examinada sob outro procedimento de investigação ou resolução internacional. (alternativa correta)

Questão 02 - MPSP 2019

Assinale a alternativa que apresenta a Convenção Internacional ainda não ratificada pelo Estado brasileiro.

A) Convenção Interamericana para Prevenir, Punir e Erradicar a Violência contra a Mulher.

B) Convenção Internacional sobre os Direitos da Criança.

C) **Convenção Interamericana sobre a Proteção dos Direitos Humanos dos Idosos. (alternativa correta)**

D) Convenção sobre Direitos das Pessoas com Deficiência.

E) Convenção sobre a Eliminação de todas as Formas de Discriminação contra a Mulher.

Questão 03 – MPPR 2019

Assinale a alternativa incorreta. Nos termos da Convenção Interamericana para Prevenir, Punir e Erradicar a Violência contra a Mulher:

A) Nenhuma das disposições da referida Convenção poderá ser interpretada no sentido de restringir ou limitar as da Convenção Americana sobre Direitos Humanos ou de qualquer outra convenção internacional que ofereça proteção igual ou maior nesta matéria.

B) **Os Estados partes devem adotar medidas apropriadas para eliminar a discriminação contra a mulher praticada por qualquer pessoa ou organização pública, respeitada a autonomia conferida às atividades empresariais. (alternativa correta)**

C) O direito de toda mulher a ser livre de violência abrange, entre outros, o direito da mulher a ser valorizada e educada livre de padrões estereotipados de comportamento e costumes sociais e culturais baseados em conceitos de inferioridade ou subordinação.

D) Os Estados Partes convêm em adotar, progressivamente, medidas específicas, inclusive programas destinados a prestar serviços especializados apropriados à mulher sujeitada a violência, por intermédio de entidades dos setores público e privado, inclusive abrigos, serviços de orientação familiar, quando for o caso, e atendimento e custódia dos menores afetados.

E) Entre os direitos assegurados a toda mulher encontra-se o direito à liberdade de professar a própria religião e as próprias crenças, de acordo com a lei.

No mesmo sentido, é importante conhecer o funcionamento da Comissão e da Corte Interamericana de Direitos Humanos, bem como os principais casos por esta já julgados (Ex: caso Escher, Garibaldi, Gomes Lund, Ximenes Lopes, dentre outros).

Vejamos como esses assuntos foram cobrados em prova:

Questão 03 – FCC MPMT 2019

De acordo com o Sistema Interamericano de Proteção dos Direitos Humanos,

Ⓐ a Comissão Interamericana de Direitos Humanos não poderá atuar em casos de violação de direitos humanos nos quais o Estado acusado não tenha ratificado a Convenção Americana de Direitos Humanos.

Ⓑ **o princípio do non refoulement, previsto na Convenção Americana de Direitos Humanos, consiste em uma garantia do refugiado para que este não seja reenviado para um Estado onde possa estar sujeito a tratamento desumano ou a perseguição política. (alternativa correta)**

Ⓒ o fato de um Estado-Parte ter denunciado o Pacto de San José da Costa Rica impede a Corte Interamericana de Direitos Humanos de apreciar eventuais casos de violações ocorridos anteriormente à data da referida denúncia.

Ⓓ a Convenção Americana de Direitos Humanos não permite que a lei interna de um país faça restrições ao direito de reunião.

Ⓔ a Corte Interamericana de Direitos Humanos tem apenas competência consultiva, de interpretação das disposições da Convenção Americana e das disposições de tratados relativos à proteção dos direitos humanos, não apresentando qualquer competência contenciosa.

7. Direito Penal Internacional. Tribunal Penal Internacional. Dos crimes internacionais. Tratados internacionais e Direito Penal.

As provas analisadas não cobraram nenhum item específico sobre este tema. No entanto, é importante conhecer o funcionamento do Tribunal Penal Internacional e quais são os crimes de sua competência.

8. Direitos humanos no Brasil.

Trata-se de tema de intensa relevância nas provas de Direitos Humanos, pois está vinculado à aplicação dos direitos humanos no âmbito interno. Neste ponto, aplicam-se as mesmas observações já realizadas para a prova do MP/SC, quais sejam, preponderam as questões afetas à cidadania, a exemplo dos Direitos Coletivos, SUS (Lei nº 8.080/90), Assistência Social, Estatuto do Índio, Transtornos Mentais, Estatuto do Idoso,

Estatuto da Pessoa com Deficiência, Lei de Diretrizes e Bases da Educação, que, também, são questões voltadas aos Direitos Humanos, contudo, em uma perspectiva de aplicação prática no âmbito do direito interno. Vejamos:

Questão 01 – MPSP 2017

O Ministério Público aforou ação civil pública em face da Fazenda do Estado, cujo escopo era o de obrigá-la a disponibilizar para X, pessoa capaz, com 40 anos de idade, o medicamento Y, de fabricação nacional e com registro na ANVISA. O receituário médico pertinente indicava a necessidade de ser ministrado a X determinado princípio ativo, que poderia ser encontrado no medicamento proposto Y. Citada, a Fazenda Pública do Estado, em contestação, aventou cinco questões: ilegitimidade ativa do Ministério Público, ilegitimidade passiva do Estado, incidência da teoria da reserva do possível, ausência de previsão orçamentária para o atendimento postulado e a possibilidade de entregar a X medicamento genérico, com o mesmo princípio ativo. Dentre tais argumentos, segundo reiterado entendimento jurisprudencial advindo do Superior Tribunal de Justiça, admite acolhida o

A) da reserva do possível, desde que o Estado demonstre, por meio de provas, que realiza todo o necessário, dentro de suas limitações financeiras, para o atendimento de pleitos do jaez daquele formulado.

B) **de aquisição de medicamento genérico que contenha o princípio ativo descrito no receituário, incidindo, a propósito, discricionariedade administrativa. (alternativa correta)**

C) de ilegitimidade passiva da Fazenda Pública do Estado, vez que, nos termos da Lei Federal nº 8.080/90 e da regulamentação pertinente, assim como em face da descentralização do SUS, o dever de atendimento específico compete ao Município.

D) da ausência de previsão orçamentária, competindo ao Juiz, no caso, impor o cumprimento da obrigação apenas no exercício orçamentário seguinte, determinando, desde logo, que a despesa respectiva seja incluída na Lei de Diretrizes Orçamentárias alusiva a mencionado exercício.

E) da ilegitimidade ativa do Ministério Público para a tutela de interesse individual, vez que o paciente é pessoa maior e capaz.

Questão 02 – MPPR 2016

Com base nas assertivas a seguir, assinale a alternativa correta:

I – O Estatuto do Idoso (Lei n. 10.741/2003) expressamente define o que caracteriza violência contra o idoso.

II – Segundo o Estatuto do Idoso (Lei n. 10.741/2003), os maiores de 65 (sessenta e cinco) anos não possuem assegurada a gratuidade nos transportes coletivos públicos urbanos e semiurbanos seletivos e especiais, quando forem prestados paralelamente aos serviços regulares.

III - O Estatuto do Idoso (Lei n. 10.741/2003) estabelece que a garantia de prioridade assegurada ao idoso compreende o recebimento de verbas rescisórias.

IV – O Estatuto do Idoso (Lei n. 10.741/03) estabelece que a garantia de prioridade assegurada ao idoso se estende aos processos e procedimentos na Administração Pública, empresas prestadoras de serviços públicos e instituições financeiras, ao atendimento preferencial junto à Defensoria Pública e ao Ministério Público.

V – A Constituição do Estado do Paraná estabelece que o Estado protegerá os direitos econômicos, sociais e culturais dos idosos, mediante políticas específicas, visando assegurar-lhes: formação profissional e desenvolvimento da cultura; acesso ao emprego e à habitação; lazer; e segurança social.

Ⓐ Estão corretas somente as assertivas I, III e V;

Ⓑ **Estão corretas somente as assertivas I e II; (alternativa correta)**

Ⓒ Está incorreta somente a assertiva IV;

Ⓓ Estão incorretas somente as assertivas I, III e V;

Ⓔ Todas as assertivas estão corretas.

Questão 03 – MPPR 2017

Nos termos da Lei nº 8.742/93 (Lei Orgânica da Assistência Social), assinale a alternativa incorreta:

Ⓐ O Cras (Centro de Referência de Assistência Social) é a unidade pública municipal, de base territorial, localizada em áreas com maiores índices de vulnerabilidade e risco social, destinada à articulação dos serviços socioassistenciais no seu território de abrangência e à prestação de serviços, programas e projetos socioassistenciais de proteção social básica às famílias.

Ⓑ O Creas (Centro de Referência Especializado de Assistência Social) é a unidade pública de abrangência e gestão municipal, estadual ou regional, destinada à prestação de serviços a indivíduos e famílias que se encontram em situação de risco pessoal ou social, por violação de direitos ou contingência, que demandam intervenções especializadas da proteção social especial.

Ⓒ Os Cras (Centros de Referência de Assistência Social) e os Creas (Centros de Referência Especializado de Assistência Social) são unidades públicas estatais instituídas no âmbito do Suas

(Sistema Único de Assistência Social), que possuem interface com as demais políticas públicas e articulam, coordenam e ofertam os serviços, programas, projetos e benefícios da assistência social.

D As instalações dos Cras (Centro de Referência de Assistência Social) e dos Creas (Centro de Referência Especializado de Assistência Social) devem ser compatíveis com os serviços neles ofertados, com espaços para trabalhos em grupo e ambientes específicos para recepção e atendimento reservado das famílias e indivíduos, assegurada a acessibilidade às pessoas idosas e com deficiência.

E **As ações de assistência social, no âmbito das entidades e organizações de assistência social, observarão as normas expedidas pelo Cras (Centros de Referência de Assistência Social) ou pelo Creas (Centro de Referência Especializado de Assistência Social). (alternativa correta)**

Questão 04 – MPSP 2019

Em relação às pessoas portadoras de transtornos mentais, é correto afirmar, à luz da Lei nº 10.216/01, que

A a evasão do paciente do estabelecimento de saúde mental será comunicada ao Ministério Público Estadual no prazo máximo de vinte e quatro horas.

B a internação compulsória é determinada, de acordo com a legislação vigente, pelo Ministério Público.

C o término da internação involuntária dar-se-á por solicitação escrita do familiar ou responsável legal, ou do Ministério Público.

D **a internação involuntária é determinada, de acordo com a legislação vigente, pelo juiz competente. (alternativa correta)**

E a internação involuntária deverá, no prazo de setenta e duas horas, ser comunicada ao Ministério Público Estadual.

9. Direitos Humanos em espécie. Direito à vida. Dignidade da pessoa humana. Direito à liberdade. Direitos políticos. Direitos sociais. Direito de minorias. Discriminação racial e Estatuto da Igualdade Racial.

10. Direitos humanos e o Ministério Público.

11. A Declaração Universal dos Direitos Humanos. Contexto histórico. Importância e função nos dias atuais.

Tais itens estão relacionados com os pontos estudados acima. Assim, ao se debruçar sobre a análise daqueles pontos, o candidato também passará pela análise destes. Por essa razão que as provas costumam cobrar o conhecimento destes temas em conjunto com aqueles.

Por exemplo, ao se analisar a convenção americana de direitos humanos, necessariamente, estudam-se quais são os direitos humanos em espécie nela constantes.

6 DICAS FINAIS

Embora seja um tema importante, as bancas de concursos do Ministério Público Estadual não exigem conhecimento demasiadamente aprofundado em relação aos direitos humanos. Dessa forma, é importante que o candidato possua conhecimento mínimo dos itens do edital, a fim de que possa garantir alguns pontos nas provas.

Portanto, o estudo por intermédio de sinopses é suficiente para realização de uma boa prova (objetiva e subjetiva), uma vez que traz um bom entendimento sobre as generalidades dos direitos humanos.

PRINCÍPIOS INSTITUCIONAIS DO MINISTÉRIO PÚBLICO

Carina Senna d'Avila

1 RELEVÂNCIA DA MATÉRIA

A matéria Princípios Institucionais do Ministério Público pode, inicialmente, causar espanto nos candidatos: não faz parte da grade da faculdade e, obviamente, não é cobrada em nenhum outro concurso. Assim, se você estudava para um concurso de nível médio e agora deseja alcançar o cargo de Ministério Público, ou se você estudava apenas de forma geral para concurso, sem direcionar para nenhuma instituição específica, é provável que até aqui você não tenha estudado esta matéria.

Esta introdução tem apenas um propósito: dizer que você não deve se assustar. Ao contrário, veja esta matéria como uma grande aliada na sua aprovação.

Ao se analisar os concursos de Ministério Público estadual dos últimos anos em nosso país, percebe-se que muitos estados dedicam uma banca específica para esta matéria, de modo que isso já seria motivo suficiente para não a negligenciar. Para além disso, o que percebemos é que o edital desta matéria é curto (quiçá o mais curto das matérias cobradas) e as questões se repetem bastante, não havendo constantes atualizações e novidades sobre o tema – ao contrário das matérias clássicas.

Como candidato, você já deve ter percebido que há matéria a perder de vista em Direito Penal, Direito Civil, Direito Constitucional, Tutela Coletiva... o céu é o limite! Além disso, as fontes de estudo são inúmeras: vários autores de doutrina para cada uma dessas matérias, códigos e leis esparsas, muitos atos infralegais, jurisprudência de diversas fontes, com fixação de teses, Súmulas, Jornadas de Direito, FPPC, enfim. Na disciplina Princípios Institucionais do Ministério Público, o cenário é um pouco mais animador.

A doutrina existente é finita. No tópico seguinte, será indicada toda a bibliografia pormenorizadamente, mas desde já saiba que apenas 03 (três) livros cobrem todas as questões a serem feitas sobre o tema. Pense na quantidade de autores de renome existentes em Direito Civil, por exemplo, e a quantidade de livros dos quais podem ser retiradas questões. Além disso, a jurisprudência é muito pontual nesta seara. É claro que há julgados de referência que você terá que conhecer – mas eles não são frequentes, a mudança da jurisprudência é mais lenta do que nas demais matérias, e são temas pontuais que são levados às Cortes.

Assim, utilize a matéria Princípios Institucionais do Ministério Público para garimpar preciosos pontos na prova.

É preciso destacar, contudo, uma única desvantagem: em alguns casos, você precisará conhecer a lei complementar de regência do Ministério Público do estado para o qual você está prestando concurso. Contudo, não é uma exclusividade desta matéria, pois há outras que, por vezes, também cobram leis estaduais. Ocorre que, em Princípios Institucionais, há um facilitador: as leis estaduais não diferem muito da lei orgânica nacional. Assim, você focará o seu estudo nas diferenças – que geralmente são o foco das questões. Nesta mesma linha, alguns atos normativos internos do *Parquet* pretendido precisam ser conhecidos pelo candidato.

A boa notícia, além da possibilidade de esgotar o curto edital desta matéria, é que o estudo de Princípios Institucionais do Ministério Público traz conteúdo prático útil para a sua futura atuação funcional. Por certo, esta não é uma preocupação sua neste momento... mas é do seu examinador.

É por esta razão que se tem percebido um crescimento da importância da matéria Princípios Institucionais do Ministério Público nas provas dos diversos estados da federação.

Os motivos acima expostos tornam a disciplina em tela um trunfo em concursos do Ministério Público, uma vez que pode ser a responsável por garantir pontos valiosos para a sua aprovação.

2 BIBLIOGRAFIA INDICADA E FONTES DE ESTUDO

Como já antecipado, nesta disciplina é possível delimitar com segurança a bibliografia, uma vez que não há muitos autores que escrevem de forma global e didática sobre o tema. Embora seja possível encontrar muitos artigos com temáticas afetas aos Princípios Institucionais do Ministério Público, hoje é possível enumerar 03 (três) autores que dominam todo o campo desta matéria: Emerson Garcia, Hugo Nigro Mazzilli e Carlos Roberto Jatahy.

Como sempre, a escolha da bibliografia deve atender a sua afinidade com o estilo do autor – e isso não seria diferente aqui. Ocorre que, alguns pontos estratégicos devem ser levados em consideração. Caso esteja fazendo prova para o MP-RJ, adote, sem sombra de dúvidas, Emerson Garcia como sua base de estudo, eis que o autor é referência no Parquet fluminense; caso sua prova seja para o MP-SP, prefira a obra de Hugo Nigro Mazzilli, membro aposentado com imenso prestígio na instituição paulista. A obra de Carlos Roberto Jatahy, embora de excelente qualidade, não possui atualizações tão frequentes quanto a dos outros dois autores. Assim, para a formação de base, prefira aqueles dois primeiros, com especial inclinação caso a prova seja para o Rio de Janeiro ou para São Paulo.

Como já mencionado, não há intensa produção jurisprudencial no tocante a esta matéria, de modo que, de posse de uma edição atualizada de um dos livros, estes indicarão os julgados relevantes. Isto não te exime de acompanhar a jurisprudência, por óbvio. Apenas passa a tranquilidade, ao menos nesta matéria, que eventual mudança jurisprudencial será pontual e você pode facilmente acompanhar e fazer a observação no seu livro de estudo.

Além destas orientações gerais de bibliografia, é de suma importância notar que, em bancas personalizadas (com examinadores identificados, em sua maioria membros do *Parquet*), ao contrário de bancas sem rosto (como VUNESP, FCC e afins), é importante verificar se alguns dos seus integrantes possui artigos ou trabalhos publicados ou se, naquele Estado, há a predileção institucional por alguma obra doutrinária. Já indicamos aqui aquelas adotadas no Rio de Janeiro e em São Paulo.

Em paralelo, <u>não deixe de consultar o site do Ministério Público para o qual você está prestando prova</u>. A maioria apresenta material institucional acessível ao público externo. É preciso pesquisar as normativas internas, bem como eventuais Enunciados dos órgãos internos.

Além da leitura dos livros doutrinários, por óbvio, como não poderia deixar de ser, faz-se necessária a leitura atenta da legislação pertinente a cada tópico do seu edital. Aproveite, como já dito, o fato de esta matéria apresentar, em regra, **um enxuto edital, com poucas leis**. Poucas matérias têm essa vantagem. Aqui, faça um estudo comparativo da legislação nacional com a do estado para o qual você está fazendo prova.

3 CONTEÚDO PROGRAMÁTICO DE PRINCÍPIOS INSTITUCIONAIS DO MINISTÉRIO PÚBLICO NAS PROVAS DE MINISTÉRIO PÚBLICO ESTADUAL

Diferentemente de outros certames, não existe uma resolução ou alguma outra espécie normativa que determine a necessária observância de disciplinas, temas ou formatos de prova para os diversos Ministérios Públicos Estaduais.

Neste contexto, verifica-se uma significativa heterogeneidade nas modalidades de prova e no conteúdo cobrado. Entretanto, tais diferenças podem ser limitadas ao constatarmos algumas repetições nas bancas responsáveis pelos concursos de Ministério Público estadual.

Assim, segue tabela demonstrativa das bancas dos últimos concursos em todo o país:

MINISTÉRIO PÚBLICO ESTADUAL | BANCAS		
NORTE		
MP-AM	2015	FMP
MP-AP	2012	FCC
MP-AC	2014	CESPE
MP-PA	2014	FCC
MP-RR	2017	CESPE
MP-RO	2017	FMP
MP-TO	2012	CESPE
NORDESTE		
MP-MA	2014	MP-PR

MP-PI	2019	CESPE/CEBRASPE
MP-CE	2020	CESPE/CEBRASPE
MP-RN	2009	CESPE
MP-PE	2014	FCC
MP-PB	2018	FCC
MP-SE	2010	CESPE
MP-AL	2012	FCC
MP-BA	2018	CEFET-BAHIA
CENTRO-OESTE		
MP-MT	2019/2020	FCC
MP-MS	2018	MP-MS
MP-GO	2019	MP-GO
SUDESTE		
MP-SP	2019	MP-SP
MP-RJ	2018	MP-RJ
MP-ES	2013	VUNESP
MP-MG	2019	FUNDEP - UFMG
SUL		
MP-PR	2018/2019	MP-PR
MP-RS	2016/2017	MP-RS
MP-SC	2019	MP-SC

MINISTÉRIO PÚBLICO ESTADUAL | BANCAS		
BANCAS PRÓPRIAS	08	MP-MA, MP-MS, MP-GO, MP-SP, MP-RJ, MP--PR, MP-RS, MP-SC
FMP	02	MP-AM, MP-RO
FCC	06	MP-AP, MP-PA, MP-PE, MP-PB, MP-AL, MP-MT
CESPE/CEBRASPE	07	MP-AC, MP-RR, MP-TO, MP-PI, MP-CE, MP-RN, MP-SE
CEFET-BAHIA	01	MP-BA
VUNESP	01	MP-ES
FUNDEP-UFMG	01	MP-MG

Pode-se perceber que o cenário dos concursos de Ministério Público é **dominado por bancas institucionais**. Dentre as bancas corporativas contratadas, há o **domínio da FCC e CESPE/CEBRASPE**. As exceções, assim, ficam no MP-MG (FUNDEP-UFMG), MP-ES (VUNESP), MP-BA

(CEFET-BAHIA), MP-AM e MP-RO (ambos FMP), totalizando apenas 05 (cinco) estados. Desta forma, fica mais fácil traçar uma estratégia de estudo mais direcionado.

Além disso, é possível perceber tendências de bancas variando em razão da região geográfica.

	BANCAS DO MP	BANCAS CORPORATIVAS
NORTE	0 - 0%	7 - 100%
NORDESTE	1 - 11%	8 - 89%
CENTRO-OESTE	2 - 67%	1 - 33%
SUDESTE	2 - 50%	2 - 50%
SUL	3 - 100%	0 - 0%

Sabemos que fazer concurso para um estado distante pode, por vezes, ser uma decisão difícil. Por isso, interessante analisar o quadro acima, no qual podemos perceber um padrão geográfico. Nas regiões Norte e Nordeste, praticamente a totalidade das bancas é contratada dentre aquelas instituições que se dedicam a isso (FCC e CESPE/CEBRASPE, em sua maioria), cabendo observar que a única banca própria (MP-MA), apesar de ser do Ministério Público, é composta por membros de outro Estado (MP-PR). Já nas demais regiões, o quadro se inverte, chegando a ter 100% de bancas próprias no sul.

Com base no acima exposto, em razão da já mencionada ausência de uniformidade nacionalmente regulamentada de conteúdos e temas em provas de Ministério Público estadual, selecionou-se para comparação um exemplo de edital de cada uma das três hipóteses mais recorrentes: banca própria, FCC e CESPE/CEBRASPE.

BANCA PRÓPRIA (MP-RS)	BANCA FCC (MP-AL)	BANCA CESPE/CEBRASPE (MP-PI)
O Ministério Público. Construção histórica. Divisão. Princípios institucionais do Ministério Público. Unidade. Indivisibilidade. Independência Funcional. Autonomias constitucionais do Ministério Público. Funcional. Administrativa. Financeira.	1. Constituição Federal do Brasil, Título IV, Capítulo IV, Das Funções Essenciais à Justiça, Seção I: Do Ministério Público.	Resolução CNMP nº 138/2016; Recomendação CNMP 12/2009; Recomendação CNMP 40/2016;

BANCA PRÓPRIA (MP-RS)	BANCA FCC (MP-AL)	BANCA CESPE/CEBRASPE (MP-PI)
Garantias constitucionais relativas aos membros do Ministério Público. As garantias da inamovibilidade, da irredutibilidade de vencimentos da vitaliciedade e do foro por prerrogativa de função. As vedações constitucionais. Funções institucionais do Ministério Público. A estrutura organizacional e o regime jurídico dos membros do Ministério Público na Constituição Federal, na Constituição Estadual e na legislação institucional. A Lei Orgânica Nacional do Ministério Público - Lei 8.625/93. A Lei Orgânica Estadual do Ministério Público do Rio Grande do Sul - Lei Estadual 7.669/82 e suas alterações posteriores. O Estatuto do Ministério Público do Rio Grande do Sul - Lei Estadual 6.536/73 e suas alterações posteriores. A Lei Complementar 75/93. O Conselho Nacional do Ministério Público: composição, competência; Regimento Interno; as resoluções e outras orientações de caráter normativo	2. Lei Orgânica Nacional do Ministério Público (Lei nº 8.625/93). 3. Estatuto do Ministério Público de Alagoas (Lei Complementar nº 15/96)	Recomendação CNMP 25/2014; Resolução CNMP nº 118/2014; Lei nº 8.625/1993; Lei Complementar nº 75/1993; Lei Complementar nº 12/1993 e suas alterações.

Reparem que são, em regra, editais enxutos e com diversos pontos em comum. Passamos a destacar, desde já, as exceções. O MP-CE, seguido pelo MP-MA, apresenta edital mais extenso, comparando todos os últimos editais de Ministério Público estadual. Contudo, ao analisar seu conteúdo, verifica-se que, em verdade, trata-se de um detalhamento dos macro temas já cobrados normalmente. É recomendável fazer disso uma ferramenta aliada: utilize o maior edital (MP-CE) para checar se você estudou todos os assuntos dentro de cada um dos pontos:

> **MP-CE.** LEGISLAÇÃO DO MINISTÉRIO PÚBLICO: 1 Perfil constitucional. 1.1 Conceito e princípios; unidade e independência; autonomia funcional administrativa e financeira; ramos do Ministério Público; chefia, escolha, nomeação e destituição; legislação infraconstitucional e iniciativa; garantias; vedações; funções institucionais; a figura do ombudsman; ingresso na carreira. 2 Organização administrativa e funções dos órgãos de administração, execução e auxiliares. 3 Carreira. 3.1 Concurso; provimento; posse e exercício; estágio probatório e vitaliciamento; promoções; remoções; substituição por convocação; afastamentos; reintegração; reversão; aproveitamento e readmissão. 4 Direitos

e prerrogativas. Garantias do cargo. 5 Disciplina. 5.1 Deveres e vedações; impedimentos e suspeições; inspeção e correições; sanções; prescrição; sindicância; processo administrativo; recursos; revisão do processo administrativo; reabilitação. 6 Instrumentos de investigação e de atuação extrajudicial. 6.1 Audiências Públicas, abertura e instrução de procedimentos; inspeções; expedição de notificações, recomendações e requisições. 7 Termos de Ajustamento de Conduta. 7.1 Fiscalização do cumprimento e execução judicial. 8 A evolução dos meios de proteção e promoção dos direitos fundamentais e as funções extrajudiciais e judiciais do Ministério Público. 9 Efetivação dos direitos fundamentais e atuação do Ministério Público. 10 Litisconsórcio entre ministérios públicos. 11 O Conselho Nacional do Ministério Público (CNMP). 12 Papéis das corregedorias-gerais do Ministério Público no CNMP e no MPCE. 13 Órgãos colegiados. 14 Ouvidoria do Ministério Público. 15 Ministério Público dos Estados e da União. 16 Ministério Público junto aos Tribunais de Contas. 17 Disciplina dos feitos extrajudiciais de atribuição do Ministério Público (inquérito Civil, procedimento preparatório, procedimento administrativo, procedimento investigatório criminal e notícia de fato). 18 As leis orgânicas do Ministério Público. 18.1 Lei nº 8.625/1993 (Lei Orgânica Nacional do Ministério Público), Lei Complementar Federal nº 75/1993 (Lei Orgânica do Ministério Público da União), Lei Complementar Estadual nº 72/2008 (Lei Orgânica e Estatuto do Ministério Público do Estado do Ceará).

Cumpre frisar: não se deixe assustar por este edital longo, em verdade, ele traz a grande vantagem de enumerar pontos relevantes da matéria, o que pode servir como um índice para o seu estudo.

Após o MP-CE, o edital menos conciso é o do MP-MA. Do mesmo modo, todavia, não há diferença significativa no conteúdo comparado com os 03 (três) editais exemplo colacionados acima.

Além disso, importante pontuar que, como já explanado no início deste capítulo, que a disciplina, além de ter um enxuto edital que pode ser um trunfo para o candidato, é de cobrança tradicional em provas de Ministério Público. Entretanto, alguns poucos estados cobram esta disciplina no interior de outra: MP-MG, MP-SP, MP-ES, MP-RN[1], no programa de Direito Constitucional. Atenção: isso não significa que não haja questões da matéria! Elas podem aparecer, uma vez que o assunto consta do Edital. Mas fato é que a sua incidência é menor (ou até nula) nestes

1. Note que a última prova do MP-RN foi em 2009, de modo que este cenário pode ser alterado a fim de aproximar a prova às dos demais Estados.

específicos Estados. Caso você esteja se preparando para um destes, este dado pode lhe direcionar a priorizar outras matérias de maior incidência.

Veja o quadro abaixo:

BANCAS EM QUE "PRINCÍPIOS INSTITUCIOANAIS DO MINISTÉRIO PÚBLICO" NÃO É DISCIPLINA AUTÔNOMA	
MP-RN	0 questões
MP-SP	0 questões
MP-ES	01 questão
MP-MG	01 questão

Feitas estas considerações, procurou-se comparar todos os últimos editais de cada um dos 26 estados da federação a fim de obter um conteúdo programático unificado, cujo estudo abrange todos os Ministérios Públicos Estaduais.

Algumas observações sobre o quadro abaixo: quando não especificado, o tema é relevante para as provas de todos os Estados. Além disso, ainda que não mencionado expressamente em alguns editais, certos temas podem ser cobrados diante da forma genérica como tais pontos foram elencados – e isso foi considerado para uma indicação cautelosa dos pontos possíveis. Por fim, em certos pontos genéricos, procurou-se apontar alguns os tópicos que ali se inserem, não sendo esta lista exaustiva, mas tão somente um guia inicial dos temas pelos quais o candidato deverá percorrer dentro daquele ponto.

PONTO	OBSERVAÇÕES
1. HISTÓRICO	O candidato deve saber a evolução histórica da instituição. Figura da Ombudsman. MP-MT: "Ministério Público: da conformação legal à transformação social."
2. PERFIL CONSTITUCIONAL	O candidato deve conhecer o tema inclusive na respectiva Constituição Estadual (especialmente se o edital do Estado mencionar especificamente a Constituição Estadual). MP-MT: Ministério Público: Agente do Estado. Função política.
3. PRINCÍPIOS INSTITUCIONAIS	(Unidade, Indivisibilidade e Independência Funcional)

Princípios Institucionais

4. AUTONOMIAS CONSTITUCIONAIS	(Funcional, Administrativa, Financeira) Indispensável o conhecimento aprofundado do ponto para todos os Estados.
5. RAMOS DO MINISTÉRIO PÚBLICO	(MPU e suas divisões, MP dos Estados, Leis Orgânicas)
6. GARANTIAS CONSTITUCIONAIS E PRERROGATIVAS	Indispensável o conhecimento aprofundado do ponto para todos os Estados.
7. VEDAÇÕES CONSTITUCIONAIS	Indispensável o conhecimento aprofundado do ponto para todos os Estados.
8. ÓRGÃOS DE ADMINISTRAÇÃO E DE EXECUÇÃO.	(Não esquecer dos órgãos auxiliares e órgãos colegiados) Tema importantíssimo. Indispensável o conhecimento aprofundado do ponto para todos os Estados.
9. CHEFIA DO MINISTÉRIO PÚBLICO	(Requisitos para a investidura e procedimento de destituição) Indispensável o conhecimento aprofundado do ponto para todos os Estados.
10. CARREIRA DO MINISTÉRIO PÚBLICO. DIREITOS.	(Carreira: provimento, concurso, posse, exercício, estágio probatório, vitaliciamento, promoções, remoções, afastamentos, reintegração, reversão, aproveitamento e readmissão. Direitos: disponibilidade, férias, licenças, subsídio, vantagens legais, aposentadoria e pensão.)
11. RESPONSABILIDADE	(Penal, civil e administrativa do membro do Ministério Público, bem como tudo relacionado à perda do cargo)
12. REGIME DISCIPLINAR	(Deveres e vedações, impedimentos e suspeições, inspeção e correições, sanções, prescrição, sindicância, do processo administrativo, recursos, revisão do processo administrativo, reabilitação)
13. CNMP	(Composição, competência, Regimento Interno) Alguns editais mencionam expressamente Resoluções e outras orientações de caráter normativo do CNMP. Se for o caso da sua prova, você deverá conhecê-las (como MP-MT e MP-PI).

LEIS	Lei Orgânica Nacional do Ministério Público – Lei nº 8.625/93
	Lei Complementar nº 75/93
	Lei Complementar estadual relativa a cada Estado (Lei Orgânica do Ministério Público estadual)
	MP-AP: Lei Orgânica da Magistratura Nacional (Lei Complementar nº 35/79).
	MP-AC, MP-PB, MP-BA: Lei de Organização Judiciária estadual
OUTROS TEMAS PONTUAIS	MP-RR, MP-MT: Inquérito Civil, TAC, Lei nº 7.347/85 (Instrumentos institucionais, extrajudiciais e judiciais na proteção e defesa dos direitos e garantias individuais e coletivas fundamentais. O Inquérito Civil Público e a defesa dos direitos fundamentais)
	MP-RO, MP-TO: Servidores. A carreira de apoio técnico-administrativo. Regime Jurídico Único (Lei nº 8.112/1990 e suas alterações).
	MP-RO, MP-TO: A atuação do Ministério Público na elaboração da proposta orçamentária.

Com o mapa acima delineado, o candidato terá uma visão completa da disciplina Princípios Institucionais do Ministério Público. Bastará, após a publicação do edital e identificação da banca, adaptá-lo ao estado da federação para o qual a prova se destina (observando a legislação estadual, por exemplo) e à banca escolhida (verificando as questões comumente cobradas por ela e, no caso de banca institucional, buscando publicações do membro).

Para facilitar este trabalho, no item a seguir serão delineados os temas mais cobrados nas últimas provas de Ministério Público Estadual.

4 ANÁLISE GERAL DAS ÚLTIMAS PROVAS OBJETIVAS.

No escopo de identificar os tópicos com maior incidências nas provas do Ministério Público estadual, foram analisados os últimos certames de cada um dos 26 estados da federação. Resultado disto é a tabela abaixo, que destaca os temas mais cobrados por cada banca.

Observe que, para facilitação do estudo, indicamos todos os temas que foram tratados em cada questão. Deste modo, cumpre lembrar que uma só questão pode tratar de mais de um tema. Por isso, o número de questões, por vezes, não coincide com o número de tema tratados.

Além disso, optou-se por classificar as questões cobradas nos últimos concursos em macrotemas, de modo a permitir mapear aqueles de maior incidência e, assim, direcionar o estudo do candidato.

Por fim, destacamos que a análise das questões foi feita da seguinte forma: foram analisadas apenas as questões dentro da matéria Princípios Institucionais do Ministério Público, quando a prova possuía esta separação por matéria; quando não, foram analisadas todas as questões da prova em busca de assuntos da disciplina.

Os temas foram classificados em ordem decrescente de recorrência nas provas analisadas.

	MP--AM 2015 FMP	MP--AP 2012 FCC	MP-AC 2014 CESPE	MP--PA 2014 FCC	MP-RR 2017 CESPE	MP--RO 2017 FMP	MP-TO 2012 CESPE	MP--MA 2014 MPPR	MP-PI 2019 CES-PE	MP-CE 2020 CESPE	MP-20 CES
QUESTÕES	7	8	4	5	3	7	3	2	6	4	2
Órgãos (Exec/Adm)	1	2	2	1		1		1	2	3	
Atribuições/Funções	1	1				1	2	2			1
Chefia do MP	1	2		1	1	1	1	1			
Garantias/Prerrog.	1	1			1		3	1			1
Carreira/Direitos	1				1	4	2		1	1	
Autonomia				1			1	1			1
Disciplinar						2			1	1	
Vedações	1						1	1			1
Resoluções CNMP	2					2			1		
Princípios Instituc.											
CNMP	1	1				1					1
Atuação Extrajud.			1		1				1		
Perda do cargo			1			1			1		
MPU		1	1								
Ramos do MP							2				1
Iniciativa Legislativa	1										
Deveres	2					1					
Responsabilidade					1	1					
Conflito Atribuição				1							
Orçamento							1				
Const. Estadual		1									
Lei Org. Magist.		1									
Planejamento				1							

Da análise dos dados coletados, podemos enumerar os seguintes assuntos como **os mais cobrados** – e, por consequência, aos quais seria interessante dar mais atenção nos estudos:

➔ **1.** Órgãos de execução e administrativos.

Este tema foi intensamente cobrado, devendo o candidato conhecer em detalhes quais são estes órgãos, suas atribuições, sua composição. É preciso, ainda, conheceras disposições sobre tais órgãos tanto na Lei Orgânica Nacional quanto na Lei Orgânica do Estado para o qual se presta o concurso. Importante não esquecer dos órgãos auxiliares. Há um enfoque

MP--PB 2018 FCC	MP-SE 2010 CESPE	MP--AL 2012 FCC	MP--BA 2018 CEFET	MP--MT 2019 FCC	MP--MS 2018 MPMS	MP--GO 2019 MPGO	MP--SP 2019 MPSP	MP--RJ 2018 MPRJ	MP-ES 2013 VU-NESP	MP-MG 2019 FUN-DEP	MP--PR 2018 MPPR	MP--RS 2016 MPRS	MP-SC 2019 MPSC	TOTAL
6	10	4	3	4	3	4	1	2	2	1	3	4	15	-
3	2	2	1	2	1	3			1	1	1	2	6	40
	5					2	1	1	1	1			1	21
	1			1	1		1			1			4	17
1	1	1						1						13
														12
1	2	1				1		1					1	12
	2										2	2		11
1	2				1	1	1							10
	1		1	1										8
	1	1	1		2		1	1						7
	1												1	6
			1	1										5
											1		1	5
													2	4
	1													4
						1	1							3
														3
					1									3
						1								2
														2
														1
														1
														1

maior na Procuradoria Geral de Justiça, Conselho Superior e Órgão Especial do Colégio de Procuradores. Em regra, o conhecimento das disposições normativas é suficiente.

⊝ 2. Atribuições e funções

É preciso que o candidato saiba que, pretendendo ser um Promotor de Justiça, deve estar atento às funções do Ministério Público de uma forma geral, especialmente quando são polêmicas. Algumas provas trazem estas questões para dentro da disciplina Princípios Institucionais do Ministério Público. Embora torne-se, assim, um tema muito amplo, tenha em mente que não se busca saber se o candidato sabe que o Ministério Público tem atribuição para a ação penal pública – pois isso é indiscutível desde sempre –, mas questões que recentemente foram ventiladas. Assim, neste ponto, tenha atenção à jurisprudência e legislação recente. Também há interseção com as atribuições de cada órgão do Ministério Público, devendo o estudo ser, portanto, conjugado.

⊝ 3. Chefia do Ministério Público

Aqui, tudo relacionado com a figura do Procurador Geral do Justiça deve ser dominado pelo candidato: seu processo de escolha, nomeação, funções, atribuições, destituição, responsabilização. De forma menos frequente, mas também de cobrança possível, indaga-se sobre a Chefia de outros ramos do Ministério Público que não o estadual. De todo modo, basta conhecimento aprofundado das leis e atos normativos para ir bem neste ponto, em geral.

⊝ 4. Garantias e Prerrogativas

Diante de sua importância, o tema tem forte cobrança. É preciso ter em mente quais são as garantias e prerrogativas da função. Além de conhecimento das disposições legais, tanto em âmbito geral como no estado específico, é preciso que o candidato tenha um conhecimento mínimo sobre a aplicação de tais garantias e prerrogativas, bem como à questão doutrinária que estas vinculam-se ao cargo, não à pessoa.

⊝ 5. Carreira e Direitos

Neste tópico estão as perguntas relacionadas à carreira de um modo geral: ingresso, promoção, remoção, vitaliciamento, dentre outros aspectos. Além disso, há cobrança sobre os direitos decorrentes da carreira: férias, licenças, vantagens em geral. De modo geral, a cobrança aqui limita-se ao disposto nas normas de regência.

6. Autonomia

A autonomia do Ministério Público é fortemente cobrada em suas diversas facetas (Funcional, Administrativa, Financeira). Neste ponto, o conhecimento doutrinário dos conceitos ajuda a resolver as questões, de modo que o candidato tenha bem definidos tais conceitos.

7. Regime Disciplinar

Neste ponto, é preciso saber as características quais são as condutas que configuram faltas disciplinares e suas consequências. Para além disso, importante conhecer o procedimento disciplinar e os órgãos com poder para aplicar sanções. Neste ponto, não só é importante conhecer as disposições legais, como o princípio da legalidade e a previsão nas leis orgânicas estaduais.

8. Vedações

O candidato deve conhecer, através das disposições normativas, quais as vedações àqueles que ocupam o cargo de Promotor de Justiça. Em especial, questões político partidárias e do exercício da advocacia, devendo ainda ser conhecida as questões temporais, ou seja, daqueles que ingressaram antes de determinado marco normativo no Ministério Público, bem como daqueles que já se aposentaram.

9. CNMP e Resoluções CNMP

Neste ponto, o candidato deve conhecer o CNMP, sua composição, funções, escolha de seus membros, mas, também, as questões doutriná rias e jurisprudenciais relacionadas aos poderes do CNMP, em especial o poder normativo e correicional.

Algumas provas cobram o conhecimento de Resoluções do CNMP. O candidato deverá, portanto, conhecer o conteúdo daquelas de maior importância para a atuação funcional.

10. Princípios Institucionais

Unidade, Indivisibilidade, Independência Funcional: há diversas questões doutrinárias – e também práticas – que se relacionam a estes conceitos basilares. O domínio destes é fundamental.

Diante disto, estes dez temas devem ter maior foco nos estudos da disciplina Princípios Institucionais do Ministério Público. Para um estudo mais completo, interessante completar o estudo com os temas que, embora menos frequentes, já foram cobrados em provas, conforme tabela apresentada acima.

É importante que se tenha em mente que a lista não é exaustiva. O levantamento de dados não significa que os demais temas do edital não podem ser cobrados, por óbvio. Trata-se apenas de um mapeamento estatístico para aumentar as chances de êxito no estudo. Fique atento para alterações legislativas próximas à prova a ser prestada, bem como a jurisprudência recente. Casos de repercussão midiática também são capazes de destacar temas para a prova.

Quanto às fontes de estudo, tenha em mente que a banca CESPE/CEBRASPE, de maneira geral, é tradicionalmente mais afeta à cobrança jurisprudencial. Contudo, não se pode deixar de perceber que nem todos os temas possíveis de cobrança pelo edital apresentam jurisprudência significativa, uma vez que esta não é tão prolífera nesta disciplina em comparação com matérias mais tradicionais. Assim, a cobrança de muitos temas tem origem na lei e na doutrina.

É interessante observar que esta é uma disciplina que, em provas objetivas, **<u>tende</u> a cobrar predominantemente conhecimento da letra da lei**, destacando-se assim das demais disciplinas - e isso em todos os Estados.

Interessante analisar, ainda, a variação na incidência dos temas conforme a banca de aplicação. Como já explicado acima, em razão da variedade de bancas e da maioria das provas de Ministério Público ter banca própria institucional, separamos este levantamento estatístico em três grupos: FCC, CESPE/CEBRASPE, Bancas próprias institucionais.

Os temas estão arranjados em ordem decrescente de sua recorrência.

Bancas FCC:

	MP-AP 2012 FCC	MP-PA 2014 FCC	MP-PE 2014 FCC	MP-PB 2018 FCC	MP-AL 2012 FCC	MP-MT 2019 FCC	TOTAL
QUESTÕES	8	5	5	6	4	4	-
Órgãos (Exec/Adm)	2	1	2	3	2	2	12
Chefia do MP	2	1				1	4
Garantias/Prerrog.	1		1	1	1		4

Autonomia		1	1	1	1		4
Atribuições/ Funções	1		1				2
Carreira/Direitos			2				2
Disciplinar			1				1
Vedações				1			1
Resoluções CNMP						1	1
Princípios Instituc.					1		1
CNMP	1						1
Atuação Extra-jud.						1	1
MPU	1						1
Conflito Atri-buição		1					1
Orçamento			1				1
Const. Estadual	1						1
Lei Org. Magist.	1						1
Planejamento		1					1
Perda do cargo							0
Ramos do MP							0
Iniciativa Legis-lativa							0
Deveres							0
Responsabili-dade							0

Bancas CESPE/CEBRASPE:

	MP-AC 2014 CESPE	MP-RR 2017 CESPE	MP-TO 2012 CESPE	MP-PI 2019 CESPE	MP-CE 2020 CESPE	MP-RN 2009 CESPE	MP-SE 2010 CESPE	TOTAL
QUESTÕES	4	3	3	6	4	2	10	-
Órgãos (Exec/Adm)	2			2	3		2	10

Atribuições/ Funções			2			1	5	8
Garantias/ Prerrog.		1	3			1	1	6
Carreira/ Direitos		1	2	1	1			5
Autonomia			1			1	2	4
Disciplinar				1	1		2	4
Vedações			1			1	2	4
Atuação Extrajud.	1	1		1				4
Ramos do MP			2			1	1	4
Chefia do MP		1	1				1	3
Resoluções CNMP				1			1	3
Princípios Instituc.							1	2
CNMP						1	1	2
Perda do cargo	1			1				2
MPU	1							1
Responsabi-lidade		1						1
Orçamento			1					1
Iniciativa Legislativa								0
Deveres								0
Conflito Atribuição								0
Const. Esta-dual								0
Lei Org. Magist.								0
Planeja-mento								0

Bancas institucionais próprias:

	MP- -MA 2014 MP- -PR	MP- -MS 2018 MP- -MS	MP- -GO 2019 MP- -GO	MP- -SP 2019 MP- -SP	MP- -RJ 2018 MP- -RJ	MP- -PR 2018 MP- -PR	MP- -RS 2016 MP- -RS	MP- -SC 2019 MP- -SC	TOTAL
QUESTÕES	2	3	4	1	2	3	4	15	-
Órgãos (Exec/Adm)	1	1	3			1	2	6	14
Atribuições/ Funções	2		2	1	1			1	7
Chefia do MP	1	1		1				4	7
Autonomia	1		1		1			1	4
Disciplinar						2	2		4
Vedações	1	1	1	1					4
Princípios Instituc.		2		1	1				4
Garantias/ Prerrog.	1				1				2
Perda do cargo						1		1	2
MPU								2	2
Iniciativa Legislativa			1	1					2
CNMP								1	1
Responsabi-lidade		1							1
Conflito Atribuição			1						1
Carreira/ Direitos									0
Resoluções CNMP									0
Atuação Extrajud.									0
Ramos do MP									0

	MP-MA 2014 MP-PR	MP-MS 2018 MP-MS	MP-GO 2019 MP-GO	MP-SP 2019 MP-SP	MP-RJ 2018 MP-RJ	MP-PR 2018 MP-PR	MP-RS 2016 MP-RS	MP-SC 2019 MP-SC	TOTAL
Deveres									0
Orçamento									0
Const. Estadual									0
Lei Org. Magist.									0
Planejamento									0

Ao se preparar para um concurso específico, interessante direcionar ainda mais o estudo com base em um levantamento específico da banca. É possível observar a variação na cobrança de alguns temas, a depender da banca. Por exemplo, o ponto relacionado a Chefia do Ministério Público, de extrema relevância na banca FCC e nas bancas próprias, decai significativamente na banca CESPE/CEBRASPE. O mesmo acontece com a tema Atribuições e Funções, em destaque nas bancas institucionais próprias e na banca CESPE/CEBRASPE, mas de menor recorrência na banca FCC.

Para facilitar a comparação entre estes três grupos de bancas, segue tabela com os temas lado a lado, em ordem alfabética:

FCC	TOTAL
QUESTÕES	-
Atribuições/ Funções	2
Atuação Extrajud.	1
Autonomia	4
Carreira/Direitos	2
Chefia do MP	4
CNMP	1

CESPE	TOTAL
QUESTÕES	-
Atribuições/ Funções	8
Atuação Extrajud.	3
Autonomia	4
Carreira/Direitos	5
Chefia do MP	3
CNMP	2

BANCAS INSTITUCIONAIS PRÓPRIAS	TOTAL
QUESTÕES	-
Atribuições/ Funções	7
Atuação Extrajud.	0
Autonomia	4
Carreira/Direitos	0
Chefia do MP	7
CNMP	1

FCC	TOTAL
Conflito Atribuição	1
Const. Estadual	1
Deveres	0
Disciplinar	1
Garantias/ Prerrog.	4
Iniciativa Legislativa	0
Lei Org. Magist.	1
MPU	1
Orçamento	1
Órgãos (Exec/ Adm)	12
Perda do cargo	0
Planejamento	1
Princípios Instituc.	1
Ramos do MP	0
Resoluções CNMP	1
Responsabilidade	0
Vedações	1

CESPE	TOTAL
Conflito Atribuição	0
Const. Estadual	0
Deveres	0
Disciplinar	4
Garantias/ Prerrog.	6
Iniciativa Legislativa	0
Lei Org. Magist.	0
MPU	1
Orçamento	1
Órgãos (Exec/ Adm)	9
Perda do cargo	2
Planejamento	0
Princípios Instituc.	1
Ramos do MP	4
Resoluções CNMP	2
Responsabilidade	1
Vedações	4

BANCAS INSTITUCIONAIS PRÓPRIAS	TOTAL
Conflito Atribuição	1
Const. Estadual	0
Deveres	0
Disciplinar	4
Garantias/ Prerrog.	2
Iniciativa Legislativa	2
Lei Org. Magist.	0
MPU	2
Orçamento	0
Órgãos (Exec/ Adm)	14
Perda do cargo	2
Planejamento	0
Princípios Instituc.	4
Ramos do MP	0
Resoluções CNMP	0
Responsabilidade	1
Vedações	4

Aos alunos com já alguma base sedimentada na disciplina, interessante realizar o "estudo inverso": faça questões para após, eventualmente, realizar a leitura de doutrina, legislação e jurisprudência. Contudo, se não houver qualquer base na disciplina, será necessário iniciar pelas leituras.

Com a realização do maior número de questões de provas de Ministério Público Estadual, será possível identificar os pontos fracos da sua preparação para, então, corrigi-los.

É certo que o estudo dos informativos deve ser feito independentemente da realização de questões, pois é necessário se manter atualizado sempre a respeito dos últimos julgados de maior relevância, o que pode, até mesmo, ser importante para a melhor compreensão dos temas estudados, eventualmente, em lei e doutrina.

Quanto à eventual percepção de falha no estudo da jurisprudência em tema específico, é recomendável a aquisição de livros ou assinaturas eletrônicas que sistematizem a jurisprudência por temas, a fim de revisar os julgados mais importantes daquele assunto em específico.

5 ORIENTAÇÕES PARA PROVAS DISCURSIVAS

a) Previsão do edital

Como destacado já no início da análise da nossa disciplina e das formas de cobrança nas últimas provas de concurso de Ministério Público estadual, percebemos que a disciplina Princípios Institucionais do Ministério Público tem importante papel nas provas de Ministério Público. Tal característica apenas é acentuada nas demais fases dos diversos concursos públicos.

Da mesma forma, como já pontuado, há ainda estados que não separam uma banca específica para a disciplina – o que pode ser um cenário a ser alterado em provas futuras.

Analisando-se os editais ao redor do país, verifica-se que por vezes há a previsão da matéria dentro de um grupo, geralmente ligado a Direito Constitucional. É o que ocorre, por exemplo, no MP-RN, MP-SP, MP-ES, MP-MG.

Em alguns editais há a garantia de que ao menos uma questão da matéria será cobrada, tal como ocorre no MP-RS:

> "1. A fase intermediária consistirá na aplicação de PROVAS DISCURSIVAS, de caráter eliminatório, abrangendo os conteúdos constantes no Anexo I.
>
> 2. As PROVAS DISCURSIVAS abrangem os seguintes agrupamentos disciplinares:
>
> PROVA I: GRUPO TEMÁTICO I – Direito Constitucional, Direito Ambiental, Direito Administrativo, Direito Municipal, Direito Financeiro e Direito Tributário.
>
> PROVA II: GRUPO TEMÁTICO II - Direito Civil, Direito do Consumidor, Direito de Empresa, Direito Registral, Direito Processual Civil e Direito Urbanístico.

PROVA III: GRUPO TEMÁTICO III – Direito Penal e Direito Processual Penal.

PROVA IV: GRUPO TEMÁTICO IV - **Direito Institucional do Ministério Público**, Direito da Criança e do Adolescente, Direito Eleitoral, Direito do Idoso e Direito das Pessoas com Deficiência.

3. **Cada PROVA DISCURSIVA corresponde a um grupo temático e será composta de até 4 (quatro) questões."**

Em alguns casos, por outro lado, é possível observar uma previsão mais tímida, isto é, não tão explícita. É o caso, por exemplo, da previsão dos últimos dois editais do MPSC. Confira-se:

> "6.1 O processo seletivo preambular discursivo será constituído por 2 (dois) grupos de provas de respostas discursivas, compostas de questões teóricas e práticas, da seguinte forma: a) Grupo I: Direito Penal, Direito Processual Penal e Execução Penal; e b) Grupo II: Direito Civil, Direito Processual Civil, Direito da Infância e Adolescência e Direitos Difusos, Coletivos e Individuais Homogêneos. 6.2 Os dois grupos de provas do processo seletivo preambular discursivo serão realizados, em domingos sucessivos, em dois períodos por dia, o primeiro, com 4 (quatro) horas e, o segundo, com 3 (três) horas de duração. 6.3 As provas a que alude o item 6.1 poderão conter incursões incidentais sobre Direito Constitucional, Direito Administrativo, Direito Tributário, Direito Eleitoral, Direito Falimentar e **Legislação Institucional**."

Atente-se que o edital não indica quantas questões de Princípios Institucionais do Ministério Público serão cobradas – se é que serão. Isso não exime o candidato, contudo, da necessidade de estudar a matéria.

Há, por fim, editais que nada indicam sobre a disciplina Princípios Institucionais do Ministério Público na fase discursiva, como é o caso do MP-RR (embora, curiosamente, indiquem expressamente que a disciplina é cobrada na fase seguinte, da prova oral).

Por essa razão, é importante que o candidato esteja atento às previsões constantes no edital do seu concurso, a fim de direcionar o seu estudo de Princípios Institucionais do Ministério Público, considerando se a prova cobrará a matéria de forma específica ou, talvez, apenas de maneira interdisciplinar.

Certo é que a verticalização nas provas específicas é muito mais acentuada do que aquela das provas preliminares, de modo que é imprescindível ao candidato a elaboração de uma estratégia de estudo baseado no histórico das provas anteriores.

Observou-se, ainda, que, em razão da já comentada ausência de normatização que uniformize os concursos para os Ministérios Públicos estaduais, os editais trazem as mais diversas previsões acerca da forma como as questões subjetivas serão elaboradas.

No MP-SP é comum o edital prever especificamente que a prova subjetiva "contará com uma dissertação, uma peça prática e 5 (cinco) questões sobre as matérias indicadas no artigo 7º deste Regulamento e respectivo programa constante do Edital" (2019).

É nesse mesmo sentido a previsão do último edital do MPBA, que previu a cobrança das questões na forma de uma dissertação e três questões subjetivas para cada um dos grupos de matérias.

Com efeito, conquanto não se garanta que haja cobrança específica de Princípios Institucionais do Ministério Público (com algumas exceções como MPRJ), a mera previsão dessa possibilidade obriga o candidato a estar preparado para mostrar seus conhecimentos seja na forma de peça processual, de dissertação ou de resposta a uma questão.

A prova fluminense tem seguido um padrão de cobrança na forma de questões subjetivas, sem limites de linha, especificamente em relação a cada matéria elencada no edital e prevista no conteúdo programático. Em outras palavras, a cobrança específica de Princípios Institucionais do Ministério Público é certa na segunda fase do concurso.

Assim, **a única forma de saber o estilo da sua prova subjetiva é consultar o edital previamente**. Para nossa sorte, os concursos para os Ministérios Públicos Estaduais têm efetivamente respeitado às previsões do regulamento e têm elaborado questões nos exatos moldes do edital.

Por fim, é importante notar que as provas subjetivas costumam permitir, na imensa maioria das vezes, a consulta à legislação e a outros atos normativos. A diferenciação fica adstrita geralmente à consulta de enunciados das Súmulas dos Tribunais Superiores.

Relevante se atentar, portanto, para o edital, a fim de se preparar para uma prova com consulta (ou não) ao material, próprio ou que lhe é disponibilizado. A familiarização como seu próprio material pode ser um diferencial em termos de tempo de prova, auxiliando a encontrar as respostas de maneira célere.

A partir de tudo isso que foi dito, conclui-se que, para as fases discursivas, em termos de análise prévia do edital, o candidato deve se preocupar basicamente com a forma de cobrança (se peça processual, dissertação ou questão) e com a existência ou não de questões específicas da disciplina Princípios Institucionais do Ministério Público, seja de forma direta, seja de forma incidental no bojo de outras questões.

O conhecimento do primeiro ponto permitirá ao candidato treinar, mediante a realização de exercícios, a elaboração de peças ou a responder questões, aprendendo a controlar o tempo de prova e o manuseio de todo o material que é permitido na segunda fase.

O conhecimento prévio acerca da existência ou não de questões específicas de Princípios Institucionais do Ministério Público vai permitir que o candidato se dedique exclusivamente à matéria ou se programe para estudá-la em conjunto com outras que serão cobradas na mesma oportunidade.

Atento a tais detalhes e tendo se programado adequadamente para essa fase do certame, não há dúvidas que o candidato realizará uma boa prova subjetiva.

6 ORIENTAÇÕES PARA PROVAS ORAIS

A fase das provas orais certamente é a mais peculiar de todo o concurso público, uma vez que a esmagadora maioria dos candidatos não está acostumada a ser arguida desta forma.

Some-se a isso a ansiedade de estar tão próximo à aprovação e, ao mesmo tempo, ainda com medo de ser reprovado e ter que começar tudo de novo. O maior inimigo do candidato nesta fase do concurso é a insegurança.

A fim de se preparar adequadamente para esse modelo de prova é fundamental que o candidato esteja psicologicamente preparado para tudo que pode acontecer no decorrer da sua avaliação. Mais do que conhecimento, a prova oral é o momento em que o controle emocional e psicológico do candidato é um diferencial.

Em regra, na prova oral, o conhecimento cobrado do candidato é mais horizontalizado, ou seja, sem tanta profundidade. Isso porque o foco da avaliação é diverso. Isso não significa que a prova passe ao largo do conteúdo! Afinal, isso não seria possível, ou a prova se tornaria uma polêmica entrevista.

Tenha certeza que a banca examinadora busca saber, nesta fase avançada, como o candidato se comporta e se expressa em público e se consegue, assim, estabelecer um raciocínio jurídico. Dito de outro modo, busca-se avaliar o seu comportamento diante de uma situação desconfortável de pressão.

Por óbvio, não se pode negligenciar a revisão de conceitos básicos, princípios, entendimentos doutrinários e jurisprudenciais mais relevantes do momento, bem como estudar os pontos prediletos do seu examinador.

Na fase de preparação para a prova oral, portanto, temos dois pontos importantes para se atentar: o primeiro é a preparação psicológica e/ou da forma de responder, de se portar frente ao examinador; e a segunda é o que revisar em termos de conteúdo programático.

Não há outro caminho para a preparação para uma prova oral de excelência que não seja atrelar o treinamento direcionado com uma efetiva revisão, nos termos dos direcionamentos traçados acima.

Nos treinamentos, o candidato deve simular a situação que viverá quando da realização da prova oral. Tal prática será crucial para que seja possível assimilar a sistemática do exame oral e se adaptar a ela, permitindo que a situação se mostre menos desconhecida a cada treinamento, trazendo, assim, mais segurança.

Os treinamentos podem ser feitos sozinho, gravando-se e assistindo posteriormente, com o auxílio de colegas ou com a instrução de cursos preparatórios especializados nessa etapa do certame. E quanto mais próximo do efetivo formato a ser adotado no dia da sua prova, melhor. Tudo isso somado faz você se sentir mais confortável com a situação, o que acaba por abrir a sua mente para acessar o conteúdo jurídico que você já possui.

Há diversas alternativas. **Só não se pode admitir é que o candidato não realize simulações da prova que enfrentará.** A estratégia de estudar todo o conteúdo apenas e pensar que na hora tudo fluirá normalmente é fadada ao insucesso para aqueles que não estão habituados a exposições orais.

Por outro lado, é evidente que o candidato não pode simplesmente deixar de revisar o conteúdo programático. Nessa preparação, a revisão dos conceitos e dos princípios é especialmente importante na medida em que você pode começar literalmente toda e qualquer resposta na prova oral conceituando o instituto ou falando sobre princípios correlatos à questão. **E especificamente a disciplina Princípios Institucionais do Ministério Público pode fornecer uma gama de ferramentas úteis para a resolução não só da prova desta disciplina como também para as demais.**

Isso porque esta disciplina traz uma visão geral da atuação ministerial, aplicável a qualquer área. Seus princípios auxiliam no raciocínio de questões que podem ser feitas em diversas matérias.

Ademais, o candidato deve estar atento à jurisprudência das nossas Cortes Superiores, uma vez que lhe pode ser perguntado sobre decisões que ocorreram na semana ou até mesmo na véspera de sua prova oral.

Por fim, deve ser dado destaque às peças/pareceres mais relevantes ou teses do seu examinador. Ainda que não lhe seja perguntado especificamente sobre o tema ou sobre esta sua posição particular, citar algum entendimento particular do seu examinador ou falar sobre um tema que lhe é próximo pode aumentar sua pontuação. Não se esqueça que o seu examinador é um ser humano, com posições pessoais e preferências, como qualquer outra pessoa.

Já durante a realização da prova oral, o candidato deve se manter calmo e demonstrar o máximo de conhecimento que puder. O desenvolvimento de uma resposta articulada, com início, meio e fim, de maneira lógica e concatenada é fundamental para lhe garantir uma boa avaliação.

Afinal, estão ali para avaliar a sua capacidade argumentativa. Assim, a sua função é literalmente convencer o examinador de que você possui conhecimento jurídico suficiente para assumir o cargo. E, para tanto, é importante que as suas conclusões decorram de maneira lógica dos fundamentos jurídicos utilizados.

O uso correto do vernáculo deve ser uma preocupação do candidato. De nada adianta a elaboração de respostas complexas e fundamentadas se a língua portuguesa – instrumento de trabalho do Promotor de Justiça – apresenta falhas na sustentação oral.

Outrossim, o candidato também deve estar familiarizado com o modo de realização da prova. A depender da banca examinadora e da organizadora do concurso, pode ser que as questões sejam entregues previamente, o ponto seja sorteado no dia anterior à prova, haja sustentação oral em simulação ao plenário do Tribunal do Júri – só para citar algumas modalidades. Insiste-se: o candidato precisa estar atento às previsões do edital do Ministério Público para o qual está prestando o concurso.

Seguindo estas dicas e estudando estrategicamente, o candidato logrará obter a sua tão sonhada vaga na carreira de Promotor de Justiça.

7 DICAS FINAIS PARA OS CANDIDATOS

O concurso de Ministério Público, num primeiro momento, parece ser assustador em razão da extensão do edital. Essa característica acaba desestimulando vários candidatos bem preparados. Para aqueles que realmente almejam ser Promotores de Justiça, é importante ter a consciência de que os desafios do edital poderão ser superados com um estudo bem direcionado e, sobretudo, pautado pela objetividade.

Não há fórmula secreta e milagrosa para a aprovação. Certo é que não se pode prescindir do combo "Lei Seca" + Jurisprudência + Doutrina + Resolução de Exercícios.

Na parte doutrinária, além do estudo de capítulos específicos na bibliografia escolhida, também é importante o acompanhamento dos julgados das Cortes Superiores.

Fica como sugestão ao candidato que procure equilibrar o estudo da doutrina com a leitura da legislação e, principalmente, da jurisprudência. Convém, aqui, recomendar alguns instrumentos, tal como o site "Dizer o Direito".

Estratégia é fundamental para superar este desafio. Não existe fórmula única: cada aprovado elaborou o método que melhor se adaptou à sua realidade. Ouça a experiência daqueles que já lograram o cargo público para o qual você se prepara – não para fazer o mesmo, mas, sim, para, diante de tantos formatos possíveis, selecionar aquele que melhor se adequa a você.

EDITORA JusPODIVM
www.editorajuspodivm.com.br

Impressão e Acabamento
PlenaPrint
Indústria Gráfica